Zu diesem Buch

Zu den innovativsten Ansätzen in der psychoanalytischen Therapie gehören heute die Behandlungstechniken der Selbstpsychologie. Lichtenberg, Lachmann und Fosshage – prominente Vertreter dieses Fachs, die auch im deutschen Sprachraum durch Veröffentlichungen und Vorträge gut bekannt sind – stellen in diesem Buch eine einzige Fallgeschichte ins Zentrum. Am »Fall Nancy« werden die Sackgassen und Fortschritte einer langjährigen Psychotherapie deutlich gemacht. Zugleich werden zehn Behandlungsprinzipien daran entwickelt, die theoretisch den Konzepten der Selbstpsychologie im Anschluss an Kohut und den therapeutischen Konsequenzen aus der Säuglingsforschung zugeordnet werden können.

Joseph D. Lichtenberg, M. D., ist Professor für klinische Psychiatrie an der Georgetown University, Washington, und Direktor des Institute of Contemporary Psychotherapy, Washington, D. C.

In deutscher Sprache ist von ihm erschienen: »Psychoanalyse und Säuglingsforschung« (1991) und »Das Selbst und die motivationalen Systeme« (2000).

Frank M. Lachmann, Ph. D., ist Supervisor und Lehranalytiker am Postgraduate Center for Mental Health, New York.

James L. Fosshage, Ph. D., ist Mitbegründer und Direktor des National Institute for the Psychotherapies, New York.

Joseph D. Lichtenberg
Frank M. Lachmann
James L. Fosshage

Zehn Prinzipien psychoanalytischer Behandlungstechnik

Konzepte
der Selbst- und Entwicklungspsychologie
in der Praxis

Aus dem Amerikanischen übersetzt
von Teresa Junek

Pfeiffer bei Klett-Cotta

Leben lernen 138

Pfeiffer bei Klett-Cotta
Die Originalausgabe erschien unter dem Titel
"The Clinical Exchange. Techniques Derived from Self and Motivational Systems"
© 1996 by The Analytic Press, Inc., Hillsdale, New Jersey, U.S.A.
All rights reserved. No part of this book may be reproduced in any form, by photostat, microform, retrieval system, or any other means, without the prior written permission of the publisher.
Für die deutsche Ausgabe
© J. G. Cotta'sche Buchhandlung Nachfolger GmbH, gegr. 1659
Stuttgart 2000
Alle Rechte vorbehalten
Fotomechanische Wiedergabe
nur mit Genehmigung des Verlages
Printed in Germany
Umschlag: Michael Berwanger, München
Titelbild: Enrico Della Torre: Gewässer (Acque), 1985
Bildvorlage: Buchhandlung Goltz, München
Der Rechteinhaber konnte leider nicht ermittelt werden.
Satz und Layout: PC-Print, München
Auf holz- und säurefreiem Werkdruckpapier gedruckt
und gebunden von Gutmann + Co, Talheim
ISBN 3-608-89689-9

Fachberatung: Monika Amler

Die Deutsche Bibliothek – CIP-Einheitsaufnahme
Ein Titeldatensatz für diese Publikation ist bei der Deutschen Bibliothek erhältlich.

Inhalt

Danksagung	9
1. Einführung	13
2. Zusammenfassung der Fallgeschichte und die Auswirkungen gelebter Erfahrungen auf das Selbst und die motivationalen Systeme der Patientin	30
• Auswirkungen auf das Selbst und die motivationalen Systeme	32
Die Regulation physiologischer Bedürfnisse	33
Bindung und Zugehörigkeit	34
Exploration und Selbstbehauptung	35
Aversivität	36
Sinnlicher Genuss und sexuelle Erregung	39
3. Therapeutische Gespräche: 1983, 1985, 1987, 1989, 1990	43
4. Zehn Prinzipien der Behandlungstechnik	131
• Die zehn Prinzipien	133
1. Vorkehrungen zur Schaffung eines Rahmens der Freundlichkeit, Beständigkeit und Verlässlichkeit sowie eines Milieus der Sicherheit	133
2. Systematische Anwendung des empathischen Wahrnehmungsmodus	137
3. Wir erkennen den speziellen Affekt des Patienten, um seine Erfahrung würdigen zu können, und wir erkennen die gesuchte affektive Erfahrung, um die Motivation des Patienten würdigen zu können	139
4. Die Botschaft enthält die Botschaft	141
5. Das Füllen der narrativen Hülle	143

    6. Die Zuschreibungen tragen   146
    7. Die gemeinsame Konstruktion
       von Modellszenen   148
    8. Aversive Motivationen (Widerstand, Widerwille, Abwehr) stellen einen kommunikativen Ausdruck dar, der wie jede andere Botschaft erforscht werden muss   149
    9. Drei Arten, wie der Analytiker interveniert, um den therapeutischen Prozess zu fördern   155
   10. Wir verfolgen die Auswirkungen unserer Interventionen und die Reaktionen des Patienten darauf, um ihre Wirkung einzuschätzen   161

5. Affektive Erfahrung
Der rote Faden im therpautischen Austausch   167
- Ein Kontinuum affektiver Erfahrung auf der Grundlage direkter klinischer Beobachtung   169
- Welche Reaktionen des Analytikers werden durch einzelne Affekte, Stimmungen und Affektzustände hervorgerufen?   174
- Lineare und nichtlineare Aspekte der affektiven Erfahrung während des therapeutischen Gesprächs   176
- Der affektiv-kognitive Balanceakt des Analytikers: affektive Erfahrungen als Auslöser für Rolleninszenierungen   180
- Affektive Erfahrungen, die für die fünf motivationalen Systeme charakteristisch sind   187
- Techniken, die zum Gefühl der Sicherheit beitragen   193

6. Übertragungen – Wie wir sie verstehen und damit arbeiten   195
- Organisationsmodell   198
- Organisierende Aktivität: das Selbst und die motivationalen Systeme   200

- Zwei große Gruppen der Selbst-Erfahrung 201
- Übertragung – Gegenübertragung: die Erfahrung des Anderen, wie sie von Patient und Analytiker konstruiert wird 203
- Selbstobjekt-Erfahrungen in der analytischen Beziehung 206
    - Die Regulation physiologischer Notwendigkeiten 206
    - Bindung und Zugehörigkeit 207
    - Exploration und Selbstbehauptung 208
    - Aversiver Antagonismus oder Rückzug 209
    - Sinnlicher Genuss und sexuelle Erregung 210
- Die Erforschung der Übertragungserfahrung in einem intersubjektiven Kontext 214
- Übertragung und »außerhalb der Übertragung« 217

7. Träume: Die besondere Gelegenheit zur Exploration durch die Geistestätigkeit im Schlaf 219
    - Die Theorie der Traumbildung 223
        - Entwicklung 225
        - Aufrechterhaltung und Wiederherstellung 227
        - Trauminhalt 229
        - Bedeutung eines Traumes 231
    - Technische Prinzipien für die Arbeit mit Träumen 232

8. Sexualität, Zuneigung und Erotisierung Begleiterscheinungen der Behandlung sexuellen Missbrauchs 240
    - Die erotisierte Übertragung 240
    - Bindung, Trennung, Zuneigung und Aversion 244
    - Eine liebevolle Bindung stärken 247
    - Behandlung sexuell missbrauchter Patientinnen 249
    - Strategien in der Behandlung sexuell missbrauchter Patientinnen 251

Abreaktion und Katharsis	251
• Nancys Analyse	253
Modellszenen	255
• Der klinische Austausch	257
• Abschließende Bemerkungen	273

9. Therapeutisches Handeln und seine Weiterentwicklung durch unsere Behandlungstechnik — 274
- Selbstaufrichtung — 275
- Gemeinsame Bewusstseinserweiterung — 282
- Die Neuordnung symbolischer Vorstellungsschemata — 290

10. Bedenkenswerte Fragen und unsere Antworten — 301
- Unterscheidung zwischen den motivationalen Systemen — 301
- Die Bedeutung von Folgerung und Bindung — 306
- Die Stellung der Theorie in einer unmittelbaren klinischen Herausforderung — 311
- Die Bedeutung früher Erfahrungen und die Verwendung von Modellszenen — 313
- Das aversive motivationale System — 315
- Der empathische Wahrnehmungsmodus — 316
- Der Einfluss des Analytikers auf die Übertragung — 318
- Psychoanalyse und Psychotherapie — 320
- Internalisierte Objekte und projektive Identifikation — 322
- Gruppenpsychotherapie — 325
- Traumdeutung — 326
- Die Gefahr analytischer »Inauthentizität« — 328
- Affektive Toleranzstörungen — 333
- Selbstobjekt-Erfahrung — 335
- Die Botschaft enthält die Botschaft — 337
- Die narrative Hülle füllen — 339
- Terminologie — 341

Literatur — 343

Danksagung

Ich stehe tief in der Schuld Frank Lachmanns und James Fosshages, meiner Koautoren, für die Bereitschaft, ja sogar Begeisterung, mit der sie mit mir zusammen gedacht und gearbeitet haben. Wir geben Gedanken weiter, die jeder von uns unabhängig vom anderen entwickelt hat. Ich begann meine Forschung damit, mir einen Überblick über die gesamte damals verfügbare Säuglingsforschung zu verschaffen und eine Kritik der psychoanalytischen Entwicklungstheorie vorzulegen. Dann folgten eine Theorie der fünf motivationalen Systeme und eine überarbeitete Affekttheorie. Für die Anwendung dieser Konzepte schlug ich eine selbstpsychologische Herangehensweise vor, die durch einen empathischen Wahrnehmungsmodus und die Verwendung von Modellszenen charakterisiert ist, die gemeinsam von Analytiker und Patient entwickelt werden. Frank Lachmann brachte seine umfassende Erfahrung in der Säuglingsforschung ein, die aus seiner Zusammenarbeit mit Beatrice Beebe und ihren wertvollen Beiträgen zur Kommunikation zwischen Säugling und Mutter sowie zur Selbst- und zur wechselseitigen Regulation hervorgegangen ist. Jim Fosshage stellte sein umfangreiches Wissen über die Traumforschung sowie eine sorgfältig neu überdachte Betrachtung der Übertragung und Gegenübertragung für dieses Buch zur Verfügung. Wir alle sind Therapeuten mit jahrelanger Erfahrung in Ausbildung und Lehre sowie Autoren vieler Beiträge zur analytischen Theorie und Praxis. In unserer Darstellung haben wir versucht, mit vereinter Stimme zu sprechen. Franks treffende Formulierungen und Jims ständiger Aufruf zu terminologischer Klarheit fließen ungeachtet des jeweiligen Hauptautors in jedes Kapitel mit ein.

Jeder von uns hat von vielen Kollegen und aus vielen Quellen gelernt, wie unsere Referenzliste beweist. Besonders möchten wir uns für die persönliche Unterstützung bedanken, die wir ständig von Ernest Wolf, Alan Kindler, Beatrice Beebe, Susan Lazar, Robert Stolorow, John Lindon, Rosemary Segalla, Arthur Malin sowie Estelle und Morton Shane erhalten.

Bei unseren Bemühungen, jüngste Erkenntnisse aus der Neurophysiologie mit einfließen zu lassen, wurden wir direkt von June

Hadley, Fred Levin und Allan Schore unterstützt. In ähnlicher Weise machen wir Gebrauch von Schores und Joseph Jones' Studien der Affekte. Hilfreich waren auch die Diskussionen bei Vorträgen und anlässlich unserer Publikationen, in denen wir unsere Vorstellungen zu den Modellszenen, den motivationalen Systemen, den zehn Prinzipien der Behandlungstechnik, der Interpretation von Träumen, der Übertragung und den Modi des therapeutischen Handelns vorgelegt haben. Fragen und Kritik dazu sind Quellen unschätzbar wertvoller Herausforderung gewesen. Besonders zu Dank verpflichtet sind wir Lawrence Friedmen für seinen bemerkenswerten Essay »Main Meaning and Motivation« und den anderen Autoren der Beiträge in *Psychoanalytic Inquiry*, Band 15, Nummer 4: Joseph Weiss und John Gedo, die zusätzliche Fragen aufwarfen; Kay Campbell, Donald Silver, Kerry und Jack Novick, Mary Mittlestaedt und Ann Walton, die unsere Annahmen durch die Beobachtung von Säuglingen und Kleinkindern überprüften; Philip Ringstrom, der unseren Ansatz auf die Kurzpsychotherapie übertrug; sowie Estelle und Morton Shane, die getestet haben, ob unsere Vorstellungen das weibliche Dilemma zwischen Generativität und persönlichem Ehrgeiz erklären konnten. In ähnlicher Weise war Paul Stepansky mehr als nur unser Herausgeber, er war ein hervorragender Kritiker bezüglich der verwendeten Begrifflichkeit. Auch den anderen Mitarbeitern von The Analytic Press, besonders Nancy Liguori und Eleanor Kobrin, sei für ihren Einsatz gedankt. Amy Lichtenberg Vides arbeitete lang und geduldig daran, mein Gekritzel in lesbaren Text zu übertragen und Franks und Jims Apple-Dateien in unser Schreibprogramm zu konvertieren.

Schließlich möchte ich noch vorausschicken, dass sich dieses Buch auf Nancy und ihren Analytiker konzentriert, oder auf einen Analytiker und seine Patientin Nancy. Wir wollen nicht vergessen, dass wir in der Schuld unserer Patienten stehen, weil sie uns die Gelegenheit geben zu lernen, zu lehren und die Wissenschaft voranzubringen. Eine Schwierigkeit dabei ist, dass der Patient als Beispiel behandelt wird, dessen Innenleben enthüllt und zergliedert wird. Wenn der Analytiker, wie in unserem Buch, seine genauen Worte, Interventionen und Intentionen wiedergibt, wird er gleichermaßen als Beispiel für »Supervision« und Zweitbetrachtung eingeführt. Ein Hauptzweck unseres Buches würde nicht erreicht, wenn Patient und Analytiker »entpersönlicht« würden (Broucek, 1991). Wir wollen die subjektiven Erfahrungen eines Analytikers und eines Analysanden darstellen, die miteinander in dem speziellen dynamischen, intersubjektiven Kontext der therapeutischen Exploration arbeiten. Alle drei möchten wir daher Nancy und ihrem Analytiker unsere Dankbarkeit dafür aussprechen, dass sie Autoren und Leserschaft gestatten, sich in ihr Erleben des Suchens, Findens, Verlierens und Wiederfindens der inneren Welt des anderen hineinzufühlen.

Joseph D. Lichtenberg, M.D.

1. Einführung

> »Um in der therapeutischen Situation verbal, emotional und verhaltensmäßig mit der maximalen erwünschten Wirksamkeit und möglichst wenig ungünstig zu reagieren, ist ein künstlerisches Geschick notwendig, das jedoch auf wissenschaftlich erprobten Prinzipien gründen muss.«
>
> *Ernest Wolf (1995)*

»*Zehn Prinzipien der Behandlungstechnik*« wendet sich an eine Leserschaft praktizierender Psychoanalytiker und Psychotherapeuten. Wir wollen unsere spezielle Sicht auf die Theorie, die unserer Technik zugrunde liegt, als Anreiz für Überlegungen des Lesers, nicht als Vorschrift oder Dogma verstanden wissen. Wir betrachten uns als in einer sich verändernden Welt lebend und bieten dem Leser dementsprechend eine möglichst deutliche Aussage zu den Hauptschwierigkeiten an, denen sich unser Gebiet der aufdeckenden Therapie heute gegenübersieht. Der Kern unseres Buchs besteht aus einer einzigen Fallgeschichte. In einem Intervall von je zwei Jahren werden die wörtlichen Sitzungsprotokolle einer Woche hier wiedergegeben. Insgesamt erstreckte sich die Therapie über neun Jahre. Wir schlagen zehn technische Prinzipien vor und setzen sie mit dem Fallmaterial und den Behandlungstechniken zu den Problemen der Übertragung, der Affekte, der Trauminterpretation, des sexuellen Missbrauchs und des therapeutischen Handelns in Bezug. Somit folgt unser Buch den Traditionen der Fallstudien und den Schriften zur Behandlungstechnik.

Die Geschichte der psychoanalytischen Behandlungstechnik ist ein Jahrhundert alt (Breuer und Freud, 1893-1895). Sie begann mit der zufälligen glücklichen Zusammenarbeit zwischen Breuer und Anna O. Gemeinsam schufen sie eine Methode des Zuhörens und Erzählens, für die sie die Metaphern der »Redekur« und des »Kaminfegens« prägten. Breuer, der ältere Arzt, erzählte Sigmund Freud, seinem brillanten jüngeren Kollegen, von den bemerkenswerten Resultaten der Zusammenarbeit zwischen Arzt und Patientin. Ohne die Beharrlichkeit, die Hingabe und das Genie von

Freuds forschendem Geist hätte die Psychoanalyse leicht als »Gegenübertragungs«-Opfer eines intensiv erotischen Übertragungszustands dort enden können. Nach seinen verwirrenden Erfahrungen in der Salpêtrière (Jones, 1953) war Freud für eine Forschungsmethode offen, die helfen sollte, das akute Problem hysterischer und anderer psychoneurotischer Zustände anzugehen. Die von Breuer und Anna O. entwickelte Methode führte Freud dazu, zuerst die Hypnose fallen zu lassen, dann den Druck mit der Hand auf die Stirn des Patienten aufzugeben und schließlich die »freie Assoziation« zu kreieren. Bei dieser Methode teilt der Patient mit, was ihm in den Sinn kommt, und der Analytiker folgt dem mit freischwebender Aufmerksamkeit und deutet Muster, die er wahrnimmt. Das ist so einfach – und doch so komplex, dass wir einhundert Jahre später immer noch über diesen Prozess diskutieren und debattieren.

Die Lektionen aus dieser frühen Zeit in der Geschichte der Psychoanalyse sind auch heute noch von Bedeutung. Breuer war primär Arzt, und sein Ziel war die Behandlung, die Heilung. Seine Erfahrung sagt uns, dass die von ihm und Anna O. entdeckte Methode für den, der sie praktiziert – besonders wenn er über therapeutischen Enthusiasmus verfügt, aber nur unangemessen vorbereitet ist – sehr schwierig sein kann. Freud war primär Entdecker, und sein Ziel war es, Geheimnissen auf die Spur zu kommen. Dazu benötigte er ein Mittel, um Daten zur Formulierung von Hypothesen zu gewinnen, und er brauchte Theorien, um die Daten zu strukturieren und die Methode zu verfeinern. Die Therapie würde daraus als die inhärente Bestätigung der Methode und Theorie oder der Theorie und Methode entstehen, jedoch sollte nicht auf Kosten eines dieser beiden gearbeitet werden. So war die Triade Methode, Theorie und therapeutisches Ziel von Anfang an miteinander verflochten. Die daraus entstehende Komplexität dieser Triade hat jedes Mal, wenn während dieses Jahrhunderts eine bedeutsame Veränderung in einem ihrer Bestandteile eintrat, zu wichtigen Neuüberlegungen geführt.

Verglichen mit den Bemühungen, die Theorie zu konzeptualisieren und zu rekonzeptualisieren, wurden Versuche, die Technik zu beschreiben und zu kodifizieren, selten und unregelmäßig unternommen. Sowohl Freuds Theorie als auch die psychoanalytische Bewegung waren bereits in vollem Gange, bevor Freud seine zu

Recht berühmten Aufsätze zur Technik schrieb (Freud, 1911, 1912a, b, 1913, 1914, 1915). In diesen Beiträgen beschrieb er die Grundregel, die analytische Oberfläche, den Widerstand, die unanstößige positive Übertragung, erotische Übertragungen, das Durcharbeiten und den Wiederholungszwang (Ellman, 1991). Zurückschauend sind wir der Überzeugung, dass

»Freuds Aufsätze zur Technik zu einer Zeit geschrieben wurden, als er höchstes Vertrauen in den psychoanalytischen Prozess, der auf seiner Libido-Theorie gründete, ausdrücken konnte. Weit weniger zuversichtlich war Freud hinsichtlich der Praktiken vieler zeitgenössischer Analytiker; folglich enthalten die Aufsätze weit mehr Verbote als Anweisungen. Vom heutigen Blickwinkel aus betrachtet, stellen diese Aufsätze ein Übergangsstadium in der Psychoanalyse, ein Zeitalter der Unschuld im Vergleich zur Komplexität unserer heutigen Sicht der Interaktion zwischen Analytiker und Analysand dar.« [Lichtenberg, 1994, S. 727]

Freuds Vertrauen in die Theorie, welche die Aufsätze zur Technik bestimmte, wurde rasch von Kriegsneurosen, Fällen therapeutischen Versagens und Widersprüchen im topographischen Modell – besonders hinsichtlich der Abwehrmechanismen und Affekte – erschüttert (Gill, 1963). Ein weiteres Jahrzehnt verging zwischen den Aufsätzen zur Technik und den Postulaten des Strukturmodells (Freud, 1923, 1926). Während dieses Zeitraums waren die provokativsten Veränderungen der Technik die experimentellen Bemühungen Ferenczis (1953).

Während die Implikationen der dreigeteilten Struktur der Psyche diskutiert und aufgenommen wurden, gerieten ihre Bedeutung und Anwendung an einen wichtigen Scheideweg. Eine Gruppe von Analytikern konzentrierte ihre Aufmerksamkeit auf den aggressiv-destruktiven Trieb, was zunächst zu der Theorie und dem behandlungstechnischen Ansatz Melanie Kleins (Segel, 1974; Spillius, 1995) und später zu einem Hauptschwerpunkt in verschiedenen Objektbeziehungstheorien (Greenberg und Mitchell, 1983) führte. Eine andere Gruppe von Analytikern fokussierte das Ich und seine Abwehrmechanismen (A. Freud, 1936) und ein funktional-strukturelles Konstrukt, das sowohl Konflikt als auch Anpassung umfasste (Hartmann, 1964).

Diese drei Ansätze – die Kleinianische, die Objektbeziehungs- und die Ich-psychologische Theorie – wurden schließlich zum

Mainstream der Psychoanalyse, insofern als sie trotz ihrer Unterschiede alle innerhalb derselben internationalen Vereinigung blieben. Wir beschränken unsere weitere Erörterung von Arbeiten zur Behandlungstechnik primär auf solche, die aus den Theorien der Ich-Psychologie und der Objektbeziehungen entstanden, weil diese die Richtungen darstellen, aus denen wir den Hintergrund für unsere Ideen beziehen.

Unabhängig von den Unterschieden in der Theorie kämpften alle Schriften zur Behandlungstechnik während der folgenden 30 Jahre mit dem Problem, wie Freuds Dikta über Neutralität, Abstinenz, die Chirurgen- und die Spiegelmetapher sowie die Vorstellung einer leeren Projektionsfläche angewandt oder modifiziert werden sollten. Glover (1931), ein einflussreicher früher Autor, setzte die ungenaue Deutung als eine Form der Suggestion herab. Im Lichte des neueren Trends, die Fähigkeit eines Menschen relativ zum Verständnis eines anderen zu sehen, steht Glovers Forderung nach Präzision und »Gründlichkeit beim Aufdecken der Fantasie« (1931, S. 358) in der Tradition einer idealen oder reinen Technik. Innerhalb derselben Tradition warnte Fenichel (1941) vor der »Szylla des Redens statt des Erlebens« und der Charybdis eines unsystematisch freischwebenden emotionalen Ausdrucks, der »nicht von einer vernünftigen Kraft umfasst ist, welche die dahinter liegenden Ziele im Blick behält« (S. 6). Zu Beginn der fünfziger Jahre war das Konzept eines Mainstream-Ansatzes so präzise artikuliert (in den Vereinigten Staaten), dass Eissler (1953) ihn als »Deutung von Abwehr und Konflikt mit dem Ziel der Einsicht« definieren und alle anderen Aktivitäten des Analytikers auf den Status von »Parametern« reduzieren konnte. Diese Sicht einer Standardtechnik festigte in den psychoanalytischen Schriften den Glauben an eine Orthodoxie von Theorie und Methode auf der Grundlage einer Ein-Personen-Psychologie. Als Reaktion darauf folgten viele andere Schriften »revisionistischen« Trends, basierend auf Kritik aus verschiedenen Perspektiven. Kardiner (1939) und Erikson (1959) argumentierten, dass die Kultur unberücksichtigt bleibe, Sullivan (1953), dass interpersonale Beziehungen notwendig seien, um die Entwicklung zu verstehen, Racker (1968), dass der Beitrag des Analytikers unterschätzt werde, Reik (1949), dass die Intuition zu gering geschätzt werde und Deutsch (1944), dass Probleme der weiblichen Entwicklung verzerrt wahrgenom-

men würden. Das Bedürfnis nach mehr Aufmerksamkeit für Beziehungsaspekte und humanistische Gesichtspunkte wurde von so unterschiedlichen Theoretikern wie Rogers (1951), Winnicott (1958), Stone (1961) und Guntrip (1969) dargelegt. Greenson (1967) versuchte, viele dieser Trends in einer einflussreichen Arbeit über Behandlungstechnik zusammenzuführen, die reich mit klinischem Material illustriert war. Er stellte die Anwendung seiner Sensibilität auf das innere Erleben und die Motivation des Patienten dar sowie seine Fähigkeit, die Bedeutung der Assoziation des Patienten aus der Sicht des Patienten zu erfassen, womit er ein frühes Beispiel für den empathischen Wahrnehmungsmodus gab (s. Lichtenberg, 1981). Greensons Buch tritt als die reichhaltigste Darstellung klinischen Materials zu jener Zeit hervor. Die meisten anderen Schriften dieser Epoche beschrieben die Behandlungstechnik mit Fallbeispielen – manche, um die Interpretation des Konflikts in der klassischen Tradition zu veranschaulichen (Arlow und Brenner, 1964; Brenner, 1976), und andere, um spezielle Aspekte eines eher humanistischen Austauschs aufzugreifen (Poland, 1984). Ein weiterer Schwerpunkt der Analytiker jener Zeit war, technische Modifikationen zu formulieren, welche die Behandlung von Patienten mit schweren Charakterpathologien wie beispielsweise Borderline-Persönlichkeitsstörungen (Kernberg, 1975, 1976) und präödipale Störungen (Mahler, 1968; Mahler, Pine und Bergman, 1975) erleichtern.
Die Zeit, aus der wir unsere Prinzipien der Behandlungstechnik ableiten, ja sogar die Arbeit, aus der wir einen Hauptteil unserer Grundlagen beziehen, begann mit Kohuts (1971) Ruf nach einem nochmaligen Überdenken des gesamten Ansatzes hinsichtlich der Grandiosität, Desillusionierung und Entfremdung, die in narzisstischen Persönlichkeitsstörungen personifiziert sind. In unseren früheren Schriften, die zu dieser Exploration der Technik hinführen (Lichtenberg, 1989; Lichtenberg, Lachmann und Fosshage, 1992), haben wir beschrieben, wie sehr wir bei Kohut und anderen Selbstpsychologen in der Schuld stehen, ebenso wie wir der Entwicklungspsychologie zu Dank verpflichtet sind, die auf eine Theorie des Selbst als Mittelpunkt von Erfahrung und Motivation bezogen ist (Stern, 1985; Lachmann und Beebe, 1989, 1992). Außerdem beziehen wir in unsere Theorie und klinische Praxis stark die Theorie der Intersubjektivität mit ein (Atwood und Sto-

lorow, 1984; Stolorow und Atwood, 1992). Wenn wir andere Schriften dieser Zeit zur Behandlungstechnik betrachten, erkennen wir erhebliche Ähnlichkeiten zwischen unserer Sicht und der des sozialen Konstruktivismus (Hoffman, 1983; Gill, 1982, 1991) sowie den Ansätzen von Weiss und Sampson (1986), Jacobs (1991) und Dorpat und Miller (1992). Größere Differenzen sehen wir zwischen unserer Sichtweise und denjenigen, die den Konflikt (Brenner, 1976), die Abwehrdeutung (Gray, 1973), den Aggressionstrieb und die projektive Identifikation (Ogden, 1982) betonen. In beiden Ansätzen, sowohl in denen, die wir als ähnlich zitieren, als auch in jenen, die wir als gegensätzlich anführen, entdecken wir eine Neigung, die Bedeutung von Emotionen und den Austausch von Augenblick zu Augenblick zwischen Analytiker und Patient zu würdigen. Obwohl wir unsere Prinzipien der Behandlungstechnik unabhängig entwickelt haben, finden wir, dass sie sich mit den Modellen und Strategien Peterfreunds (1983) überschneiden. Wir entfalten unsrere Behandlungsprinzipien an einem einzigen Fallbeispiel. Somit gehört das vorliegende Buch zur kleinen Gruppe der »case study books«. Im Jahr 1978 haben bedeutende Selbstpsychologen auf die Bitte reagiert, klinische Darstellungen für die Anwendung von Kohuts Theorien zu liefern. Das daraus resultierende Buch (Goldberg, 1978) beschrieb an sechs Fallbeispielen die interpretative Betonung

»der zeitweiligen Nichtverfügbarkeit des Selbstobjekts, das der Analytiker in einer Selbstobjekt-Übertragung wird ... wann immer die Selbstobjekt-Funktion des Analytikers als nicht verfügbar empfunden wird, folgt eine Periode der Unausgeglichenheit und das Bild einer geringfügigen traumatischen Überstimulierung. Doch wird eine richtige Deutung derartige traumatische Episoden mildern.« [S. 9]

Das Fallbeispiele-Buch konzentrierte sich daher stark auf die Interpretation empfundener Nichtverfügbarkeit bei physischer Abwesenheit des Therapeuten oder bei empathischem Versagen einer vom Patienten zur Aufrechterhaltung oder Wiederherstellung der Selbstkohäsion benötigten Anwesenheit. Diese Deutungen umfassten »die Rekonstruktion und Einbeziehung des genetischen Kontexts, der ein Vorläufer für die gegenwärtige Dynamik war« (S. 448). Durch unsere Falldarstellung und Diskussion desselben glauben wir, die grundlegenden Erkenntnisse des case books von

Goldberg (1978) zu bestätigen, während wir gleichzeitig die Bandbreite der Interpretation erweitern. Die Erfahrung hat aber gezeigt, dass die Patienten weiterreichende Bedürfnisse als die nach Spiegelung, Partnerschaft und Idealisierungserfahrungen haben (Wolf, 1988). Wir haben es mit der großen Bandbreite von Bedürfnissen und Mustern zu tun, die aus fünf motivationalen Systemen entstehen. Überdies führten die bemerkenswerten Veränderungen, die von den Autoren der case study books (aus dem relativ begrenzten Repertoire von Deutungen, das sie beschreiben) dargelegt wurden, zu einem ziemlich unbegründeten Optimismus hinsichtlich der therapeutischen Kraft ihres Deutungsfokus. Die spätere klinische Erfahrung hat uns gezeigt, dass die Interpretation (oder die wechselseitige Erweiterung der Bewusstheit) nicht nur die Wirkung von fehlenden wachstumsinduzierenden Reaktionen in Vergangenheit und Gegenwart abdecken muss, sondern auch die schädlichen Auswirkungen sich wiederholender Konfliktmuster (siehe 6. Kapitel). Wir glauben, dass die Konzentration von Aufmerksamkeit auf einen größeren Bereich von Motivationen und auf die problematischen, unbewusst organisierten Reaktionsmuster die therapeutische Reichweite unserer Darstellung vergrößert.

Dewalds (1972) Fallbeispiel enthält zahlreiche detaillierte wortwörtliche Aufzeichnungen und Kommentare. Ähnlich unserer Absicht bietet Dewald dem Leser die einzigartige Möglichkeit, den unredigierten Austausch zwischen Analytiker und Patient aus zweiter Hand mitzuerleben. Die beiden Bücher ermöglichen einen interessanten Vergleich. Beide Patienten sind weiblich, beide Analytiker männlich, und beide Patientinnen hatten als Kind sexuelle Missbrauchserfahrungen gemacht. Dewalds Analyse seiner Patientin wurde im ungewöhnlich kurzen Zeitraum von zwei Jahren abgeschlossen, während sich die von uns berichtete Analyse über neun Jahre erstreckte. In beiden Berichten werden Themen immer wieder wiederholt, was die Entwicklung und die beständige Erweiterung der Perspektive verdeutlicht, die eine funktionierende Analyse ausmachen. Der Hauptunterschied liegt in der Absicht der Autoren. Dewald stellte seinen Fall vor, um erste Daten zu liefern, »welche die Phänomenologie des psychischen Funktionierens illustrieren« (S. 7), um Kritikern zu antworten, die den Status der Psychoanalyse als Wissenschaft und als wirksame Methode infrage stellen. Er zielte darauf ab, die erfolgreiche Anwendung der Behandlungstechnik, die den von Freud formulierten Grundsätzen und dem Strukturmodell folgte, aufzuzeigen. Die Richtigkeit dieser Technik wird vorausgesetzt und nie angezweifelt, von Dewald jedoch als »ideal nur bei einer relativ kleinen Anzahl psychiatrisch erkrankter Patienten anwendbar« (S. 633) betrachtet. Im Gegensatz dazu gehen wir von einer größeren Bandbreite von Patienten aus, für die eine Psychoanalyse oder aufdeckende Psychotherapie nützlich ist. Statt die Techniken des Strukturmodells oder der Selbstpsychologie darzustellen, bieten wir eine Neukonzeptualisierung der Prinzipien der Behandlungstechnik und eine motivationale Theorie an. Dorpat und Miller (1992) bemerkten, dass Dewald »den Aktualitäten seiner Interaktionen mit der Patientin« (S. 37) wenig Bedeutung beimaß. Wir dagegen registrieren aufmerksam die Reaktionen der Patientin auf das, was der Analytiker sagt und tut, und konzentrieren uns nicht in erster Linie darauf, welche Fantasien (Verzerrungen) die Interventionen des Analytikers hervorrufen. In beiden Büchern ist die Fallgeschichte ein Bericht von zwei aktiv beteiligten Menschen. Dewald verwendet die Kasuistik dazu, seine Anwendung der Ich-Psychologie zu vermitteln und fügt am Ende eine kurze, gut strukturierte Erörterung hinzu. Unser Buch greift eine Reihe von Schwierigkeiten auf, die die Anwendung unserer Theorie der motivationalen Systeme und die Prinzipien der Behandlungstechnik bei Problemen der Übertragung, der Affekte, der Trauminterpretation, des sexuellen Missbrauchs und der therapeutischen Handlungsweisen betreffen.

Wir stellen uns auch vor, dass das Fallmaterial und der erläuternde Bericht grundlegende Daten für die klinische Forschung liefern. Die Nützlichkeit wörtlichen Materials, selbst manchmal aus nur einer Stunde wie in den Fällen Silvermans (1987) und Fosshages (1990), ist von der wiederholten Berücksichtigung, die ihm in der Literatur widerfuhr, bestätigt worden. Neben begrifflichen Diskussionen, die von kurzen Stichproben wortwörtlichen Materials ausgingen, ist das gesamte Feld einer formaleren Forschung in den über zwanzig Jahren zwischen Dewalds Buch und unserem enorm gewachsen (Luborsky, 1976; Bucci, 1985, 1992; Weiss und Sampson, 1986; Dahl, Kächele und Thomä, 1988; Luborsky und Crits-Christoph, 1989; Weiss, 1993). Wir sind überzeugt, dass unser Buch, auch wenn es sich in erster Linie an die Praktiker der auf-

deckenden Therapie richtet, ebenso nützlich für die Psychotherapieforschung ist (Edelson, 1984).
Ziel dieses Buches ist es, Behandlungstechniken für die psychotherapeutische Praxis darzustellen. Wir illustrieren unsere Sicht der Dinge mit den Aufzeichnungen zum Prozess einer Analyse, die von Kommentaren zu den Erfolgen und Misserfolgen des Ansatzes des Analytikers begleitet sind. Unsere Behandlungstechniken haben sich aus unseren früheren Schriften heraus entwickelt. In *Das Selbst und die motivationalen Systeme* haben wir die fundamentalen Konzepte der Psychoanalyse aus dem Blickwinkel von fünf motivationalen Systemen dargestellt. Die fünf Systeme strukturieren und stabilisieren sich selbst reaktiv auf die dem Säugling angeborenen Bedürfnisse und Reaktionsmuster zusammen mit den erlernten Reaktionen auf das Verhalten der Betreuungspersonen. Wir haben 1. das Grundbedürfnis nach psychischer Regulation physiologischer Erfordernisse, 2. das Bedürfnis nach Bindung und Zugehörigkeit, 3. nach Selbstbehauptung und Exploration, 4. nach sinnlichem Genuss und sexueller Erregung sowie 5. das Bedürfnis, durch Rückzug oder Antagonismus aversiv zu reagieren, berücksichtigt. Wir haben ein Selbstempfinden beschrieben, das sich zum Mittelpunkt für das Initiieren, Strukturieren und Integrieren von Erfahrung und Motivation entwickelt. Das Selbstempfinden kann nur mit der empathischen Responsivität der Eltern oder Bezugspersonen entstehen und gedeihen.
Die Implikationen unserer Perspektive führten uns dazu, unser Verständnis des Unbewussten zu revidieren, indem wir zwischen einer fundamentalen Ebene und der vertrauteren symbolisch-dynamischen Ebene unbewusster Geistestätigkeit unterschieden. Wir haben das topographische Vorbewusste neu konzipiert als einen Pfad zum Bewusstwerden, entlang dem sich die Gedanken und Gefühle bewegen, sobald sich ein erhöhtes Sicherheitsgefühl etabliert hat. Wir ersetzen den traditionellen Fokus der psychoanalytischen Therapie auf Deutung und Abbau unbewusster Abwehrkräfte durch das Anbieten strukturierter Reaktionen auf aversive Erfahrungen und negative Emotionen. Wir schlagen eine alternative Konflikttheorie vor auf der Grundlage der dialektischen Spannungen und hierarchischen Neuarrangements, die während der Umwandlungen zwischen und innerhalb von Systemen auf jeder Entwicklungsstufe auftreten. Wir stellen eine statische Sicht der

auf Verzerrung beruhenden Übertragungen, die auf gegenwärtige wichtige Personen oder Beziehungen gerichtet werden, infrage und schlagen stattdessen beweglichere Modelle vor. Diese neuen Konstruktionen sind sowohl von Erwartungen beeinflusst, die sich von früheren Erfahrungen herleiten, als auch von gegenwärtigen intersubjektiven Faktoren. Wir beschreiben die gemeinsame Konstruktion von Modellszenen durch Analytiker und Analysand. Wir zeigen, dass jede therapeutische Erfahrung von drei sich überschneidenden Perspektiven aus betrachtet werden kann: der intrapsychischen, der intersubjektiven und derjenigen der Beurteilung des affektiv-kognitiven Zustands.

Zu der Zeit, als wir Psychoanalytiker wurden, beherrschte die Ich-Psychologie die theoretische und therapeutische Landschaft. Wichtige behandlungstechnische Richtlinien basierten auf Eisslers (1953) Erörterung der Parameter, Kris' (1956) Empfehlung für die guten Stunde und Greensons (1967) Betonung des therapeutischen Bündnisses. Der sich erweiternde Rahmen der Psychoanalyse wurde heftig diskutiert. Die strenge Nüchternheit, welche die klassische Psychoanalyse seit Glovers (1931) Kodifizierung der Technik definierte, wurde von Analytikern in der klassischen amerikanischen Tradition (Stone, 1961; Greenson, 1967) und von freundlich gesonnenen Kritikern wie George Klein (1970) infrage gestellt.

Rückblickend können wir Robert Kennedys Worte auf die Geschichte der psychoanalytischen Behandlungstechnik übertragen: »Manche Menschen betrachten die Dinge, wie sie sind und fragen, warum? Ich träume von Dingen, die es noch nie gegeben hat und frage, warum nicht?« Wenn Analytiker in der Vergangenheit »Warum?« fragten – beispielsweise, warum verwenden wir die Couch oder sehen unsere Patienten vier bis fünf Mal pro Woche oder beantworten keine Fragen – dann wurden die Antworten aus einer Theorie der Abstinenz, Neutralität und optimalen Frustration abgeleitet. Als die Analytiker »Warum nicht?« zu fragen begannen – beispielsweise, weshalb sollten wir nicht stärker affektiv reagieren oder informieren oder flexibel in der Terminplanung sein – setzte ein tief greifender Wandel im analytischen Milieu ein. Zuerst machte die strenge Autorität einer analytisch geprägten Antwortbereitschaft Platz. Eine Frage mochte beantwortet, ein Honorar mochte verändert, das Geschenk eines Patienten mochte angenommen werden ohne den automatischen Verdacht, dass Pathologien verdeckendendes Agieren zugelassen wurde. So weit, so gut. Jedoch kann die Frage »Warum nicht?« leicht zu einem Mischmasch technischer Missgeschicke führen, in denen die Bemühungen, dem Stereotyp des stummen, reaktionslosen Analytikers entgegenzuwirken, zu Gegenübertragungs-Geständnissen und Selbstenthüllungen ohne ein wohl durchdachtes Grundprinzip führen können.

Wir erkennen die Mängel einer Technik der leeren Projektionsfläche und des reflektierenden Spiegels, aber wir sehen auch die Gefahren, die durch den Austausch mit einem Ansatz der interaktiven Beziehung, die als die wesentliche Quelle des therapeutischen Einflusses *an sich* aufgefasst wird, entstehen. Unser Ziel ist eine Behandlungstechnik, die eine Beziehung zwischen Analytiker und Patient entstehen lässt, welche höchst wirksam die Exploration von Bedeutungen und Motiven erleichtert. Wie bereits früher erklärt wurde:

> »Es ist eine einzigartige Eigenschaft der Analyse, dass die wechselnden Belastungen am Schnittpunkt zwischen Analytiker und Analysand zu einem aufeinander bezogenen Austausch führen, der nach genauer Bestimmung und einem verstehbaren, emotional gefüllten Bedeutungsfeld [set of emotion-laden meanings] verlangt. Also ist die Beziehung zwischen Analytiker und Analysand mehr als die Arbeitsgrundlage für die Analyse; die wechselnden Belastungen darin sorgen für wichtige Daten, aus denen die bedeutsamsten Aspekte des Verstehens gewonnen werden.« [Lichtenberg, 1983/1991, S. 213]

Mit diesem Aspekt unseres Ansatzes bewahren wir die Kontinuität einer geschätzten psychoanalytischen Tradition, nämlich der Steigerung der Selbstreflexion. Wir halten weiterhin die Suche nach Verstehen für wichtig, die sich aus den Folgen des Assoziationsflusses speist. Wir halten einen analytischen Rahmen mit regelmäßigen Sitzungszeiten, Honorarvereinbarungen und bestimmten Untersuchungsweisen für eine der Voraussetzungen, welche die Exploration ermöglichen. Dieser Rahmen ist dem größten Druck unterworfen worden. Während er von manchen so starr gehandhabt wurde, dass er selbst in fähigen Händen brechen musste, wurde er von anderen unter dem Deckmantel, Mängel an Fürsorglichkeit auszugleichen, völlig verbogen. Wir halten einen festen, wohl durchdachten Rahmen für eine wichtige Stütze bei der Entwicklung einer auf Vertrauen und Hoffnung basierenden Beziehung. Innerhalb der wohl bekannten Grenzen trägt eine situationsangemessene Flexibilität zum menschlichen Austausch bei und liefert Erfahrungen für die Selbstreflexion.

Die Entwicklung unserer Behandlungstechnik entspringt zwei Quellen: der Selbstpsychologie und der empirischen Säuglingsforschung. Aus der Selbstpsychologie haben wir unser zentrales Augenmerk auf das Selbstempfinden und das Aufrechterhalten eines Gefühls von Kohäsion und Vitalität übernommen. Aus der Säuglingsforschung haben wir unsere Theorie der fünf motivationalen Systeme und der Bedeutung von durchlebten Erfahrungen für Entwicklung und Gedächtnis abgeleitet. Sowohl aus der Selbstpsychologie als auch aus Säuglingsstudien stammt unsere Betonung von Emotionen als wichtigen Wegweisern zur Anerkennung der Selbst-Erfahrung und des Begehrens, der Wünsche, Ziele, Absichten und Werte, die sich in kunstvolle symbolische Formen kleiden. In unserer Erfahrung als Patienten, Therapeuten und Lehrer-Supervisoren haben wir uns von einer empirischen Annäherungsweise an psychoanalytische Lehrsätze leiten lassen. Unsere praktische Erfahrung erlaubt uns, Prinzipien zu formulieren, von denen wir glauben, dass sie Sicherheit, Vertrauen und eine Neubelebung der Hoffnung fördern, die Therapeuten und Patienten im Verlauf einer psychotherapeutischen Behandlung benötigen.

In den folgenden Kapiteln begleiten wir einen Analytiker in der direkten Konfrontation mit den von Moment zu Moment auftretenden Schwierigkeiten, die Erfahrungen, die Bedeutungen und die Motivationen eines Patienten zu verstehen. Wir sind Zeugen des Erfolgs und Versagens des Analytikers in seinem Versuch, die gelebte Erfahrung seiner Patientin aus ihrer Sicht zu begreifen. Bei diesen therapeutischen Gesprächen verbinden sich Theorie und Intuition in dem spontanen Augenblick – und geben uns damit Gelegenheit, die Hintergründe dessen zu erforschen, was Analytiker und Analysand zueinander sagen. Implizit und explizit dienen die Prinzipien der Behandlungstechnik als Führer im therapeutischen Austausch. Spätere Neuüberlegungen der getroffenen Wahl helfen uns, diese Prinzipien zu definieren und zu verfeinern.

Nun folgt eine kurze Beschreibung von zehn »benutzerfreundlichen« Prinzipien der Behandlungstechnik. Danach lassen wir den

Leser in das wortwörtliche Protokoll der Analyse Nancys eintauchen. Die Analyse Nancys, wie auch andere therapeutische Erfahrungen, verwenden wir im gesamten Buch, um die Technik zu erläutern. Die Aufzeichnungen zum Prozess in Nancys Analyse erstrecken sich jeweils über eine Woche analytischer Arbeit in Abständen von etwa zwei Jahren zwischen den Jahren 1983 und 1990. Erläuternde Kommentare begleiten die Assoziationen und Interventionen. Später werden die zehn Prinzipien anschaulich und detailliert erörtert. Dem folgen vorgeschlagene Änderungen in der Theorie und dem technischen Umgang mit Affekten, Übertragung und Trauminterpretation. Außerdem liefert das therapeutische Material eine Grundlage zur Erklärung unserer Nutzung von Modellszenen, um Sexualität, Zuneigung und Erotisierung zu verstehen und zu analysieren. Zuletzt überdenken wir die Modi therapeutischen Handelns: Selbstaufrichtung, gemeinsames Anwachsen der Bewusstheit und die Neuorganisation symbolischer Vorstellungen.

Wir stellen unsere Prinzipien der Behandlungstechnik kurz vor, damit sich der Leser auf das dann folgende therapeutische Gespräch im Bewusstsein der Überlegungen, welche die Analyse leiten, einlassen kann.

Als unser erstes Prinzip halten wir fest, dass die *Analyse in einem Rahmen der Freundlichkeit, Beständigkeit und Verlässlichkeit sowie einem Milieu der Sicherheit durchgeführt werden soll*. Vorkehrungen, die für beide Teilnehmer eine sichere Atmosphäre fördern, erhöhen die Wahrscheinlichkeit, dass der Patient Zugang zu durch Scham und Angst blockierten Assoziationen findet. Der Analytiker, der in einer vertrauten Arbeitsweise stabilisiert und orientiert ist, hat Zugang zu einer höchst spontanen Reagibilität. Die Aufrechterhaltung und Anpassung des Rahmens beeinflusst alle Geschehnisse in der Analyse, gewöhnlich im Hintergrund.

Durch das zweite Prinzip, die *systematische Anwendung eines empathischen Wahrnehmungsmodus*, gewinnt der Analytiker Informationen, während er aus der Perspektive des Patienten zuhört. Wie ein Patient sich selbst und andere empfindet, die Quellen dieses affektiv-kognitiven Zustands und der mögliche Spielraum oder die Flexibilität der Reaktionen des Patienten auf derartige Zustände können dann erkannt, konzeptualisiert und interpretiert werden. Mit Hilfe des empathischen Wahrnehmungsmodus glauben wir, den gesamten Erfahrungsstand des Patienten in einem artikulierten Sinn erfassen zu können. Das heißt, wir glauben, dass wir Aspekte der Beziehung des Patienten-Selbst zu anderen, verbundenen Zeitsequenzen, beabsichtigten Kausalbeziehungen und eingeschätzten affektiven Spielräumen erkennen. Der systematische Versuch, sich in den Geisteszustand des Patienten einzufühlen, gestattet dem Analytiker die Wahrnehmung von Assoziationen, die bewusste, vorbewusste und manchmal unbewusste Gedankenpfade verbinden.

Wir gehen bei unseren benutzerfreundlichen Prinzipien von einem allgemeinen Rahmen und einer allgemeinen Haltung gegenüber dem Patienten und seiner subjektiven Welt zu spezielleren Prinzipien über. Das dritte Prinzip beschäftigt sich mit der Erfordernis, dass wir *den speziellen Affekt des Patienten erkennen, um seine Erfahrung würdigen zu können, und die gesuchte affektive Erfahrung erkennen, um die Motivation des Patienten würdigen zu können*. Wenn der Analytiker den Affekt des Patienten einfängt, befähigt ihn das, die Qualität des beschriebenen Erlebens zu würdigen. Die gesuchte Selbstobjekt-Erfahrung zu erkennen, setzt den Analytiker in die Lage, die Motivation des Patienten zu würdigen. Was ist aus der Sicht des Patienten das Ziel, das er verfolgt, Beruhigung, Anregung oder die Erfüllung eines aus einer breiten Palette an Bedürfnissen?

Das vierte Prinzip lautet, *die Botschaft enthält die Botschaft*. Wir lauschen der Erzählung des Patienten, der Darstellung eines Ereignisses oder der Erklärung eines Symptoms nicht nur mit Blick auf das Ausgesagte, sondern auch auf das Implizierte. Indem wir darauf achten, was sich im Bewusstsein oder dicht daran befindet, bestätigen wir dem Patienten den Wert seiner spontanen Assoziationen, der Geschichte seines Lebens, erzählt, wie sie ihm in den Sinn kommt. Wir nehmen weder an noch vermitteln wir, dass mit dem Erzählten beabsichtigt wird, von dem nicht Erzählten abzulenken, oder dass das Fehlende notwendigerweise von größerer analytischer Bedeutung ist als das Erzählte. Wir hören und sehen die in Worten, Gesten und Mimik ausgedrückte Kommunikation des Patienten, um uns mit den Absichten des Patienten vertraut zu machen, wie er sie uns wissen lassen möchte. Als Folge der gesteigerten Wertschätzung – weil ihm so zugehört wird – fühlt sich der

Patient ermuntert, zuvor verborgene oder unbewusste Motive und Botschaften dem Bewusstsein zugänglicher zu machen.

Unser fünftes Prinzip ist, *die narrative Hülle zu füllen* – das Wer, Was, Wo und Wann eines Ereignisses zu erfahren, das in den Assoziationen des Patienten oder im analytischen Austausch aufgetaucht ist. Unsere analytische Nachfrage zieht eine einzigartige Perspektive in der Erzählung des Patienten nach sich. Während wir den Patienten ermutigen, sich und seine Erfahrungen in einer immer ausführlicheren Art und Weise zu enthüllen, können wir den emotionalen Reichtum der erzählten Ereignisse stimulieren und verstärken, besonders derjenigen, die im Hier und Jetzt der Analyse stattfinden und uns mit einschließen. Zusätzlich trägt der Erfolg des Patienten, jedes Element seiner Lebensgeschichte zu strukturieren, zur Stärkung des Selbstgefühls bei.

Unsere praxisorientierten Behandlungstechniken zielen darauf ab, den Zugang zu Übertragungs-Kommunikationen für Patient und Analytiker zu vergrößern. Um die gemeinsame Erforschung der Übertragungen des Patienten zu fördern, schlagen wir als unser sechstes Prinzip vor, dass *der Analytiker die Zuschreibungen des Patienten trägt* und somit sowohl Analytiker als auch Analysand befähigt, den Analytiker besser aus der Sicht des Patienten zu sehen. Das bezieht sich auf die Akzeptanz des Analytikers und die spätere Erforschung der direkten und indirekten Zuschreibungen, die der Patient vorgenommen hat. Dazu gehört auch eine Untersuchung durch Analytiker und Patient, wie der Analytiker bewusst oder unbewusst die Zuschreibung ausgelöst haben könnte.

Unser siebtes Prinzip ist, *gemeinsam Modellszenen zu konstruieren*. Wenn Analytiker und Patient ihre Informationen zusammentragen, um Modellszenen zu konstruieren, wird zunächst Verwirrendes klarer, früheres Verstehen wird integriert und die Exploration der Erfahrung und Motivation des Patienten wird gefördert. In diesem Prozess zieht der Analytiker sein unmittelbares Erleben des Patienten, eine Theorie adaptiver und maladaptiver Entwicklung in jedem der fünf motivationalen Systeme sowie Vorstellungen und Bilder heran, die er früher enthüllten Schemata des Selbst-mit-anderen entnommen hat. In grafischer und metaphorischer Form heben Modellszenen Erfahrungen hervor und fassen sie zusammen, die herausragende Motivationsthemen repräsentieren, welche wiederum als unbewusste Fantasien und pathogene Überzeugungen konstruiert und rekonstruiert wurden. Im Entwurf der fünf motivationalen Systeme ordnen wir *Aggression* (Antagonismus) zusammen mit *Rückzug* als ein Reaktionsmuster des aversiven Systems ein. Ebenso wenig wie die Aggression unter unseren Motivationen eine privilegierte Position einnimmt, spielen Widerstand, Widerwillen oder Abwehr eine privilegierte Rolle bei unseren behandlungstechnischen Empfehlungen. Unser achtes Prinzip lautet also, dass *aversive Motivationen einen kommunikativen Ausdruck darstellen, der wie jeder andere erforscht werden muss.* Wie bei jeder anderen verbalen oder nonverbalen Kommunikation oder jedem Ausagieren stellen wir den Rückzug des Patienten, seine Abwehr, seine Provokationen, sein Verleugnen und Vernebeln aus der Sicht seines Erlebens in den Mittelpunkt. Nur wenn dem Patienten Aversivität als eine subjektive Erfahrung in einem intersubjektiven Kontext bewusst werden kann, können sich unserer Überzeugung nach Analytiker und Patient der Motive des Patienten vergewissern, wie er sie konstruiert hat.

Unser neuntes Prinzip beschreibt drei Interventionsmöglichkeiten, die den Explorationsprozess fördern. Die erste und gebräuchlichste Intervention besteht darin, dass der Analytiker anspricht, was er erspürt hat, wobei sein Wahrnehmungsmodus ein empathischer sein sollte. Der Analytiker sollte also innerhalb der Sichtweise des Patienten, wie er sie konstruiert hat, bleiben. Bei dieser Intervention vermitteln wir unser Verständnis dessen, was der Patient mitzuteilen versucht. Wir geben zu erkennen, dass wir den Affektzustand des Patienten erfassen, und wir beschreiben erkennbare Muster, die Leben, Erfahrung und Übertragungen des Patienten strukturieren. Bei der zweiten Möglichkeit lassen wir als Analytiker unsere Eindrücke Gestalt annehmen, indem wir einen Schritt vom Erleben des Patienten weggehen, um Zugang zu unserem eigenen Erleben zu gewinnen. Wir teilen unsere Zustimmung, unsere Absichten und Gefühle mit und bieten somit unsere Sichtweise an. Als Drittes halten wir fest, dass bedeutsame Interventionen gelegentlich von diesen gebräuchlicheren Formen der Intervention des Analytikers abweichen. Sie können spontan, nicht vorsätzlich und dennoch angemessen sein. Sie vermitteln unsere Beziehung zum Patienten und unsere besondere Aufmerksamkeit ihm gegenüber. Wir nennen diese Interventionen »diszipliniert spontane Engagements«. Sie signalisieren unsere Bereitschaft, uns authentisch an der Unmittelbarkeit einer speziellen Interaktion oder Rollendarstellung zu beteiligen, ohne die Gesamtstruktur des analytischen Rahmens zu opfern.

Unser zehntes und letztes Prinzip ist wiederum ein übergreifendes. Wir *verfolgen die Auswirkungen unserer Interventionen und die Reaktionen des Patienten darauf, um ihre Wirkung einzuschätzen.* Besonders achten wir auf unvermeidliche Brüche des optimalen Niveaus der gemeinsamen Kommunikation. Wir bemühen uns, Störungsquellen zu erkennen, besonders diejenigen, die auf Seiten des Patienten durch seine Wahrnehmung empathischen Versagens ausgelöst wurden. Wir glauben, dass es das wichtigste dem Analytiker zur Verfügung stehende Mittel zur Einschätzung therapeutischer Wirksamkeit ist, die Reaktionen des Patienten auf verschiedene Interventionen hin zu verfolgen. Patienten erleben die Intervention des Analytikers selten primär als »eine Deutung«, sondern vielmehr als eine *Sequenz* beteiligten oder unbeteiligten Zuhörens, gesprochener Wörter plus Hmms und anderer nonverbaler Mitteilungen. Durch eine Folge von Interventionen vermittelt der Analytiker eine kohärente Empfindung von Absicht, was einen kumulativen Effekt der aufeinander folgenden Deutungen ermöglicht. Durch das Erkennen von Brüchen im analytischen Prozess und den auslösenden Momenten im Gespräch stellt der Analytiker den affektiven Kontakt mit dem Erleben des Patienten wieder her und hält dadurch das Milieu von Sicherheit aufrecht.

Nachdem wir unsere zehn Prinzipien umrissen haben, wollen wir sie der Feuerprobe einer realen Psychoanalyse unterziehen und gehen damit zur Zusammenfassung der Fallgeschichte und den Aufzeichnungen aus Nancys Behandlung über.

2. Zusammenfassung der Fallgeschichte und die Auswirkungen gelebter Erfahrungen auf das Selbst und die motivationalen Systeme der Patientin

Als Nancy ihre Behandlung bei mir begann, war sie jenseits der Dreißiger. Sie wünschte sich eine tiefe und dauerhafte Beziehung zu einem Mann, wollte heiraten und Kinder haben. Sie hatte das Gefühl dahinzutreiben und hoffte, eine Behandlung würde ihr jemanden frei Haus liefern, der ihr Dampf machte. Sie hatte bereits mehrere Jahre Therapie bei einem Analytiker in einem anderen Landesteil hinter sich. Sowohl Nancy als auch ihr Analytiker hielten diese Therapie für erfolgreich. Im Mittelpunkt der Analyse hatte Nancys gestörte, von Schuldgefühlen belastete Beziehung zu ihrer verstorbenen Mutter gestanden. Mit Hilfe des Analytikers beendete Nancy eine Beziehung, die nicht tragfähig schien und traf eine lebensbestimmende Entscheidung: Sie gab ihre Stelle als Leiterin eines medizinischen Labors auf und zog in den Osten des Landes, um in den höheren Fachsemestern einer Universität Philosophie zu studieren und zu promovieren.

Die Mutter der Patientin hatte den 15 Jahre älteren Vater Nancys im Alter von 22 Jahren geheiratet aus Angst, eine »alte Jungfer« zu werden. Sie entstammte einer wohlhabenden Familie mit acht Töchtern im Südwesten Amerikas. Ihre Mutter (Nancys Großmutter) wurde, ebenso wie ihre Töchter, als große Schönheit betrachtet, obwohl Nancys Mutter sich im Vergleich mit Mutter und Schwestern hässlich und dumm fühlte. Die Schwestern, die alle Männer aus der Ölindustrie geehelicht hatten, fanden, Nancys Mutter habe sich unter Stand verheiratet. Nancys Vater stammte aus einer alteingesessenen Farmerfamilie in einem östlichen Bundesstaat. Er hatte die Farm verlassen, um in der Ölindustrie zu arbeiten, beschloss aber kurz nach seiner Heirat – die Wirtschaft war in eine Rezession geraten – die Arbeit auf der Farm wieder aufzunehmen. Dadurch wurde seine Frau von ihrer Herkunftsfamilie getrennt. Nancys Mutter, die den Ruf einer »Heiligen« hatte, akzeptierte die Entscheidung ihres Manns, war aber nie glücklich damit. Nancy wurde drei Jahre nach ihrem älteren Bruder Matt geboren.

Im letzten Drittel der Schwangerschaft mit Nancy erkrankte Nancys Mutter an Placenta praevia und verbrachte die Zeit bei ihrer Familie im Südwesten. Bei der Geburt wog Nancy etwas unter 2.300 Gramm, war aber gesund. Ihre Mutter erholte sich langsam und es wurde beschlossen, dass der Vater das Baby mit auf die Farm nehmen sollte, während die Mutter erst etwas später folgen würde. So wurde Nancy in den ersten Lebensmonaten hauptsächlich von Männern versorgt – von ihrem Vater und Großvater. Nancy ist fest überzeugt, dass ihre Mutter auch nach der Rückkehr zur Familie nie das Gefühl der Zuneigung zu ihr entwickelte, das sie zwischen ihrer Mutter und Matt bemerkte. Bis zum Alter von fünf Jahren aß Nancy auf dem Schoß ihres Vaters. Bis zum dritten Lebensjahr schlief sie im Schlafzimmer ihrer Eltern. Nancy war drei Jahre, als ihr Großvater, den sie innig liebte, starb. Bis zum Alter von 11 Jahren war sie Bettnässerin und erhielt regelmäßige Einläufe wegen Verstopfung.

Als kleines Mädchen hatte Nancy blondes lockiges Haar und war zierlich. Alle fanden sie hübsch, was ihr sogar die Gunst ihrer Mutter eintrug. Im Alter von fünf Jahren, als man sie vom Schoß ihres Vaters verbannte, dunkelte Nancys Haar nach, wodurch sie ihre Anziehung verloren zu haben glaubte. Während der nächsten Jahre arbeitete Nancy zusammen mit Vater und Bruder auf den Feldern. Um wie sie zu sein, weigerte sich Nancy, einen Rock zu tragen. In der frühen Teenagerzeit erlebte sie einen starken Wachstumsschub, der sie zu einem großen, ungelenken Mädchen werden ließ, welches seine Klassenkameraden überragte.

Nancys Beziehung zu ihrem Bruder spielte in der Kindheit eine große Rolle. Sie beschrieb eine frühe Erinnerung, wie ihr Großvater Matt mit seinem Stock drohte, als dieser Nancy hänselte und quälte. Matt bemächtigte sich oft ihrer Spielsachen und zerlegte und verbrannte sogar ihre Lieblingspuppe. In recht jungen Jahren begann Matt damit, seinen Penis an ihrem Bein zu reiben. Später dann legte er sich häufig auf sie und masturbierte. Trotz des Missbrauchs folgte Nancy ihm überallhin und suchte verzweifelt seine Gesellschaft. Im Alter von 11 Jahren begann Nancy, gegen die sexuellen Übergriffe aufzubegehren. Matt drohte, sie zu verletzen, wenn sie der Mutter etwas verraten würde und bestach sie mit Geld, weiter mitzumachen. Nach etwa einem weiteren Jahr bestand Nancy darauf, dass die sexuellen Handlungen aufhörten. Matt wandte sich den wenigen Freundinnen zu, die Nancy gewonnen hatte. Sie fühlte sich doppelt verraten, als ihr Bruder und ihre Freundinnen sich von ihr ab- und einander zuwandten. (Sie und ihre engste Freundin hatten viele verschiedene »Doktorspiele« miteinander gespielt.)

Nancy war eine gute Schülerin gewesen. Sie war ernsthaft und zeigte besonderes Interesse für Religion. Sie hielt sich nie für so intelligent und von so rascher Auffassungsgabe wie Matt. Allerdings lernte sie in ihren späteren Pubertätsjahren, dass sie Vater und Bruder zu dogmatischen und bigotten Äußerungen verleiten konnte. Dann fühlte Nancy sich überlegen und verachtete die beiden. Matt verließ das College, nachdem er dort versagt hatte. Daraufhin weigerte sich Nancys Vater, ihre College-Ausbildung zu bezahlen mit der Begründung, wenn der Junge es nicht schaffe, könne sie es mit Gewissheit auch nicht – und dass Mädchen überdies sowieso nicht aufs College gehörten. Eine Tante finanzierte Nancy ihr erstes College-Jahr. Die übrigen Jahre bestritt sie mit Stipendien.

Auswirkungen auf das Selbst und die motivationalen Systeme

Nancy war alles in allem ein attraktiver, kluger, kompetenter und fürsorglicher Mensch, sofern ihre Selbstorganisation kohäsiv und lebendig war. Doch die Schwierigkeiten, die in jedem ihrer motivationalen Systeme bestanden, machten sie anfällig für Episoden des Verlusts ihrer Selbst-Kohäsion sowie eine Reihe schmerzvoller dysfunktionaler Zustände.

Die Regulation physiologischer Bedürfnisse

Nancys frühe Erfahrung der gestörten Ausscheidungsregulierung, ihr Bettnässen und die Abhängigkeit von Klistieren, bestand in direkter und metaphorischer Form weiter. Oft hatte Nancy Schwierigkeiten mit Verstopfung, was zusammentraf mit dem Zurückhalten, Vergessen, Ignorieren ihrer Zahlungen an mich sowie dem »Herumspielen« damit. Oft fürchtete und drohte sie, die finanzielle Kontrolle zu verlieren und die Analyse aufgeben zu müssen. Sie wünschte, ich würde kein Honorar von ihr verlangen oder ich würde ihr das ganze Problem abnehmen. Finanziell lebte sie dicht am Abgrund, denn ihre Haupteinnahmequelle war ihre Wochenendarbeit als Laborantin. Etwas Geld erhielt sie außerdem aus den Erträgnissen der Farm ihrer Eltern und als Philosophiedozentin. Heftig ängstigte sie die Vorstellung, die Kontrolle über den Urin oder die Menstruationsblutung zu verlieren und die Couch zu durchnässen oder zu verschmutzen. Während der Analyse hörte sie auf zu rauchen, wodurch das Essen eine Zeit lang zum Problem wurde, jedoch nicht zu einem großen. Sie glaubte, von ihrer Mutter sehr wenig taktile Stimulation bekommen zu haben und verband diese Mangelsituation mit Ekzemen, die seit ihrer Kindheit bis ins Erwachsenenalter immer wieder aufgetreten waren. Eine Modellszene, die viele Regulationsprobleme miteinander verband, entstammte ihrer Erinnerung, wie sie allein nach oben zu Bett ging und ihr Nachttöpfchen trug, das sie schallend an das Treppengeländer schlug. Keinen Abend gelang es ihr, die Mutter dazu zu bringen, mit ihr hinaufzugehen. Es blieb ihr allein überlassen, sowohl mit dem Töpfchen als auch mit dem Einschlafen zurechtzukommen. Das schallende Schlagen drückten ihre Wut und ihren aufmüpfigen Geist, aber auch ihre Unterwerfung aus. Als Erwachsene litt sie manchmal unter Schlafproblemen. Sie hatte häufig Alpträume, die mit intensiver Angst und Scham einhergingen, sie könne ihre Ausscheidungen nicht kontrollieren und würde dabei entdeckt.

Bindung und Zugehörigkeit

Zwei von Nancys Erinnerungen dienten als Auslöser für Modellszenen (Lichtenberg, 1989), mit denen wir wiederholt arbeiteten, um ihre Bedeutung zu erweitern. Die erste ist Nancys Erinnerung, wie sie am Bein oder Rock ihrer Mutter zerrt und spürt, wie ihre Mutter erstarrt, als sie sich dem Drängen des Kindes widersetzt. Die zweite Modellszene ist, wie Nancys Mutter sich bückt und Matt hochnimmt, auf den Küchentisch setzt und sich vorsingen lässt. Als Nancy auf den Tisch klettert, sagt die Mutter: »Du kannst nicht singen.« Diese beiden Modellszenen halfen uns, das Wesen von Nancys Bindung an ihre Mutter zu definieren. Es ist die Bindung an eine Bezugsperson, die keine spontane positive Neigung ihr gegenüber verspürt, von der das Kind jedoch beobachtet, dass sie anderen gegenüber durchaus dazu fähig ist. Nancy sah ihre Mutter als einen Menschen, der mit einer »heiligen« aber unnachgiebigen Strenge immer seine Pflicht tat. Durch die Augen der Mutter betrachtet war Nancy eine übermäßig abhängige Last, von der sie endlich befreit werden wollte, damit sie mit ihrem pflichtreichen Leben fortfahren konnte. Ersatzweise fand Nancy viele Menschen – vor allem Männer, doch auch eine Tante väterlicherseits – die sie willkommen hießen und mit denen sie Nähe erleben konnte.

Nancys Zugehörigkeit zu ihrer Familie war von angespannter Intimität geprägt. Das Leben auf der Farm war einsam für die Kinder. Die nächsten Nachbarn waren kinderlose Onkel auf ihren Farmen. Spielkameraden waren rar, wodurch die Familienmitglieder besonders abhängig voneinander wurden. Das bedeutete, dass Nancy in ihrer Selbstwertentwicklung mehr als üblich von ihrer Kernfamilie abhängig war. Durch die Lebensumstände der Familie hatte Nancy jedoch große Schwierigkeiten, das Gefühl aufrechtzuerhalten, jemand aus der Familie bewundere und respektiere sie, und sie hatte keine Möglichkeit, diese Bestätigung anderswo zu finden. Die Familie ihres Vaters waren alteingesessene Landbesitzer auf wertvollem Farmland. Der Vater war in der Ölindustrie erfolgreich gewesen und weit gereist. Doch aus der Sicht der Mutter war Nancys Großvater ein schmutziger, stinkender alter Mann mit einem Spucknapf und Nancys Vater ein unfähiger Bauer, der zu viel trank. Nancys Loyalität lag primär bei der Familie ihres Vaters, und ihre Bemühungen, sich der Familie ihrer Mutter zugehörig zu fühlen, wurden durch deren Haltung herablassender Überlegenheit blockiert. Nancy spürte ein gewisses Interesse für religiöse Fragen, was von ihren Eltern nicht gefördert wurde. Als Erwachsene trat sie entgegen der ausdrücklichen Wünsche ihrer anglikanisch-protestantischen Familie zur katholischen Kirche über. Auch dass sie sich, ebenfalls in Opposition zu ihrer Familie, in psychoanalytische Behandlung begeben hatte, stellt in gewissem Maß ein »Festhalten« an einer unabhängigen Zugehörigkeit dar.

Exploration und Selbstbehauptung

In der Kindheit entwickelte Nancy Such- und Erklärungsmuster, die sie bis in die Gegenwart beibehalten hat. Um sich wohl und fähig zu fühlen, ihren ausgezeichneten Verstand zum Erforschen und Sortieren ihrer persönlichen kreativen Reaktionen zu nutzen, muss sie allein sein. Das, vermute ich, stammt aus der Zeit des kreativen Spiels mit Spielzeug und Puppen, wenn sie allein oder mit einer Freundin zusammen war. Für Nancy bedeutete das Spiel mit ihrem Bruder angespannten Vergleich, Wettbewerb und die Erwartung von herabsetzenden Bemerkungen und Demütigungen. Heute bringt sie dem Studium solche Gefühle entgegen. Doch ein noch größeres Problem ist ihre Überzeugung, dass sie, um sich kompetent zu fühlen, Aufgaben rasch erfüllen müsse – ohne Rücksicht auf Risiken. Eine Modellszene für diese Überzeugung ist folgende Erinnerung: Die Kinder spielen auf dem Dach eines Schuppens. Matt sagt, Nancy müsse mit ihm zusammen hinunterspringen, sonst würde er sie dort oben zurücklassen. Aus Angst, für feige gehalten oder zurückgelassen zu werden, überwand Nancy ihre Angst und setzte sich einer Verletzungsgefahr aus, die für sie als das wesentlich kleinere Kind durchaus bestand, und sprang. Als Folge daraus fühlt Nancy sich bei Entscheidungen zu raschem kontraphobischem Handeln gezwungen, gleich ob am Arbeitsplatz, bei Prüfungen oder wenn sie sich in der Analyse in Probleme stürzt. Nancys Ziel, schnell und risikofreudig zu sein, dient nicht nur der Vergewisserung, von ihrem Bruder akzeptiert zu werden, sondern auch dazu, ihr ein Gefühl von Effizienz und Kompetenz zu geben. Jede andere Art und Weise erscheint Nancy mühsam und langweilig. Irgendwann während der Latenzzeit wurde ihr eine Freundin der Mutter, die unverheiratet war und als medizinisch-technische Assistentin selbst ihren Lebensunterhalt verdiente, zum Modell für ihre beruflichen Ziele.

Obwohl Nancy als medizinisch-technische Assistentin und Laborleiterin erfolgreich war, befriedigte sie die relativ geringe intellektuelle Herausforderung nicht. Sie entwickelte einen starken Wunsch, abstrakte Themen zu untersuchen und beschloss daher, Philosophie zu studieren. Insbesondere interessierte sie sich für ethische Fragestellungen. Sie erhoffte sich hieraus Antworten auf Probleme der Patientenversorgung und auf persönliche Fragen, z. B. nach der Verantwortlichkeit für das ihr früher Geschehene und heute noch Geschehende.

Aversivität

Nancys allgemeiner Sinn für Freundlichkeit und Wärme deutet stark darauf hin, dass ihr die Prädisposition zu einer liebenden Bezogenheit angeboren und ihr aversives System nicht in starren Mustern von Antagonismus oder Rückzug organisiert war. Die Abneigung, die sie ihrer Mutter entgegenbrachte und von dieser – ihrem Empfinden nach – auch empfing, war größtenteils das Gefühl einer kühlen Pattsituation. Nancys Wut wurde verdeckt durch die pflichtgemäße Zuwendung ihrer Mutter, die zu Nancys Sicht ihrer Mutter als einer Heiligen geführt hatte. Ihrer verletzten und zornigen Gefühle war sich Nancy nur dann voll bewusst, wenn sie die Freude ihrer Mutter an Matt beobachtete. Den offenen Ausdruck von Widerspruch stellte Nancy bald ein und zog sich stattdessen in Selbstzweifel zurück. Die Modellszene, die diese Folgeerscheinung zum Ausdruck brachte, fand statt, als Nancy von ihrem Musiklehrer ausgewählt wurde, um im Schulchor ein Solo zu singen. Aufgeregt lief sie nach Hause, um es ihrer Mutter zu erzählen. Die Mutter reagierte mit der Antwort: »Aber du kannst nicht singen, dein Bruder ist der Sänger in unserer Fami-

lie.« Nancy verließ den Chor, da sie nicht mehr wusste, ob sie singen konnte oder nicht. Schließlich gab sie den Gesang ganz auf.
Ein weiteres hervortretendes Muster der Aversivität gegenüber ihrer Mutter richtete sich gegen Nancys altruistische Bemühungen, sich um andere zu kümmern. Nancy spürte früh, dass ihre Mutter sich wünschte, sie solle ein großes Mädchen sein, sich um sich selbst kümmern und ihrer Mutter helfen. Wenn Nancy sich erbrach oder Bett oder Kleidung beschmutzte, musste sie es selbst wieder säubern, weil ihre Mutter dazu nicht imstande war, selbst würgte und sich erbrach. Nancy stürzte häufig oder wurde von Matt herumgestoßen, ohne dass sie große Hilfe erhielt. Nancy weinte dann. Jede dieser Verhaltensweisen – laut sein, sich erbrechen, etwas verschmutzen, weinen – störten Nancys Mutter und konnten einen Migräneanfall auslösen. Dann wurde Nancy die Aufgabe zugewiesen, kalte Kompressen für ihre Mutter in deren abgedunkeltes Zimmer zu bringen. Somit war sie gleichzeitig schuldige Missetäterin und benötigte Pflegerin. Während der Pubertät, so empfand Nancy, führte ihr Großes-Mädchen-/Erwachsen-Sein zu einer weiteren Episode ihrer Ausbeutung. Sie hatte sich gefreut, als ihre Mutter Zeit in der Küche mit ihr verbrachte, um ihr Kochen und Putzen beizubringen. Als sie jedoch entdeckte, dass das Motiv ihrer Mutter war, sie als Haushälterin einzusetzen und selbst berufstätig zu werden, lehnte Nancy ihre neuen Fertigkeiten völlig ab.
Für Nancy ist Altruismus, ein wichtiger Aspekt ihrer Berufswahl als Laborantin, stark durch Schuldgefühle und Ärger vergiftet, was schließlich zu lähmenden Angstanfällen führt. Nancy übernimmt weit mehr als ihren Anteil an Pflichten im Labor aus Sorge, dass Patienten, die für ihre Behandlung Testresultate benötigen, diese ansonsten nicht bekommen würden. Sie löscht ihren Zorn aus dem Bewusstsein, soweit es ihr gelingt. Wenn dann ihr intensives Gefühl des Ausgebeutetseins hervorbricht und mit ihm Wut aufflackert, fühlt sie sich wie besessen von der Vorstellung, sich nachlässig oder schädigend verhalten zu haben. Voll Entsetzen und Angst zieht sie sich zurück und erwägt, ihre Arbeit aufzugeben. Oft findet sie keine Ruhe oder kann nicht zu ihren Studien zurückkehren, bevor sie nicht das Labor angerufen und die Versicherung erhalten hat, dass der Test korrekt ausgeführt wurde. Diese ganze Sequenz wird intensiviert, wenn ein Test oder eine

Behandlung durchgeführt wird, die mit der Atmung des Patienten zusammenhängt. Dies reaktiviert Gefühle von Furcht und Zorn, die bei einem sadistischen Spiel Matts zuerst aufgetreten waren: Er hatte sich ihr von hinten genähert und ihr Nase und Mund zugehalten. Wenn sie aus Angst zu ersticken in Panik geriet und wild um sich zu schlagen begann, ließ er sie los. Wenn sie weinte und klagte, meinte er nur, ihre Reaktion sei ein Vertrauensbruch gegen ihn. Er würde sie niemals wirklich verletzen. Im Gegenteil, sie solle sich schuldig fühlen, weil sie Widerstand geleistet und ihn angegriffen habe. Nancys Klagen bei ihrer Mutter führten zu ähnlichen Gegenbeschuldigungen – Matt sei ein guter Junge, der ihr nicht weh tun würde und es sei ihr Fehler, hinter ihm herzulaufen statt mit ihren Puppen zu spielen. Nancys Bruder nutzte auch ihre altruistischen Regungen aus, indem er ernste Verletzungen vortäuschte und Nancy damit in Angst und Sorge stürzte, um dann über ihre Gutgläubigkeit zu lachen. Eine weitere frühe Angstquelle für Nancy war mit ihrem Vater verbunden. Ihre Mutter verließ nachmittags oft die Farm. Nancy war zu einsam und verängstigt, um allein zum Spielen oder Schlafen im Haus zu bleiben und suchte ihren Vater bei der Arbeit auf. Er setzte sie dann neben sich auf den Traktor. Ihre anfängliche Freude über diese Nähe verwandelte sich in Enttäuschung und Schrecken, wenn sie schläfrig wurde und hinunterfiel, wie es gelegentlich vorkam. Sie kann sich nicht erinnern, einmal schlimm verletzt worden zu sein, doch erlebte sie jedes Mal wieder die Angst, sie könnte fallen und überfahren werden. Gleichzeitig schämte sie sich dafür, ihren Vater bei der Arbeit zu stören. Wegen der intensiven Scham- und Schuldgefühle, die sie in Verbindung mit ihren Ängsten empfand, tat sie, was sie konnte, um ihre Angst zu unterdrücken und zu verdrängen. Ein Psychiater, der viel Zeit mit ihr verbracht hatte, kam zu dem Schluss, sie sei die am wenigsten hysterische Frau, die ihm je begegnet war. Erst in der Analyse bei mir begann sie, wieder längere Angstzustände und Panikattacken zu erleben – besonders an den Wochenenden.
Für Nancy wurden Wissen und Nichtwissen zu einer Waffe, die sie als Ausdruck einer feindlichen Konkurrenz nutzen konnte. Das Spiel, einem anderen eine Falle zu stellen, um ihn zum scheinbar Dummen zu erklären, wurde offensichtlich von allen Familienmitgliedern gespielt. Als Heranwachsende lernte Nancy, ihren

Vater und Bruder hereinzulegen, indem sie die beiden dazu brachte, politische Ansichten zu äußern, die Nancy als absurd ansah und die sie verachten konnte. Diese Form feindseligen Verhaltens setzte sie auch bei Vorgesetzten in der Klinik und im Studium ein, indem sie Standpunkte einnahm, die oft höchst grundsätzlich waren, ihr aber erlaubten, sowohl selbstgerechte Empörung als auch rebellisches Aufbegehren zu erleben.

Sinnlicher Genuss und sexuelle Erregung

Aufgrund der Krankheit der Mutter zur Zeit von Nancys Geburt und der folgenden Trennung des Säuglings von der Mutter scheint das üblicherweise zu erwartende beidseitige sinnliche Vergnügen am Halten, Streicheln, Kuscheln, Wiegen und Plaudern zwischen Nancy und ihrer Mutter nie stattgefunden zu haben. Jedoch scheinen Nancys männliche Pflegepersonen dem Säugling zumindest ausreichend Körperkontakt gegeben zu haben. Auf Grund des immer wiederkehrenden Ekzems können wir die Hypothese aufstellen, dass Nancy ein Säugling mit empfindlicher Haut gewesen sein muss. Wie auch immer eine mögliche Verbindung mit sinnlicher mütterlicher Unter- oder väterlicher Überstimulierung aussehen mag, in Nancys Erwachsenenleben ist das Ekzem eng verbunden mit sexuellen Aktivitäten – heterosexuellen wie masturbatorischen. Das hohe Niveau an Übererregung, das Nancy während ihrer Kindheit verspürt hatte, beschränkte eher ihre Fähigkeit, sinnliches Vergnügen als besänftigende, beruhigende Erfahrung zu erleben. Die Suche nach Beruhigung und Trost verwandelte sich regelmäßig, entweder sofort oder nach einiger Verzögerung, in Erregungszustände, die Verwirrung, Scham, Verlegenheit und Schuldgefühle auslösten. Bis zu ihrem dritten Lebensjahr schlief sie im Schlafzimmer der Eltern. Dass Nancy sexuell erregenden Anblicken und Geräuschen so früh ausgesetzt war, scheint sich in ihrer beharrlichen Enurese auszuwirken. Ihre Assoziationen legen nahe, dass ihr lautstarkes Verlangen, aus dem Kinderbettchen genommen zu werden, um aufs Töpfchen zu gehen, Reaktion auf Gewecktwerden durch die Eltern und möglicher Versuch, deren Verkehr zu unterbrechen, gewesen sein könnte. Der Umzug in ein eigenes Zimmer wurde damit erklärt, sie allein zur Toilette gehen zu lassen – eine Verantwortung, die sie als Im-Stich-gelassen-Werden erlebt. Dieser Kampf um das Bettnässen mit dessen polymorphen Verbindungen zur Sexualität setzte sich bis zur Pubertät fort. Nancys Kerngeschlechtsidentität scheint eindeutig weiblich zu sein. Sie galt als hübsches, blondes, zierliches kleines Mädchen – der Liebling ihres Vaters und Großvaters. Ihr liebevoll-sinnliches Interesse wurde früh auf Männer gelenkt. Zu früh – in dem Sinn, dass es als Ersatz für das fehlende liebevoll-sinnliche Interesse an ihrer Mutter und deren Körper diente. Dieses Interesse wurde dann in der Vorpubertät mit ihrer Freundin ausagiert und taucht in Träumen und Fantasien als intensive Beschäftigung mit weiblichen Brüsten und Gesäßen – den weichen, für Streicheleinheiten empfänglichen Körperteilen – auf. Bis zum Alter von fünf Jahren nahm Nancy ihre Mahlzeiten auf dem Schoß des Vaters zu sich. Diese sinnliche Erfahrung, die sie als Quelle von Trost und Sicherheit betrachtete, wurde selbst eine Quelle der sexuellen Erregung und Zurückweisung. Eine Rekonstruktion auf der Grundlage ihres befangenen Sich-Windens auf der Couch und ihrer Beschäftigung damit, was ich hinter ihrem Rücken tue, führte uns beide zu der Überzeugung, dass sie sich der Erregung und Erektionen ihres Vaters bewusst geworden war und dass die wachsende Gefahr seiner sexuellen Erregung ihn, Nancys Meinung nach, dazu führte, sie von sich zu stoßen. Als sie erwachsen war, rief der Vater sie oft mit dem Namen seiner Frau. Nach deren Tod unternahm er bei zwei seiner Schwägerinnen sexuelle Annäherungsversuche. Als Nancy einmal für ein Wochenende mit einem Freund verreisen wollte, sagte der Vater ärgerlich, statt fortzugehen, um mit einem anderen ins Bett zu steigen, solle sie lieber zu Hause bleiben und mit ihm schlafen.

Nancy hat keine klare Vorstellung davon, wann ihr Bruder damit anfing, seinen Penis an ihrem Körper zu reiben. Zu Anfang tat er es an ihrem Bein. Später legte er sich auf sie und masturbierte bis zum Orgasmus. Mit der Vertreibung vom Schoß des Vaters veränderte sich Nancys Einstellung zu ihrer Weiblichkeit. Sie wurde zu einem Wildfang, arbeitete Seite an Seite mit ihrem Bruder und weigerte sich, ein Oberteil zu tragen. Sich als Wildfang darzustellen, der es mit jedem – männlich oder weiblich – aufnehmen konnte, wurde zu einem überaus starken Motiv. Dieses Motiv diente

Nancy als Ansporn, in der Schule gut zu sein, wurde aber zu einem Druck, der ihre Leistung in den höheren Fachsemestern an der Universität behinderte. Die Suche nach exhibitionistischer Aufregung verleitete sie dazu, echte und fantasierte geistige Duelle mit Professoren und anderen Studenten zu führen, was gelegentlich zu einem ernsten Verlust der Konzentration auf das zu lösende Problem und zu Misserfolgen führte.

Als Nancy in die Pubertät kam, bestand sie darauf, dass ihr Bruder aufhörte, sie sexuell zu benutzen und zu missbrauchen, doch er drohte ihr und bestach sie, damit sie weitermachte. Zur gleichen Zeit bestach auch ihre Mutter sie, damit sie mit dem Bettnässen aufhörte. Nach einem weiteren Jahr verweigerte sie ihrem Bruder seine sexuellen Forderungen und beendete auch die Enuresis, wobei sie das Bestechungsgeld ihrer Mutter als so etwas wie ein Geschenk betrachtete. Sie betrieb nun aktiv sexuelle Spiele mit einem Mädchen ihres Alters. Eine Hauptauswirkung all der sinnlichen und sexuellen Unter- und Überstimulierung war, dass Nancy, soweit sie sich erinnern kann, überhaupt keine sexuellen Gefühle oder Erregungszustände kannte. Diese völlige Abwesenheit angenehmer genitaler Empfindungen dauerte trotz mancher viel versprechender Beziehungen zu Männern bis zu Nancys erster Behandlung. Während ihrer ersten Therapie gewann sie die Empfindung zurück, »verschloss« sich aber, wenn sich die Erregung dem Orgasmus näherte. Ihre erste Orgasmuserfahrung machte Nancy während der Analyse. Sie hatte die Beziehung zu einem »tugendhaften« Mann, mit dem sie gern flirtete, abgebrochen. Sie begann eine kurze stürmische Affäre mit einem ausländischen Arzt, der aktiv und mit unzweideutig verführerischer Absicht auf sie zuging. Mit gemischten Gefühlen der Erleichterung und Schuld »ergab« sie sich und hatte ihr erstes Orgasmuserlebnis. Als diese Affäre zu Ende war, erlebte sie Gefühle der Demütigung über die Schmutzigkeit dieses Liebesabenteuers und Freude darüber, eine wichtige Erfahrung gemacht zu haben – volle sexuelle Erregung zu erleben.

Während der Adoleszenz verabredete sich Nancy selten mit jungen Männern. Ihre Großmutter mütterlicherseits sagte ihr, sie stoße die Jungen fort, weil keiner ihr gut genug sei. Nancy glaubt, dass ihre Großmutter Recht hatte. Nancy ging davon aus, dass die Jungen, die sie gern hatte, für die Familie ihrer Mutter niemals akzeptabel sein könnten, während die Jungen, die diese gebilligt hätte, sie, Nancy, nicht zufrieden stellen konnten – gewöhnlich aus idealistischen Gründen. Hinter diesen eher oberflächlichen Gründen lag Nancys eigene Maßskala – keiner war so gut aussehend, klug oder risikofreudig wie ihr geliebter Bruder Matt.

3. Therapeutische Gespräche: 1983, 1985, 1987, 1989, 1990

Das Ziel des therapeutischen Gesprächs zwischen Analytiker und Patient ist, jene Form der Bindung zu erleichtern, die notwendig ist, um gemeinsam eine Tiefen-Erforschung sowohl der gestörten Selbst-Erfahrung des Patienten als auch der Art, der Spannungen und Bedeutungen des Austauschs selbst durchzuführen. Jeder therapeutische Austausch ist einzigartig. Und doch sind sich therapeutische Gespräche ähnlich genug, dass andere Analytiker in der Lage sein sollten, sich als »Zaungäste« auf dem Schauplatz hinzuzugesellen. Jedoch waren nur der Analytiker und der Analysand am Austausch aktiv beteiligt. Die Spontaneität des Augenblicks gehört ihnen. Sie, der Leser, »hören« ihre Gespräche, nachdem Jahre vergangen sind. Weiter hinten im Buch werden wir uns auf Ereignisse beziehen, die diesem Einstiegspunkt noch vorausgingen. Sowohl der Analytiker als auch Nancy waren überzeugt, dass ihre Art, miteinander zu reden, die grundlegenden Merkmale einer funktionierenden aufdeckenden Behandlung aufwies. Die Form unserer Darstellung, in der wir wörtliche Gespräche durch Überlegungen und Erläuterungen des Analytikers (in Klammern gesetzt) ergänzen, bietet dem Leser zwei Lektüremöglichkeiten. Sie können die nach der Sitzung eingefügten Kommentare des Analytikers zunächst weglassen und nur die Gespräche ohne erklärende Unterbrechungen lesen und anschließend die Kommentare zur Kenntnis nehmen. Oder Sie können die Kommentare lesen, wie sie kommen und versuchen, das therapeutische Gespräch zu erleben, wie es von der Patientin während der Sitzung und vom Analytiker sowohl währenddessen als auch danach gesehen wurde.

21.4.83

83:1:1

P: Hier sind wir wieder, und ich habe diesen Widerwillen anzufangen. Ich habe im Labor gearbeitet, beschloss aber, schon nach acht Stunden Schluss zu machen statt nach zwölf. Ich ging nach Hause, machte ein Nickerchen und nahm dann am Ostergottesdienst teil. Es war eindrucksvoll. Ich hatte ein gutes

Gefühl dazu, dort zu sein – und zu dem, was wir hier machen. Es ist kein Widerspruch – dass ich mich zerstören werde, indem ich religiös bin. Hierher zu kommen, rückt meine Probleme damit in den Brennpunkt. Besonders was mein »Heiligsein« angeht. Es ist früher schon aufgetaucht. [*seufzt*] Hier drinnen kann ich mich einem wichtigen Problem stellen, ohne meinen Wunsch nach Religiosität zu zerstören. Der enttäuschende Teil war, dass der Priester, bei dem ich konvertiert habe, zu beschäftigt, zu geistesabwesend war, mit mir zu sprechen und ich mich dadurch verletzt fühlte. Mir ist klar, dass er Aufgaben hat in seinem Leben, er ist nicht nur für mich da. Eine andere Sache – Arthur [ein Mann, mit dem sie kurz zusammen war] begleitete mich zusammen mit seiner Ex-Freundin zum Gottesdienst. Es war angenehmer für mich, sie mit dabei zu haben. Über das Wochenende habe ich mich insgesamt besser gefühlt, aber am Samstag hatte ich starke Depressionen. Ich weiß nicht, ob ich das Wochenende nicht deshalb hasse, weil ich dann nicht zu Ihnen kann. Das muss etwas damit zu tun haben – obwohl ich nicht weiß, was es bedeutet. Ich bin nicht glücklich [damit], wie wir das interpretiert haben.

83:1:2

A: Was Sie über den Priester gesagt haben, könnte das bei uns auch zutreffen?

[Die Sequenz beginnt mit einer Intervention, welche die Themen der Eröffnungs-Assoziationen aufgreift: Enttäuschung und Verletzung wegen eines Priesters, der zu beschäftigt und geistesabwesend war, um mit ihr zu sprechen – in Verbindung mit ihrer Wochenend-Depression. Das Timing der Frage des Therapeuten ist auf ihr selbst-reflektierendes Fragen nach der Bedeutung abgestimmt, als Ausdruck eines gemeinsamen explorativen Motivs. Die Intervention ist eng mit den Assoziationen und Affekten verflochten. Sie beruht auf der Annahme, dass in ihrer Beziehung sowohl zum Priester als auch zum Analytiker eine ähnliche emotionale Reaktion ausgelöst wurde.]

83:1:3

P: Ja. Das trifft zu, aber es hilft mir nichts, wenn ich es nicht fühle. Ich kann es schon zulassen, Sie zu vermissen. Ich würde nur gern keine niederschmetternde Depression empfinden. Nachdem der Prüfungsstress vorbei war, entdeckte ich meine Sexualität und fand es gut, dieses Gefühl zu haben, auch wenn ich nicht glücklich damit bin, es auf Arthur zu richten. Fantasien, sich nah zu sein und miteinander zu schlafen. Ich verlasse mich darauf, dass ich mich Ihnen anvertrauen und darüber reden und mich dann besser fühlen kann. In den Nachrichten habe ich von einem Psychiater gehört, der seine Patientin vergewaltigt hat. Da bringe ich nun all diese deutlichen Sexsachen herein. Was für ein Mensch sind Sie, dass Sie sich das anhören und mir dabei helfen wollen? Ist daran nicht etwas Perverses? [*herausfordernder, provokativer Tonfall*] Was gerät in all diesen Fällen außer Kontrolle? Das Potenzial ist da. Ich spüre, das wird persönlich in einer Weise wie bisher noch nie. Am Freitag habe ich daran gedacht, dass ich Sie ansehen möchte. Auch nackte Menschen – den Penis meines Bruders sehen. Mir ist in den Sinn gekommen, dass die ganzen Fantasien über Arthur auf den Kopf gestellte Fantasien über Sie sind. Ich sage, mit Ihnen werde ich nichts anfangen, aber mit jemandem, der das Gegenteil von Ihnen ist – jung, groß und naiv. Das sind Möglichkeiten, sexuell aktiv zu werden, ohne vollständige Verwirklichung! [*Pause*] Wie können Sie sich das den ganzen Tag lang anhören?

83:1:4
A: Was Sie zuvor gefragt haben, bringt mich das in Gefahr, die Kontrolle zu verlieren?

83:1:5
P: Das ist eine Möglichkeit. Ich sehe noch andere. Sie haben vielleicht Gefühle – Vergnügen, Aufregung.

83:1:6
A: Dass ich als Folge von dem, wovon Sie sprechen, erregt werde. [Diese beiden Interventionen lagen in Zeitpunkt und Thema nahe beieinander – die zweite folgte auf die Reaktion Nancys auf die erste. Sie macht das Wesen ihrer wachsenden Angst deutlicher, dass ich ihre »perversen« inzestuösen Erfahrungen wiederholen könnte, und ich greife ihre Attribuierung auf.]

83:1:7
P: Sie müssen damit umgehen. Wenn Sie es unterdrücken, kommt es auf irgendeine andere Weise zum Vorschein. So lautet doch die Theorie, nicht wahr?

83:1:8
A: Wenn ich Ihnen sagen würde, wie ich damit umgehe, glauben Sie, Sie wüssten dann, wie sie es könnten?
[Diese Interpretation zielt darauf ab, einen Wunsch nach Lernen an einem Vorbild oder durch einen Rat offen zu legen – die Auffüllung eines regulatorischen Defizits. Obwohl dieses Motiv vorhanden und es ins Bewusstsein zu holen wünschenswert gewesen sein mag, könnte die Intervention auch den Nachteil gehabt haben, von dem brennenderen Problem meiner vermuteten sexuellen Erregung abzulenken.]

83:1:9
P: Ich war mir dessen nicht bewusst – es könnte mein Motiv gewesen sein. Den Unterschied festzustellen, wie ich damit umgehe und wie Sie es tun. Ich denke mir Sie als meinen Gegensatz. Ich werde das Scheinwerferlicht ein Weilchen auf Sie richten. Zum Teil vermeide ich dadurch, zum Teil ist es aber auch echte Sorge, wie Sie damit fertig werden. Ich kenne Psychiater, die hatten meines Wissens keine Methode, die ihnen half. Eine Leerstelle in ihrer Professionalität. Wenn ich mich Ihnen anvertraue, möchte ich wissen, dass Sie in der Lage sind, mit den Themen umzugehen, die ich aufbringe. Ich bin selbstsüchtig – Sie könnten die Kontrolle verlieren. Oder abgestumpft werden, nicht mehr fähig, sich einzufühlen. [*seufzt*] Ich erinnere mich, dass ich mit Dr. S [ihrem früheren Therapeuten] darüber geredet habe, dass er Fantasien hatte. Mich hat der Gedanke getröstet, dass ich die Kontrolle hatte, was auch geschehen mochte – also brauchte er sie nicht zu haben. Das ist jetzt nicht mehr in Ordnung. Meine Beziehung zu Ihnen – in meinen Gedanken sind Sie für mich mein Dad. Ich war ihm sehr nahe. Ich musste mit Gefühlen fertig werden, die sich bei mir einschlichen. Ich muss mit meinen eigenen Gefühlen Ihnen gegenüber fertig werden, ungeachtet alles anderen. [*seufzt*] Ich bin mir bewusst, wie stark ich meine Neugier auf Ihr Leben, Ihren Schreibtisch,

welches Auto Sie fahren unterdrücke – ich fühle mich weit von Ihnen persönlich entfernt. Es ist nicht richtig, in Ihre Privatsphäre einzudringen. Das steht im Gegensatz zu meinem Gefühl am Wochenende, dass es in Ordnung ist, Fantasien über Arthur zu haben. Nicht über Sie! [*seufzt*] Sie stellen eine verbotene Gestalt dar.

83:1:10
A: Wie Ihr Vater?
[Diese Intervention war eine spontane Reaktion. Nancy kehrte, nachdem sie kurz (und wahrscheinlich aus Höflichkeit) auf die vorherige Intervention bezüglich des Ratgebens eingegangen war, zu dem sexuellen Angst-Wunsch-Problem zurück. Sie macht nun deutlich, dass sie über Männer spricht, indem sie sich entweder nach deren sexuellem Begehren richtet oder es unterdrückt und abtötet. Im Verlauf ihrer Darlegung bezieht sie sich auf ihren Dad. Ohne Überlegung sagte ich »Vater«, ohne mir, bis ich die Aufzeichnungen durchging, der Mehrdeutigkeit und Zusammenfassung von Vater-Priester, Vater-Dad und Vater-Analytiker bewusst zu sein – womit ich das religiöse Thema wieder einführe, das Nancy als Nächstes als »Sie«, Dad und Christus neu formuliert.]

83:1:11
P: Mein Dad und Gott. Ich kann über keinen von ihnen … genauer über Sie, Dad und Christus … [Ich erlebe etwas Schläfrigkeit.] Ich bin verantwortlich für jede Reaktion, Ihre oder Dads. [Meine Schläfrigkeit während ihrer Antwort spiegelt mein vorübergehend mangelhaftes Eingestimmtsein auf meine eigene unbewusste doppeldeutige Äußerung wider und wie ich damit ihre Rückkehr zum religiösen Idiom auslöste, das ich als verstandesbetont auffasse.] Das ist es, was ich nicht akzeptieren wollte! Das war der ganze Grund, warum mir nicht erlaubt war, leicht bekleidet herumzulaufen. Nicht vollständig bekleidet sein heißt, zu verführen suchen.

83:1:12
A: Wenn Sie sich selbst fest unter Kontrolle halten, werden Sie nichts tun, um verführerisch zu sein? Enthüllen Sie keinen Körperteil?

[Nancy hat einen einschneidenden Wechsel vollzogen von einem Fokus auf mich zu ihrem Anteil an dem Paar Verführer-Verführter, und ich folge ihr: Ich erkenne, dass sie mit ihrer Beteuerung der Verantwortlichkeit wiederholt, was man ihr gesagt hatte, was sie jedoch nicht wirklich glaubt und worüber sie wütend ist.]

83:1:13
P: Richtig. Aber es funktioniert nicht, es kommt trotzdem raus. [Ich dachte an die Frage eines Kollegen bei einer klinischen Vorstellung, ob ich Nancy verführerisch fände und mein Verneinen und mich Wundern, weshalb nicht. In dem Augenblick wurde mir Nancys völlig verhüllender Kleidungsstil besonders bewusst.] Sally [ihre Mitbewohnerin] läuft in T-Shirt und Unterhöschen herum. Und sie hat viel über Leute zu sagen, die immer korrekt gekleidet sind. Also bin ich wütend geworden – ich muss Kleidung anziehen, um Dad nicht zu stören. Niemand kümmert sich darum, wie sehr es mich stört! Das ist nicht fair. [*wütend*] Kümmert es Sie? Sie sehen aus – was wir vergangene Woche gesagt haben, das wird als mein Problem angesehen. Warum stört es mich? Warum möchte ich schauen und mich abwenden? Es gibt da noch andere verbotene Interessen. In der High School war ich besonders neugierig auf Frauen – auf Brüste, Hintern, Beine, und habe verglichen. Bin ich genauso attraktiv? Ein Mädchen in der Turnhalle hat mir gesagt, ich solle sie nicht so anstarren. Ich war verlegen und wütend. Sehr. Scheiße! Was ist nicht in Ordnung? Was ist los? Ich habe Schielaugen bekommen. Ich kann gar nichts mehr anschauen.

83:1:14
A: Sind Sie auch auf mich wütend?

83:1:15
P: Ich fühle in all diesen Fällen, dass ich im Unrecht bin, und das ist nicht in Ordnung. Warum bin ich wütend auf Sie? Ich weiß es nicht. Ich fühle mich auf den Arm genommen. Eine Sache, die mich hier bekümmert – Sie können mich, mein Zucken, sehen, und ich sehe Sie überhaupt nicht. [*ruhiger*] Wenn ich den Kopf nach hinten wende und die Augen verdrehe, wird es zu einem »analytischen Sachverhalt«. Ich mache etwas verkehrt.

Ich erinnere mich daran, als ich zum ersten Mal den Kopf gedreht und Sie gesehen habe, wie beruhigend das war. Ich mache es, um mich zu beruhigen.

83:1:16
A: In welcher Hinsicht zu beruhigen?
[Als Folge auf meine Frage nach ihrem Zorn trat ein Stimmungswechsel ein. Die Quellen ihres Zorns verschieben sich rasch von Männern, die ihr die Verantwortung für sexuelle Stimulation auferlegen und Männern, die ihre Gefühle selbst abtöten, zu ungleicher, ungerechter Entblößung und zurück zur Depression als Reaktion auf Abwesenheit – das Thema, mit dem die Stunde angefangen hatte.]

83:1:17
P: Ich weiß nicht, in welcher Hinsicht. Dass Sie da sind. Nicht weg. Dass Sie bei mir sind. Ich erinnere mich, was ich vor einem Jahr empfand. Ich wollte den Scheinwerfer auf Sie richten. Nicht nur auf mich!

22.4.83

83:2:1
P: Ich bin müde. Ich habe nicht gut geschlafen. Als ich aufgewacht bin, hatte ich einen dicken Kopf. Fühlte mich langsam. Ich hatte einen undeutlichen Traum, in dem ich an einem metaphysischen Problem zur Wahrheit gearbeitet habe, von dem ich vor dem Einschlafen gelesen hatte. Nein. Ich habe Steinbecks »Meine Reise mit Charley« gelesen. In dem Traum waren an einer Wand Bilder eines Gehirns – rechte und linke Gehirnhälfte, glaube ich. Ich wünschte mir, ich könnte sie auseinander halten, aber ich konnte es noch nie. Ich war in einem Kurs, konnte aber nicht antworten. Jemand hat die Antwort gegeben. Auf dem Tisch stand eine Schüssel. Ich sagte: Können Sie herausnehmen, was Sie wissen und in die Schüssel legen? Es war seltsam, es war unklar, ob es das Wissen war oder Teil des Gehirns. Ich bin müde, habe einen dicken Kopf, bin reizbar. Ich bin gereizt zu Sally. Sie und Phil kamen um zwei Uhr früh nach Hause. Phil ging ins Bad. Sally hat die Tür nicht zugemacht, und mein Hund, ein richtiger Wachhund, hat ihn gebissen und mich aufgeweckt. Ich mag nicht arbeiten.

83:2:2
A: Gibt es irgendeinen Punkt, an dem Sie das Gefühl haben, dass ich Ihre Ruhe gestört habe?

83:2:3
P: Das sind Sachen, über die ich nicht reden will, mit denen ich nicht umgehen, an denen ich nicht arbeiten will.

83:2:4
A: Geht das zurück auf gestern, auf Ihre Neugier, Ihr sexuelles Interesse an mir?
[Diese Interventionen sprechen Nancys ausdrückliche Äußerung des Widerstrebens an, ihren Traum und ihren gegenwärtigen Affektzustand einer Untersuchung zu öffnen – eine Lähmung der Neugier. Meine Frage ist ein Versuch, ihren gestörten Schlaf und den gegenwärtigen Affektzustand mit der vorangegangenen Sitzung in Verbindung zu bringen.]

83:2:5
P: Das ist es, worauf es letzten Endes hinausläuft. Ich will mich dem nicht stellen. Das ist die Wahrheit!

83:2:6
A: In Ihrem Traum sehen Sie sich in der Situation, unfähig zu sein, sich vor der Klasse mit der Frage auseinander zu setzen.
[Diese Intervention versucht Nancy zu demonstrieren, wie sie die aversive Motivation im Traum dargestellt hat, um so Assoziationen zu ihrem gespürten Widerstand gegen die Exploration oder ihr Unvermögen dazu anzuregen.]

83:2:7
P: [nickt] Jetzt will ich nicht. Ob ich kann, weiß ich nicht. Ich will nicht so nahe kommen, um zu erfahren, welches die schwierigen Punkte sind. Ich will in den Garten flüchten. Ich wäre gern an einem hübschen Ort. Eine Sache, worüber ich nachdenke, sind sexuelle Gedanken. Keiner ist richtig. Nie. Manche sind schlimmer als andere. Auf eine seltsame Art ist es in Ordnung, sexuelle Fantasien über Christus zu haben. Er steht für Perfektion und ist immateriell, es gibt also keine Möglichkeit zu handeln. Es ist sicher.

83:2:8
A: Im Gegensatz zu meiner körperlichen Anwesenheit, so nah?

83:2:9
P: Ja. Ich möchte wütend auf Sie sein. Ich habe das Gefühl, es ist falsch. Pervers. Wie ich hier auf Ihrer Couch liege und Ihnen von sexuellen Fantasien über Sie erzähle. Es gibt keine Möglichkeit, wie ich das in Ordnung bringen kann. Ich weiß nicht, was ich tun soll. Es kann nicht richtig sein.

83:2:10
A: Hat es zu sehr die Bedeutung von inzestuösen Gefühlen?
[Die Übertragungssituationen, die in der vorangegangenen Stunde eröffnet worden waren, sind nun erneut angesprochen. Meine erste Intervention bezieht sich auf die Auslösung von Erregung, die zweite auf die Auslösung von Schuldgefühlen.]

83:2:11
P: Nicht unbedingt. Ich nehme an, das muss es sein, was ich denke. Es wäre nicht so mit jemandem, der in Frage käme. Bei Ihnen ist das ganz speziell nicht der Fall – das ist der inzestuöse Teil. Keine klare Unterscheidung zwischen Fantasie und Handlung. Ich bin verführerisch, wenn ich es gar nicht beabsichtigte und wenn ich es sein will, bin ich es nicht. Ich habe mich logisch in eine Falle gedacht, aber mein Gehirn hat dicht gemacht.

83:2:12
A: Zurück zu Ihrer Situation im Traum?

83:2:13
P: Genau. Glaube ich, hier offensichtlich oder heimlich verführerisch zu sein? Zu versuchen, Sie zu verführen? [*seufzt*] Wenn ich Nein sage – die Dame, scheint mir´s, beteuert zuviel. Offensichtlich will ich nicht sein, aber insgeheim tue ich es. Das ist ein Minenfeld hier. Am besten, gar nichts tun. [*Sie verschränkt die Arme.*]

83:2:14
A: Sich selbst in einen Zustand leerer Lähmung bringen?

83:2:15
P: Ich fühle mich in der Falle.

83:2:16
A: In der Falle?

83:2:17
P: Ich kann nichts tun, das richtig wäre, und selber gar nichts zu tun, ist auch falsch. Es gibt keine Möglichkeit, es in Ordnung zu bringen. Mein ganzes Sein ist falsch. Verwirrend. Labyrinthartig. Paradox – wenn ich versuche, verführerisch zu sein, bin ich es nicht, wenn ich es nicht versuche, dann bin ich es. Verrückt. Ich sollte eigentlich wissen, was ich tue. Dafür verantwortlich sein. Meine Handlungen, meine Wünsche, meine Reaktionen. Es ist klar, dass ich sie nicht kontrollieren kann.

83:2:18
A: Versuchen Sie, es als metaphysische Frage zu strukturieren?
[Diese Bemerkungen beschreiben das Wesen von Nancys aversivem Rückzug, gefolgert aus ihrer verbalen und nonverbalen Kommunikation. Die Reihe meiner Interventionen schwankt zwischen dem Versuch, weitere inhaltliche Assoziationen hervorzulocken und dem Erkennen der aversiven Reaktion, die diesen Versuchen folgt.]

83:2:19
P: Uns so weit wie möglich von der Realität entfernt halten.

83:2:20
A: Sich auf das Gehirn zu konzentrieren, bringt den Körper näher, ist aber immer noch ziemlich weit weg.
[Diese Intervention stellt einen Bruch mit den vorangegangenen, relativ erfolgreichen Versuchen dar, recht eng auf Nancys momentanen Affektzustand eingestimmt zu bleiben. Es war ein Anstoß von mir, die zusätzlichen Bedeutungen ihres Traums anzusprechen und zeigte meine Ungeduld, d. h., mein Wechsel von einer erwartend forschenden Motivation zu einer leicht aversiven Frustration.]

83:2:21
P: Wieder fühle ich mich in der Falle.

83:2:22
A: In einer von mir gestellten dann.
[Nancys zweite Bezugnahme auf das Gefühl, in der Falle zu sitzen, macht mir bewusst, welche Wirkung mein Druck auf sie

hat. Bei ihrem ersten Ausdruck dieses Gefühls bezog sie es auf ihren inneren Kampf mit Schuldgefühlen, bei ihrem zweiten auf einen Kampf mit mir. Ich wurde unbewusst zu einer Inszenierung verleitet, in der sich die Rollen von Verführer und Verführtem verwischen, und in dieser Verwirrung wird die Verantwortlichkeit als wesentlicher Punkt in der analytischen Beziehung aktualisiert.]

83:2:23
P: Hm, hm. Sie wissen, wohin das führt – das Gehirn mit dem Körper verbinden, den Traum mit hier. Was will ich? Ich möchte, dass Sie einen Teil von sich herausnehmen und ihn mit mir teilen. [leicht spöttisch] Sofort haben wir etwas sehr deutlich Sexuelles, und wenn Sie es zu meiner Fantasie machen können – ist es mein Problem. Sie haben keine Verantwortung. Die habe allein ich. Ich bin diejenige, die damit angefangen hat. So ist es auch mit Matt gewesen. Ich bin diejenige mit dem geheimen Wunsch, mit Ihnen zu flirten. Sie brauchen keine Verantwortung zu übernehmen. Mein Bruder hat es nicht getan. Ich habe ihn verführt. Hier versuche ich jetzt, Sie zu verführen. Wenn Sie handeln, tragen Sie keine Verantwortung. Was ich auch tue, sage, ob ich schweige oder mich winde – immer habe ich die Verantwortung. Sie können tun, was Sie wollen, fühlen, was Sie wollen.

83:2:24
A: Sie haben die Empfindung, in einer Situation gefangen zu sein, die zutiefst ungerecht erscheint?
[Diese Intervention vermittelt sowohl empathisches Verständnis für ihren inneren Zustand, sich ungerechtfertigt in einer Falle zu fühlen, als auch eine offene Verleugnung meiner Verantwortung für die Beteiligung an der Rollen-Inszenierung meinerseits.]

83:2:25
P: Was meinen Sie mit erscheint? Ist! Wenn ich darüber nachdenke, werde ich so wütend, dass ich Angst bekomme. Ich will nicht darüber nachdenken.

83:2:26
A: Wie wütend Sie auf mich sind, ist das, was Ihnen Angst macht.

[Nancy fängt meine Offenheit auf und reagiert jetzt nicht mit Rückzug, sondern mit aversiver Feindschaft, was sie ängstigt. Meine Intervention erkennt ihren unmittelbaren affektiven Zustand an.]

83:2:27
P: Ja. Ich will Sie küssen. Nein, kastrieren – das wäre schlimmer, dann wüssten Sie, wie es sich anfühlt, auf der anderen Seite zu sein. Die Lieblingsgeschichte meines Vaters war, wie Sokrates auf den Parnass stieg, um den Göttern dafür zu danken, nicht als Frau geboren worden zu sein. Es gibt nichts Schlimmeres – für 99,99 % aller bösen Taten verantwortlich gemacht zu werden und das unmöglich ändern zu können. Damit die andere Hälfte der Welt verwirklichen kann, was sie will, frei von Verantwortung. Es ist besser, nicht klug genug zu sein, um es zu begreifen. [*sehr lebhaft*] Es ist ein zweischneidiges Schwert – was mein Dad über mein Mädchen-Sein sagte, sagte er nicht, weil er mich nicht gern hatte, sondern weil er dachte, ich sei die Ursache für all die Sexualität. Er behandelte mich wie einen Jungen, indem er meinen Geist schulte, und so hatte ich die Vorstellung davon, wie die Dinge für Mädchen sind, klar genug vor Augen, und wurde sie nicht mehr los. Sie sind genauso.

83:2:28
A: Genauso ein zweischneidiges Schwert?
[Diese letzte Intervention zielt darauf ab hervorzuheben, dass ich den bedeutsamen Assoziationen gefolgt bin, mit denen sie versuchte, viele der unklaren Repräsentationen ihres Traums, die Beziehungen zwischen Geist und Körper, Mann und Frau und die Unfähigkeit, die beiden »Schnittkanten« zu integrieren, zu erforschen.

83:2:29
P: Genau. Ich muss es sehen, und es gibt nichts, was ich dagegen tun kann! [*Als sie geht, weint sie vor Wut.*]

23.4.83

83:3:1
P: Na, gestern war ich ganz schön wütend. Ich komme hierher zurück, lege mich hin und werde wieder wütend. Ich bin nicht

gern wütend. Das ist so überwältigend. Was hier läuft ist, dass ich die ganze Verantwortung übernehme und Sie den ganzen Spaß haben. [*lacht leise*] Wenn ich so wütend werde, weil ich die ganze Verantwortung übernehmen muss, zerstört das die Möglichkeit, dass ich in Frieden mit der Welt leben könnte. Eine fundamentale Ungerechtigkeit zwischen Mann und Frau. Ich habe zwei Möglichkeiten: Zu leugnen, dass es wahr ist, oder, wenn es wahr ist, muss ich es akzeptieren. Ich mag das Gefühl nicht, manipuliert zu werden, und so fühle ich mich hier. Nicht nur männlich-weiblich, sondern wie ich die Dinge ganz allgemein sehe. Ich fühle mich, als wäre einer meiner Füße an den Boden genagelt, während ich mich abkämpfe, etwas zu tun. Der Rest der Welt bewegt sich frei. [*leicht ärgerlich*] Gestern hatte ich einen schrecklichen Gedanken über Sie. Mein Bruder hat alles gern untersucht – hat einer Fliege die Flügel ausgerissen und Vergnügen daran gehabt zu beobachten, wie sie sich windet – genau das tun Sie auch! Sie sind ein Teil davon. Sie können nichts dagegen tun, sondern machen das Beste daraus, indem Sie Ihren Lebensunterhalt damit verdienen. Ich fühle mich wie ein echter Frauenfeind. Wenn ich vor dieser Sache richtig wütend auf Sie war, konnte ich mich selbst bändigen, [*weint*] indem ich mich daran erinnerte, dass Sie ein anständiger Mann zu sein scheinen. Das hilft jetzt nicht. Sie wirken gütig.

83:3:2
A: Könnte das ein Teil des Problems sein?

83:3:3
P: Dass Sie gütig wirken?

83:3:4
A: Ja – wenn schon meine Anwesenheit und meine gütige Erscheinung Ihr Interesse und Ihre Neugier wecken, wird das zu einem Teil des Problems?
[Eine zeitweilige unbedeutende Störung von Nancys Vertrauen war durch die Rollendarstellung heraufbeschworen worden. Nancy versucht, mit der »fundamentalen Ungerechtigkeit« zuerst mit Humor, dann mit Wut und dem Vorwurf des Sadismus und schließlich durch Leiden fertig zu werden. Meine ers-

ten Interventionen zielen darauf ab zu erforschen, was meiner Meinung nach der meistversprechende Zugang zu ihrer Reaktion auf meinen Beitrag sein könnte, während sie es erlebt. Ich greife ihre Fehlleistung »Frauenfeind« mit dem angedeuteten Selbsthass nicht auf.]

83:3:5
P: [*schluchzt, wischt die Tränen fort, holt Taschentücher, kehrt auf die Couch zurück*] Ich habe das Gefühl, wir sind wieder an demselben Punkt wie gestern, als ich wütend geworden bin und mich in der Falle gefühlt habe. Ich mag das Gefühl nicht.

83:3:6
A: Ein derart tiefes Gefühl der Ungerechtigkeit, das schwer abzuschütteln ist oder mit dem schwer weiterzumachen ist?
[Diese weiterverfolgende Intervention zeigt, dass mir der durch die vorangegangene Intervention ausgelöste Affekt bewusst ist.]

83:3:7
P: Es zerstört mein Leben. Als ich gestern von hier aus heimgefahren bin, habe ich gedacht, ich hasse Sie dafür, dass Sie ein Mann sind. Und gleichzeitig arbeite ich so hart daran, wie Sie zu sein. [Vielleicht greift Nancy jetzt das Thema Frauenfeind auf.] Nein, ich will nicht wie Sie sein. Ich will ich sein! Aber wenn ich nicht versuche, wie Sie zu sein, habe ich das Gefühl, ich muss klein beigeben. Ich mag niemanden – Sie nicht, mich nicht, niemanden. Die Frauen, die dieses Problem nicht zu bemerken scheinen, und die Frauen, die es bemerkt haben, sind kein bisschen besser damit fertig geworden als ich. Alles, was ich tue, arbeitet gegen mich. Ich kann mich an niemanden wenden. Niemand, dem ich vertraue. [*schluchzt*] Ich blicke darauf zurück, was wir gearbeitet haben, es wirkt wie eine große Farce. Nun gut, sie folgt der Linie.

83:3:8
A: Folgt der Linie?
[Nancy hat sich anscheinend erneut versprochen – oder hat zumindest einen unklaren Ausdruck verwendet. Ich bitte um Klärung. Meint sie »der Parteilinie folgen«?]

83:3:9
P: Sich einordnen – zu sagen, okay, ich stimme zu – alles ist meine Schuld. Ich sollte mich ändern. Ich fange alles an. Ich muss die Verantwortung übernehmen. Ich bin verantwortlich für meine Gefühle und Ihre. Ich bin verantwortlich, wenn ich die Treppe hinunterfalle und wenn Sie Kopfschmerzen bekommen. Wenn ich zur Toilette gehe und Sie sind drin, wenn Sie hineingehen und ich bin drin. [Das sind Bezüge auf Erinnerungen. Die erste entstand, als ihre Mutter auf einen Sturz der Patientin die Treppe hinunter mit einer Migräne reagierte wegen der Schwierigkeiten, die ihre »ungeschickte, unbeholfene« Tochter ihr verursacht habe. Statt Zuwendung wegen einer möglichen Verletzung zu erhalten, musste sich Nancy entschuldigen und ihre Mutter umsorgen, indem sie ihr im abgedunkelten Raum nasse Waschlappen auf die Stirn legte. Die zweite Erinnerung ist, wie Nancy die Toilette betrat, die nicht verschlossen werden durfte, als ihr Vater dort war und er mit empörter Wut reagierte. Und als ihr Bruder hereinkam, während sie auf der Toilette war, sagte man ihr, sie solle den Mund halten und kein Theater machen.] Ich bin verantwortlich dafür, wenn Matt es mit mir macht [masturbieren], und wenn ich ihn nicht mehr lasse, bin ich dafür verantwortlich, wenn er weggeht und es mit meinen Freundinnen macht. [*schluchzt*]

83:3:10
A: Es ist, als ob Ihre Handlungen und Gefühle die einzigen bestimmenden Faktoren wären?
[Meine Verwendung der Möglichkeitsform »es ist, als ob« ist rhetorisch angemessen, da Nancy sehr übertrieben hat, um ihre Aussage zu verdeutlichen. Was ich damals nicht überlegt hatte und womit ich folglich auch nicht arbeiten konnte, war, dass ich keinen Versuch unternommen hatte, eine gerechtere Verteilung der Verantwortung in Betracht zu ziehen; wahrscheinlich hatte ich dadurch ihre Übertreibung provoziert, mit der sie erreichen wollte, empathisch verstanden zu werden.]

83:3:11
P: Das macht es einfach zu begreifen, weshalb es hier so schwierig ist – was mit mir los ist, ist der einzig bestimmende Faktor.

83:3:12
A: Dass es bei Ihnen eine so pessimistische Sichtweise hervorruft? [Diese Intervention reflektiert den Affektzustand der Patientin innerhalb der Sequenz, doch wieder unterlasse ich es aufzugreifen, »weshalb es hier so schwierig ist«.]

83:3:13
P: Ich kann nur überleben. Ich kann nicht leben, lieben, handeln. Nur mich isolieren. Das kann ich wirklich. Ich möchte eine Zigarette. Ich habe vom Rauchen geträumt.

83:3:14
A: Rauchen passt sowohl zum Thema Trost suchen als auch zum Problem des hoffnungslosen Todes? [Nach langem Kampf hatte Nancy im zweiten Jahr der Analyse das Rauchen aufgegeben. Mit diesem Bezug auf einen Wunsch, einen stolz der Analyse zugeschriebenen Gewinn aufzuheben, spüre ich instinktiv, dass sie mich eingeladen hat, auf den vertrauten Boden von Wunsch und Schuld/Bestrafung zurückzukehren.]

83:3:15
P: Ganz recht! Eine andere komische Sache ist, das hängt alles damit zusammen, dass Sie wegfahren. In den letzten 24 Stunden war mir deutlich bewusst, dass ich Sie zwei Wochen lang nicht sehen werde. Ich hatte wirklich ambivalente – nicht ambivalent, ich will, dass Sie fahren! Nicht hierher kommen und reden zu müssen. Aus den Augen, aus dem Sinn. So lange Sie hier sind, muss ich mit meinen erfolglos unterdrückten Fantasien fertig werden.

83:3:16
A: Abwesend bin ich keine Einladung für Ihre Fantasien und Gefühle?
[Mit der teilweisen Wiederherstellung einer idealisierenden Übertragung, die stattgefunden hat, stellt Nancy eine Gedankenverbindung mit der vorbewussten Sorge über meine erwartete zweiwöchige Abwesenheit her. Meine Intervention reagiert auf ihre Assoziation, indem sie Abwesenheit mit stimulierender Gegenwart verknüpft.]

83:3:17
P: Genau. [*Pause*] Ich bin mir überhaupt nicht sicher, ob Sie nicht einfach nur ein scheußlicher Mensch sind. Wer sind Sie? Mache ich es richtig, wenn ich hierher komme? Kann ich Ihnen vertrauen? Dennoch stelle ich fest, dass ich nicht von Ihnen getrennt sein will. Was Sie auch sein mögen, es ist besser als allein zu sein. Dafür hasse ich mich. Ich hasse Sie dafür, weder das eine noch das andere zu sein – gut oder böse. Ich scheine nicht mit der Vorstellung umgehen zu können, dass Sie menschlich sind, nicht vollkommen.

83:3:18
A: Ist es momentan die problematischste der Unvollkommenheiten, die Sie bei mir erleben, dass ich wegfahre?
[Nachdem ich mit der vorangegangenen Intervention die eine Seite ihrer Ambivalenz bezüglich meiner Anwesenheit angesprochen habe, lade ich sie nun ein, sich auf die Abwesenheit zu konzentrieren.]

83:3:19
P: Ich weiß nicht. Ich hätte nicht gesagt, dass das unbedingt eine Unvollkommenheit sei – ich will es nicht zugeben, das ist alles. Ich habe daran gedacht, das stimmt, aber ich will nicht zugeben, dass Trennungen so quälend sind wie sie es sind. Ich werde so wütend auf Sie und auf mich. Verkehrt ist, dass ich mich so abhängig fühle. Aber ich habe Angst, wenn Sie fortgehen. Ich möchte mich festklammern. Ich möchte sagen, Sie sind diese Loyalität nicht wert. Ich bin so wütend. Immer wieder holt es mich ein. Ich bin nicht besser dran. Sie lassen mich so abhängig sein – oder hindern mich nicht daran. Mit einem üblen Gefühl im Magen denke ich daran, was im Januar oder Februar passierte, als Sie fort waren. Ich habe meine Freundin auf die Studentin aufmerksam gemacht und habe ihr gesagt, dies sei das Mädchen, das betrogen habe.

83:3:20
A: Sie finden, ich sei schuld daran, dass Sie sich im Stich gelassen fühlen.

83:3:21
P: Ich will sagen, mein Problem mit Ihrem Gütigsein ist, dass ich

Ihnen zu vertrauen versuche – alles wird gut – aber dann ist es das nicht, und dann ist es mein Problem.

83:3:22
A: Wir haben uns auch Ihr Gefühl angeschaut, dass ich betrogen hätte. Ich verleite Sie dazu, mir zu vertrauen, und dann fahre ich weg.
[Mit diesen beiden letzten Interpretationen kehre ich zurück zum Thema meines Anteils an der Verantwortung, wie sie es erlebt. Ich reagiere auf ihre Erinnerung an eine frühere Abwesenheit, während der sie »unverantwortlich« gehandelt hatte, indem sie über eine Studentin plauderte, die gemogelt hatte. Die analytische Arbeit hatte damals ihre Sicht von mir als jemand, der betrügt, aufgedeckt – ein Verführer, der keine Verantwortung übernimmt – genau die Art von Mann, mit der sie oft zu tun hatte. Die Bedeutung von »Verführer« ist eine Kreuzung zwischen ihrem Vater und Bruder als sexuelle Verführer und ihrer Mutter als Verführerin zu abhängiger Bindung. Meine letzten Interventionen lassen das Ende offen, um entweder Assoziationen zu sexuellen Wünschen oder zu Wünschen nach abhängiger Bindung herauszufordern. Nancys Reaktion war, sich mit ihrer starken Wut auf ihre Mutter auseinanderzusetzen, die in der Sichtweise des kleinen Mädchens ihr Bindungsbedürfnis herausforderte und frustrierte und deren emotionale und physische Abwesenheit dazu führte, dass Nancy ohne das schützend beobachtende Auge einer Mutter Kontakt zu den Männern suchte.]

83:3:23
P: [*weint*] Ich bin diejenige, die bleiben und sich um alles kümmern muss, während Sie fort sind; die Fehler machen muss. Ich hasse Sie dafür, dass Sie fortgehen und das tun. [*Sie weint und holt sich dann Taschentücher.*] Genauso, wie ich meine Mutter hasste. Ich habe ein Bild vor Augen, wie ich aufstehe und alles hier im Raum nach Ihnen werfe. Einen ganzen Haufen Zeug. Das tue ich gerade.

83:3:24
A: Unsere Zeit ist um.

83:3:25
P: Sie haben keine Tempos mehr. [Sie bezieht sich auf ihr Weinen.] Ich hasse das. [*lächelt verlegen*] Besonders wenn ich meine Sonnenbrille nicht dabei habe.

6.12.85
[*Nancy betritt den Raum in freudiger Stimmung und rätselhaft lächelnd.*]

85:1:1
P: Nun, Karl hat mich endlich zum Abendessen eingeladen. Er hat es ganz zögerlich gemacht – als wollte er sich nur dafür revanchieren, dass er bei mir eingeladen war. Das war eigenartig. Und dann bin ich auch seltsam geworden und habe gesagt: »Nun, ich habe erst nächste Woche Zeit.« Ich wollte nicht zu enthusiastisch sein. Er benahm sich, als wäre er unsicher, ob ich überhaupt will, obwohl ich denke, dass ich das deutlich gemacht habe. Er war ganz kühl, um kein »Rendezvous« daraus zu machen.
[Ihr rätselhaftes Lächeln bezog sich auf das Geheimnis »Karl hat mich eingeladen«. Karl ist ein Mitstudent, der Interesse an Nancy zeigt. »Zögerlich« ist ein emotionsgeladener Begriff, der sich auf eine Übertragung früh in der Analyse bezieht – ich war so zögerlich gewesen, sexuelle Themen aufzugreifen, dass sie aufgepasst hatte, mich nicht zu schockieren oder irgendeine Regel der »Etikette« zu verletzen. Doch wenn ich zu eifrig oder direkt gewesen wäre, hätte ich sie verschreckt (indem ich ihrem Vater und Bruder zu ähnlich gewesen wäre), sie wusste also, dass ich nicht gewinnen konnte.]
Ich weiß, dass ich den Eindruck vermittle, so beschäftigt zu sein, dass es für jeden schwer ist, in meine Zeit hineinzukommen. [*Pause*] Wir benehmen uns beide eigenartig wegen dieser ganzen Sache. Er hat gesagt, er wolle sich revanchieren, also hätte ich sagen sollen: »Okay.« Ich werde es so akzeptieren und den Dingen ihren Lauf lassen.

85:1:2
A: Sie meinen, Sie müssen der Versuchung widerstehen, aufgeregt zu werden?

85:1:3
P: Ja. Ich glaube, das stimmt. Andererseits macht es Spaß, aufgeregt zu sein – ich wünschte, ich müsste das nicht zurückhalten. Ruhig zu bleiben und abzuwarten ist vernünftiger. Das ist eine gute Art, damit umzugehen, aber kann ich denn nie so richtig aufgeregt sein? Vielleicht könnte ich es ein bisschen und trotzdem abwarten.

85:1:4
A: Meinen Sie, dass Sie aufgeregt sein, es aber abschwächen könnten?

85:1:5
P: Was heißt abschwächen. [*Pause*] Ich denke, das ist es.
[Mit meiner ersten Intervention versuche ich Nancy mitzuteilen, wie ich mich in ihren Affektzustand hineinfühle. Ich biete eine Affektbeschreibung an – aufgeregt. In dem Augenblick war ich mir nicht bewusst, dass ich von ihrem Begriff »enthusiastisch« abwich. Mein Ziel ist, eine Reaktion von ihr zu erhalten. Wenn »aufgeregt« nicht funktioniert, werde ich meinen Ansatz ändern und mich von Nancy führen lassen. Wenn es funktioniert, sind sie und ich aufeinander ausgerichtet, und wir können weiterarbeiten. Zudem verstehe ich unter ihrem Versuch, sich »zurückzuhalten«, eher den Wunsch, sich vor etwas zu schützen, von dem sie eine unerwünschte Konsequenz fürchtet, als den *latenten* Affekt der Aufregung. In meiner nächsten Intervention gelingt es dem Wort »abschwächen« nicht, die Bedeutung zu erfassen, wie Nancy sie entwickelt. Sie erschrickt leicht, geht jedoch bereitwillig darauf ein und macht sich dann daran, ihre Motivation deutlicher zu machen.]
Was ich tue ist, zu sagen, dass es bedeutungslos ist. Er revanchiert sich einfach. [*tiefe, maskuline Stimme*] Oder ich könnte vorpreschen und mir vorstellen, dass es der erste Schritt in die Ehe ist. [*feminine, kokette Stimme*]

85:1:6
A: Haben Sie sich etwas bei ihrer Stimme gedacht, als Sie sagten, »dass es bedeutungslos ist«? War es die tiefe Stimme der Pseudo-Übervernunft?

85:1:7
P: Sie hören aus meinem Tonfall heraus, es sei vernünftig zu leugnen, dass es irgendetwas bedeuten könnte?

85:1:8
A: Ich frage mich, weshalb sie es in dieser tiefen Stimmlage ausgesprochen haben.

85:1:9
P: Es ist das Gegenteil davon, ins Fantasiereich davonzufliegen. Ich bin mir nicht sicher. Mein »vernünftiger« Ton? Wenn Menschen nett zu dir sind, heißt das nicht, dass du ihnen etwas bedeutest – sie stellen nur gute Manieren zur Schau. Meine Mutter ist diejenige, die mir das sagt: Nimm es nicht persönlich. Oder wenn jemand unhöflich ist, gilt dasselbe. Es hat nichts mit dir persönlich zu tun. Flieg nicht davon ins Fantasiereich. Die Leute können in einem wütenden oder freundlichen Tonfall mit einem sprechen, ohne dass eine Bedeutung dahinter steckt. Es ist wahr, aber könnte ich nicht irgendeinen Grund haben zu glauben, dass er sich vielleicht für mich interessiert und mich näher kennen lernen möchte? [*leicht wehmütiger Tonfall*]

85:1:10
A: Wäre Ihre Mutter geneigt, das beiseite zu wischen?
[Um mich besser in die Faktoren, die ihren Affekt beeinflussen, hineinfühlen zu können, frage ich nach dem Ausdruck ihres »Grund«gefühls, das relativ dramatisch gewesen war. Sie akzeptiert meine Führung, indem sie dazu assoziiert und seine Quelle und Bedeutung identifiziert. Ich hätte dann auf ihr »könnte ich nicht glauben« als Bitte um Beruhigung durch mich im unmittelbaren Austausch zwischen uns eingehen können. Ich entscheide mich jedoch dafür, auf dem Schauplatz zu bleiben, den sie ausgewählt hat, indem sie die Stimme ihrer Mutter aktiv gegenwärtig hört.]

85:1:11
P: Ich denke ja. Mutters »Nimm es nicht persönlich« macht mich zu einer Null, als hätte ich keinerlei persönliche Wirkung auf andere. Man bemerkt mich nicht. *Affektiv* sein habe ich im Kopf. Effekt? Affekt? Ich bin mir nicht sicher, ob ich Affekt

hervorrufe – Emotion – plus oder minus. Das erinnert mich an die Wut meiner Mutter auf meine Tante [väterlicherseits]. Ich habe sie oft besucht – für sie geputzt. Sie hat mir dann Geld gegeben. Wir sind zusammen gesessen und haben geredet und eine Cola getrunken. Mutter sah darin nur Ausnutzung von mir durch meine Tante. Ich hatte gedacht, sie bringt mir Zuneigung entgegen. Als ob nichts an mir es wert gewesen wäre, herzlich zu mir zu sein. Am Ende fühle ich mich sehr klein.

85:1:12
A: Unbedeutend?

85:1:13
P: Ja, und unsicher. [*Pause*] Ich kann Ihnen sagen, ich glaube tatsächlich, es gibt Grund für die Annahme, dass Karl an mir interessiert ist und ich an ihm. Es wird spannend werden, die Sache weiterzuverfolgen und zu sehen, was passiert. [*Pause*] Wenn ich mich in die Stimmung der tieferen Stimme versetze, »dass es bedeutungslos ist«, [*Pause*] dann werde ich nicht existent sein. Ich werde mich unerreichbar machen, werde es ihm schwer machen, mich kennen zu lernen. Das habe ich schon gemacht ... was die Zeit angeht – ich bin so beschäftigt. Ich weiß, dass ich Zeit finden kann, aber er weiß das wohl nicht. Ich werde es ihm unmöglich machen durchzukommen.

85:1:14
A: Wie eine undurchdringliche Mauer?
[Ich bot die Umschreibung eines mehrdeutigen Körperbezugs an – teils als Reaktion auf ihre steife Körperhaltung auf der Couch, teils auf ihre mehrdeutige Formulierung »unmöglich durchzukommen« und teils auf die frühere Formulierung, »es ist für jeden schwer, *in* meine Zeit hineinzukommen«.]

85:1:15
P: Völlig, und ich sage mir: Da versuche ich ein bisschen freundlich zu sein, ein wenig zu flirten. Eine doppelte Botschaft.

85:1:16
A: Eine Botschaft an Sie selbst und eine an ihn?

85:1:17
P: So hatte ich nicht darüber gedacht. Aber darauf läuft es letzten

Endes hinaus. Selbst wenn ich beide Botschaften sende und er ein aufgeregter Empfänger ist, wird er wählen.

85:1:18
A: Was uns zurückführt zu der Neigung, die sie in ihm sehen, zögerlich zu sein.

85:1:19
P: Richtig.

[Nancy greift die Einladung nicht auf, den körperlichen, sinnlich-sexuellen Aspekt des Problems zu erforschen, sondern entscheidet sich dafür, im Beziehungsbereich zu bleiben. Ich folge ihrer Führung mit einem weiteren mehrdeutigen Wort – »zögerlich«.]

Das ist interessant, weil es mich daran erinnert, wie frustrierend es für mich war, als ich Sie für zögerlich hielt. Als ich anfangs hierher kam, glaubte ich, Ihnen nicht trauen zu können. Sie waren so vorsichtig mit allem, was Sie sagten. Um Ihnen zu vertrauen, brauchte ich das Gefühl, dass Sie das Kommando führen. Dass Sie so vorsichtig waren, mir keine Ideen in den Kopf zu setzen, sich mir nicht aufzudrängen, war äußerst frustrierend. Heute erkenne ich, dass Sie die Dinge als selbstverständlich hinnehmen. Und das bedeutet, Sie verstehen auf eine Art, die wahrheitsgemäßer damit umgeht, was ich wirklich zu sagen versuche ... nehme ich an. Es ist frustrierend, weil ich dazu neige, die Dinge durchzudrücken. Sich aufmachen, und los geht's. Ich mache nicht gern langsam. Meine Dampfwalzen-Annäherungsweise [*unterstreicht mit einer Geste*] mäht die Opposition nieder.

[Nancy erforscht nun die Bedeutung von Unmittelbarkeit und Impulsivität, wie sie in der anderen Stimme enthalten war: der kokette Tonfall des Ersten-Schritts-in-die-Ehe; wie er einwirkt auf die Übereinstimmung oder die Erfahrung, »passt – passt nicht zusammen«, die sie mit mir macht; das heißt, meine bedächtige Art und vorsichtige Ausdrucksweise stellt einen Kontrast dar zu ihrem Wunsch, vorwärts zu eilen.]

Es ist eigenartig, mir gefällt nicht, dass Sie Recht hatten. Denn was ich an Ihnen mag, ist Ihre wirklich ernsthafte Sanftheit, Sie haben etwas Tröstliches. Das unterscheidet sich von meinem aufgeregten Umherflattern. Ich hasse es, wenn meine Art als nicht so gut vorgeführt wird.

85:1:20
A: Sie schätzen es bei mir, aber sie reagieren heftig, wenn Sie vergleichen?

85:1:21
P: Es ist schön für Sie, aber ich bin nicht so. Oder so, wie ich gern sein möchte. Da haben Sie's! Kampflustig [*humorvoll*] – also wirklich! In ein paar Jahren werde ich Washington verlassen müssen, wir müssen daher mit der Arbeit fertig werden. [*spricht schnell*] Also kommen Sie. Das wird mir klar, wenn ich jeden Tag die Arbeit hier mache, ihr folge und sie dahin gehen lasse, wo sie hin muss. Aber das entspricht mir so wenig. Es ist schwierig. Worüber wir gestern gesprochen haben – ob ich in der Lage sein werde, die sexuellen Problempunkte zu vermeiden – meine Art ist es also, jeden Tag herzukommen und sofort zu reden. Das ist meine Starrköpfigkeit, aber ich kann sie nicht ignorieren ... Wie Sie gestern gesagt haben, wenigstens ein oder zwei Mal in der Therapie konnte ich es vermeiden – ich und der Therapeut auch.

85:1:22
A: Und es ist eine große Sorge, ob ich es Ihnen erleichtern werde, es hier zu vermeiden?

85:1:23
P: Ich mache mir Sorgen, wenn ich nicht über deutlich sexuelles Material spreche, das ich vermeide. Ich erinnere mich an letzte Woche – als ich über John und ein Zusammenleben mit ihm gesprochen habe. Ich sagte, ich hätte Schuldgefühle, etwas sei daran nicht richtig. Eigenartig. Ich kann mich nicht erinnern, was ich gefühlt habe, aber als Ergebnis unseres Gesprächs habe ich das Gefühl, es ist okay – eine eigenartige Freundschaft, aber okay. Oh, ich habe gesagt, dass ich mich von Jim angezogen fühle, aber dass es falsch ist, weil ich es benutze, um andere zu vermeiden, die eher geeignet wären.
[Nancy hat drei Mitbewohner: Jim, der Priester werden möchte, Mike, der sexuell provoziert, und Sally, mit der die Patientin oft streitet.]

Seither habe ich kein Angezogensein mehr gefühlt. Ich mag ihn, aber ich wünsche nicht, dass er etwas sein könnte, das er nicht ist. Beunruhigend ist, dass ich mich körperlich angezogen fühle, aber nicht ernsthaft. [*Pause*] Das ist schwer zu erklären. Ich möchte gern, dass er ein angemessener Partner für mich ist – anziehend für mich, von mir angezogen. Nichts davon ist der Fall ... Soll ich über Mike reden, der ohne Kleider im Haus herumläuft? Wie wütend es mich gemacht hat? Jim behielt auch seinen Schlafanzug an. Der ist nicht ganz so exhibitionistisch, aber ich finde es lustig, dass es mich nicht so gestört hat wie Mike. Beide waren exhibitionistisch. Mike hat versucht, eine Reaktion hervorzulocken. Sex, Wut, irgendwas. Bei Jim ist es so eine Art Test.

85:1:24
A: Test?

85:1:25
P: Die Sicherheit unserer Freundschaft. Wenn das keine großen Themen sind. Brüder und Schwestern in einem Haus. Sally auch – wir sind nicht so vertraut miteinander wie Geschwister. Jim sagt: Wenn man ein Christ mit starken Werten ist, dann kommen diese Themen nicht in der gleichen Weise auf.

85:1:26
A: Aber da gibt es die Überbelastung des Bruder-und-Schwester-Verhältnisses in Ihrer Erfahrung.
[Nancy hatte den Problempunkt der Sexualität im eigenen Zuhause in den Brennpunkt gestellt, sprach aber zögerlich mit Umschreibungen – ich entschied mich dafür, zur Ermutigung direkt zu sein, aber ohne Druck, da die Stunde dem Ende zuging.]

85:1:27
P: Jim handelt so, als sei er sich im Klaren darüber, was er glaubt. Er trägt einen Schlafanzug, der nichts preisgibt. Er erscheint nicht in Jockey-Shorts und ohne Hemd.

85:1:28
A: Wie Mike?

85:1:29
P: Und mein Bruder, der so tat, als gäbe es keinen Unterschied.

85:1:30
A: Hm.

7.12.85
[*Nancy kommt vier Minuten zu spät.*]

85:2:1
P: Meine Waschmaschine ist wieder übergelaufen, und ich musste alles aufputzen. [*Pause*] Als ich gestern ging, fand ich, dass es eine gute Stunde war. Aber irgendetwas im Hintergrund stimmt immer noch nicht. Arbeiten von meinen Studenten sind verloren gegangen. Ich habe mich darum gekümmert. Und dann, wie ein Idiot, habe ich den Abfluss nicht überprüft, und die Waschmaschine ist übergelaufen. Das andere ist, ich habe meine Rechnungen nicht bezahlt. Ich kann es, wenn auch gerade so. Ich weiß nicht, was los ist. Gestern bin ich nach einer guten Sitzung gegangen. Ich habe mir gesagt, ich muss mich entspannen, muss die Dinge nehmen, wie sie kommen, um sie mir mit Ihnen anzuschauen, und alles kommt in Ordnung. Jetzt bin ich wieder in großer Panik. [*seufzt*]

85:2:2
A: Ihr Seufzen?
[Nancy wiederholt ein vertrautes Muster, nämlich in einer Stunde oder der Arbeit einer Woche an Verstehen hinzuzugewinnen, um dann in Reaktion auf einen äußeren oder selbst ausgelösten Stress in Panik auszubrechen. Wir dachten von diesem Muster manchmal, es sei ihre Art, wie sie sich meines fortgesetzten Interesses versichert – wenn es ihr gut geht, werde ich sie fröhlich sich um sich selbst kümmern lassen. Zu anderen Zeiten diente die panische Angst bezüglich Geld oder die Arbeit an der Universität oder ein Fehler im Labor dazu, den Zugang zu ihren sexuellen Problemen zu blockieren. Ich beschloss, mit ihrem unmittelbaren Affekt – dem Seufzen – zu arbeiten und ihren Assoziationen zu folgen, um herauszufinden, welches Motivationssystem dominant war.]

85:2:3
P: Ich bin so verblüfft über das Verschwinden der Studentenarbeiten. Es stimmt schon, es war spät, als die Studenten sie abgegeben haben. Eine Menge Leute waren um mich herum, als ich sie eingesammelt habe. Ich glaube nicht, dass ich leichtsinnig war. Eine Arbeit ging bei dieser Gelegenheit verloren. Dann haben zwei andere Studenten gesagt, sie hätten spät beendete Arbeiten unter meine Tür geschoben. Es ist rätselhaft. Hat das eine Bedeutung?

85:2:4
A: Die Bedeutung, die Sie beobachten, ist, dass Sie sich davon gestört fühlen. Sie können dem Plan nicht folgen, den Sie sich gestern zurechtgelegt haben.

85:2:5
P: Ich sage mir, dass ich keine Verantwortung dafür tragen kann, wenn Stundenten verspätet Arbeiten unter eine Tür in einem Studentenwohnheim schieben. [*seufzt*] Einer Studentin habe ich gesagt, sie könne ihre Arbeit entweder nochmals schreiben oder ich würde den Durchschnitt ihrer anderen Noten nehmen. Sie sagte, sie würde die Arbeit neu schreiben. Sie ist nicht so aggressiv wie die anderen Studenten es waren. Ich habe bereits die Entscheidung getroffen, dass sie die Arbeiten neu einreichen müssen. Aber ich kann nicht loslassen. Ich bleibe besorgt und unsicher. [*seufzt*] Es ist Routine für mich, diese Sachen zu machen. Ich bin wütend, dass ich das Thema jetzt nicht ad acta legen kann. Das ist ein Versagen, aber ich bin mir bewusst, dass Sie nächsten Mittwoch fort sein werden. [Einige Wochen zuvor hatte ich ihr gesagt, dass ich verreisen würde.] Es ist schwer, ein regelmäßiges Arbeitsmuster zu finden bei den vielen Unterbrechungen und Neuanfängen. Ich muss anerkennen, dass es so eben nun mal ist. Sie müssen verreisen. Ich kann auch nicht mehr vier Mal die Woche kommen. Das muss ich akzeptieren und dann arbeiten, wenn es geht. Das klingt vernünftig, nicht wahr? [*Pause*] Aber ich bin so unzufrieden, unvollkommen, ängstlich.

85:2:6
A: Würden Sie sich genauso unzufrieden, unvollkommen fühlen, wenn Sie dem Plan folgen würden, den Sie beschrieben haben?

85:2:7
P: Ich würde mich vollkommener fühlen.

85:2:8
A: Das glaube ich auch.
[Aus vielen früheren Erfahrungen erkannte ich die Versuchung für Nancy, mit derart aversiver Intensität auf *jede* Trennung oder *jedes* Ungeschick zu reagieren, dass ein chaotischer Affektzustand die Exploration unmöglich machte. Nach der früheren Arbeit hatte sie einen Plan entwickelt, um emotional, aber nicht chaotisch zu reagieren. Wir beide wussten, dass die Wahl in jedem Augenblick auf der Kippe stand, und das habe ich, wohl zu indirekt, angesprochen.]

85:2:9
P: [*Pause*] Ich weiß nicht. Vielleicht ist es ein Versagen. [*Pause*] Ich bin gestern gegangen, und Karl hat angerufen. Wir haben eine Verabredung für nächste Woche ausgemacht. Er meinte, es ist okay, wenn du zu beschäftigt bist. Ich sagte, ich weiß, dass es so aussieht, aber ich mache das nicht mit Absicht. Wir haben geredet. Es war nett, aber ein wenig unbehaglich. Ich habe gemerkt, wie schwer ich es einem Mann mache, sich mir zu nähern. Michel [der Mann, mit dem sie ihre erste Orgasmuserfahrung gemacht hatte] musste mich im Institut packen, so stark hatte ich ihn ignoriert. Ich bin immer so beschäftigt. Ich denke daran, mit Ihnen zu reden. Das Problem ist, es erscheint mir dekadent.

85:2:10
A: Dekadent?
[Nancy hat sich dafür entschieden, dem Absturz in Selbstmitleid oder narzisstische Wut zu widerstehen. Sie eröffnet das Thema neu, wie sie Männer abschreckt, bezieht sich rasch auf das Reden mit mir und verwendet den rätselhaften Begriff »dekadent«. Während der gesamten restlichen Stunde frage ich mich verwirrt, in welcher Form das Reden mit mir »dekadent« ist.]

85:2:11
P: Manchmal angenehm und hilfreich. Es ist schmerzlich und gut für mich – das ist nicht dekadent. Was wäre, wenn ich an mei-

nen drei Tagen herkommen und darüber reden könnte, wie die Dinge zu Hause mit Jim und Sally [ihren Mitbewohnern] stehen, und es würde klar und durchgearbeitet werden. Dann hätte es nicht das Belastende, elend, scheußlich, schmutzig, unbehaglich zu sein. Es würde Spaß machen, und ich hätte die Zeit, das zu tun, was ich tun muss. Das ist *dekadent* – zu schön um wahr zu sein. Der andere Begriff, an den ich denke, ist »geistige Masturbation«. Dr. Moser [ein Internist] hat ihn verwendet, als er mir sagte, ich solle keine Analyse machen. Er sagte: »Warum einen Cadillac kaufen, wenn Sie nur einen VW brauchen, und außerdem ist es geistige Masturbation.« Das ist ein Modebegriff. Er passt auf das Vergnügen, mit Ihnen zu reden. Es ist selbst-erregend und selbst-befriedigend.

85:2:12
A: Hm, hm.

85:2:13
P: Es ist eigenartig. Bevor ich das gesagt habe, war es, als würde ich gleich etwas Entsetzliches aussprechen. Aber es stimmt. Mit Ihnen zu reden ist selbst-erregend und selbst-befriedigend. Es ist nicht das Gleiche wie Masturbieren, weil ja etwas dabei herauskommt. Das würde Dr. Moser leugnen. [*Pause*] Ich habe eine Unebenheit an der Decke entdeckt, wie eine Brustwarze. Ich assoziiere zu Hinterteilen der Leute. Ich bin mir nicht sicher, warum ich mich immer noch dafür interessiere. [*Pause*] Als Farmer haben wir Milch produziert. Ich habe mit Jim darüber geredet, wie schwierig es für Mutter war, mit gegenüber großzügig zu sein. In späteren Jahren war sie es ein paar Mal, aber vorher nicht, und ich hatte nichts, das ich ihr wiedergeben konnte. Jedes Mal, wenn ich über die weichen Gesäße von Frauen spreche, komme ich auf Mutter zurück und dass ich als Baby nicht kuscheln, schmusen oder an der Brust trinken konnte. Oder mich anschmiegen. Ich habe Jim gesagt, dass ich damit fertig geworden bin. Es tut mir leid. Ich hasse es, dass sie mich nicht hegen und pflegen konnte. Es kommt ans Tageslicht, weil das, was hier in einer dekadenten Weise geschieht, ist, dass ich mit Ihnen über die Beziehungen zu anderen Menschen rede. Ohne dass Sie mich hegen und pflegen, helfen Sie mir, erwachsen zu werden.

85:2:14
A: Und das ist, wie sie sagten, sowohl angenehm als auch hilfreich.

85:2:15
P: Also ist es nicht dekadent! Aber es erscheint dekadent im Gegensatz zu dem, woran ich gewöhnt bin.
[Nancy hat eine wohltuende Erfahrung in der Behandlung als Quelle für ihr Gefühl der Dekadenz identifiziert. Symbolisch bietet das Gespräch zwischen uns sinnliche Still-Befriedigung und erleichtert Nancys Wachstum. Dennoch spürt sie, dass eine Schande oder Schuld, die eine moralische Übertretung hervorruft, begangen wird – wie es durch »dekadent« angedeutet wird (was mich an Freuds Konzept des moralischen Masochismus erinnert), wenn sie sich nicht selbst in Leiden stürzt.]
Ich spüre, dass etwas damit nicht in Ordnung ist. Es bedeutet, ich bin abhängig, schwach. Die Art, wie Jim und ich uns umeinander kümmern, ist schön. Er hat die Semesterschlusspanik, hat mir aber trotzdem bei der übergelaufenen Waschmaschine geholfen. Das bedeutet nicht, Abhängigkeit aufbauen, das bedeutet, sich kümmern.

85:2:16
A: Man könnte davon als von einer altmodischen Tugend sprechen.
[Diese Formulierung ist mir so spontan über die Lippen gegangen, dass sowohl Nancy als auch ich darüber ein wenig erschrocken waren. Offensichtlich assoziierte ich zu »dekadent« und wählte darauf eingestimmtes Vokabular, das sich von meinen üblichen Formulierungen unterschied.]

85:2:17
P: Warum haben Sie das aufgebracht?! John würde in dieser Weise darüber denken. So wie die Leute sind – nicht zu versuchen, tugendhaft zu sein.

85:2:18
A: Hat es Sie gestört, dass ich das gesagt habe?

85:2:19
P: Überhaupt nicht. Es ist ein Begriff, den die Leute nicht verwenden. Ein moralischer Begriff. Mit schlechtem Ruf. Ich ver-

suche immer noch durchzuarbeiten, was mit Jane los war. Ich habe versucht, eine altmodisch tugendhafte Freundin zu sein, an ihre Bedürfnisse zu denken und keine Abhängigkeit aufzubauen, und es ist durcheinander geraten.
[Jane ist eine Mitstudentin der höheren Fachsemester, der Nancy häufig mit ihren Kindern half. Nancy wurde sehr kritisch gegenüber Janes Umgang (Gewährenlassen) mit den Kindern, und die Freundschaft zerbrach mit Vorwürfen Janes, Nancy versuche, Jane von sich abhängig zu machen. Für Nancy war das eine bittere Enttäuschung. Das Thema war seit vielen Monaten nicht wieder in der Analyse aufgekommen.]
Es ist verblüffend angesichts meines Wunsches, eine gute Freundin zu sein, wie das, was ich getan habe, ihr so gegensätzlich erscheinen konnte – Abhängigkeit aufbauen.

85:2:20
A: Und einige der Streitpunkte gingen um den Umgang mit der Disziplin der Kinder?

85:2:21
P: Warum ist das wichtig? [*vorsichtig*] Es stimmt. Das größte Problem war mein wachsendes Gefühl für Jane, dass die Kinder sie müde machten, sie davon abhielten, was sie tun wollte. Das einzige Problem mit der Disziplin war, dass sie die Kinder nicht zum Schlafen bringen konnte.

85:2:22
A: Wäre es besser, wenn ich sagte, das Problem, mit Kindern in einer Weise zu leben, die angenehm und hilfreich wäre?

85:2:23
P: Ja. Das ist es.
[Indem sie mir geholfen hatte, eine genauere Aussage über das Problem mit Jane zu machen, gelangten wir zu einer klareren Assoziation von Jane mit Nancys Mutter.]

12.12.85
[Nancy eröffnete die Stunde mit der Bemerkung, sie habe eine Versicherungszahlung erhalten, werde mich bald bezahlen und auch auf einigen anderen Gebieten Fortschritte machen können, fühle sich aber dennoch depressiv. Wenn alles in Ordnung sei, dann habe sie keine Entschuldigung, Probleme zu vermei-

den, mit denen sie hier fertig werden müsse. Ich deutete dann die Notwendigkeit an, mit mir über ihre sexuellen Probleme zu sprechen, womit sie in der vorangegangenen Woche begonnen hatte. Sie wurde körperlich schlaff und reglos und schwieg. Ich fragte sie, was sie erlebe.]

85:3:1
P: Nebel. Ich habe das Gefühl, im Nebel zu tappen, wenn ich über meine sexuellen Probleme nachzudenken versuche.

85:3:2
A: Können Sie den Nebel durchdringen, um irgendeinen der Faktoren zu spüren?
[Ich stellte eine doppeldeutige Frage insofern, als sie zum Nebel oder zu den sexuellen Problemen assoziieren konnte. Sie entschied sich für Letzteres.]

85:3:3
P: Ich bin im Schlafzimmer meiner Eltern, beobachte deren Geschlechtsverkehr und bin verwirrt. Ich bekomme Klistiere. Die sexuellen Handlungen mit meinem Bruder. Ich werde von Dads Schoß verbannt. Ich werde immer von Mutter verbannt. Nie darf ich mich an sie kuscheln oder mit ihr schmusen.
[Das hatte die Qualität der Rezitation erlernten Unterrichtsstoffs. Gleichzeitig aber werden auch die Ergebnisse einer ganz schönen Menge früherer analytischer Arbeit, die auftaucht und im Nebel verschwindet, aus der Verdrängung herausgehoben. Es ist erwähnenswert, dass die Patientin ihr Bettnässen ausgelassen hat.]
Es hat alles denselben Charakter angenommen – böse, ungehorsam zu sein. Ich bekam die Klistiere, weil ich böse war – nicht aufs Klo gegangen bin – und ich war böse, weil mir die Klistiere eine Menge Stimulation gaben, die ich mochte. Von Dads Schoß wurde ich wegen Stimulation verbannt – meine böse Reaktion. Ich durfte Mutter nicht nahe sein, weil ich böse war – es wurde als Abhängigkeit bezeichnet, aber ich weiß nicht, was es war. Das war es jedenfalls nicht. [Ihr Tonfall drückt eine Mischung aus Besorgnis und Schuldbewusstsein aus, ist sowohl ernsthaft als auch spöttisch.] Alles Sinnliche ist ganz böse. Berühren, masturbieren, mich selbst anschauen, Mutter umarmen, mich auf Dads Schoß winden. Alles ist am

Schluss böse – wie eine Klette an Mutter hängen wollen. Nicht auf die Toilette gehen. Matt necken, mich auf sexuelle Handlungen mit ihm einlassen. Nur Probleme. Mein Spiel mit Margaret und den Puppen erscheint nicht so problematisch – das waren nur Spiele von Zehnjährigen. Was bedeutet es, dass ich es nicht für problematisch halte?

85:3:4
A: Können Sie sie beschreiben?
[Ich beantworte eine Frage mit einer Gegenfrage, die tatsächlich eine Suggestion ist – deren Zweck es ist, die narrative Hülle zu füllen, indem vom zu Allgemeinen zum Speziellen, vom bereits Gesagten zum Neuen weitergegangen wird.]

85:3:5
P: Wir spielten mit unseren Puppen, waren Mütter, die zu stillen versuchten, obwohl wir natürlich keinen Busen hatten. Wir hielten uns die Puppe an die Brust und fütterten sie. An einem anderen Tag machten wir uns Sorgen über Brustkrebs und untersuchten unsere flachen Brüste [*lacht*] mit acht oder neun. Ich erinnere mich nicht groß an Gefühle. Ich war an meinem Körper interessiert. Wir fantasierten, in Filmstars verliebt zu sein – meiner war Perry Mason, ich war Della Street. Wir spielten Doktor. Eine war krank, die andere kam, um Brust und Magen der Patientin abzuhören. Wir hatten Spielzeug-Stethoskope. Teilweise waren wir ausgezogen. Mit den Genitalien hatte es nichts zu tun. Alles drehte sich um unsere nicht vorhandenen Busen. [*Pause*] Es war nicht schmutzig. Es war sauber. Es gab keine Sekrete. Mit meinem Bruder, da war es seine Ejakulation, die krank, ekelhaft war. Wie Sie früher schon sagten, bei dem Spiel mit Margaret waren wir Gleichberechtigte. Mein Bruder hat sich immer an mir gerieben. An meinem Bein, meinem Bauch, bis er eine Ejakulation bekam. Ich fühlte mich sehr schmutzig und benutzt.
[Das fügte umfangreiche neue Details hinzu. Sie wurden mit Gefühl geäußert, jedoch ohne dass Nancy – wie in der Vergangenheit – von Ekel überwältigt wurde.]

85:3:6
A: Sie hatten nicht das Gefühl, als Sie selbst geschätzt zu werden, sondern nur für den Zweck, dem Sie dienten?

85:3:7
P: Frauen reden oft davon, wütend zu sein, weil sie nur Behälter sind. In gewissem Sinn sind sie das – nur ein Ort, wo Männer ihre Erregung loswerden können, ohne etwas mit dem Wesen der Person zu tun haben zu müssen. Ich bin wütend auf Männer, weil sie uns Frauen als Behälter benutzen. Ich bin wütend auf Frauen, weil sie schwach genug sind, um die Männer machen zu lassen und, noch schlimmer, sie sogar einzuladen. [Die Patientin äußert tief empfundene Verletzung und Wut, wählt aber eine Umschreibung, die den Problempunkt von ihr selbst entfernt.]

85:3:8
A: Und weil Sie eingeladen haben, fühlen Sie sich selbst schlechter – die Alternative, unbeachtet zu sein, war eine so schmerzhafte Wahl.

14.12.85

85:4:1
P: Ich werde fünf Minuten lang über den Prozess jammern und mich dann an die Arbeit machen. Es ist wie bei jeder anderen Arbeit auch. Ich *muss* immer ein wenig reden und ich hasse sie. Ich denke, ich sollte in der Lage sein, brillant und großartig zu sein und nicht arbeiten zu müssen. Ich war mit Karl beim Essen. Zuerst war es schwierig. Dann war es okay und eine Menge Sachen kamen hoch. Ich will nicht darüber sprechen. Es ist mir lieber, wenn das nicht alles ans Tageslicht kommt. Als ich am Dienstag ging, gab mir Ihre letzte Äußerung ein schlechtes Gefühl. Es ist eine erbärmliche Situation, wenn sich eine Frau als Behältnis benutzen lässt. Sie haben gesagt, was ich als Kind getan habe. Ihr Männer schiebt die ganze Schuld den Frauen zu. [*ein pseudo-wütender Tonfall*] Ich möchte Jim nicht necken oder darüber nachdenken müssen. Ich habe die Wut auf Sie überwunden. Ist es richtig zu sagen, dass ich diese Reaktion provoziert habe? Nein. Es klingt defensiv, aber es ist nicht wahr. Was Sie sagten war, dass die Alternative so schmerzhaft war – nicht zu necken. Jetzt fällt es mir schwer, es zu spüren, aber am Dienstag konnte ich spüren, dass ich die Isolation nicht hätte überleben können. Ich konnte es nicht – nicht ein-

mal körperlich. Es war zu viel. [*Pause*] Es schien so wirklich. In jener Zeit stimmte das für mich. Jetzt stimmt es nicht mehr. Ich muss nicht einsam sein, und wenn ich es müsste, hätte ich die Stärke, um damit fertig zu werden. Damals hatte ich sie nicht. Es war ein trauriger Zustand, so wie die Dinge waren. [*seufzt*]

85:4:2
A: Ihr Seufzen ist Ihr Gefühl über den »traurigen Zustand«?

85:4:3
P: Ich habe überlegt, was es hätte ändern können. Vieles. Aber sie waren nicht da. Meine Mutter war nicht da, um auf mich aufzupassen. Sie war einfach nicht da ... Auf dem Heimweg dachte ich, dass das, was Sie gesagt haben, ein anderes Licht auf die Sache wirft. Die Wut auf meinen Bruder wurde gemildert. Er hatte keine Aufsicht, keine Regeln oder Führung. Wir alle waren dort zusammen. [*seufzt*] Ich mag es nicht, wie er mich behandelt hat. Eigentlich mag ich ihn überhaupt nicht. Ich kann sehen, dass er auch ein Kind war – ein Kind, das in der Vorstellung unterstützt wurde, tun zu können, was es will ... Nach dem Essen mit Karl – oh, das kam in einem Traum über Jim hoch. Ich war nervös, wie es Jim aufnehmen würde. Ich hatte ihm nicht gesagt, dass ich mit Karl ausgehe, obwohl er wusste, dass Karl kam. Jim kam aus seinem Zimmer, und ich machte mir Sorgen, dass er eifersüchtig sein würde. So war es in der Vergangenheit in meiner Familie gewesen – Eifersucht.

85:4:4
A: Von wessen Seite?

85:4:5
P: Von der meines Bruders. Als ich in der High School und am College war, ließen mich alle wissen, dass mein Platz bei meinem Dad und meinem Bruder war. Kein Junge, den ich mit nach Hause brachte, war gut genug, weil er eine Bedrohung darstellte. Einmal, als ich auf Besuch zu Hause war, rief mich ein Mann, mit dem ich damals ging, an und bat mich zurückzukommen, weil er einsam sei. Ich wollte nicht. Er war übellaunig, und ich war froh, von ihm weg zu sein. Mein Bruder hörte mich sprechen und sagte: »Du weißt, wo du hingehörst.« In ei-

nem Traum vergangene Nacht kniete ich auf dem Boden, um etwas aufzuheben. Jim kam her. Ich legte ihm den Arm ums Bein. Nur war es nicht sein Bein, es war sein Schritt. Als ich das erkannte, versuchte ich mich zurückzuziehen, aber er ließ mich nicht. Ich versuchte, ihm eine Geste der Zuneigung zu machen, ihn wissen zu lassen, dass ich nicht weggegangen war, und dann hat es sich fälschlicherweise von Karl auf Jim verlagert. Aber woher kommt das? Sie behaupten, es kommt aus meiner Vergangenheit – meinen Erinnerungen. In dem Traum war eines offensichtlich, was das Fehlermachen anging. Mein erster Fehler war, zu missdeuten, wohin ich meine Wange legte. Dann sein Fehler, mich nicht wieder loszulassen. Wie mein Bruder. Ich habe nicht versucht, mein Gesicht in die Nähe seiner Genitalien zu bringen. Ich versuchte, Zuneigung zueinander zu spüren. Das habe ich in dem Traum auch versucht.

85:4:6
A: In dem Traum, was haben Sie da zuerst gemacht?
[Während der ganzen Sitzung hat Nancy ohne die Notwendigkeit zur Ermunterung oder Konzentration ihre Assoziationen vorgetragen. Ich wollte, dass sie mit den Traumvorstellungen in Berührung bleibt und war neugierig auf die Anfangsvorstellung, die mir nicht klar war.]

85:4:7
P: Ich weiß es nicht. Ich lag auf den Knien, um irgendetwas aufzuheben. Eine Karteikarte vielleicht. Jim kommt herein. Ich möchte eine Geste der Zuneigung machen, strecke den Arm aus und lehne das Gesicht an – das müsste sein Knie oder Oberschenkel sein. Dann veränderte sich die Perspektive der Größe vom Kind zum Erwachsenen. Das ist wichtig, weil es das ist, was hier betont wird – sich kindlich fühlen. [*Pause*] Ich hatte gerade eine Frage: Begreife ich eigentlich die Bedeutung dessen, was ich sage? [*seufzt*] Die Antwort heißt: Nein. Das ist, wie wenn ich etwas sage, und Sie sagen es mir noch einmal, und dann erst verstehe ich es.

85:4:8
A: Bitten Sie mich, es zu sagen?

85:4:9
P: Vielleicht.

85:4:10
A: Wünschen Sie, dass ich Ihre Aufmerksamkeit auf die Sehnsüchte lenke, die für Sie als Kind so stark waren?

85:4:11
P: Meine unmittelbare Reaktion ist, Nein zu sagen! Tun Sie es nicht. Das sind Sachen, die ich nicht berühren möchte. [*spielerischer Tonfall*] Aber wenn ich es nicht tue, werden sie immer wieder an der falschen Stelle in einem erwachsenen Kontext auftauchen, nicht wahr?

85:4:12
A: Ja.

85:4:13
P: Okay. Also fangen wir mit der Nummer eins an. Sie können weitermachen und es aussprechen, wenn Sie wollen. [*kichert*] Ich kann es nicht.

85:4:14
A: Eine Sehnsucht danach, dass ein anderer die Führung und die Verantwortung übernimmt?
[Das Gespräch hat eine spielerische Qualität angenommen. Ich war an dem Gefühlszustand beteiligt, sprach aber den Problempunkt an, der mir im intersubjektiven Kontext am unmittelbarsten manifest erschien.]

85:4:15
P: Das ist gar nicht so schlecht. Scheint ziemlich normal für ein Kind, was? Was ist also eine weitere? Eines ist klar, nämlich dass ich anderen nahe sein möchte, mit Zärtlichkeit und Zuneigung behandelt werden möchte. [*Pause*] [*seufzt*]
[Leicht hätte ich das Thema aufgreifen können, dass sie sich eine positive Bindungserfahrung wünschte – die Frustration des Erstarrens der Mutter, wenn Nancy nach ihrem Bein griff, wie in einer Modellszene, mit der ausführlich gearbeitet worden war. Das verzweifelte Suchen nach Intimität mit den anderen verfügbaren Familienmitgliedern – alle männlich – war eine natürliche Folge. Nancys langes Schweigen entsprang mögli-

cherweise der Erwartung, dass dieses vertraute Thema wieder aktiviert wurde.]
Gibt es schlimmere, die beängstigender sind? Die erscheinen mir nicht so beängstigend.
[Ich nahm an, dass die Klientin ausdrücken wollte, sie sei bereit, sich mit einem neuen Problemgebiet zu befassen.]

85:4:16
A: Eine Sehnsucht könnte sein, Dinge zu erforschen, die unbekannt und beängstigend sind.

85:4:17
P: Stimmt. Und es nicht allein tun zu müssen.

85:4:18
A: Ja ... und der Schritt eines Manns könnte eben so ein Gebiet sein, das Neugier und Interesse weckt.

85:4:19
P: Dass er das sein sollte, erscheint vernünftig. [*kichert*] Und Brüste und Hintern – alles, was bedeckt ist, würde ich gern verstehen. [*seufzt*]

85:4:20
A: Ihr Seufzen?

85:4:21
P: Es gibt keine Möglichkeit, das zu tun, ohne dass ich mich verdorben fühle. Das ergibt Sinn. Ein Kind möchte die Körper von Erwachsenen und den eigenen sehen. Es tun und Ängste loswerden. Meine Eltern fürchteten, ein Interesse an meinem Körper und dem anderer würde zu Verdorbenheit führen. Ich weiß nicht, was es sein sollte.

85:4:22
A: Welche Form könnte die Verdorbenheit annehmen?
[Nancy verwendet distanzierende Sprachformen – »Ein Kind möchte« statt »Ich wollte«. Dazu hätte ich etwas bemerken können, aber ich entschied mich dagegen, da ich annahm, dass sie eine direktere Sprache verwenden würde, wenn sie mit diesem »unbekannten und beängstigenden« Explorationsgebiet vertrauter wurde.]

85:4:23
P: Ja. Ich weiß nicht. [*Pause*] Für Mutter und mich, die wir immer bedeckt waren. Ich sah die Brüste meiner Mutter nicht, bis sie über Fünfzig war. Ich könnte sagen, ich habe meinen Vater nie nackt gesehen, aber in engen, enthüllenden Jockey-Shorts. Und das eine Mal, als er so wütend wurde, weil ich zu ihm in die Toilette gekommen war und entgeistert dastand und seine Genitalien anstarrte. Das macht mich wütend. Nichts war daran falsch, dass *er* die Tür nicht abgeschlossen hatte. Ich war schuld. Und heute habe ich dieses Interesse. Es ist sehr wichtig geworden, alles hat heute einen sexuell-genitalen Beigeschmack.

85:4:24
A: Und scheint den Beigeschmack von entweder »es ist Ihre Schuld« oder »es ist nicht Ihre Schuld, es ist die Schuld von jemandem, der die Verantwortung nicht übernimmt« zu bewahren.

85:4:25
P: Den hatte es. Was soll ich damit anfangen? [*streitlustig*] So sind die Botschaften bei mir angekommen.

85:4:26
A: In Ihrem Traum teilen Sie es auf deutliche Weise auf.
[Nancy hatte relativ frei und offen assoziiert. Dann wuchs ihr Zorn, und sie wurde ein wenig provokativ. Ich hatte die Wahl, ihre Aufmerksamkeit entweder auf ihre Streitlust mit mir als Wiederaufleben ihres Zorns auf ihren Vater zu lenken (was ich in der Vergangenheit oft getan hatte) oder zu versuchen, weiter mit der Arbeit voranzukommen, zu ihrem Traum zu assoziieren und seine Bedeutung zu erforschen. Da die Stunde dem Ende zuging und die Unterbrechung des Wochenendes bevorstand, entschied ich mich für Letzteres.]

85:4:27
P: Ja. Worauf wollen Sie hinaus? Ich hätte es als Kind tun können? Oder ich könnte es jetzt aufteilen und tue es nicht?

85:4:28
A: Wie kommt es Ihnen vor?

85:4:29
P: Ich glaube nicht, dass ich es als Kind gekonnt hätte.

85:4:30
A: Hm, hm.

85:4:31
P: Ich denke, heute könnte ich es. Aber ich verstricke mich darin. Das habe ich getan, als ich am Dienstag ging. Ich fange an zu denken: »Zum Tango-Tanzen gehören zwei.« Dann vergesse ich es und bin wieder zurück bei: »Das ist alles mein Problem.« Dann denke ich: »Kinder brauchen Erwachsene, um zu lernen.« Es ist ein echtes Problem, wenn das nicht verfügbar ist.

85:4:32
A: Ja.

85:4:33
P: Ich kann die Verantwortung dafür übernehmen, alles wissen zu wollen.
[Nancy beginnt ihre Gedanken zu sortieren, wie sie das Thema Schuldgefühle hin und her wendet. Sie identifiziert elterliche Verantwortung in einem allgemeinen Sinn – »Kinder brauchen Erwachsene.« Ich bestätige diese Erkenntnis, und Nancy wechselt zum Personalpronomen, als sie sagt: »*Ich* kann die Verantwortung dafür übernehmen« (für die Neugier).]
Ich war ein sehr neugieriges kleines Mädchen. Aber Neugierde ist nicht abartig. Wenn sie abartig wird, dann weil etwas verkehrt ist.

85:4:34
A: Unsere Zeit ist um.

85:4:35
P: Lassen Sie mich noch einmal sagen, dass ich diese Arbeit hasse [*gutmütig*] – die Arbeit, die ich zu hassen liebe.
[Nancy kehrt zu der Wut auf den Analytiker zurück, die unerforscht blieb, weil ich mich dafür entschied, zum Traum zurückzukehren.]

1.10.87

87:1:1
P: Ich habe keinen Fortschritt gemacht bei der Frage am Ende

letzter Woche, weshalb ich glaube, mich einem Gefühl des moralischen Versagens stellen zu müssen, wenn ich nicht mit Jane befreundet sein kann. Ich weiß, dass ich zur Zeit sehr depressiv bin. Ich weiß nicht, warum ich mich so schlecht fühle. Während der letzten paar Monate bin ich wieder chronisch verstopft. Ich habe das Gefühl, ich muss etwas tun, mich zwingen. Den Gottesdienst am Samstagabend hielt Charles als Priester mit seinen Freunden ab als Danksagung für seine Ordination. Es war sehr bewegend. Ich fand es schön, zu der Gruppe zu gehören. Charles' Entscheidung, Priester zu werden, war gut. Aber es beeindruckte mich auch sehr, dass Jane und ihre Kinder Geschenke zum Altar brachten. Sie haben eine besondere Beziehung zu ihm. Mich hat es bedrückt, dass es auf der Welt niemanden gibt, dem ich etwas Besonderes bedeute. So gern etwas Besonderes sein zu wollen, trug zu den Schwierigkeiten mit Jane bei. Ich schäme mich. Aber ich bin für niemanden die Vertrauensperson, bin für niemanden etwas Besonderes. Ich bin so einsam und depressiv, dass es mich ängstigt. [*Nachdem sie mit unsicherer Stimme begonnen hat, spricht sie jetzt normal.*] Es ist voll Ironie, dass ich mir mitten im Gottesdienst so meines Einsamkeitsgefühls bewusst wurde. Ich erinnerte mich daran, dass ich viele Freunde habe, die mich gern haben. [*Sie hat die Arme steif an den Seiten liegen.*] Dennoch wurde ich von Hoffnungslosigkeit überfallen – von einer Angst, dass ich nie jemandem nahe sein würde, immer nur am Rand.

87:1:2
A: Könnte dieses Gefühl Druck auf Sie ausüben, es wieder mit Jane und ihrer Tante versuchen zu wollen?

87:1:3
P: Vielleicht. Ich fühle eine niederschmetternde Einsamkeit und schreibe sie meinen eigenen Verhaltensweisen zu. [*Während dieser Sequenz reibt sie sich in Abständen die Augen.*] Es fällt mir so schwer, aus mir herauszugehen, großzügig und gesellig zu sein. Das war nicht immer so. Erst in letzter Zeit. Mein Bedürfnis, die Freundschaft mit Jane neu zu beleben, resultiert teils aus Einsamkeit und teils aus Schuldgefühl. Es fällt mir so schwer, mich nach außen hin zu zeigen, aber ich muss es tun. Was meine ich damit? Nach dem Gottesdienst musste ich die

nächsten beiden Tage arbeiten. Es war halb neun. Ich war müde. Ich wollte nach Hause gehen und essen und mich ausruhen. Aber ich ging ein Weilchen zum Empfang, um die anderen wissen zu lassen, dass es mir nicht gleichgültig war. Wir haben am Freitag darüber gesprochen, dass ich mich selbst lähme. Ich fühle mich schlecht und bin wie gelähmt. Wir sprachen darüber, dass ich das selbst herbeiführe, um mich davon abzuhalten, Dinge zu tun, die mir zu schwer fallen.

87:1:4
A: Was, glauben Sie, fällt Ihnen schwer zu tun?
[Ohne zu begreifen, worauf Nancy hinauswill, habe ich ihr zugehört. Ich bin überzeugt, dass ihr Kummer und ihre Enttäuschung darüber, nicht wichtig zu sein, authentisch sind. Aber ihren Bezug darauf, nicht extrovertiert oder großzügig zu sein, ihr mea culpa, weckt meine Skepsis. Ich will versuchen, ihr so aufgeschlossen wie es in diesen ersten Momenten der Arbeit einer Woche möglich ist zu folgen, bis ich mich zurechtgefunden habe.]

87:1:5
P: Zu dem Empfang zu gehen. Ich dachte, es sei das Richtige, zu bleiben und mich zu unterhalten. Aber ich konnte es nicht. Als ich nach Hause ging, hatte ich Schuldgefühle und schimpfte mit mir, weil ich schwach gewesen war. Später dachte ich daran, wie Sie und ich darüber gesprochen haben, dass gewisse Bedürfnisse von mir erst erfüllt sein müssen, bevor ich ein freundliches Gefühl entwickeln kann.

87:1:6
A: Ja.

87:1:7
P: Und ich war müde, hungrig und hatte Kopfschmerzen – und ich musste früh aufstehen. Wenn ich mich so in Gesellschaft begebe, sage und tue ich Dinge, mit denen ich nicht glücklich bin. Dann verfalle ich in mein Lähmungsgefühl. Nicht bevor ich nach Hause gehe, sondern danach, wenn ich mich schlecht fühle und mir keine anderen Möglichkeiten einfallen, den Leuten zu zeigen, dass sie mir etwas bedeuten. [*Pause*] Ich fühle mich wirklich verklemmt.

87:1:8
A: Am Freitag sagten Sie, es sei Ihnen klar, dass Jane und Ihre Tante darauf hinarbeiteten, Ihnen immer voraus zu sein, und das tue keine Freundin. Dann sagten Sie: »Oh, das bin ich, was ich tue, ist es«, und dann wurden Sie wie gelähmt.

87:1:9
P: Die Lähmung diente zur Vermeidung der Schlussfolgerung, dass jemand, der das tut, kein Freund ist.

87:1:10
A: Ja.
[Am Freitag hatte ich geglaubt, dass Nancy ein gewisses Maß an Klarheit über die Natur dieser konkurrierenden Beziehungen gewonnen habe, die charakterisiert waren durch selbstgerechte Herabsetzungen durch die anderen und 1) Nancys eigene Abneigung, den aggressiven Beitrag des/der anderen anzuerkennen und 2) martyrer- und heiligenhafte Duldung. Nun war ihr erweitertes Bewusstsein, das so schwer aufzubauen gewesen war, erneut durcheinander. Ich entschied mich, sie direkt daran zu erinnern – in der Hoffnung, sie könnte den kohäsiven Zustand, den sie erreicht hatte, selbst korrigieren und wiederherstellen. Ihre erste Reaktion stimmte hoffnungsvoll.]

87:1:11
P: Ich habe mit Jane gefrühstückt und bin zu dem Schluss gekommen, dass sie kein Mensch ist, *mit dem ich befreundet sein will.* Und damit basta! Sie weckt nicht das Beste in mir. Ganz im Gegenteil – Tratsch und Nörgelei. Es ist lästig. Ich war froh, dass es passiert ist, dass ich bestätigt wurde. Ich schaffe es, die Sache zu klären, und dann fällt alles wieder auseinander. Immer wieder. Mit meiner Mutter, meiner Tante, mit Jane. Mit jedem, von dem ich glaube, dass ich ihn nicht mag. [*Sie legt die Hand auf den Mund.*] Die! [*Sie reißt die Hände nach vorn.*] Ich habe noch nie zuvor gesagt, dass ich meine Mutter nicht mag. Über Jane habe ich es gesagt. Aber da ist es!

87:1:12
A: Als ob es unsagbar wäre?

87:1:13
P: Ist es das? Ich sage nicht nur etwas über die anderen, sondern auch über mich.

87:1:14
A: Und das wäre?

87:1:15
P: Dass ich jemanden nicht mag.

87:1:16
A: Und Sie – *Sie* sind fähig, jemanden *nicht* zu mögen.

87:1:17
P: Es fällt auf mich zurück. Dass ich nicht fähig bin – ein Versprecher – dass ich fähig bin, der Kritik ausgesetzt bin, dass ich wie jeder andere bin. Wenn mir Janes Gejammere nicht gefällt, dann bin auch ich der Kritik ausgesetzt, wenn ich jammere oder kritisiere, und [*humorvoll gesagt*] wir wissen beide, dass ich mich nicht gern kritisieren lasse. Was sagt es aus, wenn ich sage, dass ich nicht dazu fähig bin, jemanden abzulehnen? Dass ich eine Heilige bin – und keine Meinung habe. Ich will nicht die Verantwortung dafür übernehmen, zu sagen, dass ich jemanden nicht mag.

87:1:18
A: Dass Sie das so empfinden können.

87:1:19
P: Ich will mir die Konsequenzen nicht aufbürden. Sie mag jemanden nicht, sie hat ihn kritisiert, lasst uns sie kritisieren. Wenn es dem einen recht ist, ist es dem anderen billig. Ich möchte die Leute nicht nicht mögen – meine Seite, die nach Heiligkeit strebt.

87:1:20
A: Sie schätzen das Gefühl, einer Heiligen ähnlich zu sein?
[Die Unterbrechung im ersten Teil der Sitzung, die durch Nancys Depression und leichte Fragmentierung der Gedanken gekennzeichnet war, endete mit meiner Klärung der Fortschritte, die in der Freitagsstunde erreicht worden waren. Dann wurden Nancys Schwierigkeiten, ihren Ärger anzuerkennen und ihr Versuch, ein heiligenähnliches Image – ähnlich

dem ihrer Mutter – aufrechtzuerhalten, erforscht. Meine Frage war als Einladung an sie gedacht, über ein intellektuelles Erkennen ihres Strebens nach »Heiligkeit« und ihrer Vermeidung von Kritik, um das vielleicht erhebende *Gefühl* moralischer Überlegenheit zu spüren, hinauszugehen.]

87:1:21
P: Ich habe ein unbehagliches Gefühl, wenn die Leute – andere – kritisch sind. Ich mag es nicht. Die Leute im Labor kritisieren die Ärzte, und ich werde mit hineingezogen. Lasst uns das Kind beim Namen nennen. Aber was sagt das über mich aus? Ich will dann lieber gar nichts sagen.
[Nancy hat meine Frage zu dem Gefühl heiligenähnlicher Überlegenheit missachtet und ist zu ihrer Abneigung dagegen zurückgekehrt, als Kritikerin gesehen zu werden. Das zeigt mir, dass sie im Moment stärker motiviert ist, diesen Punkt zu erforschen.]

87:1:22
A: Zurück zu dem Gefühl, wie gelähmt zu sein – zurückhaltend und gelähmt.

87:1:23
P: Vielleicht ist das Problem mit meiner Aussage, ich möchte niemanden ablehnen, dass es eine zu unverblümte Aussage ist. Wenn ich einen Arzt kritisiere, heißt das ja auch nicht, dass er ein schlechter Mensch wäre, oder ein schlechter Arzt, sondern dass er zu lange braucht, bis er der Technik vertraut. Es war herabwürdigend, wie er mich behandelt hat, und er benimmt sich auch anderen gegenüber so. Mir ist alles Pauschale unbehaglich. Ziehe ich mich jetzt zurück?

87:1:24
A: Ist der Unterschied, auf den Sie hinauswollen, der Unterschied zwischen einem Totalangriff auf das ganze Selbst eines Menschen und einer speziellen Handlung?

87:1:25
P: Was ich mache, ist ein Totalangriff auf einen Menschen. Auch andere machen das. Dann kommt es pauschal zu mir zurück, und wir schwimmen tot im Wasser.

87:1:26
A: Die ganze Freundschaft ist tot.

87:1:27
P: Ja. Ja. Das trifft es. Ich komme nach Hause vom Frühstück mit Jane und sage, sie kritisiert nur und jammert, und ich will nicht ihre Freundin sein.

87:1:28
A: Der Unterschied liegt darin, ihr Jammern und Nörgeln nicht zu mögen und zu sagen, Jane ist nur ein Jammerlappen.

87:1:29
P: Aber wenn wir zusammen sind, jammert und nörgelt sie meist nur. Wenn andere Leute in der Nähe sind, ist es nicht so schlimm.

87:1:30
A: Haben Sie den Eindruck, von mir kritisiert zu werden?
[Ihre letzte Bemerkung schien mir streitlustig, und wenn ich es mir überlege, klang meine an sie gerichtete Bemerkung frömmlerisch kritisch – eher predigend als mitfühlend.]

87:1:31
P: Ihr Tonfall war [*Pause*], hm, [*Pause*] ich weiß nicht, wie ich es sagen soll – sarkastisch. Nein, bedeutungsschwer.

87:1:32
A: Ja. Eine Seite davon habe ich betont.
[Ich erkenne und akzeptiere (trage) ihre Attribuierung. Das hat die unmittelbare Wirkung, ihre »Realität« unseres intersubjektiven Kontexts zu bestätigen. Das Ende der Sitzung ist zu nahe, um weitere Implikationen zu erforschen.]

87:1:33
P: Stimmt. Also fühle ich mich wohl kritisiert. Sie haben etwas gesagt, das ich gesagt habe, aber Sie haben es mit einer anderen Bedeutung versehen, also fühle ich mich kritisiert.

3.10.87

87:2:1
P: [*Sie überreicht mir einen Scheck.*]

87:2:2
A: Danke.

87:2:3
P: Ich habe meine Finanzen überprüft, nachdem ich meine Rechnungen bezahlt hatte. Ich machte die wunderbare Erfahrung, dass etwas übrig war. Nicht viel, aber es war wundervoll. Ich dachte daran, Ihnen ein höheres Honorar zu bezahlen, aber das ist in absehbarer Zukunft nicht wirklich möglich. Ich weiß, dass Sie mich nicht um mehr gebeten haben, und das weiß ich auch zu schätzen. Was ich heute sagen will ist – ich halte das Thema nicht für erledigt. Wenn Sie mehr Geld brauchen, überlasse ich es Ihnen, mir das zu sagen. Das ist wie die besondere Aufmerksamkeit, die ich vom Dekan erhalte. Ich bin mir dessen bewusst, weiß es zu schätzen, bin mir aber nicht sicher, ob ich dessen wirklich würdig bin. Es gibt mir ein unbehagliches Gefühl. [*Ihr ernster Ton geht plötzlich in ein befangenes Lachen über, als sie sagt:*] Ach Quatsch. [*Wir lachen beide.*] Danke. [*spielerisch*]

87:2:4
A: Bitte. [*spielerisch*]

87:2:5
P: Nun weiter zu dem anderen. Ich hatte letzte Nacht große Mühe, zu schlafen. Zufällig bin ich Sean begegnet. Er wird im Mai zum Priester geweiht. Wir haben geplaudert, und er lud mich ein, mit ihm ins Theater zu gehen. Ich habe gesagt, wenn ich frei bekommen kann, würde ich gern mitgehen. Dann habe ich ein eigenartiges Gefühl bekommen. Wir sind einfach nur Freunde, wo liegt also das Problem? Ich würde nicht mit ihm gehen wollen, wenn ich ihn nicht attraktiv und interessant finden würde. Die Gefahr ist, dass ich für jemanden etwas Besonderes sein möchte. Ich denke, ich kann mit Sean gehen, wenn ich nichts hineinlege, wovon keiner von uns beiden findet, dass es dahin gehört. Ich muss deutlich sein – ich will für jemanden etwas Besonderes sein und versuche das auch, aber Sean ist nicht derjenige. In der Vergangenheit bin ich damit fertig geworden, indem ich es gemieden habe. Ich wünschte [*mit Gefühl*], ich würde mit einem sexuell attraktiven Mann gehen, wie

Brian, mit dem ich intim sein könnte. Das macht mich traurig. [*seufzt*] Es ist früher schon aufgekommen, dass ich mich von Männern angezogen gefühlt habe, die nicht frei waren. Jetzt sind es Priester. Früher waren es andere. Bei Brian fühle ich mich schuldbewusst. Warum? Ich denke, das ist eine Übertreibung, aber wenn ich mir über die sexuelle Komponente nicht sicher bin, sollte ich einfach weggehen. Das ist der Grund, warum ich das Problem bisher nicht lösen konnte – ich gehe weg. Ich weiß nicht, was ich davon halten soll. Ich wünschte, Sie würden mir jetzt helfen. Stellen Sie mir Fragen. Helfen Sie mir.

87:2:6
A: Geben Sie mir einen Hinweis?
[Nancy hatte den Gedanken erfolgreich allein fortgeführt, wobei sie das Verständnis nutzte, das wir über ihre Schwierigkeiten mit gern flirtenden, aber nicht verfügbaren Männern gewonnen hatten. Mein Eindruck ist, dass sie vor allem um Bestätigung bittet – um zu wissen, dass ich da bin – und nicht um eine spezielle »Hilfe«.]

87:2:7
P: Ja. Ja. Es scheint nicht problematisch, mit einem Mann oder Priester befreundet zu sein – oder dass ich die Beziehung neutralisieren muss, indem ich so tue, als sei ich mir keinerlei Geschlechtsunterschiede bewusst. Ich muss Grenzen setzen.

87:2:8
A: Wir hatten darüber gesprochen, dass Sie zu dem Schluss gekommen sind, die einzige Möglichkeit, Grenzen zu setzen oder die Sache zu regulieren, sei An-aus.

87:2:9
P: Und das stimmt nicht. Aber Sie sehen dazwischen noch unendlich viel.

87:2:10
A: Hm, hm.

87:2:11
P: Und da liegt das Problem. Mir scheint, ich bin mir darüber im Unklaren, was ich eigentlich reguliere. Ich glaube, ich habe das Gefühl, meine Gefühle zu regulieren. Sie würden sagen: »Sie

regulieren Ihre Gefühle nicht.« Gefühle sind Ihre Gefühle. Sie sehen sie sich an. Sie erkennen sie. Gefühle ändern sich. Doch bei der geringsten Andeutung einer sexuellen Anziehung sage ich: »Schalte alles ab, drehe dich in die andere Richtung.«

87:2:12
A: Damit was nicht geschieht?

87:2:13
P: Damit ich die Kontrolle nicht verliere. Mich so angezogen fühle, dass ich sie verführe. Wenn ich das sage, geht es nicht nur um Brian und Anthony [Priester]. Es war auch so bei meinem Bruder und Dad. Alle Männer, die ich nicht verführen soll. Es erstreckt sich auf alle Männer. Aus zwei unterschiedlichen Gründen. Dad, mein Bruder, Sean, Sie – weil es unpassend ist. Wenn ich mich verführerisch verhalte, ist das ein Versuch, das zu durchbrechen. Dad und mein Bruder – sie sind unfähig, dieser Versuchung zu widerstehen. Eine Verführung könnte funktionieren! Meine Macht, ungemein attraktiv zu sein. Meine Stärke. Sie sind schwach, empfänglich. Die andere Seite kommt von Mom, für Männer in irgendeiner Form attraktiv sein zu wollen heißt, seine Seele zu verkaufen. Ich kann nicht unabhängig sein, selbstständig sein, keinen Mann brauchen, kein selbstbestimmter Mensch sein ... Als ich heute hergekommen bin, habe ich darüber nachgedacht, was für Sachen ich trage. Jeans und ein weites Shirt sagen etwas aus.

87:2:14
A: Was meinen Sie, sagen sie aus?
[Wir haben in der Vergangenheit ausführlich an dem Eva-verführt-Adam-Thema (Modellszene) gearbeitet. Nancy bringt das jetzt mit einer ironischen Wendung auf, die ich höre als: »Ich weiß und Sie wissen, dass sie mir einen Haufen Scheiße verkauft haben, den zu glauben sie (in ihrer eigennützigen Weise) schlau genug waren, und ich war und bin Närrin genug, ihn damals zu akzeptieren und mich bis heute deswegen schuldig zu fühlen (es ist ein Teil meiner Sorge, eine moralische Versagerin zu sein).« Wahlweise macht sie zum ersten Mal einen Hinweis auf die Überzeugung ihrer Mutter, dass sie ihre Seele verkauft, wenn sie attraktiv ist. In der Präadoleszenz hatte das

damit zu tun, ihrem Bruder nachzujagen, in der Adoleszenz damit, wie viel von ihrem Körper – Arme, Beine, Brustansatz – sie den Blicken anderer aussetzte. Ich vermute, sie versucht nun, sich auf etwas Bestimmtes hinzubewegen und stelle eine Frage mit freier Antwortmöglichkeit, um sie zu weiteren Assoziationen zu ermuntern.]

87:2:15
P: Ich bin mir nicht sicher. Wenn ich darüber rede, für Sean attraktiv zu sein, möchte ich nicht, dass Sie erregt werden. Also bin ich unattraktiv. Was ich trage ist wichtig. Manchmal möchte ich für Sie gut aussehen. Meistens. Sie sollen denken, dass ich mich um mich kümmere. Außerdem sollen Sie mich mögen, mich anerkennen. Das wird unterstrichen, wenn ich [*Pause*] nicht feminin gekleidet bin, [*Pause*] das ist ein Teil davon. Etwas, worüber wir nie gesprochen haben, ist mein Wunsch, für Sie etwas Besonderes sein zu wollen. Ich habe nicht viel darüber nachgedacht.

87:2:16
A: Können Sie über das Gefühl mehr sagen?

87:2:17
P: Ich sehe es als theoretisch an. Ich bin mir nicht bewusst, es zu fühlen – wie Samstagabend im Gottesdienst. Für jemanden ein besonderer Mensch sein zu wollen. Ich glaube, das sind Sie, aber ich habe kein Gefühl dafür. Es ist nur so eine Idee. Das ist lustig, besonders im Licht dessen, womit wir angefangen haben – meine Dankbarkeit für ihre besondere Behandlung von mir in Bezug auf Geld. Jemand Besonderes zu sein [*seufzt*] beinhaltet ein Gefühl von etwas, das ein Problem ist. Es geht über in sexuelle … Wärme. Das fühlt sich problematisch an. So kann ich sagen, ich weiß es zu schätzen und bekomme ein unbehagliches Gefühl, mache einen Scherz – ach Quatsch – das ist eine Art, nicht darauf eingestimmt zu sein, wie es sich anfühlt, sich als jemand Besonderes zu fühlen.

87:2:18
A: Hmm.

87:2:19
P: Nicht dass ich es nie fühle. Nur hier fühle ich es nicht. Wenn ich nach einer Sitzung gehe, fühle ich oft, was für ein besonderer Mensch Sie für mich sind. Wie viel Zuneigung, wie viel Achtung und Wertschätzung ich für Sie empfinde. Meine Achtung für Sie, nicht Ihre für mich – und nicht hier.

87:2:20
A: Betonen Sie sowohl die Erfahrung, die sehr wichtig ist, als auch Ihr Sich-Entfernen?

87:2:21
P: Als ich gestern Abend über Geld nachgedacht habe, habe ich mich damit auseinander gesetzt, Ihnen nicht mehr bezahlen zu können. Ich bleibe weiterhin in der Situation, Ihnen zu Dank verpflichtet zu sein. Nicht dass ich etwas Besonderes wäre – wie mit dem Dekan. Ein Teil des Problems, über das wir noch nicht geredet haben, war, dass mit einem Mann etwas Besonderes zu haben bedeutet, eine Grundlage für echte Probleme sexueller Natur zu schaffen. Mein Großvater scheint direkt hier zu sein!

87:2:22
A: Hm, hm.
[Dieser Bezug auf den Großvater väterlicherseits rückte eine frühe Idealisierungserfahrung mit einem Menschen, den sie als ihren besorgten Beschützer empfand, wieder in den Brennpunkt. Er pflegte ihren Bruder zu verjagen und genoss es, wenn Nancy Zeit mit ihm verbrachte – im Gegensatz zu ihrem Vater, dem die Arbeit auf der Farm über den Kopf wuchs und der sich auch noch um die oft depressive und kranke Mutter kümmern musste. Er war, wie es mir schien, seit mehreren Jahren nicht mehr erwähnt worden. Ich war gespannt, wie Nancy ihn mit diesem Kontext in Verbindung bringen würde.]

87:2:23
P: Für ihn war ich jemand Besonderes, und das war ein großes Problem für Mutter. Sie hielt ihn für einen schmutzigen, alten Mann. Ich dachte, das wäre, weil er nicht oft badete und Tabak spuckte. Er roch deftig.

87:2:24
A: Irgendwelche Gedanken darüber hinaus jetzt?
[Der Ausdruck vom schmutzigen, alten Mann (»dirty old man«) ist offensichtlich mehrdeutig und stellt somit die Frage einer sexuellen Verstrickung, sogar eines Missbrauchs, die, wie es schien, in früheren Diskussionen nicht angedeutet worden war.]

87:2:25
P: Ich weiß nicht, da gab es eine Gruppe von Männern – Nachbarn, ein Mann in der Kirche – die mir Aufmerksamkeit schenkten. Sie machten viel Wirbel um mich. Ich dachte, ich sei ihre kleine Freundin. Die Angst, die Mutter im Hinterkopf hatte ... Sie war nicht völlig abwegig, ihr musste Beachtung geschenkt werden. Wenn das so ist, [*mit wachsender wütender Empörung*] warum zum Teufel hat sie dann dieselbe Beachtung nicht auch meinem Bruder geschenkt?! Weil die Männer alt waren? Sie sah die Gefahr dort, wo sie nicht war und sah nichts, wo sie war. [*seufzt*]

87:2:26
A: Ihr Seufzen?
[*Ihr Zorn ist zu einer etwas resignierten Ergebenheit verblasst.*]

87:2:27
P: Es war ein großer Fehler.

87:2:28
A: Ja.

87:2:29
P: Es war vernünftig, dass sie aufgepasst hat. Aber sie wollte, dass ich denke, es sei etwas daran falsch, mit ihnen befreundet zu sein. Und ich glaube nicht, dass es falsch war, wenn es nur um Zuneigung geht.

4.10.87

87:3:1
P: Nachdem Sie mich gebeten hatten, dass ich nächsten Donnerstag um ein Uhr komme (weil Sie am Freitag verreisen müssen), wurde mir bewusst, dass ich mich auf Kosten einer Freundin bereit erklärt hatte. Ich fragte Sue, ob wir den Termin verschie-

ben könnten, und sie sagte »bestens«, aber ich hatte Ihnen zugesagt, ohne darüber nachzudenken, ob es für Sue schwierig sein könnte. Das kam heute auf wegen einer Studentin, die fragte, ob ihre Eltern während des Kurses mit im Unterricht sitzen könnten. Ich sagte okay und kam ins Klassenzimmer und fand dort auch noch andere Leute vor. Ich war nervös, weil ich einen guten Eindruck machen wollte. Ich habe mich wacker geschlagen, aber es hat mich meine ganze Konzentration gekostet.

87:3:2
A: Wie Sie beinah automatisch dazu neigen, Ja zu sagen?

87:3:3
P: Ja. Sie wissen, dass ich versuchen würde, Ihnen entgegenzukommen. Und ich weiß, Sie würden nicht erwarten, dass ich eine Verabredung absage, um Ihnen einen Gefallen zu tun. Mir gefällt der Automatismus nicht. [*nachdenklich*] Sie haben recht. Überhaupt nicht! [*mit Nachdruck*] [*Pause*] Meine Schwägerin hat mich angerufen, um mir zu sagen, dass es Tante Tina nicht gut geht. Sie wird vergesslich. Ich hatte ihr letzte Woche geschrieben, und darüber bin ich froh. [*Pause*] Das ruft alle möglichen Gefühle hervor. Einige, die ich nicht mag. Wenn sie sterben würde, bekäme ich ein Erbe. Ich will eigentlich nicht, dass sie stirbt. Ich wünschte, meine finanzielle Situation wäre besser, aber so schlimm ist sie auch wieder nicht. [*Pause*]
[Ich hätte eine Bemerkung zu ihrer Ambivalenz machen können, aber ich hatte weder das Gefühl, dass es notwendig war, noch dass dort ihr wichtigstes Gefühl lag. Ich hielt es für besser, weiter zuzuhören, um das Gefühl zu erspüren.]
Es gefällt mir überhaupt nicht, dass sie einsam ist. Aber ich kann nichts machen.

87:3:4
A: Können Sie dazu mehr sagen?

87:3:5
P: Wenn man alt und gebrechlich ist, ist es nicht gut, allein zu sein. Ich weiß, was für ein Gefühl es ist, allein zu sein. Ich fände es schrecklich, wenn sie einsam sterben würde. Onkel Henry hatte gesagt, er würde in seinem eigenen Haus sein wollen,

um zu sterben. Als er starb, fühlte ich mich entsetzlich. Ich vermisste ihn fürchterlich – aber das ist für *mich!* Die Situation bei Tante Tina ist anders. Ich werde sie nicht vermissen, ich glaube nicht.

87:3:6
A: Ist es hart für Sie, so zu empfinden?
[Auf der Grundlage ihres allgemeinen Gefühls, sich in eine moralisch korrekte Haltung bringen zu müssen, möchte ich anerkennen, dass sie einen Standpunkt einnimmt, der auf ihrer aversiven Erfahrung gründet, und dass es ihr schwer fällt – dass es ihr selbst gegenüber aversiv ist.)

87:3:7
P: Es fällt mir schwer, das zu sagen, und es ist traurig ... Ich denke darüber nach, ob sie mir Geld hinterlässt oder nicht; ich bin froh, es nicht zu brauchen. Wenn sie mir keines hinterlässt, wird schmerzvoll sein, was die anderen denken werden. Weil sie zur Familie gehört. Wie Sie sagten, ich bin die Tochter ihrer Schwester. Früher hatte ich das Gefühl, sie hätte mir gegenüber eine Verpflichtung, aber das denke ich nicht mehr. Es wird nur einfach traurig und schmerzlich – eine weitere Erinnerung daran, dass sie mir gegenüber keine Verpflichtung hat und dass sie auch keine empfunden hat. Es ist unselig. Immer wieder wünsche ich mir, die Dinge zu ändern, aber ich kann es nicht.

87:3:8
A: Und das ist sehr frustrierend.
[Ich versuchte, den Faden des dominanten Affekts aufzugreifen, der am Rand ihres Bewusstseins lag.]

87:3:9
P: Ja. Wie kann ich sagen, es ist frustrierend, und dass ich Frieden damit geschlossen habe? Beides passt nicht zueinander. Nehme ich mich selbst auf den Arm? Ich glaube nicht.

87:3:10
A: Hilft es Ihnen, Tante Tina letzte Woche geschrieben zu haben, fühlen Sie sich ruhiger?
[Spontan hat Nancy ihre Ambivalenz gegenüber ihrer Tante erkannt – ich habe früher Nancys untergründige Feindschaft

zu der Tante hervorgehoben, doch jetzt möchte ich ihren Versuch zur Versöhnung und zur Wiederherstellung eines gewissen Grades an Bindung anerkennen.]

87:3:11
P: Ja. Ich hielt es für das Beste, das ich angesichts der schwierigen Situation tun konnte. In der Vergangenheit hätte ich mich verpflichtet gefühlt, zu ihr zu fahren und mich um sie zu kümmern. Jetzt empfinde ich das nicht als angemessen, aber ich finde es wirklich nicht schön, dass sie allein ist. Sie ist 80 Jahre alt und wird nicht mehr lange leben. Es bringt meine Gier an die Oberfläche. Das Leben wäre leichter für mich, aber ich bin nicht bereit, etwas zu unternehmen, damit ich etwas erbe.

87:3:12
A: Und was Sie das eine oder andere Mal für Geld zu tun bereit waren, ist ein sehr emotionsgeladener Punkt.
[Ich bin mir eines Unterthemas bewusst, das an einen wichtigen Punkt ihrer Arbeit rührt – das Zurückhalten ihrer Zahlungen an mich, ihre wiederkehrende Verstopfung, die Annahme der Bestechungsgelder ihres Bruders für sexuelle Gunst, die Annahme der Bestechungsgelder ihrer Mutter, die Nancys Macht über die Mutter – in Form ihrer Enuresis – brach. Ich möchte Nancy Gelegenheit geben, diesen Problemkreis in jeder gewünschten Form eröffnen zu können oder auch nicht – wie das Gleichgewicht zwischen Vertrauen und Aversivität es diktiert. Oder es ist ein beherrschendes Thema des Augenblicks.]

87:3:13
P: Das zweifelsohne. Offensichtlich war es seltsam mit Tante Tina und Mutter. Mit Dad vielleicht auch, aber weniger. Geld ist ein Mittel, um die Menschen dazu zu bringen, Dinge zu tun, die sie sonst nicht tun würden. [*Ihre Sprache wird freier.*] Mein Bruder ist besser darin, dem bei Tante Tina zu widerstehen. Matt würde sagen, er sei stärker von Dad beeinflusst, der für Geld nichts getan hätte, das er nicht tun wollte, und ich bin mehr wie Mutter. Diesen Sommer hat er gesagt, er würde verstehen, weshalb ich mich von Tina verlocken ließe, weil Mutter Geld von ihr für meinen Collegebesuch genommen hat.

87:3:14
A: Hat sich in Ihrem Kopf die Ansicht durchgesetzt, dass Ihre Tante Tina mit Ihrer Einwilligung – d. h., Ihrer, der Ihrer Mutter und der Ihrer Tante – als Ihre Geldgeberin diente?
[Dies ist eine *neue* Verbindung, die zu beachten sich lohnt, doch wurde sie in einem Modus unklarer Verantwortung geäußert, wie es sehr häufig geschieht.]

87:3:15
P: Ich glaube nicht. Das ist, was Matt dachte. Ich bin mir nicht sicher, ob ich das auch gedacht habe. Sie hat mir nur ein Jahr bezahlt. Mehr nicht, bis ich hierher gekommen bin. Sie hat mir Geld geliehen, geschenkt. Sie hat mir Kleider geschenkt. [*Pause*]

87:3:16
A: Fühlen Sie sich angespannt?
[*Ihre Körperhaltung ist steif, das Schweigen bedrückt.*]

87:3:17
P: Ja.

83:3:18
A: Irgendein Gefühl dafür, was dazu beiträgt?

87:3:19
P: Ich taste herum, um herauszubekommen, was die wesentlichen Punkte sind oder was ich überhaupt fühle. Nachdem Sie das jetzt sagen, erinnere ich mich daran, dass Sie gesagt haben, was ich für Geld zu tun bereit bin, ist schon seit langer Zeit ein Problem. Vielleicht möchte ich daran nicht erinnert werden.

87:3:20
A: Hmm.

87:3:21
P: [*weniger Körperspannung*] Ich bin froh, dass ich geschrieben habe. Ich möchte nicht, dass sie so einsam ist. Viel mehr gibt es nicht, das ich tun kann. Sie ist einsam in ihrer Beziehung zu mir. Eine Distanz. [*seufzt*]
[Ich höre das als Anerkennung einer aversiven Getrenntheit – einer, die durch altruistische Selbstaufgabe nicht überbrückt

werden könnte. Ich höre den Seufzer als ein Zeichen der Resignation, der Trauer.]
Ich weiß nicht. Ihr zu schreiben ist auch so als würde ich sagen, das ist es, was ich für Geld zu tun bereit bin. Gelegentlich zu schreiben, damit sie mich in ihrem Testament nicht völlig ausklammern kann. Ich glaube nicht, dass ich ein gutes Gefühl dabei hätte, wenn ich Geld von ihr bekäme.

87:3:22
A: Ich glaube, Sie versuchen die ganze Stunde lang etwas dazu zu sagen, wie sehr Sie der Gedanke bewegt, wenn jemand ganz allein ist.
[Eingebettet in die Gedankenkette über Geld – Unterwürfigkeit, altruistische Selbstaufgabe, Verantwortung für Gier – war ich ebenfalls mit einem anderen affektgeladenen assoziativen Pfad beschäftigt – »einsam«. Eine Folge ihrer Analyse war, dass sie die Verbindungen zu ihrer Familie gelockert hatte. Plötzlich begann das Wort »allein« in meinem Geist widerzuhallen, und ich sprach beinah sofort, nachdem sich der Gedanke herauskristallisiert hatte.]

87:3:23
P: Sie haben recht. [*weint*] Vielleicht ist es das. Ich kenne die Erfahrung. Es fühlt sich nicht gut an. [*wischt sich die Tränen fort*] [*Pause*] Eine andere Möglichkeit zu sagen, dass mir nicht gefällt, was ich in der Vergangenheit für Geld getan habe, ist zu sagen, mir gefällt nicht, was ich getan habe, aber ich kann es verstehen – genauso bei Tante Tina. Was sie mit Geld macht, ist ähnlich. Sie ist einsam und will es nicht sein. [*Pause*] Ich wollte sagen, ich bin sicher, sie ist einsam, aber vielleicht auch nicht. Wie Onkel Henry. Ihm machte es nichts aus.

87:3:24
A: Sind Sie sich sicher, dass Sie einsam wären, wenn Sie an ihrer Stelle wären?

87:3:25
P: Wahrscheinlich ... Ich bin mir nicht sicher hinsichtlich später. Ich glaube, wenn ich sterbe, wäre ich gern wie Onkel Henry. Dass sich die anderen nicht manipuliert fühlen; schuldig. Weniger sich einsam als sich im Stich gelassen fühlen.

[Ich bin mir jetzt bewusst, dass ich, indem ich mich auf ihr wohl bekanntes Einsamkeitsgefühl eingestimmt habe, das Problem ihres Stolzes missachtet habe, nämlich zu versuchen, unabhängig zu sein – wie Onkel Henry. Als sie klarstellt, dass ihre Furcht die ist, sich im Stich gelassen zu fühlen, das heißt, nicht aus freien Stücken allein zu sein, kann ich antworten.]

87:3:26
A: Unbemerkt, zurückgewiesen, ungeliebt?

87:3:27
P: Das ist es! Zurückgewiesen, ungeliebt. Deshalb habe ich geschrieben. Um ihr zu sagen, dass sie nicht ungeliebt ist.

5.1.89

89:1:1
P: [*Nancy überreicht mir einen Scheck.*]

89:1:2
A: Danke.

89:1:3
P: [*auf der Couch*] Frohes Neues Jahr.

89:1:4
A: Frohes Neues Jahr.

89:1:5
P: Zuerst das Geschäftliche. Ich möchte anfangen, Ihnen $ 100 zu bezahlen.

89:1:6
A: Okay.

89:1:7
P: Ich habe einen Scheck von meiner Tante bekommen. Leider hat sie ihn nicht unterschrieben. Aber ich komme allein durch. Im Juni wird es eng werden, aber da sind Sie verreist. Ich hatte viel Mühe, es auszuknobeln. Bis heute war es mir nicht gelungen. Am Mittwoch redeten wir darüber, dass ich eine Lady Bountiful (eine gute Fee) sei. Ich habe mit Ihnen dasselbe gemacht wie meine Tante mit mir – debattieren, ob $ 105 oder $ 100. Einen großen Plan machen und dann zurückweichen.

Ich mag das nicht an mir. Es ist Geld, das ich Ihnen bezahlen muss. Es wird heikel – ist es mein Geld oder Ihr Geld? Ich bin Lady Bountiful. Nein, das ist das höchste, was ich mir leisten kann. [*Pause*] Nachdem ich jetzt mit Ihnen geredet habe, habe ich kein so gutes Gefühl dabei.
[Mein Eindruck ist, dass ihre Gefühle verletzt sind durch meine Interpretation ihrer Absicht, mir mehr anzubieten als sie fand, dass sie es sich leisten kann. Ich beschloss für den Moment, weiter zuzuhören. (Ich behielt die Situation als empathisches Versagen meinerseits in Erinnerung, und fünf Monate später brachte Nancy das Thema wieder auf. Wir erkannten dann, dass sie das Gefühl hatte, Anerkennung verdient zu haben für ihr »gerechtes« Handeln, als sie anbot, mein Honorar zu erhöhen – sie hatte sich eine Bestätigung ihrer Achtsamkeit erhofft, die aber in der Analyse ihrer übergroßzügigen, vorschnellen Reaktion untergegangen war.)
Ich fühlte mich gut, als ich es beschloss. Das war direkt nach meinem zweiten Bewerbungsgespräch. Ich ging nach Hause und wollte nur noch Ruhe! Über das Wochenende habe ich zu viel gearbeitet – eine schlechte Entscheidung – ich bin krank geworden. Ich habe drei Tage an Weihnachten gearbeitet, bin dann zu Arbeitsgruppen gegangen. Und vier Tage über Neujahr. Ohne mit der Wimper zu zucken. Aber es war nicht zu schaffen.

89:1:8
A: Eine Erwartung, die schwer zu erfüllen war.
[An ihrem Tonfall hatte ich die Neigung erkannt, beeindrucken zu wollen: »Ohne mit der Wimper zu zucken«. Das war ein vertrautes Muster, das ihrem Begehren entstammte, es ihrem Bruder gleichzutun. Meine Bemerkung zielte darauf ab, diese Motivation in den Brennpunkt zu rücken.]

89:1:9
P: Das alte Zeug! Was auch immer ich tue, es ist nicht schnell genug, nicht gut genug. Ich sollte mehr versprechen, mich antreiben, mehr zu tun. Wenn ich bei meiner Routine, meinem Tempo, meinem Rhythmus bleibe – aber die Ethik-Arbeitsgruppe ist eine harte Konkurrenz. Wenn ich eine Stelle bekomme, habe ich großes Glück. Das erinnert mich, ich gehe Ende Juli

von hier fort. Höre auf und gehe meiner Wege ... Ich rede heute sprunghaft. Das werde ich in der Zeit bis Juli noch einmal untersuchen müssen. Als ich im Labor krank geworden bin, habe ich mich nicht zur Arbeit gezwungen. Ich habe gesagt, ich bin krank und muss zu Hause bleiben. Das wirft die Frage auf, was ich tun werde, wenn ich Sie nicht mehr in der Nähe habe. Sie waren letzte Woche da und waren mir eine große Hilfe. Ich werde weiter meine Pläne für Juli machen und mit Ihnen reden. Das klingt nicht schlecht. Ich habe darauf geachtet, mich nicht in das Chaos im Krankenhaus an Neujahr hineinziehen zu lassen. Ich habe mit einem Vorgesetzten darüber gesprochen und es ging in Ordnung. Weshalb also bin ich vor Aufregung ganz aus dem Häuschen? Ich denke, es ist ein gutes Omen, dass ich ehrlich mit den Menschen bin. Ich habe der Laborleiterin, die meine Freundin und faul ist, gesagt, dass ich es nicht schätze, wenn sie mir Arbeit zuweist. Mein Bruder rief an, und ich sagte ihm, dass ich mein restliches Geld dazu verwenden wollte, mir ein Haus zu kaufen. Er sagte: »Ja, genauso wie damals in Kalifornien.« Ich sagte: »Warte mal, Du bist mit Deinem Geld damals auch nicht gut umgegangen. Mir gefällt Dein Ton nicht – dass Du mit mir redest, als wäre ich ein Idiot.« Er sagte: »Du hast recht.« Ich sagte: »Ich möchte ernsthaft über den Gedanken sprechen, mein Geld zu investieren.« Ich war zufrieden.

89:1:10
A: Ja.
[Nancy benutzt deutliche Beispiele ihrer hart erkämpften Fähigkeit, selbstbewusst aufzutreten. Sie dienen der Selbstberuhigung in ihrer Angst vor der Beendigung der Analyse. Ich gebe eine einfache Bestätigung.]

89:1:11
P: Ich bin für mich selbst eingetreten und habe es in etwas Produktives verwandelt. [*seufzt*]

89:1:12
A: Ihr Seufzen?
[Ihr übliches Muster ist, nach einer Beruhigung eine zugrunde liegende Sorge zu aktivieren. Ich möchte sie einladen, sich über diese Sorge auszulassen.]

89:1:13
P: Warum fühle ich mich so schlecht?

89:1:14
A: Können Sie darüber am Wochenende nachdenken, wenn ich bei Ihnen, ich meine, nicht bei Ihnen bin?
[Meine Absicht ist, ihr weiterhin zu helfen, ihre Befürchtung deutlich zu machen. Mit meinem Versprecher, vermute ich, versichere ich mich selbst (und sie), dass sie auch nach dem Ende spüren wird, dass ich bei ihr bin. Ein latentes Problem der Sequenz ist, ob mein Versprecher direkt in den Brennpunkt gerückt werden sollte.]

89:1:15
P: [weint] Ich möchte Sie nicht verlassen. Ich möchte nicht, dass es mir gut genug dazu geht. Oh, das »gut genug dazu« möchte ich behalten, aber ohne Sie zu verlassen. Sie zu haben, um mit Ihnen zu reden, ohne Sie schütteln und sagen zu müssen, ich möchte mit Ihnen reden wie eine Erwachsene ... Ich habe zwei Dinge im Kopf. Das eine ist ein Lied über meinen besten Freund. [singt] »Sie sind mein bester Freund.«

89:1:16
A: Zweifelsohne ist es schwer, sich von einem besten Freund zu trennen.

89:1:17
P: Das stimmt. Es wird mir immer deutlicher, wie viele gute Freunde ich habe und wie stabil die Beziehung zu meinem Bruder geworden ist. Es wird Schwierigkeiten geben, aber ich glaube jetzt daran, dass wir ihnen trotzen können. Mit Judy, Sally und Jim ist es ausgeglichener, und das schätze ich sehr. Ohne Sie wäre das nicht so. Ich hatte einen Traum am Wochenende. Viel weiß ich nicht mehr davon. Ich durchlebte wieder die Situation als kleines Mädchen, als ich einen Holzpflock hatte und an der Vagina masturbierte. Ich war außer Sicht – es ging um »Aufmerksamkeit erregen«. Ein anderer Traum handelte von einer Gruppe Frauen an der Mädchen-Universität, an der ich studiert habe. Es waren dieselben Frauen – manche verheiratet, manche Singles – alle in Weiß und Lavendelfarben gekleidet, wie Hochzeitskleider, spitzenartiger Chiffon. In dem

Traum dachte ich darüber nach, dass ich mich zu einigen von ihnen hingezogen fühle, weil sie glücklich sind, nicht weil sie große Brüste haben oder zornig und hochmütig sind. Ich war mir bewusst, dass die zornigen und hochmütigen Frauen nicht anziehend sind. [*Pause*]

89:1:18
A: Wie war Ihre Situation im ersten Traum?
[Die Sequenz hat rasche Wechsel durchgemacht. Nancy beendete ihre Aufzählung beruhigender Faktoren mit der besonderen Erwähnung ihres engen Netzwerks an Freunden. Dann sprach sie von einem Traum über Masturbation, auf den sie früher oft nur angespielt hätte. Und endete mit einem anderen Traum über Fortschritt, darüber, weder süchtig zu sein nach Brüsten, um mütterliches Gehaltenwerden und Kuscheln nachzuholen, noch nach wütenden, hochmütigen Frauen – ihre Mutter und mütterlichen Tanten – sondern nach Frauen, die glücklich sind, wonach auch sie gegenwärtig strebte. Ich war verwirrt über ihre Hinweise am Ende des ersten Traums, »außer Sicht« und »Aufmerksamkeit erregen«. Ich wählte meine Verwirrung als den Punkt, auf den ich meine Frage ausrichtete.]

89:1:19
P: Viel Kontext war da nicht. Ich war oben in einem Zimmer. Ich hatte ein glattes Stück Holz. Ich schaue Leute an, möchte, dass sie mich bemerken, aber sie können mich nicht sehen. Es erinnert mich an einen anderen Traum: Ich weinte und weinte. Mutter sagte, ich müsste etwas tun, das ich nicht wollte. Ich bettelte: »Bitte zwing mich nicht.« Ich musste eine Frau heiraten, die zornig und feindselig war und mir ein schreckliches Gefühl gab. Ich sagte zu Mutter: »Es wird nicht funktionieren, es wird schlimm werden.« Unnachgiebig stand Mutter da. [*ahmt die Haltung nach*] Als ich zu Beginn der Sitzung zum ersten Mal über die Träume nachdachte, dachte ich, ich will Ihnen sagen, dass etwas nicht stimmt. Ich bin nicht bereit zu gehen.

89:1:20
A: Wollen Sie mir sagen, dass Sie das Thema Masturbation und Frauenkörper immer noch beschäftigt?

89:1:21
P: Aber das ist ja gar nicht so. Das ist das Eigenartige. Aber die Träume sagen anderes.

89:1:22
A: Hm, hm.

89:1:23
P: Ich möchte nicht dazu zurückkehren, um bei Ihnen bleiben zu können, aber ich möchte Sie auch nicht verlassen. Wenn ich es nur träume, muss ich nicht ganz dazu zurückkehren, aber ich kann es verwenden, um es zu Ihnen zu bringen. Um Ihnen Sorgen zu machen. Um den Juli-Termin neu zu überdenken. Es ist schwer vorstellbar, wie ich damit fertig werden soll, Sie zu verlassen. Ich kann es mir nicht vorstellen!

7.1.89

89:2:1
P: Ich möchte nicht die ganzen nächsten sechs Monate damit zubringen, mich auf das Therapieende vorzubereiten. Ich habe anderes zu tun. Ich muss verstehen, wie ich in Gegenwart eines Mannes bin und wie ich sein könnte. Ich bin in alte Gewohnheiten zurückgefallen, beschäftige mich zu sehr mit Frauen und esse zu viel. Wir haben am Dienstag darüber geredet, dass ich so in der Therapie sein muss, um mich an Sie zu klammern. Aber könnte ich nicht eine Beziehung zu Ihnen haben, die nicht auf Bedürftigkeit beruht? Nicht selbstzerstörerisch ist? Ich handle regressiv.

89:2:2
A: Was meinen Sie damit?

89:2:3
P: Nicht progressiv, obwohl alles objektiv in Ordnung wirkt.

89:2:4
A: Es ist für das Auslösen unseres Alarms so wichtig, das Regressive im Vordergrund zu halten.
[Ich fasse die Einsichten zusammen, zu denen wir schmerzvoll, nach langen Perioden, in denen Nancy in Zuständen seelischer Erregung blieb oder in sie gebracht wurde, gelangt sind. Damals galt es, durch das Hervorrufen von Angst meine Auf-

merksamkeit zu aktivieren oder zu halten. Nun dient es dem Infragestellen des geplanten Endes.]

89:2:5
P: Ja. Ich nehme es an. Als ich mich hingesetzt habe und meine Finanzen und den Stand meiner Dissertation überprüft habe, war ich erstaunt darüber, dass ich zeitlich genau im Plan liege. Mit der Dissertation bin ich ein wenig zurück, aber bis zum Jahresende werde ich damit fertig sein. Etwa einen Monat lang habe ich mit meinen Finanzen zu kämpfen gehabt. Ich habe ein wenig zu viel ausgegeben für Geschenke für die Arbeitsgruppe und habe mir den Zahnstein entfernen lassen. Aber ich habe einen gewissen Spielraum, ich überstehe es also. Ich kann wieder eine Diät machen. Ich muss daran arbeiten, aber auch da gibt es einen Spielraum. Ein wenig die Kontrolle zu verlieren, bringt mich auch nicht gleich um. Ich brauche wegen keinem dieser Dinge in Aufregung zu geraten – oder Sie in Aufregung zu versetzen. Das sollte tröstlich sein, aber es ist beängstigend. Sei vorsichtig, was du dir wünschst – ich hatte mir gewünscht, hier abschließen zu können. [*Pause*] [*seufzt*] Ich möchte bereit sein, Sie zu verlassen, aber ich möchte Sie nicht verlassen.

89:2:6
A: Bereit zu sein, gibt Ihnen Grund zum Stolzsein, zu gehen bedeutet einen Verlust.

89:2:7
P: Ja. Und ich möchte das Gleiche von Ihnen. Ich möchte, dass Sie bereit sind, mich gehen zu lassen, aber ich möchte nicht, dass Sie mich gehen lassen. Das ist ein anderer Teil des Prozesses – aufmerksam, vorsichtig bereit zu sein, Dinge loszulassen, die man loslassen sollte. Ich sollte Sie loslassen wollen, Sie sollten mich loslassen wollen. Nein. Nein. Wenn man jemanden hat, der einem wichtig ist, dann lässt man nie los. Das ist nicht vernünftig, aber es ist schwer aufzugeben. Manchmal kann man Kontakt halten, aber mit Ihnen kann es nicht genauso sein … Ich habe Jim zufällig getroffen. Er hat mich zusammen mit der Gruppe zu sich nach Hause eingeladen. Ich konnte nicht kommen und habe gesagt: »Nein, ich kann nicht«, aber nicht sehr freundlich. Ich glaube, er hat Interesse, ist aber zu schüch-

tern, um direkt zu sein. Genauso bin ich auch. Ich habe mir gedacht, ich besorge Theaterkarten und bitte ihn mitzukommen. Ich weiß, dass er nicht mehr mit Alice geht. Es ist dumm, wenn ich im Juli wegziehe, aber warum nicht?
[Sie macht sich aus zwei Gründen Sorgen hinsichtlich ihres Umzugs im Juli – ob sie bereit sein wird, den Verlust der Therapiestunden zu akzeptieren und ob sie mit ihren Problemen fertig geworden sein wird, »wie ich in Gegenwart eines Mannes bin und wie ich sein könnte.« Mit ihrer Bezugnahme auf Jim legt sie uns den zweiten Problempunkt vor. Jim ist der Letzte in einer Reihe von Männern, die eine charakteristische Vieldeutigkeit Nancy gegenüber zeigten. Sie verfängt sich immer wieder in dem »Geh-weg-komm-her« solcher Erfahrungen und wiederholt die Erfahrungen, die sie primär mit ihrer Mutter gemacht hat. Ich freue mich, dass wir diesen Punkt vor uns haben.]
Judy und Joe gegenüber habe ich es nicht erwähnt. Judy hat sich bei diesem Thema schon einmal verschlossen wie eine Auster. Phil meinte, ich solle es tun, Jim würde es gefallen und er sei schließlich 41 – alt genug. Ich weiß, das wirkt, als würde ich nur jemanden suchen, der Ihren Platz einnehmen kann. Ich könnte es auch sein lassen, aber ich habe ausreichende Möglichkeiten, damit ich mit Ihrer Hilfe nicht verrückt werde, und es wird gut sein, sich anzusehen, wie ich mit Männern zurechtkomme. [*Pause*] Ich erwarte nicht wirklich von Ihnen, dass Sie das, worüber ich spreche, negativ sehen. Aber ich erwarte es auch nicht *nicht*.

89:2:8

A: Lassen Sie uns das näher betrachten. Wie würde ich es negativ sehen?
[Sie macht eine direkte Attribution. Ich versuche, sie »zu tragen«, um zu erforschen, wo sie mich positioniert oder ich mich wissentlich oder unwissentlich selbst positioniert habe.]

89:2:9

P: Was denken Sie? Ich ziehe im Juli fort. »Es ist dumm, jetzt eine Beziehung anzufangen.« Oder: »Dieser Typ hat Sie nicht einmal eingeladen zum Ausgehen, und Sie bauen eine weitere Fantasie auf. Später werden Sie verletzt – wie bei Karl.« Oder:

»Sie brauchen keinen anderen, Sie haben mich, wenigstens bis auf weiteres. Sie suchen nach jemandem, der meine Stelle einnimmt – das ist nicht sehr loyal.« Noch anders: »Sie sind zu alt für ihn.« Judy möchte, dass Jim eine Frau heiratet, mit der er Kinder haben kann. Das könnten Sie sagen. [*Pause*] Ich glaube nicht, dass Sie irgendetwas davon sagen würden, aber ich denke auch nicht ganz, dass Sie es nicht tun würden.

89:2:10
A: Und was wäre mein Motiv, wenn ich es täte?

89:2:11
P: Sie möchten, dass ich allgemein *aufmerksam* gegen Sie bin.

89:2:12
A: Ich möchte Sie nicht verlieren – ich möchte besitzergreifend sein. Ich möchte, dass Sie mir gegenüber loyal sind.

89:2:13
P: Wenn ich von Ihnen als meinem besten Freund denke, möchten Sie, dass ich Ihre beste Freundin bin. Kein Freund, der mich mag, mich respektiert oder mich liebt. Sie möchten nur, dass ich aufmerksam gegen Sie bin. Diese Gefühle bringe ich vielen Menschen entgegen, die ich nicht mag – ich möchte, dass *sie mich* mögen. Das hat etwas mit Ihrem Ego zu tun.

89:2:14
A: Ich möchte mich wegen Ihrer Ergebenheit, Ihrer vollständigen Ergebenheit geschmeichelt fühlen?

89:2:15
P: Ja. Das entstammt meiner eigenen Denkweise, aber auch der von Mom und besonders Dad. Mom war sehr eifersüchtig auf meine Beziehung zu meiner Tante und zu Dad. Sie wollte *mich* nicht, aber ich sollte *ihr* ergeben sein. Wie ich zugeben muss, haben Sie mir nicht den geringsten Anhaltspunkt dafür gegeben, dass Sie meine Ergebenheit wünschten, aber mein Ego würde sich wünschen, dass Sie sie von mir wünschten. Das ist eine traurige Art der Bedeutung für jemanden. [*Pause*] Es ist irgendwie traurig, nicht wahr?
[Ich schlussfolgere, dass Sie das Bedürfnis nach Beruhigung verspürt, in ihrer Not verstanden zu werden.]

89:2:16
A: Es ist traurig in dem Sinn, dass Sie dazu Zuflucht nehmen müssen, um sich gut zu fühlen und stolz zu sein.

89:2:17
P: Ja. Es ist traurig in ... Ich sehe viele Leute, die in dieser Weise verstrickt sind.

89:2:18
A: Wie?

89:2:19
P: Mutter wollte mich nicht um sich, um sich mit mir, mit meinen Bedürfnissen herumzuplagen. Aber sie wollte auch nicht, dass ich zu Tante Ada (Tante väterlicherseits) oder Großvater gehe und sie sieht, wie andere es tun. Dieser Mensch, von dem ich wünsche, dass er mich liebt, es aber nicht tut. Ich kann die Menschen dazu bringen, mich zu lieben, wenn sie eifersüchtig sind, weil ich für jemand anderen interessant bin. Was ich brauche ist jemand, der mich liebt, aber das ist schwer zu erreichen. Das führt mich dahin zurück, Sie loszulassen und eine Beziehung mit einem Mann einzugehen, in der es Gegenseitigkeit gibt.

89:2:20
A: Das bedeutet, dass ich Sie loslassen müsste, aber das bedeutet, dass ich nicht eifersüchtig bin, was bedeutet, ich liebe Sie nicht. [Ich versuche, das Dilemma zusammenzufassen, das sie für sich – und für mich – konstruiert hat.]

89:2:21
P: Das muss nicht sein, aber es läuft darauf hinaus. Das ist doch eine eigenartige Liebe, die mir nicht geben will, was ich brauche, begehre und verdiene, es mir aber auch von anderen verwehrt. Eine gequälte, gewundene und wütende Art von Liebe. Was mich an Sex erinnert – gequält, gewunden und wütend.

8.1.89

89:3:1
P: Als ich herfuhr, habe ich gedacht, ich muss Ihnen einfach erzählen, wie depressiv ich bin. Also berichte ich davon. Am Montag habe ich Ihnen gesagt, dass ich meine ganze Energie

darauf verwende, während der Arbeitsgruppe auf mich zu achten und mit meinem Computer zurechtzukommen. Ich will bloß Ruhe. Weder an meiner Dissertation arbeiten, noch im Labor oder hier. Ich will einfach nur Ruhe. Im Wartezimmer habe ich über das nachgedacht, worüber wir gestern gesprochen haben. Es ist Anfang des Jahres und mein Geburtstag rückt näher. Gestern kam mir in den Sinn, dass wir vielleicht zu einem Verständnis der Beziehung zwischen Sex und der Art, wie Dinge im sexuellen Bereich werden, finden. Mutter wollte mir nicht nahe sein, aber sie erwartete vollkommene Dankbarkeit von mir.

89:3:2
A: Dankbar sein ist verehrend.
[Ich wählte »verehrend« (»worshipful«) als beschreibenden Begriff (oder Metapher), weil Nancy als kleines Mädchen eine starke Idealisierung ihrer Mutter als schöne und kultivierte Person – wie ein Juwel – gebildet hatte, und auch, weil etwas von dieser frühen »Verehrung« zu Nancys Konversion zur katholischen Kirche beigetragen haben mochte. Sehr sporadisch fand diese Idealisierung Eingang in den Klang ihrer Stimme bei mir.]

89:3:3
P: Ja, das ist es! Total! Verehrend und [*Pause*] ich wollte »abhängig« sagen. In einer bestimmten Weise abhängig.

89:3:4
A: Schmeichelhaft?

89:3:5
P: Ja.

89:3:6
A: Glauben Sie, Ihre Depressionen sind das für mich?
[Indem ich ihren Assoziationen folge, dem zögerlichen »abhängig«, werde ich sowohl vom Thema »Verehrung« als auch von der religiösen Assoziation weggeführt. Stattdessen werde ich zu ihrer anfänglichen Erwähnung der Depression zurückgelenkt. Das ist nicht einfach ein Bezug auf einen Affektzustand, sondern dient dazu, mir zu sagen, dass die Bedeutung in mir eine Reaktion auf das Bedürfnis aktiviert. Ich möchte die

Beziehung zwischen dem Hervorrufen einer Reaktion durch Idealisierung (Schmeichelei) und den Beteuerungen einer Depression untersuchen.]

89:3:7
P: Sie schmeicheln Ihnen? Das hätte ich nicht gedacht. Nein, vielleicht doch. Es scheint das Gegenteil der Fall zu sein. Beweis Ihres Versagens – oder meines.

89:3:8
A: Wenn ich möchte, dass Sie erwachsen werden und gut zurechtkommen, dann ist es mein Versagen.

89:3:9
P: Interessant. Ja, wie Geh-weg-komm-her – Ihnen schmeicheln und Ihnen ins Gesicht schlagen.

89:3:10
A: Hm, hm.

89:3:11
P: Meine Depression schmeichelhaft? Ich brauche Sie! Kein anderer kann mir das geben, was ich brauche. Ohne Sie wäre ich Chaos. Andererseits sage ich, Sie sind nicht so großartig wie Sie zu sein scheinen. Ich bin mir nicht sicher, warum ich das sage. Nicht so gut, wie Sie mich gern glauben machen wollen ... Ich fühle mich unglaublich frustriert und wütend! [*voll Gefühl, als wäre sie widerstrebend einer Interpretation von mir gefolgt und würde nun mit Groll auf den Zwang reagieren*] Ich möchte um mich schlagen und frei sein von Ihnen, von Mutter, nicht von Ihnen abhängig sein.

89:3:12
A: Dann befreien Sie sich doch einfach von mir!

89:3:13
P: Ich bin mir nicht sicher; ich will nicht mehr abhängig und wütend sein, möchte Sie aber immer noch haben, um mit Ihnen auf eine erwachsenere, wechselseitige Weise in Beziehung zu stehen. Es fühlt sich an, als müsste ich mit Ihnen kämpfen, um unabhängig zu werden, aber ich bin mir nicht sicher, ob es sich von Ihnen aus auch so anfühlt, oder nur von mir. Mutter ist diejenige, die ich verlassen muss, um ein eigener Mensch zu

sein. Vielleicht wäre es gut, wenn ich dieses Jahr noch keine Arbeit annehme, sondern im Juli abschließe und hier bleibe, um nicht mit allem auf einmal fertig werden zu müssen. Die Stadt nur in der Vorstellung verlassen. Ich habe versucht, allein zu entscheiden und Ihnen zu berichten, nicht alles hier auszubreiten. [*Pause*] Es ist schmeichelhaft für mich, herzukommen und Ihnen all meine Schwierigkeiten zu erzählen und wie sehr ich es schätze, was Sie tun – was tatsächlich stimmt.

89:3:14

A: Aber muss ich Sie das denn dann weiter tun lassen, um die Schmeichelei fortzusetzen? Und brauchen Sie das nun noch, um nicht einsam zu sein?

89:3:15

P: Ich denke, Sie sind von dem Bedürfnis nach Schmeichelei unabhängiger als ich von dem Bedürfnis, nicht einsam zu sein. Wenn ich einen Mann finden würde, den ich lieben kann, könnte ich mir vorstellen, dass wir die gleiche Verantwortung tragen. Aber hier, wie unabhängig ich mich auch fühle, bin ich immer noch die Patientin, das kleine Mädchen, und Sie sind der Vater – einen Trost wird es nirgendwo anders geben. Mit Strampeln und Schreien muss ich alles lernen! [*Pause*] Das ist nicht fair. Gerade bin ich soweit gekommen, dass ich Ihnen vertraue und glaube, dass Sie mich mögen, und da muss ich es aufgeben. Sie sind gefangen – es gibt keine Möglichkeit, wie Sie irgendetwas richtig machen könnten. Weder wenn Sie mich gehen und heiraten lassen und erwachsen werden lassen wollen und wenn Sie nicht wollen, dass ich abhängig bin. Noch wenn Sie mich brauchen und für den Rest meines Lebens in der Analyse behielten. Für beides würde ich Sie hassen! [*lacht leise*] Ich möchte, dass Sie mir beim Gehen helfen, aber ich möchte auch, dass es Ihnen schwer fällt. Es ist schwer für mich, es sollte also auch für Sie schwer sein. Vielleicht wird es in verschiedener Hinsicht sogar schwer für Sie sein. Ich habe gerade noch nicht ganz gelernt, Ihnen zu vertrauen, aber Sie haben gelernt, mir zu vertrauen, wie Sie mit mir arbeiten können, mir helfen können, die Dinge zu sehen.

89:3:16
A: Nachdem ich all das erreicht habe, verliere ich Sie.
[Oft schaukelt Nancy sich hoch zu einem Wutausbruch und lacht dann befangen, teils aus Belustigung und teils aus Verlegenheit. Dem folgt häufig, wie auch jetzt, eine Zeit einsichtsreichen Nachdenkens, dem ich nachgehen will.]

89:3:17
P: Hm, hm. Und nachdem Sie das erreicht haben, bin ich nicht mehr die ganze Zeit unglücklich. Das muss angenehm sein. [*Pause*] Ich glaube, am Anfang habe ich gesagt, dass es mir vielleicht hilft zu erkennen, wie die Dinge ins Sexuelle abrutschen. Hier ist alles sauber und ordentlich. Wir können über die verschiedensten Dinge reden. Gefühle sind nicht sauber und ordentlich, sondern ...

89:3:18
A: Wollen Sie damit sagen, die Botschaften, die ich Ihnen sende, sind frei vom Durcheinander aus bleib – geh, kämpfe – lehn dich an, eine Verabredung – keine Verabredung, wenn er will, okay – wenn nicht, auch okay?
[Aus früherer Arbeit stelle ich »ins Sexuelle abgleiten« gleich mit in Mehrdeutigkeit gefangen zu sein. An dieser Stelle, gegen Ende der Sitzung und der Woche, möchte ich dies als einen Bereich markieren, der erforscht werden muss, bevor wir aufhören.]

89:3:19
P: Es ist nicht immer gut, Mehrdeutigkeit aufzuklären. Manchmal ist es gut, manchmal nicht. Das ist Ihre grundsätzliche scholastische Antwort.

89:3:20
A: Sie sagten, mein Hinweis auf mehrdeutige Schmeichelei sei nicht das, was Sie gedacht hätten.
[Ich nehme ihre Reaktion – »nicht immer gut« und den neckenden Ton bei »scholastisch« – als einen leisen Tadel, weil sie glaubt, es würde ihr etwas aufgedrängt – ein leichtes empathisches Versagen. Ich bestätige, dass ich ihre frühere Negation gehört hatte.]

89:3:21
P: Irgendwie war es das, aber ich denke an etwas in sexueller Weise.

89:3:22
A: Dann lassen Sie uns darauf zu sprechen kommen.

89:3:23
P: Da rede ich in einer vorgeschriebenen Art darüber, in die Welt hinaus zu gehen und zu hoffen, mit einem Mann, vielleicht John, intime Beziehungen zu haben. Das möchte ich mir in den nächsten sechs Monaten genau ansehen.

89:3:24
A: Hm, hm.

89:3:25
P: Jemand erwähnte »die Schöne und das Biest« als die Geschichte einer Frau, die das Biest durch ihre Seelenkraft in etwas Liebendes und Schönes verwandelt. Diese Umwandlung versuche ich auch durchzuführen. Ich bin in dem Glauben aufgewachsen, Sex sei etwas Hässliches.

89:3:26
A: Ja.

89:3:27
P: Und ich muss die Umwandlung zu etwas Liebendem und Großzügigem zuwege bringen. Ich trage es hierher. Ich glaube nicht, dass ich es hier gründlich säubern kann. Ich gewinne die Kontrolle darüber, indem ich erkenne, was es bis jetzt gewesen ist. Was ich jetzt also sehe, nachdem ich darüber geredet habe, ist, falls es hier Sex gegeben hat, ist er verbal gewesen. Sie ermuntern mich dazu, darüber zu sprechen, darüber nachzudenken. Ich kehre zurück in eine Welt, in der Sex alte, zerstörerische, hässliche, zornige Facetten hat. Ich weiß aber, dass das keine notwendigen Attribute sind.

89:3:28
A: Keine Wiederholung von Michel.

89:3:29
P: Oder Matt.

89:3:30
A: Ja.

89:3:31
P: [*seufzt*] Nun werde ich versuchen, zu dem Punkt der Mehrdeutigkeit zurückzukehren – und ich habe Angst davor, das zu tun. Das Problem mit der Doppeldeutigkeit ist, während ich sage, dass ich sie nicht mag, habe ich sie nur allzu leicht toleriert und habe keine echten Anstrengungen unternommen, die Dinge aufzuklären.
[Wie ich sie verstehe, teilt sie uns mit, dass wir vor dem Ende mehr tun müssen, um die schwächende Wirkung der jahrelangen Enuresis auf ihre Selbstregulationsfähigkeit und ihr Selbstvertrauen aufzulösen. Sie »hat es nur allzu leicht toleriert« – es bot eine Möglichkeit, ihre Mutter beteiligt und besorgt zu halten, ebenso wie angeekelt und frustriert. Nancys Kosten der Demütigung und Scham waren schrecklich. Dass sie »keine echten Anstrengungen unternommen (hat), die Dinge aufzuklären« entspricht der mangelnden Klarheit darüber, wer für das sexuelle Spiel mit ihrem Bruder (von dem sie wusste, dass sie gern mit ihm zusammen war und dass auch sie ihm wichtig war) verantwortlich war. Und weil sie, soweit sie sich erinnerte, meist wie betäubt war, wenn er an ihr masturbierte, bot ihr das Bettnässen ein nächtliches Erotikleben unter ihrer alleinigen Kontrolle, jedoch ohne die Klarheit der Verantwortung.]

11.1.90

90:1:1
P: Als Sie hereingekommen sind, habe ich Sie mit den Schlüsseln hantieren hören. Das hatte etwas Erotisches. Es erinnerte mich an einen Freund, der auch in meinem Fachbereich zum Ph. D. promoviert hat. Er war so aufgeregt, er kam nach der Party nach Hause und schaffte es, sich über die Toilette zu beugen und die Schlüssel hineinfallen zu lassen. Schlüssel bedeuten Unabhängigkeit, wie das Graduieren. Und das kann vieles sein.

90:1:2
A: Sowohl aufregend als auch beängstigend.

90:1:3
P: Ja. In die Kindheit zurückbefördert zu werden. Etwas von sich die Toilette hinunterspülen. Das ist lustig und beängstigend. Meine Chefin im Labor wollte, dass ich sofort anrufe und frage, wann ich zu meinem Bewerbungsgespräch [für eine Dozentenstelle] kommen kann. Ich ließ mich verunsichern und habe angerufen. Ich hätte mich nicht dazu drängen lassen sollen. Nun gehe ich am 10. und 11. Februar hin. Ich verpasse also in der für mich schlimmsten Zeit zwei Tage hier. Aber ich muss damit leben. Mir bleiben nur der 15. und der 17. und das ist dann das Ende meiner Analyse. Damit muss ich leben. Oje! Ich wünschte, Sie hätten mittwochs für mich Zeit – am 9. und am 16. Wir werden mit dem leben, was Sie tun können. Es gibt noch einen anderen Kandidaten, der sich an den Tagen vorstellt, an denen ich kommen wollte. Ich hatte den Eindruck gehabt, dass es keinen anderen Bewerber gäbe, aber der andere ist von ihrer Schule. Es war töricht von mir zu glauben, ich stünde nur mit mir selbst im Wettbewerb, dass ich nichts weiter zu tun bräuchte als mich zusammenzureißen. Dann kam ich nach Hause und fand eine Nachricht von Pater Rocco vor. Ich wusste, dass es etwas Schreckliches sein musste, und das war es dann auch. [*mit tiefer Stimme*] »Ihre Dissertation benötigt umfangreiche Korrekturen. Es befindet sich ein bedeutender Widerspruch darin.« [*mit normaler Stimme*] Und ich hatte das Gefühl, es nicht zu schaffen. [*kläglich*] Ich habe Angst, dass meine Verfassung das Vorstellungsgespräch ruinieren wird. [*lachend*] Genauso gut könnte ich mich jetzt umbringen. Nein! Ihn umbringen! Dann wurde ich so wütend über diese Nachricht und dachte: »Ich kann nicht weitermachen. Ich brauche es, dass alles gut geht. Niemand sollte mir Hindernisse in den Weg legen.« Ich hatte einen Traum, dass ich sexuell belästigt werde. Im Labor. Von einem jungen Schwarzen. Im Traum war er ein Techniker. Er agierte Wut gegen mich aus, weil ich eine Frau und weiß bin. Er hatte den Eindruck, dass er damit davonkommt. Er kommt von hinten heran und fängt an, seine Leistengegend an meinem Bein zu reiben. Ich sage: »Tun Sie das nicht.« Er tut es wieder. Ich sage: »Lassen Sie das.« Er tut es wieder. Mit Macht stemme ich mein Bein gegen ihn. Aber ich bringe ihn nicht dazu, sich zu entfernen. Also schreie ich

um Hilfe, damit die Leute aus dem nächsten Zimmer kommen. Er fasst mir in den Schritt und ich schreie lauter. Ich dachte: »Ich bin froh, dass ich das gemacht habe. Ich kann ihn an die Wand nageln.« Dann bin ich aufgewacht. In dem Traum sagte ich: »ihn an die Wand nageln«, als hätte ich einen Penis – als hätte ich Macht. Das ist, was ich über Pater Rocco und die Dissertation denke. Es spielt eine Rolle, dass ich eine Frau bin, er agiert seine Feindseligkeit mir gegenüber aus. Ich brauche ihn nicht zu entschuldigen. Er ist ein zorniger, rachsüchtiger Mann. Eine Frau hat mir gesagt: »Sie arbeiten mit dem schwierigsten Mann an der Fakultät zusammen.« Er behandelt alle so. Er ist ein Obstruktionist, und ich muss mir darüber im Klaren sein, wer *ich bin*. Ich werde sehr positiv sein – empathisch und direkt – kein Um-den-heißen-Brei-Herumreden mehr. Ich werde mich davon nicht ablenken lassen. Das gibt mir ein Gefühl der Unabhängigkeit. [*all das voll Energie gesagt*] Ich brauche ihn, aber ich werde ihn dazu bringen, das zu tun, was ich brauche. Ich denke, das Problem liegt in einem Abschnitt, der mir Schwierigkeiten gemacht hat. Ich werde ihn oder jemand anderen um Hilfe bitten. Wenn ich die ganze Sache neu schreiben muss, werde ich das so rasch wie möglich tun ... Sie sind sehr still. Das lässt mich denken, dass ich etwas übersehe.

90:1:4
A: Ich bin mir bewusst, dass Sie eine Menge sagen, nicht dass Sie etwas übersehen.
[Als ich geantwortet habe, wurde mir plötzlich bewusst, dass ich so konzentriert zugehört und Notizen gemacht hatte, dass ich auf Nancy weder mit nonverbalen Äußerungen noch mit Körperbewegungen reagiert hatte.]

90:1:5
P: Ich bin froh, dass Sie das sagen, aber gewöhnlich sagen Sie »Hm, hm.«

90:1:6
A: Ich habe es nicht gesagt, und Sie vermissen es.

90:1:7
P: Vielleicht entwöhnen Sie mich. Ich mag Ihr »Hm, hm« wirklich. [*Pause*] Gestern nach der telefonischen Nachricht [von

Pater Rocco] hatte ich das Gefühl, ich bin erledigt. Dann habe ich meine Handlungsfähigkeit wieder aufgebaut. Ich tue, was ich tue, weil das ich bin. Ich spüre wirklich ein Unabhängigkeitsgefühl, und das ist gut.

90:1:8
A: Ja.

90:1:9
P: Ich hatte heute einen guten Tag.

90:1:10
A: An Ihrem Traum war die Klarheit hilfreich, mit der Sie erkennen konnten, dass der Missbraucher völlig daneben war.
[Ich fand, dass sowohl sie als auch ich unsere »Handlungsfreiheit wiedergefunden« hatten und ich eine Intervention anbieten konnte, die zeigte, dass ich der Erzählung ihres Traums empathisch zugehört hatte und die unserer Exploration ein wenig Richtung zu geben anbot.]

90:1:11
P: Und die Klarheit meiner Reaktion – ich war deutlich und zunehmend energisch. Ich wachte auf und dachte, die nächste körperliche Reaktion wäre ein Aufwärtshaken mit dem Ellenbogen! Ich lasse mich nicht konfus machen von dem, was hier geschieht. Es wäre so einfach zu sagen, Pater Rocco hat recht – ich sei ein fauler Taugenichts. Ich habe mein Bestes gegeben, und das sollte er auch! Ich muss deutlich und ruhig reagieren und Grenzen setzen. Mein neuer Spruch auf dem Badezimmerspiegel, der aus unserer Diskussion heraus entstanden ist, heißt: *Mein Glück ist meine Verantwortung.* [*Pause*] Ich denke daran, meine Analyse abzuschließen, bekomme Angst und denke, ich muss aus meiner Haut springen. Ich habe Angst, bin aber auch aufgeregt und freue mich auf die Herausforderung. Und auch sexuell. Alles umgibt heute einen Hauch von Sexualität.

90:1:12
A: Angefangen mit meinem Spielen, meinem Hantieren mit den Schlüsseln?

90:1:13
P: Ja. Ich bin in meinen Beziehungen so viel weniger zurückhaltend. Das ist gut. Ich könnte jetzt jemanden kennen lernen.

Aber was ist mit der Sexualität? Haben wir genug gearbeitet? Ich hatte noch nie ein wirklich befriedigendes sexuelles Erlebnis. Ich weiß nicht was ist, wenn ich das Gefühl habe, aus meiner Haut zu springen – wenn ich die Analyse verlasse. Entlassen werden. Nicht verstoßen werden.

90:1:14
A: Vom Stapel gelassen werden?

90:1:15
P: Ja. Es ist positiv. Ich muss in mir zentriert bleiben. Still und ruhig sein.

90:1:16
A: Und das haben Sie ein bisschen verloren, als Ihre Chefin im Labor Sie gedrängt hat.

90:1:17
P: Richtig. Wenn mich jemand drängt, muss ich mir bewusst sein, dass ich schauen muss, um zu sehen, was gut für mich ist. Ich kann beides haben – losstarten und ruhig kontrolliert sein – aber das ist schwer aufrechtzuerhalten. Kennen Sie die Fernsehwerbung mit dem Skifahrer, der in der Luft hängt? Er wird von einem Luftstrom unterstützt, aber er muss sich auch selbst halten. Er muss das Gleichgewicht wahren und seinen Körper unter Kontrolle halten.

90:1:18
A: [Ich dachte wieder an ihre Bemerkung, dass sie noch nie ein wirklich befriedigendes sexuelles Erlebnis hatte.] Machen Sie sich Sorgen, dass Sie beim Geschlechtsverkehr Schwierigkeiten haben könnten, in Ihrem Körper zentriert zu bleiben, Ihren Körper unter Kontrolle zu halten, während Sie die Hochstimmung des ganzen Erlebnisses erfahren?

90:1:19
P: Ja. [*weint*]

13.1.90

90:2:1
P: Ich habe gelesen, was Pater Rocco geschrieben hat. Er ist ein Dr. Jekyll und Mr. Hyde. Er hat nur ein paar Seiten gelesen. Er

hat eine Formulierung beklagt, und es war ein Zitat. Dann fragte er nach etwas, das ich ein paar Seiten später ausgeführt hatte. Es hat mich wütend gemacht. Was soll ich tun? Soll ich jemand anderen darum bitten, meine Doktorarbeit zu betreuen? Ich werde immer noch Änderungen machen müssen. Werde ich gewinnen? Steve denkt ja. Seine Korrektoren sagen nicht, dass seine Arbeit Mist ist, sie schlagen Änderungen vor. Meine Einschätzung ist – ich habe zu wenig auf Details geachtet, weil ich daran gearbeitet habe, hier fortzugehen. Pater Rocco ist ein großer Blödmann, aber ich könnte auch klarer formulieren. Ich kann der Sache ziemlich leicht einen besseren Fluss geben. Ich muss auch den Details besondere Aufmerksamkeit schenken, nicht nur dem Wesentlichen.

90:2:2
A: Könnten Sie mir ein Beispiel für ein Detail geben?
[Hier habe ich mich dafür entschieden, Nancy zu bitten, die narrative Hülle zu füllen, damit ich versuchen kann, mich mit ihr zusammen hineinzufühlen. Ich entschied mich, nichts zum Affekt zu bemerken, der keine unmittelbare Bestätigung oder Exploration zu erfordern schien.]

90:2:3
P: Wollen wir mal schauen. Da sind Sätze mit zwei Satzteilen, die mit einem »und« verbunden sind. Er sagte, das sei ein grammatikalischer Fehler, da die beiden Teile nicht gleichberechtigt seien. Er war so reizbar bei seinen Bemerkungen. Ich hätte ihm meine Arbeit nicht geben sollen, nachdem er gerade 100 korrigiert hat. Ich hatte wörtlich zitiert »Ursache führt zu Handlung«, und er strich es an. »Nein«, sagte er, »Ursache führt zu Wirkung!« Ich habe eine Analogie zu einem Spiegel benutzt. Ich habe sie nicht so gut herausgearbeitet, wie ich es gekonnt hätte. Er meinte, die Analogie sei problematisch. Er hat Recht. Das triff auf alle Analogien zu. Aber es ist eine gute Analogie. Ich muss sie nur präzisieren. Ich sagte: »Wie das Licht von einer Rose gebrochen wird.« Er sagte: » …von der Oberfläche der Rose.« Ich teile meinen Tag auf, die eine Hälfte für das Papier zum Bewerbungsgespräch, die andere für die Dissertation. Sogar die Originalquelle habe ich noch einmal gelesen, um zu

überprüfen, ob ich die klarste Interpretation gefunden hatte. Steve fand, sie sei prima. Rocco sagte, er könne keinen Kommentar abgeben, weil sie nicht klar genug sei. Brutal! Ich sage, ich werde lieber durchhalten als flüchten, denn wenn ich die Stelle nicht bekomme – wenn ich sie bekomme, brauche ich ihn nicht – wenn nicht, ist eine Dissertation mit ihm als Doktorvater wertvoll. Ich könnte nach den Änderungen, die er noch will, immer noch wechseln. Ich muss darüber nachdenken. Claus käme in Frage, aber er würde wollen, dass ich eine Menge Sekundärliteratur aufnehme, und das möchte ich nicht. Ich bin mir nicht sicher, dass das ein Gewinn wäre. Einmal hat jemand eine fertige Dissertation aus rein formalen Gründen von Pater Rocco zurückgeschickt bekommen. Die Doktorandin ging zu Claus und ist jetzt, anderthalb Jahre später, immer noch nicht fertig. Der Dekan wird vielleicht mein Zweitkorrektor sein, aber er hat noch nie eine Dissertation betreut. Er ist nett und interessiert. Es ist nicht sicher, dass es ein Gewinn wäre zu wechseln. Es könnte das Beste sein, wenn ich mich weiter damit abschufte. Steve hat gefragt, weshalb ich bei Rocco bleiben will, obwohl er mir schon vor Jahren gesagt hat, dass ich nicht dahin gehöre. Durch meine Magisterprüfung bin ich gut durchgekommen. Versuche ich nur, ihm zu beweisen, dass ich es kann? Ich glaube nicht, dass das sehr stark ist. Ich glaube, ich versuche, durchzukommen.

90:2:4
A: Sie versuchen, Ihre Arbeit zu beenden.
[Sie hat ihre Position und ihre Wahlmöglichkeiten in einer sehr gezügelten, nachdenklichen Weise erwogen, nicht über-emotional wie in der Vergangenheit. Ich biete ihr eine Bestätigung dessen, was sie selbst schon so empfunden hat, dass sie sich nicht unter dem Zwang einer rebellierenden, selbstbehindernden Anstrengung wie dem »Dir-werd'-ich's-zeigen-Mutter«-Bettnässen befindet.]

90:2:5
P: Ja. Ich bin mir nicht sicher, welche Möglichkeit besser ist, die eine oder die andere. Der Tiebreaker, das ist sein Spitzname, beeindruckt stärker. Ich habe meine Wahl getroffen und handle

danach, aber ich fühle mich, als würde ich aufgemischt, als würde ich nicht gut auf mich aufpassen. Er sagte, er würde die Arbeit lesen, und dann würden wir uns zusammensetzen und reden. Ich sehe keinen Grund dazu, zu reden und noch mehr Kritik herauszufordern. Wenn ich eine präzise Frage hätte, wäre es gut, mit ihm darüber zu reden. Ich will diese allgemeinen Einwände nicht hören. Ich denke, ich werde dieselbe Technik benutzen wie bei Jane, wenn sie mir etwas vorgejammert hat. Ich meinte Nancy. [*mit fröhlicher Stimme*] »Oh, danke. Ich werde daran arbeiten und dann wieder auf Sie zukommen.« Ich würde ihn gern mit einem zwei zu vier schlagen. Es macht mich wütend, all das tun zu müssen und mir Sorgen zu machen, ob er schlechte Laune hat. Das ist unangemessen. *Aber mein Glück liegt in meiner Verantwortung.* Wenn es das ist, was ich tun muss, um einen guten Arbeitsplatz zu bekommen, dann muss ich es eben tun. [*Pause*] Ich könnte es nicht ertragen, wenn ich zu Claus oder einem anderen ginge und er mir sagte, er sei derselben Meinung wie Rocco. Beinah hätte ich schon Steve die Arbeit nicht lesen lassen, weil ich Angst hatte, er könnte sagen, Rocco habe Recht, sie sei Mist. Nach der Überarbeitung glaube ich nicht, dass ich zögern würde, sie jemand anderem zu geben. Aber ohne die Änderungen könnte ich es nicht.

90:2:6
A: Wenn Sie also derselben Meinung sind, würden Sie die Arbeit wohl in jedem Fall überarbeiten wollen.

90:2:7
P: Stimmt. Aber warum muss das in der gleichen Art geschehen, wenn ich zu einem anderen Doktorvater gehe? Wenn ich sagen will, dass er ein Blödmann ist, ein fauler Hund – es muss dennoch in der gleichen Art geschehen. Wenn ich sage, er macht einige begründete Bemerkungen, vermischt mit unbegründeten und einer Portion Gemeinheit, kann ich die Änderungen vornehmen. Wenn ich einen anderen Doktorvater will, kann ich nicht versuchen zu beweisen, dass Rocco ein totaler Blödmann ist. Ich muss mit einbeziehen, dass ich Hilfe brauche und er sie mir bei den grundlegenden Problemen nicht geboten hat.

90:2:8
A: Rache, wie gut Sie sich dabei auch fühlen würden, ist also nicht allzu praktisch?

90:2:9
P: Es wird nicht gehen. Die beste Rache ist, meine Dissertation fertig zu bekommen und sie gut zu machen.

90:2:10
A: Hm.

90:2:11
P: Es ist interessant, dass Steves Frage, warum ich stecken geblieben bin, mich an Mutter erinnert, wie sie mir sagt, du hast dieses und jenes Problem und du machst das nicht richtig oder nicht gut genug. Das andere Problem, worüber Sie und ich gesprochen haben, war, weshalb ich bei dem Versuch, sie zu widerlegen [zu beweisen, dass sie eine schlechte Mutter war], scheitern musste. Die beste Rache für [mich an] Mutter ist, dass ich ein glückliches Leben führe, und nicht, sie zu widerlegen. Trotzdem glücklich zu sein. Rache muss nicht verleugnet werden.

90:2:12
A: Verleugnet?

90:2:13
P: Ich habe es so verstanden, dass die Rache, die ich gern üben wollte, falsch sei! Nein. Sie ist nicht opportun, töricht.

90:2:14
A: Sie mögen sich durchaus so fühlen, als widerlegten Sie sie, aber wenn Sie das jetzt tun, würde es demonstrieren, dass ihre negative Einschätzung falsch war, dass Sie ein glückliches, erfülltes Leben führen können.

90:2:15
P: Das zu tun bedeutet, dass ich mich in einer sehr wichtigen Hinsicht von ihr löse.

90:2:16
A: Hmm.

90:2:17
P: Ich habe es nicht getan. Ich meine, da müssen Sie mir Recht geben. In einer vernünftigen Welt würde Rocco das erkennen, aber ich muss aufhören, es von ihm zu erwarten und enttäuscht zu sein. Ich muss einfach sagen, dass er Unrecht hat, aber ohne mit ihm verbunden zu bleiben oder er mit mir. Sein Unrechthaben ist nur mit *ihm* verbunden. Ergibt das einen Sinn?

90:2:18
A: Ja.
[Nancy betritt hier sehr wichtiges Neuland. Wenn sie Angst bekam, neigte sie bisher zu verzweifeltem, viel zu heftigem Anklammern angesichts mangelnder oder fehlender Unterstützung. Ihre andere aversive Reaktionsmöglichkeit war, zu beweisen, dass der Elternteil, der versagt hatte, »böse« war, indem sie ein versagendes Kind war. Sie formuliert hier definitiv eine alternative Möglichkeit.

90:2:19
P: Ich habe den ganzen Tag geschrien, bin sehr aufgewühlt gewesen. [*ruhig und mit Selbstakzeptanz ausgesprochen*]

14.1.90

90:3:1
P: Gestern habe ich gesagt, dass ich glaubte, ich würde mich nicht gut um mich kümmern, obwohl ich eigentlich denke, ich tue es. Vielleicht bekomme ich eine Erkältung. Ich bin heute Morgen nicht gelaufen. Es könnte auch eine Allergie sein. Aus irgendeinem Grund bin ich wütend auf Jim. Das ist mir klar geworden, als ich mit Jane geredet habe. Er bereitet eine Party für mich nächste Woche vor und hat mir noch nichts davon gesagt. Was hat meine Wut auf Jim damit zu tun, mich gut um mich zu kümmern? Jim kümmert sich um sich selbst. Worüber ich mich ärgere ist, dass Steve gesagt hat, lasst uns an deinem Geburtstag etwas machen. Ich habe gesagt, das würde mir gefallen. Wir könnten irgendwohin Essen gehen – Jim, Steve und ich. Gut. Dann hat Jim gesagt, dass Jane eine Party gibt. Ich glaube, sie haben Jane dazu überredet, um Jim Geldausgaben zu ersparen. Weder Jane noch Jim haben mir etwas davon gesagt. Jane hat sich entschuldigt, als wir uns unterhalten haben. Sie meinte, es

sei hauptsächlich ihre Idee gewesen, und da habe ich mich besser gefühlt. Vielleicht bin ich Jim gegenüber zu hart. Oh, ich habe endlich Pater Rocco angerufen. Ich habe es Ihnen noch nicht gesagt. Er war versöhnlicher. Er sagte mir, George gebe einen Kurs, an dem ich teilnehmen sollte. Ich empfand das als Kritik, aber dann habe ich mir gedacht: »So schlecht ist die Idee gar nicht. Von George könnte ich was lernen.« Ich sagte Pater Rocco vielen Dank, einige seiner Kommentare seien hilfreich gewesen. Ich will unbedingt weiterkommen und mein Bewerbungsgespräch haben. Rocco sagte, er würde sich bald wieder mit mir in Verbindung setzen. Was ich will, ist ein ehrliches, direktes Okay. Was hat das mit Jim zu tun?

90:3:2
A: Beide haben Sie enttäuscht?

90:3:3
P: Das ist interessant. Daran hatte ich nicht gedacht. Wie wurde ich von Jim enttäuscht? Er hat sich an meinen Geburtstag erinnert, hat andere Leute eingespannt, aber mir nichts davon gesagt. Ich fühle mich nicht enttäuscht, sondern ich bin *wütend*. Ich war enttäuscht, kein kleines, stilles Essen zu bekommen, sondern eine laute Party. Aber weshalb werde ich wütend, wenn ich enttäuscht worden bin?

90:3:4
A: »Jim kümmert sich um sich selbst?«

90:3:5
P: Ich möchte nicht wirklich, dass er sich um mich kümmert, aber wenn er schon etwas für mich tut, dann sollte er es mit mir besprechen.

90:3:6
A: Keine Arrangements treffen, die seinen Geldbeutel schonen und Jane Ungelegenheiten bereiten?

90:3:7
P: So möchte ich meinen Geburtstag nicht feiern. An der Oberfläche Großzügigkeit, Zuneigung, hinter der sich mangelnde Zuneigung verbirgt. Wie Pater Rocco – als er bei dem Anruf so zurückgesteckt hat, dachte ich, er hätte erkannt, was für ein

Blödmann er gewesen ist. Er meinte, das sei der schwierigste Teil, aber wenn Sie den überstanden haben ... Etwas Positives vermitteln. Das ist seine Art, sich zu entschuldigen, weil er so kritisch war. Aber er bemüht sich nicht. Es ist nicht schwer zu sagen, geh zu einem anderen, der wird dir vielleicht helfen. Aber etwas Fundamentaleres ist, radikal regelorientiert zu sein, worüber wir früher schon geredet haben – und wütend. Pater Rocco war wütend. Er gab mir zu verstehen, ich sei eine moralisch minderwertige Person, weil ich ihm dieses Zeug einreiche. Das hat er wirklich so gesagt. Es fällt mir schwer zu beurteilen, was Jim getan hat. Die Regel für Geburtstage lautet, man muss etwas tun. Manipuliert Jim? Ich kreise drum herum und erwische es nicht – zurück dazu, mich um mich selbst zu kümmern. Ein Teil von mir sagt, mich gut um mich zu kümmern heißt nicht, diese vernünftige Haltung Pater Rocco und der Dissertation gegenüber einzunehmen, sondern meinem Zorn Luft zu machen. Rache!

90:3:8
A: Mit den Füßen auf den Boden stampfen?

90:3:9
P: Danach ist mir zumute. Wenn ich mit den Füßen stampfe, kann jeder mein Missvergnügen sehen. Doch indem ich seinen Anruf mehrere Tage lang nicht erwidert habe, habe ich gesagt, manche Kommentare seien hilfreich gewesen und andere nicht. Ich möchte sagen: »Lassen Sie sich durch meine Reaktion nicht täuschen zu glauben, ich würde nachgeben!« Das klingt nach Stolz.

90:3:10
A: Hm.

90:3:11
P: Das ist ein großes Problem. Sollte ich lieber meinen Stolz wahren, meinem Stolz Raum geben, meinen Stolz zeigen, als meine Dissertation fertig zu bekommen? Ich habe nicht das Gefühl, dass ich mich gut um mich kümmere, weil ich nicht sehe, dass mein Stolz besänftigt ist. Das ist ein schrecklicher Konflikt, [*lacht leise*] überlegt und logisch und vernünftig zu sein.

90:3:12
A: Sagen Sie und lachen.

90:3:13
P: Ich finde es so unangemessen. Ich muss ihm zeigen, wie sehr er im Unrecht ist. Das ist der Punkt, an dem ich mich den beiden annähere. Mein Wunsch ist, die moralische Überlegenheit aufrechtzuerhalten. Sie sagen mir, ich sei ein Faulpelz, weil ich meine Dissertation nicht einreiche. Ich werde Ihnen zeigen, dass Sie ein Faulpelz sind, weil Sie mir nicht helfen. Zurück zu Mutter und zu Ihnen. Ich erkenne, was vernünftig ist, und der Ausgang wirkt reizvoll, aber die Kosten für meinen Stolz sind zu hoch. Die ganze Zeit über haben wir gesagt, wodurch ich meinen Stolz aufrechterhalte, sei durch die Position der moralisch Überlegenen und nicht dadurch, dass ich meine Dissertation fertig bekomme und vernünftig bin. Ich hasse Ihre Schuld.

90:3:14
A: Macht sie mich moralisch überlegen?

90:3:15
P: Nein, sie erinnert mich an die Zeit, wenn ich nicht mehr hier sein werde. Ich nehme nicht an, dass Sie anderer Meinung sind als ich. Vielleicht sollte ich aber. Ich setzte voraus, dass ich sage, was wir gesagt haben.

90:3:16
A: Ja.

90:3:17
P: Ich brauche Ihre Hm-hm-Zustimmung nicht, um zu wissen, dass ich Recht habe, [*weint*] aber ganz sicher mag ich es.

90:3:18
A: Und Sie sagen, sie werden es sehr vermissen.

90:3:19
P: Genau das sage ich. Gerade ist mir ein Traum eingefallen. Ich werde Sie und diese Interaktion vermissen – aber auch Sie. Ich habe von Betty geträumt, die schwanger ist. Wir sind miteinander ausgegangen und haben geredet. Sie ist schön, leuchtet von innen. Das Baby wird zu früh kömmen, aber alles ist in Ordnung. Bald wird sie wieder auf den Beinen sein. Sie hat früh ge-

nug geplant, dass alles seine Ordnung hat. Sie ist ruhig, selbstsicher. So wie Sie ruhig und selbstsicher sind. Für Sie würde ich das Wort »schön« nicht verwenden. Es wirkt eigenartig für einen Mann. Mit enthalten ist, dass ich nicht ruhig und still bin, aber in gewissem Sinn kann ich es auch sein. Vielleicht nicht ganz so gelassen. Ich kann dieselbe Straße betreten. [*lacht*] Ein anderer Traumfetzen. Ich masturbiere, aber nicht wirklich – mit meinen Brüsten, indem ich mich selbst berühre. Es ist irgendwie chaotisch – »suchend« ist das richtige Wort. Mit der Hand streife ich mir immer wieder leicht über die Brust.

90:3:20
A: Das ist etwas, worüber wir nie gesprochen haben.

90:3:21
P: Es passt zu dem Gespräch zu Beginn der Woche über Sexualität und meine Fähigkeit, erfüllende sexuelle Beziehungen einzugehen. Allein kann ich es nicht erreichen. Ich komme zu mir, zu meiner Brust, und entferne mich wieder. Das verbindet sich mit der Vorstellung von Gelassenheit und Trost. Mit Selbstverwirklichung – die Betty und Sie verkörpern. Zu wissen, was man will und wie man dorthin kommt. Babys kommen zu früh. Das passiert. Aber darauf bereitet man sich vor. Ich weiß, was das im Sinne von Selbstzufriedenheit bedeutet. Fähig sein, mich um mich selbst zu kümmern. Mich mit mir selbst wohl fühlen und zufrieden mit mir sein.

90:3:22
A: Hm-hm. Hm-hm.

90:3:23
P: Zufrieden mit mir sein. Es ist immer noch chaotisch, aber ich weiß, was es ist. Ich sehe, wie ich hinkomme, aber ich kann es nicht kontrollieren. [*seufzt*] Das eine hat mit sexueller Zufriedenheit zu tun, das andere mit Zufriedenheit mit jemand anderem. Das andere hat mit beidem zu tun. Es ist eigenartig, zu denken, dass ich diesen Traum über eine werdende Mutter habe und ihn so deutlich mit Ihnen in Verbindung bringe.

90:3:24
A: Nachdem Sie darüber nachgedacht haben, wie sehr Sie mich vermissen werden.

[Ich hatte die Wahl, worauf ich mich beziehe – auf den offensichtlich symbolischen Bezug auf ihre »Geburt« als Analogie mit dem Analyseende und mit dem »*Früh*, aber vorbereitet«. Stattdessen entschied ich mich dafür, den Affekt des Vermissens, den Seufzer, die Traurigkeit anzusprechen.]

90:3:25

P: Das ist interessant. Nachdem ich darüber nachdenke, Sie zu vermissen, erinnert es mich daran, wie sehr ich die Fürsorge meiner Mutter vermisst habe. Meine Geburts-Mutter. Und wie sehr Sie sich um mich kümmern. Wenn ich an meine Mutter denke, denke ich an den Verlust dessen, was sie mir nicht gegeben hat. Wenn ich an Sie denke, denke ich an den Verlust der Aufmerksamkeit und Fürsorge, die Sie mir geschenkt haben.

16.2.90   [Das ist die vorletzte Stunde, etwa in der Mitte.]

90:4:1

P: Ich habe geträumt, ich klettere einen großen Hügel hinauf, um den Sonnenuntergang über dem See zu sehen. Ich hatte ihn zuvor schon gesehen, und er war wunderschön, doch jetzt war der See fast ausgetrocknet – wie ein Krater. Der Wind blies. Es ist eine andere Jahreszeit, die auch wieder wechseln wird, aber jetzt ist es nicht so schön. Ich kann das akzeptieren. Ein Junge trampelt am Rand der Uferböschung entlang und bringt sie zum Einbrechen. Der Junge könnte die Uferböschung möglicherweise zerstören. Ich habe mir gedacht, ich eile lieber auf sichereren Boden zurück, weg vom Rand. [*Pause*] Die Arbeit mit Ihnen trocknet aus. Die Stürme der Veränderung. Der Junge war mein Bruder. Ich muss vorsichtig sein und darf weder ihn noch irgendjemand anderen die Arbeit zerstören lassen, die wir miteinander gemacht haben, sie abwerten lassen. Es ist jetzt schwer zu erkennen, wie der See wieder gefüllt werden kann.

90:4:2

A: Die Jahreszeiten verändern und verjüngen sich – regenerieren sich.

90:4:3

P: Stimmt. Es war anders, als ich fortging aufs College. Ich war froh fortzukommen, und meine Eltern waren froh, dass ich ging, damit sie mit ihrem Alltag weitermachen konnten. Hier empfinde ich Liebe und Zuneigung und dass Sie in gewisser Weise mein bester Freund sind – und das sind Sie auch. Jetzt ist es an der Zeit, all das auf andere Beziehungen zu übertragen, die nicht so eingeschränkt sind. Ich stelle mir vor, wie ich mit dem Bus von zu Hause wegfahre und sich die Tür hinter mir schließt.

90:4:4
A: Was finden Sie?

90:4:5
P: Das Schwierigste bei Ihnen ist, von Ihnen loszukommen und Ihnen fernzubleiben, damit Sie sich nicht gemartert fühlen, mich hier zu haben oder es kaum erwarten können, dass ich fortgehe, damit Sie etwas anderes tun können. Dass Sie Freude aus dem ziehen, was ich erreicht habe und Empathie für meine Traurigkeit haben, dass Sie stolz auf meine Leistungen sind.

90:4:6
A: Dass ich stolz auf Ihre Leistungen bin, wie Sie sie geleistet haben.

90:4:7
P: Was meinen Sie damit? [*leicht beunruhigt*]

90:4:8
A: Nichts weiter.
[Ich betone ihren berechtigten Stolz auf ihre tatsächlichen Leistungen statt ihrer fantastischen Ausschmückungen durch beeindruckende Großtaten oder Heiligmäßigkeit und moralische Überlegenheit.]

90:4:9
P: [*nickt*] Worauf bin ich stolz? Stolz, dass Sie mich nicht hinauswerfen wollen, damit jemand anderes meinen Platz einnehmen kann. Stolz, dass ich für zwei prima Stellen in die engere Wahl gekommen bin. Stolz auf meine Einzigartigkeit, die das möglich macht.

4. Zehn Prinzipien der Behandlungstechnik

Das Thema »Technik« ist heikel. Technik beinhaltet Verfahrensregeln, doch aus Verfahrensregeln können autoritäre Beschränkungen werden. Technik beinhaltet begriffliche Prinzipien, doch aus begrifflichen Prinzipien kann trockene Pedanterie werden. Technik kann didaktisch gelehrt werden, doch »Didaktik« kann leblos und akademisch werden. Die Aufgabe des Therapeuten ist es, den einen Fuß auf festem empirischem Grund zu behalten und den anderen auf dem fruchtbaren Boden der Kreativität, wobei er stets darauf achten muss, dass er mit keinem von beiden in einem Fettnäpfchen landet.

Dem erfahrenen Therapeuten ist die Technik zur zweiten Natur geworden, sie ist beseelt durch Erfahrung und Wissen. Doch Erörterungen zur Behandlungstechnik laufen Gefahr, die Kreativität zu formalisieren und eben jene Spontaneität zu untergraben, die für eine gute Behandlung wesentlich ist. Erörterungen der Technik können gut eingeführte, recht erfolgreiche Arbeitsweisen stören statt den Horizont des Therapeuten zu erweitern. Der erfahrene Therapeut wird in unserer benutzerfreundlichen selbstpsychologischen Technik sowohl den Versuch erkennen, das bereits Vertraute und Erprobte zu kodifizieren, als auch den Versuch, das zu legitimieren, was oft getan, in Seminaren zur Technik jedoch nicht offen diskutiert wird.

Für den angehenden Therapeuten muss die Behandlungstechnik die Frage beantworten, was wann und wie zu tun ist. Die Technik zu erlernen gibt Orientierung und verringert die Unsicherheit. Dennoch kann die Technik als Formel fehlverwendet werden und und somit die unvermeidbare Unsicherheit stören, mit der selbst der erfahrenste Therapeut leben muss. (Moraitis, 1988; Franklin, 1990; Friedman, 1995)

In diesem Fall mechanisiert die Technik die therapeutische Begegnung und unterminiert jene Spontaneität, die wir zu fördern hoffen.

Vor etlichen Jahren leitete einer von uns (Lachmann) ein Fall-Seminar, in dem die Sitzungen einer von ihm durchgeführten Analyse vorgestellt wurden. Die Patientin erzählte einen Traum, in dem sie Tennis spielte. Nach einigen Bemerkungen über ihre Tennispartner und -gegner verstummte sie. Der Analytiker wartete eine Weile und sagte dann zu ihr: »Sie haben Aufschlag.« Da begann die Patientin von ihren Schwierigkeiten zu erzählen, die Initiative zu ergreifen. Die Kursteilnehmer fanden die Intervention überaus geschickt. Eine Seminarteilnehmerin war bei dem Seminarleiter in Supervision. Als ihr Patient in einer Sitzung verstummte, da sagte sie zu ihm: »Sie haben Aufschlag.« Obwohl die Intervention nicht ganz passte, weil es während der Sitzung keinen Bezug zu Tennis gegeben hatte, lag sie nicht allzu sehr daneben. Tatsächlich begann der Patient zu sprechen. Lachmann jedoch hatte verdeutlichen wollen, wie die verwendeten Imaginationen und Metaphern von Analytiker und Patient gemeinsam gestaltet werden. Das Material wurde nicht vorgestellt als Technik, die den Therapeuten befähigt, Schweigen zu überwinden. Obwohl das Missverständnis der angehenden Therapeutin weder ihr noch ihrem Patienten schadete, hat sie mit ihren Worten doch auch nicht die Kreativität in der Technik gefördert. Aus einem speziellen Kontext herausgelöst kann eine »Improvisation« zu einem »ritualisierten Skript« werden.

Die therapeutische Handlung wird durch eine gemeinsame kreative Kommunikation vorangetrieben, durch die der Therapeut tieferen Einblick in das Erleben eines Patienten erhält und diese Einsicht dem Patienten in einer einzigartigen Weise vermittelt, die dem Patienten das Gefühl gibt, »gehört« oder »verstanden« zu werden. Im besten Fall gestalten Analytiker und Patient eine Erfahrung, die zwischen diesem Analytiker und einem anderen Patienten nicht stattfinden könnte. Wie vertraut eine Interaktion dem Analytiker auch vorkommen mag, wie sehr sie ihm auch als »direkt aus dem Lehrbuch« erscheinen mag, es ist dennoch nur die Einzigartigkeit der gemeinsam geschaffenen, geteilten Erfahrung von Analytiker und Patient, welche zu den gesteigerten, affektiven Momenten führen kann (Pine, 1981; Beebe und Lachmann, 1994), die Veränderungen bewirken.

Es ist einfacher, eine analytische Technik zu formulieren als analytische Kreativität, Spontaneität oder Intuition zu lehren. Mit diesem Einwand vor Augen stellen wir »Prinzipien« der Kunst der

Psychotherapie und Psychoanalyse dar. Wir verwenden klinisches Material aus der Behandlung Nancys, um diese Prinzipien zu erläutern.

Manche der nun folgenden Prinzipien haben wir selbst entwickelt, andere haben wir aufgegriffen und verändert. Die Genauigkeit, mit der wir die zehn Techniken beschreiben, basiert auf unseren eigenen therapeutischen Bemühungen – und besonders auf Unterricht und Supervision anderer. Sie sind vor dem Hintergrund unserer selbstpsychologischen Theorien, der Säuglingsforschung, der motivationalen Systeme und der Selbstregulierung sowie der wechselseitigen Regulierung in den Vordergrund unseres Denkens gerückt.

Die zehn Prinzipien

1. Vorkehrungen zur Schaffung eines Rahmens der Freundlichkeit, Beständigkeit und Verlässlichkeit sowie eines Milieus der Sicherheit

Eine Psychotherapie oder Psychoanalyse wird am besten in einem Milieu der Sicherheit sowohl für den Patienten als auch für den Therapeuten durchgeführt. Durch das Verhalten des Analytikers und den formalen Rahmen der Behandlung entsteht eine Atmosphäre der Freundlichkeit, Beständigkeit und Zuverlässigkeit. Unsere Betonung dieser »menschlichen« Aspekte der therapeutischen Begegnung steht im Gegensatz zu dem Ansatz, der die Rolle der Frustration in der Analyse hervorhebt. Jedoch wollen wir nicht empfehlen, dass der Analytiker die Bitten, Wünsche oder spezifischen Erwartungen eines Patienten fraglos erfüllt. Vielmehr legen wir dem Analytiker nahe, bestätigend auf alles zu reagieren, was dazu beiträgt, einen Rahmen bzw. Grenzen zu errichten, innerhalb derer Analytiker und Patient wirkungsvoll arbeiten können. Wir schlagen nicht vor, dass sich der Therapeut bemühen sollte, seinem Patienten eine spezielle, wohltuende Erfahrung zu vermitteln, die jenem im Verlauf seiner Entwicklung vorenthalten blieb. Wir sind jedoch überzeugt, dass das *Verstehen* dessen, was der Patient braucht und zu erhalten wünscht, eine therapeutisch notwendige und legitime Form der Befriedigung dieser Bedürfnisse darstellt. Wir stimmen mit Blatt und Behrends (1987) überein, dass »der Gebrauch (oder Missbrauch, um genauer zu sein) der Beziehung zur Schaffung kompensatorischer Erfahrungen von einem Prozess unterschieden werden muss, in dem der Analytiker dem Analysanden gestattet, die Beziehung in einer Art und Weise zu gestalten, die *temporär* infantile Bedürfnisse erfüllt, um dem Patienten interpretieren zu können, wie sie konstruiert sind« (S. 282).

Wir beschreiben, wie eine Atmosphäre der Sicherheit entstehen kann, indem wir von zwei Krisensituationen aus der Anfangszeit von Nancys Behandlung berichten, die sich vor den ersten, im 3. Kapitel wörtlich wiedergegebenen Sitzungen ereigneten. Die Vorkehrungen für die Analyse waren getroffen. Man hatte Stunden festgelegt, die Nancys Verpflichtungen in Studium und Arbeit berücksichtigten. Nancy benutzte die Couch mit Unbehagen.

Die erste Krise wurde durch die Gewohnheit des Analytikers heraufbeschworen, die Sitzung mit dem Satz »Unsere Zeit ist jetzt um« zu beenden. Einmal hatte Nancy eine schwierige Stunde und weinte bitterlich, als das Ende der Sitzung nahte. Der Analytiker sprach seinen Schlusssatz in mitfühlendem Tonfall mit einem verlängerten »Jetzt«. Nancy erwiderte: »Ersparen Sie mir dieses herablassende ›Jetzt‹!« Der Analytiker meinte erschrocken »Okay«, und Nancy ging. In der folgenden Sitzung beschrieb sie ihre Abneigung dagegen, herablassend behandelt zu werden damit, sie fühle sich »hinausgeworfen«. Sie glaubte, der mitfühlende Tonfall sei nicht für sie bestimmt, sondern diene der Gewissensberuhigung des Analytikers – eine Überzeugung, die der Analytiker akzeptierte. Er beschloss, die Sitzung nicht auf die übliche Art und Weise zu beenden. Doch war er sich unsicher, welche Alternative einen Rahmen der Freundlichkeit und Sicherheit bewahren könnte. Er fragte Nancy, wie sie sich das Ende der Sitzung wünschen würde. Sie antwortete, er solle es ihr einfach direkt und entschieden mitteilen und sagen: »Die Zeit ist um.« Das sei schließlich, was er meine. Der Analytiker verfuhr dann so, wurde aber auch sensibel gegenüber der geringsten Neigung, den Tonfall von angemessenem Mitgefühl zu beschwichtigender Herablassung oder be-

sänftigendem Gönnertum zu verlagern. Überdies war er bereit, diese Problempunkte in den Vordergrund der Arbeit zu rücken, wann immer sie auftauchten.
Die zweite Krise betraf die Honorierung des Therapeuten. Nancy zahlte ein etwas verringertes Honorar und sprach häufig über ihre Geldsorgen. Sie hasste die Arbeitsorganisation in dem Labor, in dem sie beschäftigt war. Sie fand die Bedingungen immer gefährlicher, da Fehler in den Tests und Berichten häufig auftraten. Sie kündigte an, die Arbeit um ihrer Selbstachtung und Sicherheit willen aufgeben zu müssen. Sie bat um eine weitere Reduzierung des Honorars sowie um die Möglichkeit, die Begleichung der Rechnung auf einen unbestimmten späteren Zeitpunkt zu verschieben, wie sie es auch mit ihrem früheren Therapeuten vereinbart hatte. Ansonsten, erklärte sie zunehmend hysterisch, müsse sie die Analyse abbrechen.
Nach kurzer Überlegung schlug der Analytiker die Bitte ab. Obwohl er keinen Einblick in die Situation hatte, bezweifelte er die praktische Notwendigkeit einer Honorarkürzung, die aus ihrer Sicht unabdingbar war. Gleichwohl war er sich darüber im Klaren, dass sie auf Grund seiner Weigerung abbrechen könnte. Der Hauptgrund für seine Absage war, dass er seine Dienste nicht zu einem noch weiter gesenkten Honorar oder zu den von ihr vorgeschlagenen Bedingungen anbieten wollte. Er erkannte, dass der Rahmen für die Behandlung sich dann nicht so freundlich und verlässlich anfühlen oder die Atmosphäre bieten würde, die *er* benötigte und die, wie er glaubte, *sie beide* für einen therapeutischen Erfolg brauchten. Innerhalb relativ kurzer Zeit suchte sich Nancy eine befriedigendere und besser bezahlte Arbeit, und sie begann, ihre finanziellen Probleme als integralen Bestandteil der Analyse zu betrachten.
Eine Atmosphäre der Freundlichkeit, Beständigkeit, Verlässlichkeit und Sicherheit aufzubauen ist nicht auf die Anfangsphase der Behandlung beschränkt. Wir Analytiker müssen den Schwierigkeiten unserer Annäherungsweise während der gesamten Analyse beständig Aufmerksamkeit widmen. Oft wird die Atmosphäre der Freundlichkeit und Verlässlichkeit durch die Art und Weise gefährdet, wie der Analytiker mit dem Bedürfnis oder Wunsch des Patienten nach Information umgeht. Trotz Stones (1961) Einwänden hinsichtlich der Erörterung analytischer Techniken wird das

Beantworten von Patientenfragen weiterhin gleichgesetzt mit einer Bedürfnisbefriedigung, die die Motivation zur Analyse stören kann.

Unserer Ansicht nach kann die Beantwortung der Fragen des Patienten die analytische Untersuchung eben des vom Patienten aufgebrachten Themas fördern. Als Nancy beispielsweise fragte (83:1:3): »Wie können Sie sich das den ganzen Tag lang anhören?« enthielt sich der Analytiker nicht schweigend eines Kommentars, sondern antwortete (83:1:4-6): »[*Pause*] Bringt mich das in Gefahr, die Kontrolle zu verlieren? [*Pause*] Dass ich als Folge von dem, wovon Sie sprechen, erregt werde.« Bei seiner Antwort konterte der Analytiker nicht mit: »Was lässt Sie meine Fähigkeit hinterfragen, Ihnen zuhören zu können?« oder: »Warum fragen Sie sich, wie ich das den ganzen Tag lang tun kann?« oder: »Wie stellen Sie sich vor, dass ich das den ganzen Tag lang tun kann?« Eine Frage mit einer umschreibenden Wiederholung der Aussage zu erwidern, ist eine vollkommen vernünftige Intervention mit dem Ziel, unbewusste Fantasien hervorzulocken, das erkennen wir an. Jedoch haben wir festgestellt, dass derartige analytische Standardreaktionen oft die Offenheit der Interaktion stören statt die Exploration voranzutreiben. Sie werfen das harte Licht der Aufmerksamkeit auf den Patienten und erinnern ihn damit grundlos daran, dass er der Patient in Analyse ist, dass der Analytiker Regeln hinsichtlich eines einseitigen Informationsflusses aufstellt und dass der Patient sich fügen muss. Derartige Antworten implizieren, dass alles, was der Patient dem Analytiker zuschreibt, auf der Fantasie des Patienten beruht, seine Neugier ein Grund zur Scham ist und es beim Patienten liegt, das Aufwerfen einer solchen Frage zu erklären.

Keine dieser Standard-Umformulierungen vermittelt das Ausmaß der fortgesetzten Vertiefung des Analytikers in das subjektive Erleben des Patienten. Außerdem hätten Umformulierungen durch den Analytiker an dieser Stelle in Nancys Analyse nicht vermittelt, dass ihm das eben vorgelegte Material als sexuelles bewusst ist. So hat der Analytiker sein Verständnis für die Bedeutung von Nancys sexuellen Bezügen (»die Kontrolle zu verlieren«) artikuliert, indem er sie mit ihrer Frage in Verbindung brachte. Indem er die Kontinuität des Inhalts und der Übertragungs-Attribuierung aufrechterhielt, verstärkte er Nancys Fähigkeit, ihre sexuellen Fantasien zu artikulieren. Zusätzlich bergen die Interventionen in Form von Standard-Umformulierungen die Gefahr, statt des Gefühls der Sicherheit die Befangenheit des Patienten zu vergrößern. Um diese Gefahr geht es bei unserem zweiten Prinzip.

2. Systematische Anwendung des empathischen Wahrnehmungsmodus

Unsere Behandlungsmethode beruht auf dem systematischen Einsatz des empathischen Wahrnehmungsmodus, wobei der Analytiker Informationen sammelt, um sich durch das Zuhören aus der Perspektive und dem Geisteszustand des Patienten heraus zu orientieren. Beispielsweise (85:1:7), hier wird das Zuhören des Analytikers dadurch geleitet, dass er erspürt, wie Nancys Geisteszustand ausbalanciert war zwischen dem Verbleiben in einem affektreichen Kontakt, der die gemeinsame Exploration fördern würde und dem Entwickeln eines aversiven Affektzustands, der die Kognition stören und eine gemeinsame Exploration ausschließen würde. Der Analytiker wich von der freischwebenden Aufmerksamkeit ab, um Nancy nicht in einen feindseligen Affektzustand abgleiten zu lassen. Das heißt, er riskierte eine Annäherungsweise, die sie entweder als positiv und hilfreich oder aber als demütigend und herablassend erleben konnte. Der Analytiker war auch etwas erstaunt über Nancys Anspielung auf ihr »nicht-hysterisches« Gespräch als »dekadent«. Er ließ sich von der Überzeugung leiten, dass bestimmte Bezeichnungen als Metaphern mit Verbindungen zu bedeutsamen unbewussten Überzeugungen dienen können. Jedoch hätte die Konzentration auf sein eigenes »Erstaunen« die tiefere Einfühlung in Nancys Geisteszustand stören können. Wie sich zeigte, führte sein Ausdruck »altmodische Tugend« (85:2:16) zu einer unerwarteten Konfluenz und einem momentanen Einklang.

In der Stunde wurde gleichzeitig ein anderer Weg gebahnt (85:2:14). Nancys Affekte waren relativ klar und beständig. Der Analytiker konnte folgen oder führen und dabei ihrem Geisteszustand nahe bleiben, während sie energisch die Exploration vorantrieb und Gegenwart und Vergangenheit miteinander verband.

Der Analytiker ließ sich auf ihre Einladung hin auf eine spielerische Inszenierung ein. Jedoch wählte er dabei Inhalte, die – soweit er erkennen konnte – Nancys direkte Wünsche und die Grenze dessen, was gesagt werden konnte, widerspiegelten, ohne die Atmosphäre ihrer gemeinsamen Erweiterung des Bewusstseins zu stören.

Später in Nancys Analyse gibt es ein weiteres Beispiel für das empathische Hineinversenken in Nancys Zustand, nämlich als sie darüber sprach, wie ihre Mutter sie nicht um sich haben wollte. Nancy fügte hinzu: »... aber sie wollte, dass ich ihr vollkommen dankbar sein sollte« (89:3:1). Der Analytiker entgegnete: »Dankbar ist verehrend« (89:3:2). In dem Augenblick stellte sich der Analytiker Nancy als kleines Mädchen vor, das bewundernd zu seiner Mutter aufschaut, die es als schön und vollkommen betrachtet. Da er die Nuance des Kleines-Mädchen-Gefühls erspürte, bevorzugte der Analytiker den Begriff »verehrend« gegenüber der offenkundigeren Bedeutung von »dankbar« als zu Dank verpflichtet sein. Nancys Wahl des archaisch klingenden Wortes »beholden« für dankbar statt eines moderneren Begriffs trug wahrscheinlich ebenfalls zu der Assoziation des Analytikers bei. Da er sich in Nancys Erfahrung hatte einfühlen können, vergrößerte er »dankbar (beholden)« in einer Weise, die für Nancy zugänglich, jedoch nicht direkt verfügbar war. Sie konnte daraufhin die Erfahrung, in einem »verehrenden« Zustand zu sein, weiter verfolgen (89:3:3): »Ja, das ist es! Total!«

Der empathische Wahrnehmungsmodus ist ein ganz wichtiger Weg für den Therapeuten, Einzelheiten über das subjektive Leben des Patienten zu sammeln. Für den Patienten kann das Spüren der beständigen Bemühungen des Analytikers, empathisch das Wesen seines Erlebens zu erfassen, eine enorm befriedigende Erfahrung bedeuten. Um Erfolg oder Misslingen empathischen Einfühlens zu verstehen, ist ein Beobachten der Gesprächsabfolge notwendig, die wir in unserem zehnten Prinzip beschreiben. Der empathische Wahrnehmungsmodus dient als ein übergreifendes Prinzip, das Vorrang vor den anderen von uns zitierten Prinzipien hat.

3. *Wir erkennen den speziellen Affekt des Patienten, um seine Erfahrung würdigen zu können, und wir erkennen die gesuchte affektive Erfahrung, um die Motivation des Patienten würdigen zu können*

Wir hören empathisch zu, um das Erleben des Patienten würdigen zu können und um mitzuschwingen und auf die vom Patienten erkannte Motivation rückzuschließen, wenn uns das gelingt. Die feinen Affekte, Stimmungen und Affektzustände (siehe 5. Kapitel) des Patienten aus dessen eigener Perspektive heraus zu erkennen, ist grundlegend für das Erkennen der Erfahrung, die der Patient beschreibt und gegenwärtig erlebt. Das Erkennen von Affekten ist keine kognitive Aktivität, obwohl Kognition daran beteiligt ist, sondern primär das Ergebnis einer aufeinander eingestimmten Resonanz, eines stellvertretenden Mitfühlens. Zu wissen, dass ein Ereignis Zuneigung oder Gleichgültigkeit, Angst oder Wut, Scham oder Stolz, Ehrfurcht oder Ruhe ausgelöst hat, ist eine Grundvoraussetzung dafür, dass der Analytiker die auf Erleben beruhende Bedeutung, die Wichtigkeit des Ereignisses für den Patienten, würdigen kann. Damit der Analytiker die Motivation des Patienten verstehen kann, ist ein weiterer Schritt erforderlich: zu erkennen, was die Assoziationen und Handlungen des Patienten als gesuchtes affektives Ziel (die Selbstobjekt-Erfahrung) aufdecken. Wir untersuchen, ob der Patient eine spezielle Erfahrung – wie die Behebung einer physischen Fehlregulation, den Genuss von Intimität, ein Gefühl von Effizienz und Kompetenz, sinnliche Freude oder sexuelle Erregung, die Verminderung oder Beseitigung eines aversiven Zustands – sucht. Auf einer allgemeineren Ebene erforschen wir, ob der Patient eine Erfahrung der Vitalisierung als Reaktion auf Gefühle der Erschöpfung oder eine beruhigende Erfahrung in Reaktion auf Gefühle des Überwältigtseins durch einen intensiven emotionalen Zustand sucht.

Häufig kann die Motivation des Patienten relativ einfach erschlossen werden. Nancys Wunsch nach der Aufmerksamkeit des befreundeten Priesters und des Analytikers am Wochenende (83:1:1) hatte die Erfahrung eines Gefühls der Nähe und die Bestätigung ihrer Wichtigkeit für die Menschen, die sie bewundert (eine Bindungs-Motivation) zum Ziel. Im Gegensatz dazu (87:1) war die

Motivation hinter dem Gefühl des Gelähmtseins, mit dem Nancy die letzte Sitzung vor dieser beendet hatte, zu dem Zeitpunkt unerklärlich. Dann, als der Analytiker es wieder in den Mittelpunkt rückte (87:1:9), wies sie auf ihre Motivation hin mit der Aussage: »Die Lähmung diente zur Vermeidung der Schlussfolgerung, dass jemand, der das tut, kein Freund ist« und damit dem Erhalt der Illusion eines positiven Bindungserlebnisses an ihre Tante und an Jane. Bei anderen Gelegenheiten zog der Analytiker möglicherweise einen falschen Schluss hinsichtlich eines Motivs. Zum Beispiel bei der Vermutung (83:1:8-9), dass Nancys Wunsch zu wissen, wie er mit seiner sexuellen Erregung umgehe, ihrer Befähigung diene, ihn als Mentor oder Modell zu nutzen und auf diese Weise den Erhalt ihres Gefühls der Selbstkohäsion zu erreichen.

Unser drittes Prinzip der Behandlungstechnik berücksichtigt die relative Schwierigkeit für Analytiker und Analysand, Erfahrung und Motivation des Analysanden zu erforschen und bietet dem Analytiker eine Richtlinie zum schrittweisen Verfolgen seiner Ziele was das Verständnis anbelangt. Oft muss der Analytiker als ersten Schritt den Affekt herausfinden. Nur langsam kann dann das Wissen über ein Ereignis oder einen Austausch, über das oder den gesprochen wird, aufgebaut werden.

Zu Beginn der Sitzung 87:1 beispielsweise sprach Nancy über ihre chronische Verstopfung, ihre Depression und das Gefühl moralischen Versagens. Sie bezog sich auf ihre Tante und ihre Freundin Jane und stellte fest, »dass es auf der Welt niemanden gibt, dem ich etwas Besonderes bedeute« (87:1:1). Mit seiner Antwort versuchte der Analytiker, ihren Affekt und ihre Motivationen zusammenzubringen: »Könnte dieses Gefühl Druck auf Sie ausüben, es wieder mit Jane und Ihrer Tante versuchen zu wollen?« Offensichtlich fand Nancy, was sie bisher vermittelt hatte, sei verstanden worden. Nun konnte sie direkt zum Kern der Sache vordringen: »Vielleicht. Ich fühle eine niederschmetternde Einsamkeit« (87:1:3).

Mit seiner Antwort hatte der Analytiker das artikuliert, was er als Nancys Gefühl eines Drucks begriff, einen Wettstreit zwischen Bindungsmotivationen und einer aversiven Reaktion, ihrer Befürchtung, erneut eine Enttäuschung oder schroffe Zurückweisung zu erleben. Nachdem sie sich verstanden fühlte, konnte Nancy ihr Gefühl der Einsamkeit direkt artikulieren. Indem sie das tat, setzte sie das fortgesetzte Verständnis ihres Analytikers voraus und konnte daher riskieren, den Kampf zwischen der Suche nach der Intimität einer Bindung und der Aversivität eines Rückzugs in ihre Beziehung einzubringen. Aus der Sicht unserer Technik-Empfehlungen befriedigte die Vermittlung von Verständnis Nancys Bedürfnis, sich an den Analytiker gebunden zu fühlen und befähigte sie, auf diese Bindung zu bauen. Wenn es dem Analytiker gelingt, sowohl den Affekt als auch die Selbstobjekt-Erfahrung zu erfassen, kann er erkennen, welche motivationalen Systeme aktiviert sind und welche in den Hintergrund gerückt sind. Diese Sequenz werden wir ausführlicher im neunten Abschnitt dieses Kapitels erörtern, wenn wir unsere Interventionen aus der Sicht der Patientin betrachten.

4. Die Botschaft enthält die Botschaft

Zwei spezielle Aspekte der Patientenkommunikation, die einen primär kognitiven Fokus des Analytikers erfordern, sind das Erkennen der Botschaft und das Füllen der erzählerischen Hülle. Der empathische Wahrnehmungsmodus definiert, wie wir festgestellt haben, unsere gesamte Perspektive und liefert eine Hintergrundatmosphäre, die es ermöglicht, dass andere Aktivitäten zwischen Analytiker und Patient in den Vordergrund rücken, wenn es erforderlich ist.

Die traditionelle psychoanalytische Ausbildung ist voller technischer Empfehlungen, wie beispielsweise folgender: Wenn der Patient über die Gegenwart spricht, ist das ein Widerstand gegen die Enthüllung wichtiger Erinnerungen aus der Vergangenheit, und wenn der Patient über die Vergangenheit spricht, ist dies ein Widerstand gegen die Enthüllung wichtiger Übertragungsgefühle in der Gegenwart. Aus dieser Perspektive entsteht die Überzeugung, dass die »wahre« Botschaft des Patienten immer verborgen ist. Die gesuchte Bedeutung ist entweder das Gegenteil dessen, was offenkundig ist, oder sie ist unter den Informationen des Analysanden verborgen.

Stattdessen regen wir an, dass »die Botschaft die Botschaft enthält.« Mit »Botschaft« meinen wir den Informationsfluss des Patienten, d. h., jede bestimmte Äußerung und den Kontext, der ihr vorausgeht und ihr folgt. Die Äußerung der Botschaft durch den Patienten ist eine komplexe Mischung aus Schattierungen und Nuancen, das Zeigen verschiedener Gesten, stimmlicher Qualitäten und Mimik, Übergänge zu Themen hin und davon weg, Betonungen dessen, was als Vordergrund betrachtet wird und was den Hintergrund liefert sowie »Andeutungen«, die die Informationen unterschwellig erhellen. Zu all diesen augenscheinlichen Aspekten der »Botschaft« können Mutmaßungen, Schlussfolgerungen und Einschätzungen nur von der gelieferten Botschaft aus vorgenommen werden. Wenn sie vollständig beurteilt werden, können sie genauso verräterisch sein wie ein Kindergesicht.

Der Vorschlag, dass »die Botschaft die Botschaft enthalte« wird oft als eine Abwertung der Rolle unbewusster Motivation missverstanden. In Übereinstimmung mit unserer Beschreibung der unbewussten Geistestätigkeit (*Das Selbst und die motivationalen Systeme*, 5. und 6. Kapitel) erörtern wir Faktoren, die zur Verschließung oder Öffnung des Bewusstseins führen. Wir konzeptualisieren eine beständig in Bewegung befindliche Oberfläche, an der zuvor unzugängliches Material bewusst zugänglich wird. Die Veränderungsrate hängt davon ab, wie offen ein Problempunkt für eine Veränderung ist und wie eingewurzelt ein aversives Muster ist. Durch das Bereitstellen eines Milieus der Sicherheit mittels der systematischen Anwendung des empathischen Wahrnehmungsmodus und durch die Aufmerksamkeit gegenüber dem Affekt des Patienten und seiner gesuchten Selbstobjekt-Erfahrung können optimale Umstände geschaffen werden, in denen der Patient seine unbewusste Welt immer tiefer erforscht. Wenn die Gegenwart des Therapeuten darüber hinaus minimal störend bleibt, wird ein Minimum an Opposition dadurch aufgewühlt. Auf diese Weise werden interaktiv organisierte Widerstände minimiert. Die geäußerte Botschaft kann die ganze Botschaft enthalten, die zur Erforschung des Augenblicks in einer laufenden Behandlung erforderlich ist, weil der Patient bei voranschreitender Analyse ein geringeres Bedürfnis verspürt, eine schützende Privatsphäre und einen defensiven Rückzug aufrechtzuerhalten. Während sich die Oberfläche ständig verändert, werden die Botschaften immer persönlicheres, bedeutungsvolleres Material enthalten.

Die weiter vorn beschriebene Darstellung (87:1:3) des empathischen Verständnisses des Analytikers, das Nancy befähigte, Zugang zu einem Gefühl »niederschmetternder Einsamkeit« zu finden, zeigt auch die veränderliche Oberfläche von Nancys Erleben. Ihre Information »Ich bin schmerzlich einsam« wurde als die Botschaft gehört. An dem Punkt nahm der Analytiker nicht an oder interpretierte, dass Nancy ihm gegenüber irgendwelche anderen Gefühle abwehre, indem sie sich zurückzog, d. h., durch einen defensiven Rückzug in die Einsamkeit.

5. Das Füllen der narrativen Hülle

Das Füllen der narrativen Hülle (Stern, 1985) bezieht sich auf Aktivitäten, nach denen sich der Analytiker mit Orientierungsfragen erkundigt: Wer, was, wo, wann und wie. Derartige Informationen können in bestimmten Momenten notwendig sein, damit der Analytiker die Erzählung des Patienten besser erfassen kann.
Die narrative Hülle enthält die Themen und Variationen der gelebten Erfahrung von der späten Kleinkinderzeit an. Die Elemente des Wer, Was, Wo, Wann und Wie sind in einer temporären Struktur angeordnet, die Anfang, Mittelteil und Schluss hat. Die relative Differenzierung dieser Elemente hängt von der Entwicklung kognitiver Kapazitäten ab. Doch ab dem zweiten oder dritten Lebensjahr können die zentralen Merkmale dieser Struktur in Sprache und Träumen erkannt werden. Reichtum und Vielfalt der Erzählung erweitern sich von einfachen frühen Schemata zu den etwas stereotypen Skripten der Drei- bis Sechsjährigen und führen schließlich zu komplexen, fantasiereichen Geschichten.
Die Entdeckung, dass gelebte Erfahrung in Form von Erzählungen oder Ereignisschemata (Nelson, 1986) erinnert wird, hat direkte Bedeutung für die analytische Technik. Bezugspersonen und Kleinkinder bilden ein System beiderseitigen Einflusses. In den ersten Lebensjahren werden die Erfahrungen, auf die sich die Erzählungen gründen, wechselseitig gestaltet. Die Bezugspersonen lassen den Säugling in eine Welt der kommunikativen Blicke, Laute, Erwartungen und bevorzugten Vorgehensweisen eintauchen. Jeder Partner wird außerdem vom Temperament des anderen beeinflusst. Der Schatten des anderen fällt auch auf die Instanz des Selbst – auch wenn die Erfahrungen und die daraus abstrahierten Erinnerungen primär so strukturiert sind, als wäre das Individuum allein.

So wird der wechselseitige Einfluss, die motivationalen Systeme jedes Partners, wie sie von denen des anderen beeinflusst werden, in die menschliche Erfahrung eingebaut (Mitchell, 1988; Stolorow et al., 1987). Dieses fundamentale Bezogensein des Selbst auf andere, das in narrativer Form strukturiert und kommuniziert wird, liefert die Basis für eine Behandlung. Frühere Erfahrungen aversiver Natur sind ähnlich strukturiert, doch wächst die Tendenz zur Auslassung und Zusammenhanglosigkeit in der Narration. Auch die Erwartung unpassender Reaktionen wird eingebaut. Der Weg zum Bewusstsein und zur Kommunikation ist dann mit Misstrauen, Täuschung und Widerstand belastet. Der Analytiker, dem es nicht gelingt, eine unzusammenhängende oder fragmentierte Erzählung zu entschlüsseln, verlässt sich vielleicht frustriert auf eine Widerstandstheorie, um das Problem zu »erklären«. Wir schlagen vor, dass der Therapeut dem Patienten durch Nachfragen hilft, die Erzählung zu entwickeln. Da die episodische Erinnerungsbildung bei Analytiker und Patient ähnlich verläuft, werden die Introspektion und Empathie des Therapeuten bei der Konstruktion von konfusen Erzählungen helfen.

Ein weiterer Einfluss auf die Behandlungstechnik liegt in der aus der Praxis stammenden Erkenntnis, dass die Kohärenz der narrativen Präsentation eine heilsame Wirkung auf die Behandlung hat. Bei der Analyse von Kindern wird das beiderseitige Verständnis erleichtert, wenn ein Kind ein zusammenhängendes Ereignis im symbolischen Spiel darstellen oder gestalten kann. Das Gleiche gilt für die Analyse von Erwachsenen. Die Hinweise, die wir nutzen, um verdrängte oder verleugnete Motive, Fantasien und Überzeugungen zu enträtseln, bleiben oft bedeutungslose Fragmente, wenn sie nicht in eine relativ kohärente Erzählung eines Ereignisses oder in einen Traum eingegliedert werden. Wie symbolträchtig die Fehlleistung, die spezielle Assoziation oder das isolierte Traumelement des Patienten auch sein mag, wir können nicht ohne episodisches Schema oder Bild, in welches das Symbol integriert werden kann, auf den Geisteszustand des Patienten eingehen. Tatsächlich neigen wir dazu, die Fähigkeit eines Patienten, Erfahrungen in kohärenten, affektreichen Erzählungen darzustellen, als eine wichtige Facette psychologischer Aufgeschlossenheit und einen wichtigen Beitrag zu einem erfolgreichen Zusammenpassen von Therapeut und Patient zu betrachten.

Das Timing und die Technik, um den Patienten zu helfen, ihre vergangene, gegenwärtige und augenblickliche Erfahrung in strukturierten Darbietungen des Wer, Was, Wo, Wann und Wie zu erzählen, erfordert Taktgefühl. Die analytische Teilnahme kann vom bloßen Andeuten empathischer Einfühlung bis zur Förderung des Behandlungsprozesses durch das Fragen nach Beispielen oder weiteren Erklärungen zu einer sich entfaltenden Geschichte reichen. Durch das Offenbleiben für Korrekturen unserer Struktur der analytischen Erfahrung können wir auf Seiten des Patienten eine entsprechende Offenheit begünstigen. Manchmal werden die Fragen wer, was, wo, wann und wie von einem Analysanden als unsensibel, fordernd oder aufdringlich erlebt. Im Allgemeinen kann eine Störung infolge von Fragen zu den Erzählungen leicht gesteuert werden und erfordert ein Minimum an Explorationsmühe. Gelegentlich können sie massiv stören. In diesem Fall müssen sowohl eine Neigung des Analysanden, als Folge einer Initiative des Analytikers irritiert zu werden, als auch die Möglichkeit, dass der Analytiker aus einem bestimmten, vertraulichen Moment in einen Modus des »Informationen-Sammelns« geflohen ist, in Betracht gezogen werden.

Der Analytiker half Nancy erfolgreich, die erzählerische Hülle zu füllen, als Nancy feststellte, sie schaue den Analytiker von der Couch aus an, um beruhigt zu sein (83:1:16). Da er unsicher war, was sie meinte und ihre Führung zu seiner Orientierung brauchte, fragte er: »In welcher Hinsicht beruhigt zu sein?« Nachdem er orientiert war, konnte er Nancys Bedürfnis nach Bindung ansprechen und dieses Bedürfnis durch weiteres Nachfragen erforschen. Der Analytiker setzte nicht voraus, dass ihr Bedürfnis nach Beruhigung notwendigerweise auf eine infantile Abhängigkeit, auf maskierte feindselige, voyeuristische oder verführerische Gefühle ihm gegenüber hinwies. Ähnlich fragte der Analytiker in der dritten Stunde dieser Sequenz (83:3:18): »Ist es momentan die problematischste der Unvollkommenheiten, die Sie bei mir erleben, dass ich wegfahre?« Er deutete an, dass die Erzählung ihrer Klagen von ihm als weitschweifig empfunden worden war und dass es nötig war, die zentrale Beschwerde zu identifizieren, damit er Nancys Hauptbedeutung verstehen konnte.

6. Die Zuschreibungen tragen

In Anbetracht unseres vorrangigen Interesses, ein Milieu der Sicherheit aufrechtzuerhalten, müssen wir das Ausmaß betrachten, bis zu dem die negativen oder positiven Fantasien über den Analytiker den analytischen Dialog stören können. Diese Attribuierungen durch den Patienten können dem Selbstbild des Analytikers oder der »Realität« entgegengesetzt sein. Sowohl die Gegenübertragungen des Analytikers als auch eine Theorie, die dem »Grenzen definieren und die Realität unterstützen« besondere Bedeutung beimisst, kann den Analytiker veranlassen, diesen Zuschreibungen entgegenzutreten, um realistische Wahrnehmungen zu fördern. Im Gegensatz dazu ermutigen wir den Therapeuten, die »Zuschreibungen zu tragen«.

Wenn ein Patient andeutet, dass der Analytiker müder wirkt als sonst, ärgerlich oder erfreut scheint, sich auf einen Urlaub freut oder das Interesse an der Arbeit verliert, muss der Analytiker versuchen, sich so zu sehen, wie er vom Patienten erlebt wird. Die Hinweise auf die Gefühle und den Charakter des Therapeuten, die der Patient aufschnappt, weisen oft auf Erwartungen und interessante Bereiche aus der früheren Lebenserfahrung des Patienten hin und liefern assoziative Wege zu Erfahrungen innerhalb des therapeutischen Gesprächs. Der Analytiker, der aufmerksam die Gedanken über die Attribuierungen des Patienten schweifen lässt, kann häufig unerwartete Informationen darüber erhalten, wie sein therapeutischer Ansatz vom Patienten gesehen wird. Die Selbstwahrnehmung des Analytikers kann durch eine intuitive Reagibilität im Tragen von Zuschreibungen oder durch das Sich-Einlassen auf Inszenierungen erweitert werden. Das sind die Momente, in denen die Analyse eine Exploration beider Partner sowie der Erfahrungen und Motivationen, die jeder im anderen hervorruft, erleichtert.

Wenn wir empfehlen, der Analytiker möge die Zuschreibungen tragen, befürworten wir weder eine Bestätigung der Fantasien des Patienten, noch eine Aufforderung an den Patienten, bei einer offenkundigen »Vortäuschung« mit dem Analytiker unter einer Decke zu stecken. Vielmehr befürworten wir die größtmögliche Offenheit für die Betrachtung der Zuschreibung als etwas, das im

therapeutischen Austausch seinen unmittelbaren Ursprung hat. Wenn Analytiker und Patient die Zuschreibung so betrachten, kann der eigentliche Hintergrund der Zuschreibung für den Patienten erforscht werden. Mehrere vorteilhafte Konsequenzen folgen aus der Öffnung des Analytikers für eine vollständige Betrachtung der Attribuierungen des Patienten. Zuallererst fördern Offenheit und Interesse des Analytikers eine Exploration der intersubjektiven Aspekte der Übertragung, die weniger wahrscheinlich auftritt, wenn die Annahme einer Verzerrung und Projektion seitens des Patienten eine kritische, entmutigende Stimme in den Vorgang einbringt. Zweitens wird ein Gefühl der Kontinuität in der Sitzung aufrechterhalten. Welches Material der Patient auch einführen mag, einschließlich der dem Analytiker zugeschriebenen Eigenschaften, es steht der Untersuchung offen – ungeachtet seiner augenscheinlichen oder »interpersonalen« Wirkung. Die erforschende Atmosphäre und deren Sicherheit bleiben für den Patienten erhalten. Drittens bietet es eine Gelegenheit zum »Spiel« in der analytischen Sitzung. Die Tatsache, dass der Analytiker die vom Patienten gelieferten »Kleider trägt«, knüpft ein besonderes Band zwischen ihnen. Eine solche »Verspieltheit« kann die Vertrautheit fördern, aber auch zu einer Gefahrenquelle werden. In jedem Fall wird der analytische Dialog gefördert, wenn die Auswirkung anschließend erforscht wird.
In der ersten vorgestellen Sitzung beispielsweise (83:1:3) porträtierte Nancy den Analytiker herausfordernd als jemanden, der sie und sich selbst sexuell stimulierenden Gesprächen aussetzt. Der Analytiker griff das Problem auf (83:1:4): »Was Sie zuvor gefragt haben, bringt mich das in Gefahr, die Kontrolle zu verlieren?« Nancy antwortete (83:1:5): »Das ist eine Möglichkeit. Ich sehe andere. Sie haben diese Gefühle – Vergnügen, Aufregung.« Der Analytiker trug dann ihre Attribuierung (83:1:6): »Dass ich als Folge von dem, wovon Sie sprechen, erregt werde.« In diesem Fall konnte es der Analytiker jedoch nicht aushalten, Rezipient der Fantasie der Patientin zu sein, er genieße widernatürlich die Aussicht, sie an die Grenzen ihrer Fähigkeit zur Selbstkontrolle zu treiben. Stattdessen entfernte er sich von dem »heißen« Problem seiner vermuteten sexuellen Erregung und konzentrierte sich darauf, sich als »Mentor« darzustellen.

7. Die gemeinsame Konstruktion von Modellszenen

Analytiker und Patient arbeiten Modellszenen aus, um die Erzählungen und Assoziationen des Patienten zu organisieren, um wichtige Übertragungsgestaltungen und Rolleninszenierungen einzufangen und um weitere Explorationen der Erfahrung und der Motivationen des Patienten in den Brennpunkt zu rücken. Modellszenen können vielen Quellen entnommen werden, beispielsweise einem literarischen Thema, einem Traumbild, einer Fantasie oder einem alten Konflikt, einer alten Angst oder Erwartung des Patienten. In Nancys Analyse wurden drei Modellszenen aus traumatischen Kindheitsereignissen aus unterschiedlichen Entwicklungsphasen abgeleitet. Diese Szenen wurden schließlich von Nancy und ihrem Analytiker als Ereignisse verstanden, denen in ihren Motivationen Schlüsselpositionen zukamen. Es waren die folgenden:

- Eine Erinnerung aus Nancys fünftem Lebensjahr, wie sie auf dem Schoß ihres Vaters saß und dann plötzlich davon verbannt wurde. Diese Erinnerung wurde nach und nach so ausgearbeitet, dass sie eine Deutung enthielt, wie Nancy die Erektion ihres Vaters fühlte, von sich selbst glaubte, schlecht und die Ursache seines Unbehagens zu sein und daher von seinem Schoß verbannt wurde. Diese Modellszene enthält somit die Überzeugung, dass Mädchen verführerisch sind, wenn sie sich nicht angestrengt bemühen, es zu verhindern. Überdies leiteten Nancy und ihr Analytiker daraus ab, dass Jungen und Männer als hilflos Reagierende auf die enthüllten Körper und Reize eines Mädchens gesehen wurden. Wenn ein Mann erregt wird, ist es somit der Fehler der verführerischen Frau. Der Mann trägt keine Verantwortung dafür.

- Eine Konstruktion oder Rekonstruktion, wie Nancy am Bein ihrer Mutter zerrt und das Steifwerden ihres Körpers fühlt, als sie sich Nancys Drängen widersetzt. Diese Szene wurde nach und nach so ausgearbeitet, dass sie Nancys Erinnerung hervorrief, wie ihre Mutter Nancys Bruder auf den Küchentisch hob und ihn bat, ihr vorzusingen. Als Nancy ebenfalls hinaufkletterte, beschied ihre Mutter ihr, sie könne nicht singen. Diese Modellszene fokussierte das Thema, dass Nancys wichtigste

Bezugsperson durchaus in der Lage war, ein anderes Kind, einen Jungen, zu berühren, hochzunehmen, zu bestätigen und zu loben, aber nicht sie, Nancy.

- Erinnerungen daran, wie Nancys Bruder ihren Körper benutzte, um daran zu masturbieren und darauf beharrte, dass sie die Rolle einer Mitwirkenden habe. Diese Szene lieferte eine weitere Steigerung der Erinnerung Nancys, wie sie auf dem Schoß ihres Vaters saß und enthüllte einen weiteren Grund für ihre intensiven Scham-, Schuld- und Wertlosigkeitsgefühle.

Diese drei Modellszenen werden klinisch detailliert im 7. Kapitel entwickelt, in dem auch ihre Bedeutung für den sexuellen Missbrauch und die erotisierte Übertragung erörtert werden. Die drei Szenen stellen zusammengenommen eine Familienkollusion dar, die Nancy in konfliktreiche Umstände brachte, in denen sie immer verlieren musste. Der gesamte analytische Prozess kann als ein Durcharbeiten der Modellszenen betrachtet werden, die ihren Erfahrungen offensichtlicher sexueller Belästigung durch den Bruder, insgeheimer sexueller Verwicklungen mit dem Vater und Sehnsucht nach Fürsorge, den Erfahrungen mit der Mutter, entsprangen.

8. *Aversive Motivationen (Widerstand, Widerwille, Abwehr) stellen einen kommunikativen Ausdruck dar, der wie jede andere Botschaft erforscht werden muss*

Die Widerstandsanalyse nimmt in der Entwicklung der analytischen Technik einen wichtigen Platz ein. Tatsächlich liefert sie sogar eine Definition dafür, was eine Behandlung »psychoanalytisch« macht. Wir messen der Analyse von Widerstand, Abwehr oder dem Widerstreben des Patienten, Material zu enthüllen, jedoch keine überragende Bedeutung bei. Welche Bedeutung hat der Widerstand aber dann in unserer benutzerfreundlichen Technik? Wir verstehen »Widerstand« aus der Perspektive der fünf motivationalen Systeme. Widerstand, Abwehr und Widerwille zeigen verschiedene Stufen und Aspekte aversiver Motivationen. Wenn der Widerstand als ein aversives Motiv betrachtet wird, das die

Ziele des Patienten zu einem bestimmten Zeitpunkt beherrscht, dann wird das »Widerstehen« des Patienten als das Bedürfnis verstanden, mit einer Form von Feindseligkeit oder Rückzug zu reagieren. Die aversive Motivation wird dann als gleichberechtigt neben anderen Bedürfnissen betrachtet. Manche aversiven Motivationen sind selbst Ziele der Analyse. Wir freuen uns, wenn eine Patientin wie Nancy eine Reaktion der Machtausübung festigen kann, um sich Missbrauch zu widersetzen und sich wirkungsvoll an einer Kontroverse beteiligen kann. Wir freuen uns, wenn Nancy den Nachteil in dem Versuch erkennen kann, Hindernisse zu überwinden durch voreilige Blendungsversuche, und stattdessen Selbstbeherrschung übt. Die aversiven Motivationen, die in der Analyse traditionell als »Widerstand« bezeichnet werden, sind Reaktionen oder Antworten auf Erfahrungen, die negative Affekte und Bedrohungen der Kohäsion und Vitalität des Selbstempfindens auslösen. Die aversiven Erfahrungen können Erwartungen der Wiederkehr vergangener traumatischer Interaktionen oder Aktualisationen im therapeutischen Austausch sein. Das Auftreten des Widerstands während des therapeutischen Gesprächs – von Seiten des Patienten oder des Analytikers – als reaktiv zu betrachten ist für die Aufrechterhaltung der analytischen Atmosphäre von besonderer Bedeutung. Dann ist der Auslöser für die aversive Motivation in der Sitzung ebenso wie die Neigung des Patienten (oder Analytikers), unter gewissen Umständen aversiv zu reagieren, offen für eine Exploration. Dem Patienten wird nicht das Gefühl vermittelt, er sei im Unrecht oder reagiere in einer Weise, die den Versuch des Analytikers, ihm, dem Patienten, zu helfen, störe. Das Ziel verschiebt sich weg von dem Versuch, den Widerstand zu beseitigen und an das »wirkliche« Material heranzukommen, das abgeschieden irgendwo liegt, oder unbewusste Abwehrmechanismen bewusst zu machen. Ebenso wenig ist das Ziel, den Widerstand zum Verschwinden zu bringen, was sowieso unmöglich ist, sondern vielmehr, jede Erfahrung der Aversion, die in den Vordergrund der analytischen Arbeit gebracht werden kann, zu erforschen. Somit ist unserer Ansicht nach die Abwehr-Interpretation kein spezieller oder zentraler Aspekt der analytischen Arbeit. Jedes motivationale System wird erforscht, wenn es dominant ist.

Wenn wir den Assoziationen des Patienten entnehmen, dass er sich Gesellschaft oder Spiegelung oder einen Sexualpartner wünscht oder eine Arbeitsaufgabe besser vollenden können möchte, versuchen wir ihm zu helfen, den Kontext, in dem der Wunsch entsteht, sowie seine gegenwärtigen und vergangenen Bedeutungen zu entdecken. Wir nähern uns der Tendenz des Patienten, Feindseligkeit und Rückzug auszudrücken, in ähnlicher Weise – wir fragen nach dem Kontext, in dem die Aversion aufkam und was die gegenwärtige und vergangene Bedeutung dieser bestimmten Form seines Ausdrucks ist. Um eine optimale Würdigung durch den Patienten zu erreichen, muss sein Wunsch nach Gesellschaft oder Spiegelung oder einem Sexualpartner oder der Erlangung von Kompetenz in einer Weise interpretiert werden, die der Patient als seinen eigenen Standpunkt erkennen und erleben kann. Dementsprechend müssen auch die Äußerungen von Feindseligkeit und Rückzug, um wirkungsvoll begriffen zu werden, in einer Weise interpretiert werden, die der Patient als seinen eigenen Standpunkt erkennen und erleben kann. Ein bedeutsamer Unterschied ist der, dass die Motivationen der physiologischen, bindungsgerichteten, erforschend-assertiven und sinnlich-sexuellen Systeme meistens als auf ein erwünschtes Ziel gerichtet erlebt werden, während die Motivationen des aversiven Systems meist als das Fertigwerden mit oder Entkommen aus einem unerwünschten Zustand erlebt werden. In der Praxis sehen wir die Patienten Signale geben – Kummer etwa oder Bitten – die leicht als Anzeichen für Aversivität und als Ruf nach einer Reaktion zu erkennen sind – ähnlich den Signalen eines Kindes an die Eltern mit der Bitte um Heilung und Erleichterung. Nancy zeigte oft direkt oder durch Konzentrationsverlust, durch einen verringerten Affektausdruck, Verstummen oder körperliche Steifheit, dass etwas vom Analytiker Gesagtes oder von ihr selbst Erkanntes Wut, Angst, Scham oder Trauer auslöste. Regelmäßige Beispiele hierfür tauchten während Diskussionen auf, die sich um ihre Enttäuschung, ihre Wut und Kritik an ihrer Mutter, ihrem Bruder und ihrer Tante drehten. In diesen Situationen ist die Aufgabe des Analytikers relativ unkompliziert. Er kann von der traditionelleren Warte des Beobachters von außen zusehen und dann, indem er sich in die Perspektive des Patienten versetzt, eine Frage oder einen Vorschlag hinsichtlich der Natur der aversiven Reaktion und ihres ursprünglichen Auslösers anbieten. Beispielsweise hat der Analytiker Nancy häufig gefragt: Haben Sie aus Ihrem Schweigen heraus jetzt die Empfindung, dass wir in den beunruhigenden Bereich Ihrer verletzten Gefühle Ihrem Bruder gegenüber geraten sind? Und Ihres Wunsches, Ihre Ergebenheit ihm gegenüber nicht gefährden zu wollen? Sehr oft nimmt die Aversivität eine komplexere Form an, die in ein sich ständig wiederholendes und von Widerstand geprägtes Muster eingebettet ist. Dieses Muster des Widerstands entspringt dem gewohnheitsmäßigen Auslösen der Erwartung, dass jedes Mal etwas Aversives geschieht, wenn ein bestimmtes Bedürfnis oder ein bestimmter Wunsch auftaucht. Selten ist das Bewusstsein dieser Zusammenhänge vollständig. Entweder das Bedürfnis oder der Wunsch, die Erwartung der aversiven Reaktion, die Prämissen der Erwartung oder die Existenz des gesamten Musters können dem Bewusstsein unzugänglich sein. Obwohl sich diese Muster wiederholen, besonders jene, die scheinbar adaptiv sind, kann es für den Patienten oder den Analytiker oder beide schwierig sein, sie zu erkennen oder, falls sie erkannt werden, ihre ganze Bedeutung wahrzunehmen. Weil sie schwer zu erkennen sind, werden sie in der Behandlung leicht zur Gewohnheit und tauchen als Rollen auf, in denen Analytiker und Patient ihre Partien mit eingeschränktem Bewusstsein spielen. Nancy kehrte nach einem Wochenende oder einer Urlaubsunterbrechung oft in einem irritierten oder depressiven Zustand zurück. Sie beschrieb dann ein Ereignis im Labor oder an der Universität, das sie durcheinander gebracht hatte. Der Analytiker griff dann das Ereignis als Auslöser für ihren Kummer auf und es folgte eine nützliche Exploration. Dass sich dieses Muster immer wieder wiederholte und beide Partner ihre erwarteten Rollen spielten – bekümmerte Patientin voller Klagen, hilfreicher Analytiker, der die Probleme bereitwillig aufgreift – wurde einige Zeit lang nicht erkannt. Sobald der Analytiker das Muster allerdings erkannt hatte, reagierte Nancy auf sein Nachfragen sichtlich mit Widerwillen und Angst. Die Angst machte den Analytiker wachsam für ihre Sorge, dass etwas Schlimmes geschehen würde. Sowohl Nancy als auch der Analytiker waren mit ihrer Angst vertraut, wegen ihres Klagens beschämt zu werden, doch wies dieses Muster auf noch etwas anderes hin. Der Analytiker bekam seinen Hinweis aus der von ihm übernommenen Rolle, als er anfing, weniger bereitwillig dem ärgerlichen Ereignis des Wochenendes zuzuhören, und Nancy als Folge seiner feinen Veränderung noch verwirrter wurde. Sie puzzelten dann zusammen, dass Nancy von der festen Vorstellung ausging, der Analytiker habe sein Wochenende erfreut darüber, von der Last der Sorge um sie befreit zu sein, verbracht und werde seine Gleichgültigkeit ihr gegenüber so lang wie möglich fortsetzen. Sie musste sich seines erneuten Engagements um sie vergewissern, indem sie seine Besorgnis wegen ihres Kummers weckte. Ohne das würde er sie behandeln wie ihre Eltern, die sich auf ihre Fähigkeit verließen, sich um sich selbst zu kümmern und dann – aus den Augen, aus dem Sinn. Das von Nancy und ihrem Analytiker gewonnene Verständnis führte nicht zur Beseitigung des Musters, jedoch dazu, dass es bereitwilliger anerkannt und damit gearbeitet wurde. Die Sitzung 85:3 begann mit Nancys Anerkennung eines Fortschritts, trotz ihrer üblichen Wochenenddepression. Sie erkannte, wenn alles in Ordnung wäre, hätte sie keine Ausrede, um die sexuellen Probleme zu meiden, über die sie nachgedacht hatte. Sie wurde schlaff, reglos und stumm. Anstatt den offensichtlichen Zweck des Widerstands zu verfolgen, versuchte der Analytiker Nancy zu ermuntern, ihre Erfahrung zu erforschen. Nancy: »Nebel. Ich habe das Gefühl, im Nebel zu tappen, wenn ich über meine sexuellen Probleme nachzudenken versuche.« Der Analytiker, der dies als volle Anerkennung ihrer Aversivität verstand, lud sie zur gemeinsamen Erforschung derselben ein und fragte: »Können Sie den Nebel durchdringen, um irgendeinen der Faktoren zu spüren?« Dies führte zu einer Flut nützlicher Assoziationen.

Mit der Festlegung unseres technischen Prinzips, dass aversive Motivationen wie alle anderen Motivationen auch zu erforschen sind, entfernen wir uns von der traditionellen Bedeutung, die der Verdrängung, Isolation, Projektion, Identifikation und Negation beigemessen wurde, um an einen latenten Konflikt zu gelangen. Wir glauben, während die Quellen aversiver Erfahrungen, besonders der während der Behandlung auftretenden, erforscht werden, wird das gesteigerte Sicherheitsgefühl des Patienten die relative Offenheit des Wegs ins Bewusstsein garantieren. Eine gleichermaßen große Bedeutung messen wir den Problemen bei, die während Rolleninszenierungen auftauchen. Viele dieser Probleme entstehen aus sich wiederholenden Mustern aversiver Reaktionen, die in Beziehungsschemata eingebettet sind, wie beispielsweise Nancys Bedürfnis, den Analytiker durch Schuld- und Angstgefühle wegen ihres Leidens und Versagens zu binden. Jede aus einer langen Liste vergleichbarer Reaktionen auf aversive Erfahrungen und Erwartungen können den Analytiker in verbale und nonverbale affektive Inszenierungen ziehen. Das anfängliche Problem erkennt oft an, dass das, was im therapeutischen Austausch geschieht, die Folge einer Täuschung durch Verweigerung und Verleugnung des Patienten sich selbst und/oder dem Analytiker gegenüber oder des Analytikers sich selbst und/oder dem Patienten gegenüber ist.[1] Oder es könnte auch sein, dass eine Eigenschaft der Reizbarkeit aufgrund der feinen Provokation durch einen der beiden Partner oder von Schadensandrohungen gegenüber dem Selbst durch den Patienten wächst. Leere im Austausch kann an Unterwürfigkeit, Dissoziation, Suggestibilität oder Überidealisierung liegen. Eine subtile Erregung kann Folge von Verführung unter den unterschiedlichsten Deckmänteln sein. Zustände schwer zu erklärender Verwirrung im Austausch können Folge einer Pseudodummheit, eines raschen Positionswechsels und häufig widersprüchlicher Haltungen sein. Der Analytiker fühlt sich vielleicht hinausgedrängt, indem zu ihm gesprochen wird (nicht mit ihm), oder er fühlt sich über Gebühr in Anspruch genommen durch Beschattung oder durch eine unangenehme Überbeschäftigung des Patienten mit ihm. Dieser Auszug aus der Liste vermittelt die oft subtilen Formen des Widerstands, die vom Analytiker fordern, genügend einbezogen zu sein, um Hinweise aus seinem Erleben zu erhalten und dann den speziellen Auslöser für den intersubjektiven Kontext, der sich entwickelt hat, zu identifizieren. Der nächste Schritt, oft der schwierigste, ist, dem Patienten zu helfen, die Erfahrung aus Sicht des Patienten zu erkennen. Dann, und erst

---

[1] Slavin und Kriegman (1992, 1994) stellten ganz richtig fest, dass es unvermeidlich Zeiten gibt, in denen die Interessen von Therapeut und Patient voneinander abweichen oder gar unvereinbar sind. »Wir neigen dazu, so zu reden, als ob die Disziplin, die Rolle und das Verständnis des Therapeuten diesen und den Patienten dazu befähigen kann, die selbstsüchtigen Bemühungen um Einfluss, die einen wesentlichen Bestandteil aller menschlichen Beziehungen bilden, zu transzendieren ... Sowohl der Patient als auch der Therapeut müssen sich dem kunstvollen System schützender Selbsttäuschungen stellen, die ihren eigenen subjektiven Bias aufrechterhalten. Diese Konfrontation bildet eine entscheidende – jedoch stark unterbetonte – Dimension des Behandlungsprozesses« (1994, S. 2).

dann, glauben wir, kann eine wirkungsvolle, nicht beschuldigende und nicht beschämende Interpretation stattfinden. Die Interpretation konzentriert sich auf den intersubjektiven Kontext und die Wechselseitigkeit des Auslösens im Wechselspiel der Inszenierungen.

Die möglichen Auslöser für die aversive Reaktion des Patienten entstammen sowohl den Beiträgen des Analytikers als auch des Patienten. Wir berücksichtigen die Übertragungen, empathischen Brüche, narzisstischen Verletzlichkeiten, das Uneingestimmtsein und die blinden Flecken *des Analytikers* ebenso wie die Neigung *des Patienten*, unter Umständen, in denen andere motivationale Systeme aktiviert sein könnten oder gewesen sein könnten, aversiv zu reagieren. Die aversiven Reaktionen des Patienten werden oft von Brüchen in seinen Erwartungen ausgelöst. Derartige Brüche treten auf, wenn Erwartungen, eine Selbstobjekt-Erfahrung zu haben, zerstört werden – ob diese Erwartungen nun im Vordergrund oder Hintergrund der Interaktion zwischen Analytiker und Patient bestehen. Fluktuationen in Selbstobjekt-Erfahrungen zu untersuchen, repariert gleichzeitig ihren Bruch und spricht die aversiven Motivationen an.

9. Drei Arten, wie der Analytiker interveniert, um den therapeutischen Prozess zu fördern

Auf der Grundlage des empathischen Zuhörens werden die häufigsten Interventionen aus der Sichtweise des Patienten heraus dargestellt. Wir empfehlen nicht, dass der Analytiker die Worte des Patienten einfach nur zurückwirft. Vielmehr wählt der Analytiker und fokussiert, hebt hervor und stellt in Frage, äußert subtile oder »angedeutete« Affekte und Zustände und macht Übertragungsimplikationen aus den Assoziationen des Patienten deutlich. Oft wird die Intervention in einer der Formen erfolgen: »Ist es das, was Sie mir sagen wollen?« oder »Können Sie mehr dazu sagen?« oder »Meinen Sie?«. Diese Interventionen sind darauf ausgerichtet, den Assoziationsfluss fortzusetzen, die Bewusstwerdung zu fördern und die Bereiche des zur Untersuchung verfügbaren Materials zu vergrößern. Der Dialog zwischen Analytiker und Patient erweitert das einer Erforschung offen stehende Terrain – Terrain, das zuvor nicht verfügbar oder unzugänglich war.

In der Sitzung 87:1 beispielsweise führte Nancy ihr Gefühl des »moralischen Versagens« weiter aus. Diese Sequenz illustriert auch, wie der Analytiker aus der Erfahrung des Patienten heraus spricht. Nachdem der Analytiker das Erleben des Patienten erkannt hat, ist er bereit, das Wahrgenommene zu vermitteln. Nancy sprach von ihren »Schwierigkeiten mit Jane« und ihrem depressiven Gefühl, dass »es auf der Welt niemanden gibt, dem ich etwas Besonderes bedeute«. Sie fuhr fort: »Es ist voll Ironie, dass ich mir mitten im Gottesdienst so meines Einsamkeitsgefühls bewusst werden sollte. Ich erinnerte mich daran, dass ich viele Freunde habe, die mich gern haben. Dennoch wurde ich von Hoffnungslosigkeit überfallen – von einer Angst, dass ich nie jemandem nahe sein würde, immer nur am Rand.« In ihrem langen Eröffnungsmonolog spielte Nancy auf Eifersuchtsgefühle auf Janes besondere Beziehung zu dem Priester Charles an. Darüber hinaus klagte sie über ihre »Einsamkeit«, obwohl sie viele Freunde hat, die sie gern haben. Keiner dieser Problempunkte war ihr unzugänglich. Unter der Voraussetzung einer empfänglichen Atmosphäre kann man von Nancy erwarten, diese Probleme in ihrem eigenen Tempo zu erforschen. Daher konnte der Analytiker äußern, was er hinsichtlich Nancys Affekt, Motivationen und Wiedergutmachungsbestrebungen wahrgenommen hatte. So konnte er, nachdem er sich in Nancys Affektzustand und ihre Motivationen sowie ihre Bindungs- und Geselligkeitsbedürfnisse eingefühlt hatte, aus ihrer Sichtweise heraus zu ihr sprechen. Er sagte (87:1:2): »Könnte dieses Gefühl Druck auf Sie ausüben, es wieder mit Jane und Ihrer Tante versuchen zu wollen?« Nancys Antwort rechtfertigte, wie und wo sich der Analytiker ihr gegenüber positioniert hatte. Sie fuhr fort (87:1:3): »Vielleicht. Ich empfinde eine niederschmetternde Einsamkeit und schreibe sie meinen eigenen Verhaltensweisen zu.«

Ein weiteres Beispiel dafür, wie das Erleben des Patienten aus der Sichtweise des Patienten heraus angesprochen wird, findet sich in der Sitzung 89:1. Als das Ende der Analyse nur noch etwa ein Jahr entfernt war, sprach Nancy über ihr Widerstreben, den Analytiker zu verlassen. Einen Moment lang erwog sie sogar, nicht gesund genug zu sein, damit sie an ihm festhalten könnte. Der Analytiker hätte die Reste von Nancys Abhängigkeit aufgreifen können. Sie hatte eine »Flucht in die Krankheit« erwogen, um eine abhängige Bindung aufrechtzuerhalten. Als sie sagte (89:1:15) »Sie sind mein bester Freund«, entgegnete er (89:1:16) »Zweifelsohne ist es schwer, sich von einem besten Freund zu trennen« und artikulierte damit Nancys vorherrschenden Affektzustand, die Sehnsucht nach Zuneigung. Nancys Fähigkeit, mit dem Konflikt hinsichtlich ihrer abhängigen Bindung und der Vorwegnahme des Verlusts zu kämpfen, wurde respektiert. Aber noch wichtiger, es wurde, indem zu Nancy aus ihrer Erfahrung heraus gesprochen wurde, die Gefahr vermieden, die Patientin aus der Analyse zu führen, indem über Unabhängigkeit gesprochen wurde vom Thema der Abhängigkeit her und mit dem Unterton, dass psychische Gesundheit den Verzicht auf alte Bindungen erfordere. Als Selbstobjekt-Erfahrung statt als »Abhängigkeit« begriffen kann Nancys Bindung an ihren Analytiker bestehen bleiben und nach und nach abstrahiert und entpersönlicht werden. So konnte Nancy später ausführen (89:3:11): »Ich möchte frei sein von Ihnen, von Mutter, nicht von Ihnen abhängig sein.« Der Analytiker sagte darauf (89:3:12): »Dann befreien Sie sich doch einfach von mir.« Nancy fuhr fort (89:3:13): »Ich bin mir nicht sicher, ich will mich davon befreien, abhängig und wütend zu sein, möchte Sie aber immer noch haben, um mit Ihnen auf eine erwachsenere, gegenseitige Weise in Beziehung zu stehen.«

Der auf Interventionen, welche die empathische Zuhörerperspektive des Analytikers widerspiegeln, folgende Dialog ist jedoch niemals fortlaufend, glatt oder unbehindert. Und wie kunstvoll der Analytiker sein Verständnis auch vermittelt und wie aufmerksam er den Affekten und Selbstobjekt-Bedürfnissen des Patienten gegenüber sein mag, *nur aus dieser Perspektive heraus zu sprechen macht noch keine Analyse aus.*

Eine weitere, vom Analytiker geforderte Interventionsart beinhaltet das Erläutern eines erkennbaren Musters oder die Vermittlung von Gefühlen, Einschätzungen oder Eindrücken aus der eigenen Perspektive des Analytikers. In diesen Fällen hat der Analytiker von einem empathischen, interpretativen Zuhörmodus zu einer empathischen, interpretativen Beobachtungshaltung gegenüber dem Erleben des Analysanden gewechselt (Lachmann, 1990). Diese Haltung bedeutet keine Abkehr vom empathischen Blickwinkel, erweitert ihn jedoch in Richtung auf eine potenziell stärker konfrontierende Interaktion hin. Unter diesen Umständen kann ein gewisses Maß an Spannung das analytische Milieu charakterisieren. Der Patient mag diese Einschätzungen annehmen und eben bereit sein, eine neue Perspektive zu erfassen, oder aber er verhält sich dem Eindringen der Eindrücke des Analytikers gegenüber aversiv. Im Verlauf ihres Dialogs beachteten Analytiker und Patient diejenigen Interventionen, die eine störende Wirkung hatten, besonders stark.

In der Sitzung (85:3:5) sprach Nancy ausführlich über ihre Sexualgeschichte, über ihre sexuellen Spiele im Alter von zehn Jahren mit einer Freundin und darüber, wie sie von ihrem Bruder sexuell belästigt wurde. [*Pause*] »Mein Bruder hat sich immer an mir gerieben. An meinem Bein, meinem Bauch, bis er eine Ejakulation bekam. Ich fühlte mich sehr schmutzig.« Der Analytiker formulierte ihren Bericht neu: »Sie hatten nicht das Gefühl, als Sie selbst geschätzt zu werden, sondern nur für den Zweck, dem Sie dienten?« Nancy begann, verallgemeinernd zu reden (85:3:7): »Ich bin wütend auf Männer, weil sie uns Frauen als Behälter benutzen. Ich bin wütend auf Frauen, weil sie schwach genug sind, um die Männer machen zu lassen und, noch schlimmer, sie sogar einzuladen.« Nun sprach der Analytiker aus seiner Perspektive, indem er Nancys allgemeine Bemerkungen auf sie selbst anwandte (85:3:8): »Und weil Sie einladend waren, fühlen Sie sich selbst schlechter – die Alternative, unbeachtet zu sein, war eine so schmerzhafte Wahl.«

In der folgenden Sitzung (85:4:1) sagte Nancy: »Als ich am Dienstag ging, gab mir Ihre letzte Äußerung ein schlechtes Gefühl.« Dann geriet sie plötzlich in Wut. Als ihr Ärger verraucht war, erinnerte sie sich daran, dass der Analytiker gesagt hatte, die Alternative, unbeachtet zu sein, sei so schmerzhaft. Wir betrachten diese Sequenz über die zwei Stunden als ein Beispiel dafür, wie der Analytiker aus Blickwinkel des Beobachters spricht, der sich eines Konflikts Nancys angesichts ihrer zwei aversiven Wahlmöglichkeiten bewusst ist und ihn mitfühlt. Nancys dann folgende Assoziationen wiesen darauf hin, dass sie bereit war, mit dieser Perspektive zu arbeiten.

Eine dritte Gruppe von Interventionen in der Analyse, die wir »diszipliniert spontane Engagements« zwischen Analytiker und

Patient nennen, ist schwer einzuordnen. Diese Interventionen liegen innerhalb des gesamten Therapierahmens, aber außerhalb des üblichen Musters von Assoziation und spiegelnder Antwort. »Diszipliniert« bezieht sich auf die volle Würdigung der und Hingabe an die Aufrechterhaltung der analytischen Ethik und die Förderung der generativen Absicht des Analytikers. »Spontan« bezieht sich auf die oft unerwarteten Bemerkungen, Gesten, Gesichtsausdruck und Handlungen des Therapeuten, die als Folge nicht unterdrückter emotionaler Aufwallungen auftreten.

Diszipliniert spontane Engagements können durch unglückliche Ereignisse, Brüche oder Missverständnisse, die eine menschliche Reaktion erforderlich machen, herbeigeführt werden. Diszipliniert spontane Engagements der dramatischen Art waren in Nancys Behandlung selten. Eine wurde heraufbeschworen durch Nancys Forderung, der Analytiker möge seine übliche Art, eine Sitzung zu beenden, ändern. Die Authentizität des Analytikers machte es erforderlich, dass er akzeptierte, unwillentlich mit einer typischen Antwort in seiner Rolle reagiert zu haben, die ihren gequälten Zustand verschlimmerte. Sein Tonfall war ein Versuch, zu beruhigen, war aber, so wie es sich zwischen ihnen abspielte, in der Tat herablassend. Implizit war Nancys Reaktion die Attribuierung: »Sie wollen sich nicht der Tatsache stellen, dass Sie mich pünktlichst hinauswerfen und versuchen, es zu beschönigen. Spielen Sie bei mir nicht den Heiligen (wie meine Mutter)!« Der Analytiker, der die Notwendigkeit seiner Veränderung akzeptierte, musste dann mit seinem zweiten Problem fertig werden – seiner Unsicherheit, wie er weiter vorgehen sollte. Seine spontane Reaktion war, Nancy direkt zu fragen, wie sie die Sitzung am liebsten beenden würde. Ihr Vorschlag »Sagen Sie mir einfach, dass die Zeit um ist« und seine (erleichterte) Annahme des Vorschlags stellte sie auf eine relativ gleiche Ebene.

Ein zweites diszipliniert spontanes Engagement trat auf, als Nancy, wiederum in einem Zustand großer Not, verkündete, eine Veränderung der Honorarvereinbarung zu brauchen. In diesem Fall reagierte der Analytiker auf die Herausforderung durch Nancys emotionale Bitte und die Bedrohung der Kontinuität der Analyse, indem er den Kampf direkt mit einer konfrontierenden Weigerung eröffnete. Bei dieser Auseinandersetzung betrachtete er sein eigenes Bedürfnis als entscheidenden Faktor, der von seiner intuitiven

Vermutung gestützt wurde, dass Nancy die Ernsthaftigkeit ihrer ökonomischen Bedürftigkeit übertrieb.
Wir erkennen und befürworten die Fähigkeit und Bereitschaft des Analytikers, zu intervenieren, wenn die intersubjektive Authentizität auf dem Spiel steht – um kreative, innovative, unvorbereitete, ungeplante und unerwartete Interventionen anzubieten. Derartige Interventionen kommen dem Analytiker oft sowohl zu seiner wie auch des Patienten Überraschung über die Lippen. Diese Augenblicke werden am besten als einzigartig zwischen einem bestimmten Analytiker und einem bestimmten Patienten an einem kritischen Punkt in der Analyse gestaltet betrachtet. Man lässt sie besser als »maßgeschneiderte« Momente bestehen statt sie in »Massenware« oder verallgemeinerte Prinzipien umzuwandeln.
Jedoch muss man mit diesen spontanen Bemerkungen nicht auf einen besonderen Moment warten. Die empathische Haltung des Analytikers und die Fähigkeit, mit dem vom Patienten vorgelegten Material zu »spielen«, liefert den Nährboden, aus dem diese kreativen Gesten in jedem Augenblick einer Analyse aufkeimen können. Die Sitzung 83:1 beispielsweise begann Nancy mit einem Ausdruck von Widerstreben, sich auf die Sitzung einzulassen. Dann sprach sie von ihrer Enttäuschung über den Priester, der ihre Konversion vorgenommen hatte. Später sagte sie zu ihrem Analytiker (83:1:9): »In meinen Gedanken sind Sie für mich mein Dad. [*Pause*] Sie stellen eine verbotene Gestalt dar.« Der Analytiker entgegnete (83:1:10): »Ihr Vater?« Diese Bemerkung des Analytikers enthielt mehr Bedeutungen, als sich der Analytiker in dem Augenblick, in dem er sie machte, bewusst war. Nancy griff die weitergehenden Implikationen der Bemerkung des Analytikers rasch auf und sagte: »Sie, Dad und Christus« (83:1:11). Solche Interventionen zeigen den Zugang des Analytikers zu seiner eigenen gesteigerten Kreativität und Spontaneität ohne Kontrollverlust über die Problempunkte, die dem Patienten wichtig sind. Derartige unbeabsichtigte doppelte oder dreifache »Entendres« sind vertraute Aspekte der allgemein gesellschaftlichen Unterhaltung, doch wird ihnen meist nicht genügend Bedeutung hinsichtlich der Erweiterung der Kommunikationsebenen zwischen Analytiker und Patient beigemessen. Sie verdeutlichen die Beziehung zwischen vorbewusster Geistestätigkeit und Witz (Freud, 1905). In ähnlicher Weise rutschte dem Analytiker der Begriff »altmodische

Tugend« (85:2:16) heraus. Derartige eigenartige Bemerkungen sind typisch für die riesige Menge subjektiv strukturierter Formulierungen und idiosynkratischer Vorstellungen, die jede Analyse einzigartig machen. Solche Interaktionen wie: »Sie haben Aufschlag« lassen sich nicht kategorisieren und reichen von »schmerzhaften« Störungen der analytischen Beziehung bis zu »goldenen Momenten« oder »Wendepunkten« (Wallerstein, 1986) in der Analyse. Spontaneität, Witz, doppelte Entendres und Spiel pflastern den »Königsweg« zum Bewusstsein.

10. Wir verfolgen die Auswirkungen unserer Interventionen und die Reaktionen des Patienten darauf, um ihre Wirkung einzuschätzen

In unserer Diskussion der benutzerfreundlichen Prinzipien haben wir die Rolle des Analytikers in der therapeutischen Dyade hervorgehoben. Damit haben wir gleichzeitig den komplexen interaktiven Prozess, der die therapeutische Handlung begründet, zurückgestellt. Die gesprochenen Worte des Analytikers, ebenso wie sein Schweigen, seine Mimik und der Ausdruck seiner Stimme sowie andere Formen nonverbaler Kommunikation, sind Teil der Reihe von Interventionen, die Einfluss auf den Patienten ausüben und zur Strukturierung der Übertragung beitragen. Unserer Ansicht nach sollten Interpretationen am besten nicht gegen Ende der Sitzung in einem »Brocken« angeboten werden, wie es in manchen Analysen üblich ist. Vielmehr ist es günstiger, wenn vollständige Interpretationen (Glover, 1955), die Wunsch und Abwehr, Vergangenheit und Gegenwart, Übertragung und Widerstand umfassen, von Analytiker und Patient gemeinsam konstruiert und im Verlauf der Sitzung schrittweise vermittelt werden. In verdaulichen Häppchen verfolgt der Analytiker Affekt und Assoziation des Patienten, reagiert mit einer weiteren Konstruktion/Intervention und verfolgt dann weiter die Reaktion des Patienten. Wenn eine Störung auftritt, hat die Aufmerksamkeit dafür Vorrang. An derartigen Punkten zieht der Analytiker Schlussfolgerungen, um die Natur des Bruchs und seine, des Therapeuten, Rolle bei dessen Auftreten zu verstehen.

Wir betrachten eine Zeiteinheit (eine Sitzung oder eine Woche von Sitzungen), um die nötige Kontinuität für eine Deutungssequenz zur Verfügung zu haben (Lichtenberg, 1992). Wir beziehen eine große Spannbreite an Interventionen mit ein: erforschende, bestätigende, bekräftigende, Verständnis reflektierende, den Prozess erklärende sowie Brüche herbeiführende und reparierende (Lichtenberg, Lachmann und Fosshage, 1992).

Den Begriff »Deutung« haben wir wegen seiner historischen Wurzeln in der Psychoanalyse beibehalten. Noch wichtiger jedoch ist, dass wir eine Vielzahl fördernder Interventionen mit einbeziehen, die gewöhnlich nicht als therapeutische Handlungen anerkannt werden. Die Akzeptanz eines breiten Bereichs von Interventionen, die zum therapeutischen Ergebnis beitragen (siehe z. B. Wallerstein, 1986), erweitert den Begriff der Deutung, repräsentiert die psychoanalytische Technik genauer, so wie sie praktiziert wird, und erkennt den interaktiven Prozess an, der die therapeutische Handlung darstellt. Durch die Folge von Interventionen vermittelt der Analytiker eine kohärente Empfindung von Zielstrebigkeit, wodurch die Interventionen eine kumulative Wirkung erlangen. Das Hin und Her des analytischen Dialogs vertieft die interpretative Sequenz und verändert beide Teilnehmer des analytischen Prozesses.

In Nancys Behandlung können Deutungssequenzen in den Sitzungen 85:1 und 85:2 aufgespürt werden, in denen die Arbeit vorangegangener Sitzungen Früchte trägt. Nancys Gefühl von »Bösesein« und Dekadenz wurde langsam brüchig. Die Art, wie sie ihren Analytiker und sich selbst empfand, begann sich zu verändern. Manchmal führt eine Reihe von Interventionen in »Sackgassen«. Beispielsweise in der ersten Sitzung (83:1) folgte der Analytiker Nancys Assoziationen in Reaktion auf seine Interpretation, dass sie ihn als ein Modell für die Regulierung sexueller Erregung nutzen wollte (83:1:8). Nach einem folgsamen »könnte sein« ließ sie dieses Thema auf sich beruhen. Ihre folgenden Assoziationen handelten nicht davon, den Analytiker als Modell zu nutzen, sondern von dem Analytiker als »verbotene Gestalt« (83:1:9). Der Analytiker spürte, dass seine Intervention im Grunde irrelevant gewesen war. Unter derartigen Umständen kann sich der Therapeut ruhig verhalten und sich dann neu orientieren, um das Anliegen des Patienten zu erkennen.

Vielleicht entsprang die Intervention zur »Regulierung ihrer sexuellen Erregung« der damals gegenwärtigen Sorge des Analytikers statt der Einsicht in Nancys Motivation. Nancy reagierte nicht affektiv darauf, weder aversiv noch enthusiastisch. Obwohl Nancy spürte, dass ihr Analytiker »weg« war, reagierte sie nicht, als hätte sie ein empathisches Versagen erlebt. Selbst wenn sie ein solches fühlte, war es offensichtlich kein so schwerwiegendes »Versagen«, dass Zeit zu einer Selbstaufrichtung oder beiderseitigen Exploration erforderlich gewesen wäre. Sowohl Analytiker als auch Patientin ließen die Intervention vorübergehen, ohne sie weiter zu beachten, um sich dann anderen Assoziationen zuzuwenden.

In der nächsten Stunde (83:2) behandelte die Deutungssequenz erschöpfend Nancys Traum. Während der Analytiker im Lauf der Stunde Nancys Assoziationen folgte, bestätigte er, dass Nancy ihren Traum zu Beginn der Stunde erzählt hatte. Nancy kam dann später spontan darauf zurück. Der Analytiker folgerte, dass sowohl der Traum als auch die Assoziationen einen gemeinsamen »Motivationsfaden« hatten – Aversivität gegenüber einem Mann, den sie als sexuellen Provokateur erlebte, der jedoch seine Verantwortlichkeit für das Sexuelle an der Begegnung leugnete. Indem der Analytiker das Thema und Nancys Assoziationen in Zusammenhang brachte, entdeckte er, dass er und Nancy eben den Problempunkt, den er ansprach, in Szene gesetzt hatten. Er war der »Provokateur«, indem er mit Nancy »in Beziehung trat«. Sie war passiver geblieben, wodurch sie und ihr Analytiker in eine Inszenierung verfielen, durch die Nancy ihn plausibel als Provokateur wahrnehmen konnte.

In seiner Deutungssequenz spürte der Analytiker Nancys Affekt, ihre Assoziationen und Reaktionen sowie potenzielle Brüche in ihrem Dialog auf. Außerdem verfolgte er seine eigenen Affekte und Assoziationen und erwog, wie sein Erleben die von ihm und Nancy angesprochenen Problempunkte fördern, blockieren oder inszenieren könnte. Unsere auf die interpretative Sequenz gerichtete Aufmerksamkeit hat zum Ziel, die Subjektivität sowohl des Analytikers als auch des Patienten, ebenso wie ihre »intersubjektiven Verbindungen und Dysfunktionen« (Atwood und Stolorow, 1987) im Vordergrund der Aufmerksamkeit des Analytikers zu halten.

Wir haben einen etwas willkürlichen Ausgangspunkt für die beschriebene Deutungssequenz gewählt, nämlich Nancys Gefühl des »Böseseins«. Die Folge führte zu Nancys Gefühlen, beschuldigt zu werden, »böse« und »verantwortlich« zu sein, wenn sich Männer sexuell von ihr erregt fühlten. Nancy erwartete, von ihnen verantwortlich gemacht zu werden, sie provoziert zu haben. Im Verlauf der Exploration dieses Themas trafen die Interventionen des Therapeuten nicht gerade ins Schwarze, sie blockierten jedoch die Analyse nicht, sofern sie reflektiert wurden. Beispielsweise fühlte sich Nancy in der Inszenierung des »schuldlosen« Provokateur-Analytikers und der verantwortlichen Verführerin-Patientin zunehmend »gefangen« (83:2:21). Für den Augenblick wurde die Übertragung für Nancy »real«. Der Analytiker versuchte, sowohl sich selbst als auch Nancy mit einer »empathischen« Bemerkung zu befreien: »Sie haben die Empfindung, in einer Situation gefangen zu sein, die zutiefst ungerecht *erscheint*.« Die Formulierung implizierte jedoch, dass ihr Gefühl der Ungerechtigkeit allein ihre Konstruktion war. Nancy reagierte verständlicherweise mit Zorn (83:2:24-25): »Was meinen Sie mit *erscheint*?«

In der folgenden Sitzung war Nancy immer noch wütend. Sie verglich den Analytiker mit ihrem sadistischen Bruder, der einer Fliege die Flügel ausriss und mit Vergnügen zuschaute, wie sie sich wand. Er war ein »Wissenschaftler« und Sadist, ein geschickter Täuscher. Die Sicherheit der therapeutischen Beziehung ermöglichte es Nancy, ihren Analytiker sowohl als Sadisten zu erleben, der sie mit Vergnügen verhöhnte, als auch als den fürsorglichen Menschen, der bewiesen hatte, dass er ihr Erleben akzeptieren kann. Beweis dafür war, dass er ihr Erleben aus Anspielungen, Andeutungen und versprengten Assoziationen aus ihrer Perspektive heraus artikuliert hatte.

Nancy weinte, als sie zu ihrem Analytiker sagte: »Wenn ich vor dieser Sache richtig wütend auf Sie war, konnte ich mich selbst bändigen, indem ich mich erinnerte, dass Sie ein anständiger Mann zu sein scheinen. Sie wirken gütig« (83:3:1). Der Analytiker antwortete: »Wenn schon meine Anwesenheit und meine gütige Erscheinung Ihr Interesse und Ihre Neugier wecken, wird das zu einem Teil des Problems?« (83:3:4). Die Deutungssequenz setzte sich über die ganze Sitzung hinweg fort, wobei der Analytiker Nancys Zuschreibungen als Sadist, Verführer und Betrüger »trug«

(»Wenn schon meine Anwesenheit ...« [83:3:4-22]). Während dieser Deutungssequenz wurden Nancys Erfahrungen mit ihrem Vater, ihrer Mutter, ihrem Bruder und ihre gegenwärtige Erfahrung mit ihrem Analytiker (ihre Fähigkeit, ihre Fantasien und Ängste über ihren Analytiker zu artikulieren), Schritt für Schritt verstärkt. Mit der Ausarbeitung unserer zehn Prinzipien zur Behandlungstechnik wollen wir die traditionell anerkannten analytischen Ziele erreichen, das Bewusstsein des Patienten und seine Selbstreflexion zu erweitern, Verbindungen zwischen Vergangenheit und Gegenwart des Patienten ins Bewusstein zu heben, die einen emotional reichhaltigen Kontext für das gegenwärtige Erleben bieten und die Hindernisse im Patienten abbauen, die das Zugänglichmachen vergangener, emotionsgeladener Erfahrungen verhinderten. Wir behaupten, dass diese Prinzipien die genannten Ziele fördern, indem sie die Wahrscheinlichkeit vergrößern, dass Patient und Analytiker ihren interaktiven Prozess mit einem Minimum an Interferenz durch theoretische Rigidität und einem Maximum an therapeutischer Kreativität lenken können.

In einem Kommentar zu *Psychoanalyse und Motivation* schreibt Lawrence Friedman (1995):

> »Wenn Analytiker durch Lichtenbergs Prisma wahrnehmen, vermögen die Patienten sie als *spezieller* empathisch, bereitwilliger im Dienst des momentanen Zustands des Patienten zu sehen. Die nichtautoritäre Flexibilität [des Analytikers] wird ihn weniger berufsmäßig, mehr ›in‹ seinem Patienten, weniger distanziert ... und weniger verurteilend ... erscheinen lassen, weil die ›häppchengroßen‹ Motivationen [selbst wenn sie durch Modellszenen ergänzt werden] einfach wie neutrale Fakten sind.« [S. 444-445]

Unsere Prinzipien der Behandlungstechnik können das »Misstrauen« verringern, das der Psychoanalyse oft entgegengebracht wird. Wenn die psychoanalytische Behandlung durch das Prisma der motivationalen Systeme gesehen wird, können die oft interpretierten verbergenden, abwehrenden und widerstrebenden Bemühungen des Patienten als expressiv betrachtet werden. Dieses theoretische Merkmal kann eine enorme Wirkung auf die Behandlung haben. Wenn der Analytiker einem theoretischen Modell folgt, das dem Misstrauen gegenüber dem widerstrebenden, vermeidenden Patienten keinen Vorschub leistet, wird sich der Analytiker wahrscheinlicher seiner Gefühle der Zuneigung, Angst oder Wut dem Patienten gegenüber bewusst werden.

Unsere Prinzipien der Behandlungstechnik sollen sowohl patienten- als auch analytikerfreundlich sein. Während sich Therapeut und Patient mit der Exploration der Zustände, Affekte, Stimmungen sowie der intrapsychischen und intersubjektiven Dimensionen ihrer Interaktion befassen, verhelfen diese Prinzipien dem Analytiker auch zu einer optimalen Position, um Zugang zu seiner eigenen Subjektivität zu finden.

5. Affektive Erfahrung
Der rote Faden im therapeutischen Austausch

Jede vom Analytiker vorgenommene Intervention enthält die implizite Frage an den Patienten: »Ist es das, wovon Sie zu sagen versuchen, dass Sie es fühlen?« (Boesky, 1990, S. 577).

Affekte verstärken das Erleben. Sie machen entweder Gutes besser oder Schlechtes schlimmer (Tomkins, 1962, 1964).

Die Objektliebe stärkt das Selbst, genauso wie jede andere intensive Erfahrung, selbst die durch kraftvolles körperliches Training vermittelte, das Selbst stärkt. Darüber hinaus ... befähigt uns ein starkes Selbst, Liebe zu erleben und intensiver zu begehren (Kohut, 1984; S. 53).

Diese drei Zitate nähern sich den affektiven Erfahrungen, wie sie in der psychoanalytischen Behandlung auftreten, aus drei unterschiedlichen Blickwinkeln. Sie liefern ein Gerüst für die folgende Diskussion. Boesky (1990) regt an, dass jede analytische Intervention das Fühlen ansprechen sollte, wie es vom Patienten vermittelt und vom Analytiker empfangen, verstanden und kommuniziert wird. Wir entwickeln Boeskys Äußerung weiter, indem wir anregen, dass das in Erfahrung zu bringen, was der Patient »fühlt«, mit dem Erforschen eines Kontinuums verbunden ist, das von flüchtigen grundlegenden Affekten über Stimmungen bis zu alles umfassenden Zuständen intensiven affektiven Erlebens reicht.
Jedes affektive Erleben beinhaltet ein Gefühl, einen physiognomischen Ausdruck und, oft zusätzlich, eine autonome Reaktion des Nervensystems. Mit »grundlegenden Affekten« meinen wir das Erleben von Freude, Glück, Vergnügen, Wut, Angst, Trauer, Scham, Demütigung, Verlegenheit, Schuld, Kummer, Verachtung und Herablassung. Diese affektiven Erfahrungen sind sowohl vom Betroffenen als auch vom Beobachter relativ leicht zu erkennen und zu benennen. Sie werden im Allgemeinen durch eine identifi-

zierbare Ursache ausgelöst. Als Nancy wütend war, weil ihr Doktorvater nicht rechtzeitig geantwortet hatte, konnten sie und ihr Analytiker die Quelle und die leicht zugängliche Form der emotionalen Reaktion rasch erkennen. Der Begriff Stimmungen bezieht sich in unserem Gebrauch auf ein Affekterleben, das länger andauert und oft tiefer geht. Nancys Ärger beispielsweise, der durch Pater Roccos Nichterwidern eines Anrufs ausgelöst worden war, sollte sich in Erleichterung auflösen, als er einen Tag später anrief. Doch nach wiederholten Versäumnissen, Tadeln und Entmutigungen entwickelte sich Nancys Stimmung zu anhaltendem unterschwelligem Ärger und Enttäuschung. Verknüpfungen zu vergleichbaren Erfahrungen in der Vergangenheit und Übertragungsassoziationen machten ihre Stimmungen komplexer und persistenter. Mit Affekt*zustand* beziehen wir uns auf sehr intensive, umfassende affektive Erfahrungen, die so allumfassend sind, dass die kognitiven Funktionen eingeschränkt und beeinträchtigt sind wie die eines Kindes während eines Trotzanfalls. Nur das unmittelbare Empfinden des Affekts hat kognitive Bedeutung. Affektzustände können kurzlebig oder andauernd sein wie feindseliger Hass und Groll nach einer schmerzlichen narzisstischen Verletzung. Nancys Beschreibung von Zuständen bodenloser Depression an den Wochenenden sind Beispiele für eine die ganze Person lähmende Erfahrung. Sie war dann unfähig zu arbeiten, fand es schwierig, regelmäßig ihre Gymnastik zu machen, Briefe zu schreiben oder mit Freunden zu reden.

Analytiker stellen immer wieder fest, dass ihre Interventionen – gleich ob sie mit den speziellen Reaktionsweisen übereinstimmen oder nicht – dazu beitragen, die Äußerungen der Patienten weiter zu erforschen – wobei jede Position in dem Kontinuum nach unterschiedlichen fördernder Reaktionen verlangt. Wir nehmen weiterhin an, dass Interventionen durch ihre Wirkung auf das affektive Erleben beider Beteiligten eine Dimension von Übertragung-Gegenübertragung enthalten, in der das Gefühl zentral ist für die Exploration der dem therapeutischen Austausch zugrunde liegenden Motivationen.

Jedes therapeutische Gespräch stellt sowohl für den Analytiker als auch für den Analysanden eine gelebte Erfahrung dar. Im Einklang mit Tomkins (1962) Perspektive wird, wenn der Analytiker seinem Patienten einen positiven Affekt bestätigt, die gute Erfahrung gesteigert, und wenn der Analytiker in einen Affektzustand der Wut, Scham oder Hoffnungslosigkeit gezogen wird, werden die Wolken noch düsterer. Die Bedeutung dieses Verstärkungsprozesses wird augenscheinlich, wenn wir das Kontinuum positiver bis negativer Affekte, Stimmungen und Affektzustände ausführlich darstellen. Wenn wir die Bedeutung affektiver Erfahrung richtig einschätzen, befinden wir uns in einer besseren Position, um die therapeutischen Implikationen der Ermutigung, Anerkennung, positiven und negativen Steigerung sowie der Eindämmung des emotionalen Aspekts jedes therapeutischen Austauschs zu betrachten.

Kohut (1984) schlägt eine reziproke Beziehung zwischen der Erfahrung von Emotion und der Erfahrung des eigenen Selbst vor. Das Selbstempfinden wird durch belebende, intensive, gesteigerte, positive affektive Erfahrungen gestärkt. Ein gestärktes Selbstempfinden wiederum erlaubt uns, Affekte intensiver zu erleben. Das gestärkte Selbst kann dann klarer auf Affekte reagieren und sie äußern. Indem es dies tut, können die eigenen affektiven Erfahrungen reflexiv klarer eingeschätzt und somit zugänglicher für das Teilhaben-Lassen und das begriffliche Verstehen im therapeutischen Austausch werden.

Ein Kontinuum affektiver Erfahrung auf der Grundlage direkter klinischer Beobachtung

Die Bedeutung, die den Emotionen in der Geschichte der Psychoanalyse beigemessen wurde, schwankte stark: Von einer anfänglich zentralen Stellung in der Katharsis als abgeschnürtem, durch traumatische Ereignisse verursachtem Affekt bis zur geringen Bedeutung im Zuge der Triebtheorie. Die den Affekten zugeschriebene Wichtigkeit ließ während der Periode der Betonung von Trieben stark nach. Die Affekte wurden damals als Abkömmlinge oder Nebenprodukte der Triebe betrachtet. Eine größere Bedeutung wurde dann der Angst im Strukturmodell zugeschrieben. Als ein Signal potenzieller Gefahr für das Ich wurde die Angst zur

Grundlage für das automatische Ergreifen von Abwehrmaßnahmen. Innerhalb der Kernhypothese der Ich-Psychologie kämpften die Theoretiker mit dem Standort der Emotionen (Rapaport, 1953; Spitz, 1957). Die moderne Ära der Affekttheorie begann mit Tomkins (1962, 1964). Mit vielen wertvollen Beiträgen in der Zwischenzeit (Stern, 1985; Emde, 1988a, b) hat das moderne Konzept zu umfassenden Überprüfungen und Neuformulierungen geführt (Schore, 1994; Jones, 1995). Wir selbst stellen unsere grundlegende Sichtweise in eine Reihe mit diesem zeitgenössischen Trend auf der Grundlage von Säuglingsforschung, Neurophysiologie und klinischer Beobachtung. Hier wollen wir allerdings einem anderen Kurs folgen. Wir wählen eine »naive« Annäherungsweise auf der Grundlage allgemeiner Erfahrung, um ein Argument anzubringen, das für unseren Ansatz im therapeutischen Austausch wichtig ist. Wir wollen unsere These entwickeln, dass einzelne oder grundlegende Affekte, Stimmungen und Affektzustände jeweils unterschiedliche Auswirkungen sowohl auf den Patienten als auch auf den Therapeuten haben. Diese Annahme ist notwendig, um unsere Überzeugung zu beweisen, dass jede klinische Erfahrung nicht nur die Erwägung der traditionellen intrapsychischen und intersubjektiven Perspektiven erfordert, sondern auch die einer dritten Perspektive – einer Einschätzung des affektiv-kognitiven Zustands.

Obwohl wir anerkennen, dass sich das affektive Erleben in seiner Komplexität von dem, was im frühkindlichen Leben an automatischen und direkt auslösbaren Reaktionen da ist, zu den feinen Paarungen von Gefühlen, symbolischer Kognition und Beurteilung verändert, haben wir uns entschieden, unsere Benennungen affektiver Erfahrung auf der Grundlage des normalen Sprachgebrauchs von Erwachsenen vorzunehmen. Das heißt, wir verwenden Begriffe, die Patienten verwenden würden, um ihr inneres Erleben zu beschreiben und die wir verwenden würden, um die Aufmerksamkeit auf ihre und unsere eigenen affektiven Erfahrungen zu lenken. Wir haben uns dafür entschieden, keinem der verfügbaren Versuche zu folgen, zwischen Affekt, Gefühl und Emotion (Basch, 1976), angeborenen Affekten, Hilfsaffekten und affect co-assemblies (Tomkins, 1962, 1964), primitiven Affekten und abgeleiteten Emotionen und Gefühlen (Kernberg, 1992) oder Affekten in schematisierten Formen wie der Signalangst oder dem unbewussten Schuldgefühl (Freud, 1926), einem affektiven Kern (Emde, 1983), organismischer Not (Mahler, 1968) oder Urangst (Sullivan, 1953) zu unterscheiden. Wir erkennen die Validität der linear empirischen Anstrengung an, die jeder dieser Bemühungen um eine wissenschaftliche Klassifikation zugrunde liegt. Der von uns unternommene Ansatz ist von der Überzeugung geleitet, dass die affektiven Erfahrungen Erwachsener und ihre Zeichen individuell verschieden sind. Was einem Menschen beispielsweise als Schuld erscheint, würde ein anderer vielleicht eher als Scham bezeichnen. Daher sind die von uns vorgelegten Paarungen und Diagramme notwendigerweise in den Einzelheiten willkürlich. Man könnte genauso gut andere Paare und Gruppen für diejenigen wählen, die wir als Beispiele für unser Hauptziel vorstellen: die Aufmerksamkeit auf die Unterschiede zwischen einzelnen Affekten, Stimmungen und affektiv-kognitiven Zuständen zu lenken.

Affektive Erfahrungen scheinen, wie in der Aufstellung gezeigt, Paarungen von positiv und negativ oder hedonisch und anhedonisch nahe zu legen.

Zuneigung – Wut
Zufriedenheit – Neid
Stolz – Scham
Glücklich – Traurig
Mut – Angst
Moralische Integrität – Schuld
Energiegeladen – Müde
Selbstsicher – Unsicher
Kompetent – Ineffektiv

Wenn ein Patient feststellt, dass er traurig ist, dann wird dieses Gefühl wahrscheinlich von Patient und Analytiker mit glücklich gepaart – was der Patient, wie das Wort traurig impliziert, natürlich nicht ist.

Eine imaginäre Linie, die Affektneutralität repräsentiert, kann zwischen den Hauptpaaren gezogen werden (Abb. 1). Die positiven Affekte, von denen wir gewöhnlich beobachten, dass die Menschen sie erleben wollen, liegen oberhalb der Linie und diejenigen, gegen die die Menschen gewöhnlich aversiv sind, liegen darunter.

Abbildung 1:

Zuneigung – Vertrauen	Wohlwollen – Zufriedenheit	Stolz – Respekt	Mut	Optimismus – Hoffnung
Wut – Misstrauen	Neid – Eifersucht	Scham – Demütigung – Verlegenheit	Angst	Traurigkeit

Moralische Integrität	Energiegeladen – Aktiv	Selbstsicherheit	Effektivität – Kompetenz
Schuld	Müde – Passiv	Unsicherheit	Ineffektivität – Ungewissheit

Eine weitere imaginäre Linie kann über und unter der Linie, die Affektneutralität darstellt, gezogen werden, um einen Bereich kenntlich zu machen, der das Erleben einzelner Affekte und Stimmungen umfasst (Abb. 2). Die Linien oberhalb und unterhalb bezeichnen Grenzen, die folgende Affekte umfassen: weniger intensive, sich verflüchtigende und auf situationsbedingte Veränderungen reagierende (sie liegen näher an der neutralen Linie); aber auch intensivere, länger andauernde und der situationsbedingten Veränderung von Augenblick zu Augenblick gegenüber beständigere (sie liegen weiter von der neutralen Linie entfernt). Die von der neutralen Linie entfernt liegenden affektiven Erfahrungen und Stimmungen werden häufig vom Temperament beeinflusst (z. B. Schüchternheit und die Anfälligkeit für Schamgefühle) und oft als Identifikationsaspekt des Charakters oder der Persönlichkeit betrachtet.

Abbildung 2:

Linie Affekt
bis Stimmung
          Intensiver, länger andauernd, beständiger
                    Positive Affekte
Neutrale
Linie
          Weniger intensiv, flüchtiger, situationsbezogen
          Weniger intensiv, flüchtiger, situationsbezogen
                    Negative Affekte
Linie Affekt
bis Stimmung   Intensiver, länger andauernd, beständiger

Abbildung 3:

Zustand	Idealisierung von Begeisterung	Unerschütterliche Selbstzufriedenheit Zwanghaftes Wohlwollen	Idealisierung von Selbstperfektion
Affekt-Stimmung	Liebe Vertrauen Zuneigung	Zufriedenheit Großzügigkeit	Stolz – Respekt
Neutral			
Affekt-Stimmung	Ärger Misstrauen	Neid Eifersucht	Scham – Demütigung Verlegenheit
Zustand	Zorn – Argwohn Hass Rachsüchtig	Vorsätzliche Boshaftigkeit Unversöhnliche Unzufriedenheit	Schamzustand – Vermeidung Heimlichtuerisch
Rücksichtslose Hemmungslosigkeit		Hochstimmung	Selbstgerechter Hochmut Moralische Überlegenheit
Vertrauen Mut		Optimismus – Hoffnung	Moralische Integrität
Angst Sorge		Traurigkeit	Schuld
Entsetzen Panik		Pessimistisch Depressiv Selbst-bemitleidend	Bitterkeit
Ausgelassen – agitiert		Arroganz – Grandiosität	Allwissenheit – Allmacht
Energiegeladen – aktiv		Selbstsicherheit	Effektivität – Kompetenz
Müde – passiv		Unsicherheit	Ineffektiv – ungewiss
Energielos Apathisch		Demoralisierung Hilflosigkeit Opferrolle	Unfähigkeit – Unzulänglichkeit

Während des therapeutischen Austauschs sind die Gefühle sowohl des Analytikers als auch des Analysanden innerhalb der Linien Affekt bis Stimmung bewusst oder dem Bewusstsein relativ zugänglich. Wenn ein Affekt wegen Aversivität dem Bewusstsein verschlossen ist – z. B., Wut wird unterdrückt oder leicht verdrängt wegen Scham, wird das Erkennen der Scham und ihres

Zwecks sowohl die Scham als auch die Wut bewusst erlebbar machen. Emotionen innerhalb der Linien Affekt bis Stimmung sind relativ leicht zugänglich für freie Assoziation, reflexive Bewusstheit und sich erweiternde Einsicht. Jene affektiven Erfahrungen, die außerhalb dieser Linien liegen, jene, die *Zustands*veränderungen darstellen, bedeuten für die analytische Arbeit eine größere Herausforderung (Abb. 3).

Welche Reaktionen des Analytikers werden durch einzelne Affekte, Stimmungen und Affektzustände hervorgerufen?

Jene affektiven Erfahrungen oberhalb der neutralen Linie – Zuneigung, Zufriedenheit, Stolz, Mut, Optimismus, moralische Integrität, Energie, Selbstsicherheit, Effektivität – vermitteln dem Patienten im Allgemeinen ein Gefühl der Sicherheit, dem Analytiker die eigenen Gedanken erzählen zu können. Dementsprechend führen Misstrauen, Neid, Scham, Angst, Traurigkeit, Schuld, Passivität, Unsicherheit und Unfähigkeit im Allgemeinen zu Zurückhaltung bei der Selbstenthüllung. Da einzelne Affekte und Stimmungen relativ kontextabhängig und für Selbstreflexion zugänglich sind, ist ihre Angemessenheit gegenüber den gegenwärtigen Bedingungen oft leicht einschätzbar.

Eine einfache bestärkende Antwort wird dem Patienten wahrscheinlich eine Bestätigung durch einen positiven Affekt oder eine positive Stimmung liefern. Negative Affekte und Stimmungen können als angemessene Reaktion auf ihren Auslöser durch Interesse und Nachfragen des Analytikers bestärkt werden (Abb. 4).

Abbildung 4:

Affekt und Stimmung positiv	Sicherheit	Nachweisbar in Übereinstimmung mit dem Kontext
Affekt und Stimmung negativ	Zurückhaltung	

Die Art der Erwartung, die zu einzelnen entweder positiven oder negativen Affekten oder Stimmungen führt, kann dann relativ leicht ins Bewusstsein gebracht werden, wobei die Übertragungskonfigurationen unterschiedliche Intensität und Dauer enthüllen. Erfahrungsgemäß tragen intensive Affektzustände gleichermaßen eine Empfindung von Sicherheit oder Schutz in sich. Begeisterung, unerschütterliche Selbstzufriedenheit, Selbsterhöhung gegenüber der eigenen Person, selbstbezogene Hemmungslosigkeit, Hochstimmung, Hochmut, wilde Ausgelassenheit, Grandiosität und Allmachtsgefühle tragen den Patienten in Gedanken und Verhaltensweisen dahin, wo er weder Rat sucht noch Fragen hat. Die Sicherheit wird als abhängig vom Erhalt des Zustands erlebt. Interventionen, die darauf abzielen, die erhöhten oder gefährlichen Aspekte des Zustands zurückzunehmen, setzen den Analytiker der Situation aus, statt des Zustands selbst als die Gefahr angesehen zu werden. Andauernd und/oder intensiv vorhandene Gefühle von Misstrauen, Hass, unversöhnlicher Unzufriedenheit, demütigender Scham, Entsetzen, Depression, Selbstmitleid, Bitterkeit, Apathie und Opfersein sowie Unzulänglichkeitsgefühle tendieren zu einer Schutzhaltung als Grundorientierung. Nach ihrer Berechtigung zu fragen oder gar nach ihrer Ursache zu forschen, birgt für den Analytiker oft das Risiko, in die Aversivität, was auch immer deren Herkunft sein mag, einbezogen zu werden.

Die Affektzustände, die ein Gefühl der Sicherheit und jene, die ein Gefühl der Reserviertheit vermitteln, sind paradoxerweise ähnlich insofern, als beide eine Quelle des Widerstands gegen Untersuchung und Veränderung darstellen. Der Patient, der einen Zustand der Begeisterung, Überidealisierung und verschiedener Formen der Selbstüberhöhung erlebt, wird überaus ungern das temporäre Sicherheitsgefühl, das er empfindet, reflektieren, untersuchen oder verlieren wollen. Es wurde darüber nachgedacht, ob diese Zustände, die oft als »Grandiosität« zusammengefasst werden, eine Abwehrhaltung oder die Folge von Defiziten sind. Wir finden, dass die klinisch relevante Tatsache hinsichtlich dieser Zustände die ist, dass ihre Ursprünge gewöhnlich in einer Kombination von zunächst schwierigen oder traumatischen Erfahrungen liegen, dass Konflikte unweigerlich eine Rolle in ihrer Entwicklung spielen und dass jeder Fall eigens interpretiert werden muss. Der Widerwille, sich zu verändern, ist inhärent. Wenn der Analytiker die beharrlichen Bemühungen des Patienten nicht als Wahrung des Sicherheitsgefühls erkennt, wird dies vom Patienten also wahrscheinlich als empathisches Versagen erlebt. Das wahrgenommene empathische Versagen führt seinerseits zu einer gesteigerten Abwehrhaltung – die nun ihrem Ursprung nach iatrogen ist – und oft zu einem Wechsel in einen aversiven Zustand. Um das Paradox zu vervollständigen, klammern sich manche Menschen an aversive Zustände wie Wut, Demütigung, Phobie, Kraftlosigkeit, hilflose Abhängigkeit, Selbstmitleid und Unfähigkeit mit der Verzweiflung eines Menschen, der sich an seinen letzten Zipfel Sicherheit klammert. Diese Zustände sind in der Tat dystonisch und aversiv, doch betrachtet der Patient sie als vertraut, als einen Aspekt der Identität und als wirksamen Schutz gegen eine neue Erfahrung von Hoffnung, Enttäuschung und Versagen. Der Analytiker kann helfen, indem er die Motivation versteht, sich an den Zustand zu klammern und indem er zur Beruhigung während des Zustands beim Patienten bleibt (Affekt-containment). Die »Realität« der Aversivität zu hinterfragen und die Ernsthaftigkeit des gegenwärtigen Kontexts durch eine Vermutung der »wirklichen« Quelle in der Vergangenheit herabzusetzen, wird oft als empathisches Versagen erlebt und bestätigt das Bedürfnis des Patienten nach Schutzhaltung.

Lineare und nichtlineare Aspekte der affektiven Erfahrung während des therapeutischen Gesprächs

Bisher haben wir einzelne Affekte, Stimmungen und Zustände als in linearer Weise von der Aktion zur Reaktion führend beschrieben: Der Analytiker vergisst etwas, das der Patient gesagt hat. Der Patient fühlt sich verletzt und wird wütend. Der Analytiker erkennt den Fehler und die Reaktion, die er damit ausgelöst hat, an. Das vertrauensvoll-herzliche Gefühl des Patienten ist wiederhergestellt. Oder der Patient bringt ein Ereignis zur Sprache, dessen er sich schämt. Der Analytiker führt, im Bemühen ein Muster kenntlich zu machen, mehrere Beispiele auf, einschließlich solcher aus dem therapeutischen Gespräch. Der Patient glaubt, vor Scham zu versinken und fühlt sich gedemütigt. Er kann die Absicht des Therapeuten nicht verstehen und erlangt momentan keinerlei Einsicht – nur Elend, aus dem er entkommen möchte. Wenn der Analytiker die Störung und seinen Anteil daran anerkennt, mag das die Intensität der Schamzustands-Reaktion begrenzen. Dennoch kann der Patient auf Tage hinaus eine vermeidende und heimlichtuerische Haltung einnehmen, während die beharrliche Anwesenheit des Analytikers mithilft, die Demütigung abklingen zu lassen. Diese linearen Beschreibungen der Abfolgen von Unterbrechung-Wiederherstellung liefern hervorragende Leitlinien für den Analytiker, um allgemeine Behandlungserfahrungen zu verstehen. Man kann damit jedoch weder den *Qualitäten* der affektiven Erfahrung gerecht werden noch der subtilen *dyadisch* affektiven *Kommunikation* (Beebe, Jaffe und Lachmann, 1992), die von Augenblick zu Augenblick zwischen Partnern stattfindet, die eine intime Vertrautheit miteinander teilen (Analytiker-Analysand, Bezugsperson-Kind, Ehefrau-Ehemann). »Mutter und Kind konstruieren gemeinsam die Regeln des Aushandelns sozialer Bezogenheit. Diese Regeln lenken das Management der Aufmerksamkeit, des Sich-abwechselns, des Teilnehmens am Gespräch und des Teilens der Affekte« (S. 73). Wenn die späteren Dyaden von Ehefrau-Ehemann und Analytiker-Analysand aufgebaut werden, beginnt jeder Partner die Gefühle, Gedanken und Gesprächseröffnungen des anderen zu erwarten und vorauszusehen. Das führt zu der vertrauten Empfindung, die Sätze des anderen beenden zu können, kaum dass sie begonnen wurden.

Soweit haben wir von affektiven Erfahrungen als einzelnen Entitäten gesprochen, für die es in jeder Kultur einen sprachlichen Begriff gibt. Jede affektive Erfahrung umfasst ein Gefühl, einen physiognomischen Ausdruck und oft eine autonome Reaktion des Nervensystems. Affektive Erfahrungen gehen nicht einfach an und aus wie eine Glühbirne, sie haben Qualitäten, die Stern (1985) als Crescendo und Decrescendo, Aufwallen und Verebben, Ausbrechen und Verblassen, als explosiv und in die Länge gezogen beschrieben hat. Diese Bewegungen verstärken die Aktivierung der gesamten Selbsterfahrung, die sich mit der Emotion deckt, d. h., das Ansteigen und Abfallen der Emotionen schafft eine Empfindung der Vitalisierung, wenn sie gebraucht wird, oder des Beruhigens und Besänftigens, wenn das gebraucht wird. Das Ergebnis ist eine Empfindung von Lebendigkeit und Kohäsion des Selbst. Stern machte eine weitere Entdeckung, die der therapeutischen Situation ein wichtiges natürliches Ergebnis hinzufügt. Wenn die Bezugspersonen auf die Aktivitäten von Babys eingestimmt waren, reagierten die Babys, scheinbar unbewusst, mit einer Zunahme ihrer Emotion. In der Psychoanalyse wird die Empfindung von Lebendigkeit, sowohl persönlich als auch im gemeinsamen Untersuchungsziel, gesteigert, wenn der Patient die empathische Wahrnehmung des Analytikers und oft auch sein Eingestimmtsein erfährt. Die Neuschaffung dieser Erfahrung von Lebendigkeit und Kohäsion – worauf wir uns mit Selbstobjekt-Erfahrung bezogen haben (Lichtenberg, Lachmann und Fosshage, 1992) – wird dann sowohl für den Patienten als auch für den Analytiker selbst zum Ziel. Nancy beispielsweise hatte in der mittleren Phase ihrer Analyse aus Scham, ihre Zuneigung zu ihrem Analytiker zu erleben und auszudrücken, Widerstand entwickelt. Während sie mit ihren Gefühlen kämpfte, d. h. mit der allmählichen Erkenntnis der Scham und der Zuneigung, hatten die Sitzungen eine gedämpfte, schleppende Qualität, wobei Nancy wieder ein gewisses Maß an Vitalität erreichte, indem sie den Fokus auf die Bereiche Arbeit und Studium verlegte. Dann konnten sie und ihr Analytiker in einigen aufeinander folgenden Stunden einen Traum interpretieren und eine Modellszene konstruieren, die gegenwärtige und frühere Erwartungen beinhaltete: Man würde sie als töricht betrachten, wenn sie in einen Mann verliebt wäre, der zu überheblich oder gefühllos ist, ihre wachsende Zuneigung überhaupt zu bemerken. Als sie ihre Demütigung über die erwartete Zurückweisung erlebte und ausdrückte, wurde ihre Stimme lebhaft und ihr Leiden greifbar. Die Antworten des Analytikers erhielten eine sich beschleunigende Reagibilität, um die Intensität (die aufwallende Natur) ihrer Gefühle anzuerkennen und zu bestätigen. Herausfordernd rief sie aus, sie würde wieder riskieren, ihre Liebe und Zuneigung zu ihm zu empfinden, und drückte auch ihre Wut auf ihn wegen seiner Unerreichbarkeit aus. In diesen Stunden gaben die Offenheit für ihre Gefühle, der Wechsel von Ausbrechen und Verblassen, von explosiver Herausforderung zu einem eher verhaltenen Ausdruck von Zuneigung sowohl Nancy als auch dem Analytiker ein Gefühl individueller und gemeinsamer Vitalität.

Patienten, die ihre Affekte und Stimmungen, positive wie negative, umfassender erleben können, gewinnen ein Gefühl der Selbst-Authentizität, empfinden, mit ihren Bedürfnissen, Wünschen und Sehnsüchten in Berührung zu sein und dadurch eine gesteigerte Kohäsion zu gewinnen. Der Analytiker, der die affektive Fülle seines Patienten, seines Crescendo und Decrescendo, empathisch wahrnimmt, gewinnt das Gefühl, intersubjektiv betroffen und beteiligt zu sein an einem vitalisierten und vitalisierenden Erlebnis und dadurch an einer gesteigerten Kohäsion. Die Aufgabe des Analytikers, dem Patienten erfolgreich zu helfen, seine Bewusstheit und seinen Ausdruck positiver und negativer Emotionen innerhalb des einzelnen Affekts und des Stimmungsbereichs zu erweitern, ist verbunden mit sensiblem Zuhören und einem Grad des Betroffenseins, auf den er sich leicht einlassen und von dem er sich wieder zurückziehen kann, mit einem Moment des Eingestimmtseins und einem Moment einer eher konzeptionellen Bewusstheit.
Die Einstimmung des einen Menschen auf den Affekt eines anderen ist niemals exakt. Mütter können die rhythmischen Affektreaktionen ihrer Babys erfassen, und sie beschleunigen oder verlangsamen das Tempo und den Fluss ein wenig in Übereinstimmung mit einer intuitiven Wahrnehmung ihrer beiderseitigen Bedürfnisse. Die sorgfältige Beobachtung der Analytikerreaktionen in gelungenen Augenblicken empathischen Wahrnehmens zeigt, dass sich die Sprache und die körperliche Aktivität des Analytikers dem Aufwallen und Schwinden der Affekte des Patienten annähern. Eine sorgfältige Beobachtung enthüllt ebenfalls, dass der Analytiker für einen aufgeregten Patienten einen beruhigenden Ton und für einen gedrückten Patienten als intuitive Ermunterung einen lebhafteren Ton anschlagen wird.

Der affektiv-kognitive Balanceakt des Analytikers: affektive Erfahrungen als Auslöser für Rolleninszenierungen

Jeder einzelne Affekt und jede Stimmung geben die Gelegenheit zur Einstimmung, aber darüber hinaus üben sie eine evokative Kraft auf den Analytiker aus, den Patienten direkter zu beteiligen – z. B., auf Wut mit Wut zu reagieren, oder auf Überheblichkeit oder Neid mit Kritik zu reagieren, oder auf Traurigkeit mit Mitgefühl. Die möglichen Reaktionen eines jeden auf die Emotionen eines anderen sind vielfältig. Wenn der Patient bewusst und unbewusst in eine Richtung zieht, wird der Analytiker seinen eigenen momentanen oder charaktertypischen Neigungen entsprechend entweder dem Vorstoß des Patienten folgen oder in eine von vielen anderen möglichen Richtungen ziehen. Im Vergleich zu der relativen Leichtigkeit, mit der der Analytiker ein empathisch eingestimmter Zuhörer für die auftauchenden einzelnen Affekte und Stimmungen seines Patienten bleiben kann, drängen die intensiven Affekt*zustände* den Analytiker zu einem stärkeren Engagement. Oft nimmt das Engagement die Form der Reaktion mit einer speziellen affektiven Rolle an, die zu spielen der Patient vom Analytiker erwartet. Der hingerissene Patient möchte nicht, dass der Analytiker interveniert, um ihm die eigenen Affekte modulieren oder die aufgebauten Illusionen erkennen zu helfen. Vielmehr fordert der Patient in einem Zustand des Hingerissenseins die Teilnahme des Analytikers an der Erfahrung, entweder als des Geliebten – des Objekts der hinreißenden Bindung – oder als Förderer, Ermutiger, Mitgläubiger an das Ziel, wenn der Geliebte ein anderer ist. Der auf den Analytiker ausgeübte Sog strebt zum Betroffensein, nicht zum Zuhören und Interpretieren: sei es, tu es, reagiere, gestehe, gib zu, widersetze dich – kurz, die Intensität zu erhöhen und sich an dem Zustand irgendwie, in irgendeiner Weise zu beteiligen. Die Sichtweise des Patienten, wie ein Gefühl der Lebendigkeit oder Kohäsion – wie maladaptiv oder instabil auch immer – zu erlangen oder zu bewahren sei, will den Analytiker in einer Rolle reagieren sehen, die mit seinem, des Patienten, Affektzustand harmoniert oder ihm komplementär entgegengesetzt ist. Angesichts des Drucks, der von der Erwartung des Patienten ausgeht, wird von dem Analytiker ein schwieriger emotionaler, affektiv-kognitiver Balanceakt verlangt. Der Analytiker muss emotional genügend involviert sein, um zu erleben, welche konkordante oder komplementäre Reaktion der Inszenierungsdruck hervorruft – Wut, Ärger, Mitgefühl, Eifersucht, Langeweile, sexuelle Erregung, Schläfrigkeit etc. (Racker, 1968).

Gelegentlich reagiert der Analytiker vielleicht auch mit einer Unmittelbarkeit, die beide Beteiligten überrascht. Ein Patient, der als Kind emotional missbraucht worden war, berichtete, wie er manchmal seinen Sohn hochhob und in angsterregender Weise schüttelte, wenn ihn dessen Provokationen überwältigten. Lang hatte der Analytiker mit seiner Ungeduld und Frustration gekämpft, während die intensiven Scham- und Schuldgefühle des Patienten bei diesem sofortiges Abtauchen zuerst in Pseudotaubheit und dann in Schlaf auslösten, was es unmöglich machte, die Episoden überhaupt zu besprechen. Dann, nachdem er seine Abneigung, über die Übergriffe nachzudenken, besser verstanden hatte, begann er die Schwierigkeiten zuzugeben und damit zu arbeiten. Dabei wechselte er hin und her zwischen selbst erlebter Misshandlung in der Kindheit durch seine Eltern und seinen gegenwärtigen Zornesausbrüchen. Für ihn war das Schütteln seines Sohns wie das verzweifelte Rütteln an den Stangen seines Kinderbetts, um seine schlafende, depressive Mutter dazu zu bringen, zu ihm zu kommen. Als die letzte Stunde der Woche dem Ende zu ging, murmelte der Analytiker vor sich hin, dass es ihm, obwohl er den Patienten für einen im Grunde fürsorglichen und umgänglichen Menschen hielt, manchmal schwer fiel, ihm freundliche Gefühle entgegenzubringen. In einem selten geäußerten Zustand der Verzweiflung sagte der Patient zum Analytiker, indem er diesen mit Namen ansprach: »Aber was soll ich denn tun?« Der Therapeut antwortete ohne nachzudenken mit einer Mischung aus Ärger, autoritärer Direktheit und Flehen: »Seien Sie sein Freund.« Die Stunde endete damit, dass der verdutzte Patient vor dem gleichermaßen verdutzten Analytiker stand, ihn anschaute und sagte: »Ach, das sollte ich tun. Ihm ein Freund sein.« Dieser Satz wurde auf Monate hinaus ein zentrales Motiv für Assoziationen.

In diesem Fall war der Analytiker emotional sowohl von der Frustration/Wut des Patienten als auch von dem Patienten als »misshandeltem Kind« betroffen. Das misshandelte Kind war sowohl der Patient als auch dessen Sohn. Zwei Modellszenen strukturierten die Konfigurationen der Übertragungs-Gegenübertragungs-Inszenierungen, die in den Sitzungen stattfanden. Die eine bezog sich auf die Erfahrung des vernachlässigten Kindes im Kinderbettchen, das verzweifelt die Aufmerksamkeit der Mutter zu erregen suchte. Die andere bezog sich auf den organisch schwerhörigen Vater, der die Ohren vor der Not seines Sohnes verschloss. Die Übertragung wiederholte die ursprünglichen Mutter-Sohn- und Vater-Sohn-Interaktionen, doch war der Analytiker in der Position, frustriert, entmutigt und/oder zornig zu sein, als der Patient zuerst »taub« wurde und dann einschlief. Das heißt, der Analytiker wurde zu dem emotionalen Zustand eines verzweifelten Kindes hingezogen, dem es nicht gelang, die Aufmerksamkeit eines tauben Vaters und einer schlafenden Mutter auf sich zu ziehen. Der Wandel in der Behandlung trat auf, als es der Patient nach beträchtlicher analytischer Arbeit zulassen konnte, zwischen zwei Zuständen der Scham und Schuld hin und her zu wechseln, nämlich dem, ein intoleranter Misshandler und dem, ein hilfloses, im Stich gelassenes, misshandeltes Kind zu sein. Ein Wechsel im Zustand des Patienten von »taub« und schlafend (wie seine Eltern) zu frustriert und misshandelt (wie er sich als Kind fühlte), befähigte den Analytiker, mit dem Patienten als misshandeltem Kind in Verbindung zu treten. Der Wandel trat ein, weil der Patient nun die Erinnerung daran zulassen konnte, wie er sowohl als Opfer als auch als Täter frustriert, wütend und verzagt war. Zuvor hatte der Therapeut – wenn der Patient sich in Taubheit und Schlaf geflüchtet hatte – mit den schmerzvollen Erfahrungen der Frustration und Enttäuschung seiner Bemühungen, die Analyse durch Exploration oder auch nachdenkliche Erwägung der Ereignisse voranzubringen, fertig werden müssen. Das einzig mögliche Ziel für beide bestand im Wiedererwecken der Motivation des Patienten, die eingeschränkt war und damit seinem Wunsch entgegenstand, wieder Ruhe zu finden und in einen wachen Kontaktzustand zurückgeführt zu werden.

Mit der Frage: »Was soll ich denn tun?« gab der Patient nicht nur die Wiederherstellung des Kontakts zu erkennen, sondern auch einen Wandel von hilfloser Verzagtheit zu der Überzeugung, dass etwas getan werden *konnte*. Die Antwort des Analytikers: »Seien

Sie sein Freund«, spiegelte die Anerkennung des Analytikers auf der Grundlage seiner eigenen positiven Verbindung zu dem Patienten wider, dass dieser ein zu freundlicher Bindung fähiger Mensch und nicht auf einen Täter-Opfer-Austausch beschränkt sei.

Indem der Patient die Frage stellte, hatte er seine pessimistische Überzeugung überwunden, dass er dazu verdammt war, die eine oder andere Seite der aversiven Beziehung zwischen ihm und seinen nicht verfügbaren, nicht spiegelnden Eltern zu erleben und konnte seine Scham, seine Frustration und die Misshandlung seines Sohns eingestehen und annehmen. Die spontane Antwort des Analytikers enthielt, was das misshandelte Kind im Patienten von seinen Eltern brauchte, was der Sohn des Patienten von seinem Vater brauchte, aber auch, das ist das Allerwichtigste, die Freundlichkeit, die der »kämpfende« Analytiker für den Patienten und sich selbst (ebenso wie den Sohn des Patienten) nach dem Erfolg, den sie nun nach vielen entmutigenden, gestörten therapeutischen Gesprächen hatten, für möglich hielt.

In anderen Fällen ist die Reaktion des Analytikers auf einen intensiven Affektzustand des Patienten wohl heftig, aber beherrscht. Eine junge Frau in den ersten Behandlungsmonaten weinte hysterisch wegen eines Ereignisses, das zwar unbedeutend, für sie aber dennoch äußerst quälend war. Der Analytiker bemerkte zu seiner eigenen Bestürzung, dass er ein sadistisches Lachen unterdrückte. Als er zu diesem Affekt assoziierte, erinnerte er sich, wie die Patientin erwähnt hatte, dass sie von ihrer Familie oft provoziert und geneckt werde. Der Analytiker erinnerte sich auch, wie er mit anderen zusammen eine Mitschülerin grausam geneckt hatte und wie leid es ihm später getan hatte zu erfahren, dass die junge Frau psychisch erkrankt war. Der Analytiker gewann die Fassung zurück und machte dem Kummer der Patientin angemessen einfühlsame Bemerkungen, auf die die Patientin wenig Reaktion zeigte. Als die Stunde dem Ende zu ging, äußerte die Patientin zur gleichen Zeit Bedenken hinsichtlich der Behandlung, als der Analytiker sich fragte, ob diese sich langsam entwickelnde Behandlung in Fahrt kommen würde. Der Therapeut bestätigte die Zweifel der Patientin, sagte, auch er suche nach möglichen Ursachen für Probleme zwischen ihnen und fragte, ob sie irgendein Gefühl habe, was stören könnte. Nach kurzem Zögern erklärte sie, sie glaube, das

Problem sei ihre Angst, sich lächerlich zu machen. Der Analytiker spürte, wie energiegeladen ihre emotionale Reagibilität in der Form einer inszenierten komplementären dyadischen Kommunikation zwischen sadistischem Spötter und provozierendem Opfer gewesen war. In der Folge wurde der Therapeut optimistischer hinsichtlich ihrer beider Fähigkeit, aufeinander und miteinander reagieren und eine erfolgreiche Behandlung durchführen zu können. Die nächsten Stunden waren der Erforschung ihrer Angst vor Spott in gegenwärtigen und vergangenen Erfahrungen gewidmet, woraus eine Zunahme an Offenheit im emotionalen Ausdruck während der Sitzungen erwuchs.

Beide Beispiele demonstrieren die Offenheit des Analytikers für spontane Rollen-Reagibilität und affektiven Ausdruck. Jede dieser Analytikerreaktionen half, die Behandlung voranzubringen, jede auf eine andere Art und Weise. Das insgeheime sadistische Lachen ließ den Analytiker eine komplementär affektive Reaktion erkennen und half ihm, ein Stückchen früherer Lebenserfahrung der Patientin und seiner selbst zu identifizieren, die in diesem Augenblick neu geschaffen wurde. Der Analytiker beschränkte seine Reaktion auf seinen inneren Dialog. Seiner Einschätzung nach war die Arbeitsallianz noch nicht bereit für die Mitteilung derartiger Informationen.

Bei dem männlichen Patienten war die Situation eine ganz andere. Patient und Analytiker hatten bereits lang zusammengearbeitet und umfassende Informationen ausgetauscht. Obwohl die gegenseitige Offenheit zeitweilig völlig ausfiel, was sich in der Blockierung der Selbstreflexionsfähigkeit des Patienten ausdrückte, war der Boden durch viele Erlebnisse einer gemeinsamen Erweiterung des Bewusstseins für eine erfolgreiche Intervention bereitet. In einer Hinsicht machte dieser Hintergrund die Spontaneität des Analytikers möglich und »sicher«, in anderer Hinsicht machte der Hintergrund von Frustration und Sorge um den Patienten, seinen Sohn und das eigene Wirksamkeitsstreben den Affektzustand, schmerzvoll in einer Sackgasse zu stecken, unerträglich. Ein Gefühl der Notwendigkeit gab den Antrieb für ein diszipliniert spontanes Engagement, doch war der Erfolg durch die solide intersubjektive affektive Verbindung vorbereitet, in welcher der Austausch stattfand.

Affektive Zustände, die Patient und Analytiker eher zu einer Handlung denn zur Exploration drängen, treten häufig unter einigen voraussagbaren Umständen auf. Im 6. Kapitel stellen wir ein Beispiel aus Nancys Analyse vor, in dem die Wut des Analytikers über Nancys Passivität und Rationalisierungen in Reaktion auf die beleidigende Behandlung durch ihre Tante ihn zum Agieren veranlasste. Der Analytiker benannte die Forderung der Patientin nach besserer Behandlung statt ihr Versagen zu analysieren. In diesem Fall war zu bestätigen, dass sie mit Recht mehr von ihrer Familie erwarten konnte. Dies wurde nicht als Tadel oder Ermutigung zur Abhängigkeit vom Analytiker erlebt, doch muss uns klar sein, dass der Ausgang nicht vorhersagbar ist, wenn wir in eine derartige Interaktion geraten. Doch wie die Reaktion auch sein mag, sie kann Material für eine weitere Exploration liefern.

Manche Affektzustände können sich heimlich entwickeln, indem sie sich aufbauen, wenn Themen, Motive und Gefühle unerkannt bleiben oder ihre Bedeutung nicht richtig eingeschätzt wird. In anderen Fällen kann ein Affektzustand durch eine Krise wie Scheidung, Krankheit (Schwartz und Silver, 1990), Arbeitsplatzverlust oder eine nicht eintretende erwartete Beförderung, Tod oder der Verlust eines ungeborenen Kindes (Lazar, 1990; Gerson, 1994) im Leben des Patienten oder des Analytikers ausgelöst werden. Manche Patienten mit Borderline-Störungen, besonders jene, die zu irgendeinem Zeitpunkt ihres Lebens ein tief greifendes Trauma erlitten hatten, sind manchmal unfähig, einen illusorischen Raum ohne Verlust des Authentizitätsgefühls im therapeutischen Austausch zu tolerieren. Diese Patienten fordern vielleicht, dass der Analytiker direkter auf ihre unerträglichen, extrem belastenden Affektzustände reagiert. Was auch immer der Ursprung eines Affektzustands sein mag (ein Versagen des Analytikers, die affektiven Bedürfnisse des Patienten oder seiner selbst zu erkennen, durch eine Krise ausgelöste veränderte Selbstzustände oder die Folge einer schweren pathologischen Übertragungserwartung), ein zentrales Merkmal ist immer, dass die Wirkung im intersubjektiven Bereich als Drang nach intensivierteren direkten Reaktionen erlebt wird. Die gewöhnlichen Haltungen des Analytikers zum Patienten und die des Patienten zum Analytiker sind schwieriger aufrechtzuerhalten, und häufig neigen beide Seiten zu gesteigerter Selbstenthüllung. In einer tragfähigen Behandlungssituation, in der exploratorisch-assertive Motive zeitweilig dominant sind, können sich Interaktionen und Selbstenthüllungen oft als förderlich erweisen.

Normalerweise verliert der Analytiker nicht das Gleichgewicht, wenn er während seines Balanceakts unterschiedlich starkes direktes emotionales Engagement zeigt. Wir wissen, dass diese Engagement den Analytiker über den Bereich des Fühlens hinaus zu Handlungen führen kann wie Termine vergessen, zwei Patienten zur selben Zeit einbestellen, Fehler bei der Rechnungsstellung machen und Ähnlichem. Während Reaktionen dieser Art den intersubjektiven Austausch unvermeidlich trüben, kann der Ursprung der jeweiligen Handlung speziell auf die Einstellungen und Gefühle des Analytikers bezüglich eines bestimmten Patienten zurückgeführt werden. Es kann aber auch an einer Reaktion auf die Gefühle des Analytikers hinsichtlich seiner Praxis insgesamt, seiner Finanzlage oder einer anderen, temporär ablenkenden Aversion liegen. Um das Gleichgewicht wiederzuerlangen, muss sich der Analytiker in jedem Fall fragen, welchen Affektzustand er nicht erkannt oder nicht in direkter Weise erlebt hat. Wenn dieser Affektzustand direkte Auswirkungen auf den therapeutischen Austausch mit dem Patienten hat, muss der Analytiker durch eine empathische Wahrnehmungsweise (Extro- und Introspektion) die Anzeichen für einen unerkannten, auslösenden Sog zu einer Reaktion wie Mitleid, sexuelle Erregung, Angriff, mangelnde Einstimmung und Ausschluss erkennen. Der Verlust des Gleichgewichts wird offensichtlich, wenn Handlungen des Analytikers außerhalb einer beruflich akzeptablen Verhaltensweise liegen, und ist weniger offensichtlich, wenn der Analytiker den empathischen Wahrnehmungsmodus zuerst bei sich selbst und dann beim Patienten nicht wiederherstellen kann. Eine weitere Gefahr für den Analytiker liegt darin, die nicht näher untersuchte Vermutung anzustellen, dass das, was er fühlt oder tut, einzig und allein die direkte Verstrickung in eine Rolle oder eine Falle, die der Patient ihm bewusst oder unbewusst gestellt hat, widerspiegelt.

Ein Schwanken in die andere Richtung lässt den Analytiker dazu neigen, seine eigene affektive Beteiligung einzuschränken, um so dicht wie möglich an der neutralen Linie zu bleiben. Er wird zu dem stummen, distanzierten, kalten, »unbefriedigenden« Analytiker, wie er so oft als der »klassische« Analytiker der fünfziger und sechziger Jahre karrikiert und von Stone (1961) kritisiert wurde. Obwohl die Argumente oft um korrekte oder inkorrekte Interpretationen dessen kreisen, was durch Neutralität und Abstinenz beabsichtigt war, lag das Hauptresultat im behinderten affektiven Engagement zwischen Patient und Analytiker, was zu den Misserfolgen jener Zeit führte. Auseinandersetzungen darüber, ob der Patient ein optimales Frustrationsniveau benötige, um motiviert zu sein oder optimale Einstimmung, um Defizite auszugleichen, verfehlten den Punkt, dass ein exploratorisch-assertives motivationales System zur Erforschung intersubjektiver Erfahrungen potenziell immer verfügbar ist – doch können Steifheit und Starre des Analytikers die Entwicklung des benötigten affektiven Engagements ausschließen. Die Neigung des Balanceakts hin zu einem affektiv verarmten therapeutischen Austausch kann so subtil sein, dass er erst nach dem Absturz – einer Unterbrechung oder einem Abbruch der Analyse – erkannt wird.

Affektive Erfahrungen, die für die fünf motivationalen Systeme charakteristisch sind

Bisher haben wir uns einzelnen Affekten, Stimmungen und Affektzuständen phänomenologisch genähert, und auch der Art, wie wir mit unseren eigenen Stimmungen und Affekten und denen des Patienten während der Behandlung arbeiten. Wir haben neun Gegensatzpaare als Beispiele angeführt. Die Liste könnte jedoch um ein Vielfaches umfangreicher sein. Wo liegen die Grenzen des Modells, das wir für affektive Erfahrungen ober- und unterhalb einer neutralen Linie verwendet haben? Zur Untersuchung dieser Frage wenden wir uns erneut den fünf motivationalen Systemen zu.
Die wichtigste affektive Erfahrung im Bindungssystem ist das Gefühl von Intimität. Dieses Gefühl entsteht in der dyadischen Beziehung zur Mutter und zum Vater (und zu jeder anderen engen Bezugsperson oder einem Heimtier) sowie, in komplexeren Formen, in triadischen Beziehungen, in denen wechselnde Wünsche und Rivalität die Intimität beleben. Somit sind Zuneigung, Ver-

trauen, Liebe, Zufriedenheit, Großzügigkeit, Stolz, Respekt, Mut, Optimismus und moralische Integrität affektive Erfahrungen, die im Verlauf positiver Bindungserfahrungen entstehen. Ebenso würzen und intensivieren Momente des Zorns, Zweifels, Neids, der Eifersucht, Angst, Scham und Schuld eine Bindungserfahrung. Gefühle von Effizienz und Kompetenz sind für das exploratorisch-assertive motivationale System von zentraler Bedeutung. Die gesamte Gruppe negativer Affekte, Stimmungen und Zustände sind Erfahrungen, die eine Dominanz des aversiven motivationalen Systems in einzelnen oder kombinierten Formen von Antagonismus und Rückzug widerspiegeln. Energiegeladen und selbstsicher zu sein spiegelt eher den Zustand des Selbst als den eines Systems wider.

Die mit den Systemen assoziierten affektiven Erfahrungen, welche auf dem Bedürfnis nach der Regulation physiologischer Erfordernisse basieren, und das Bedürfnis nach sinnlichem Vergnügen und sexueller Erregung unterscheiden sich in mancher Hinsicht von den von uns vorgestellten Mustern (Abb. 1, 2 und 3). Die affektiven Erfahrungen in diesen beiden Systemen umfassen in weit umfangreicherem Ausmaß vom Körper ausgehende Empfindungen in Mustern, die den Stempel des Rhythmus körperlicher Bedürfnisse und hormoneller Spannungen tragen.

Wir haben physiologische Erfordernisse beschrieben (Lichtenberg, 1989), die das ganze Leben hindurch der psychischen Regulierung unterliegen: Nahrungsaufnahme, Ausscheidung, Atmung, taktile und propriozeptive Stimulation, Wärmekontrolle, Gleichgewicht, Schlaf und allgemeine physische Gesundheit. Wir unterscheiden diese physiologischen Erfordernisse und die psychische Regulierung, die sie erfordern, von jenen stummen körperlichen Erscheinungen wie der Funktion von Milz, Leber usw., die dem Bewusstsein nicht zugänglich sind. Wir haben ein angeborenes Grundschema zur Nahrungsaufnahme vorgeschlagen: ein Bedürfnis nach Nahrungsaufnahme → das Hungergefühl baut sich auf zu einem Affekt der Not (Weinen) → Saugen und das Aufnahmeerleben (unterschiedlich rasch verringerte Not = Erleichterung) → ein Gefühl der Freude und der Sättigung (sowie ein Zustandswechsel zu einem anderen motivationalen Bedürfnis). Der Erfolg der psychischen Regulierung dieses Musters wird daran gemessen, ob der Säugling zur Erkenntnis der Existenz von Hunger und Sättigung als selbst-identifizierbaren Empfindungs-Affekten gelangt. Die Selbsterkenntnis von Hunger und Sättigung wird nur als natürliche Folge einer sensiblen dyadischen Kommunikation zwischen Bezugsperson und Säugling erreicht, bei der die Bezugsperson die Signale für den Rhythmus des Säuglings empfängt. In der psychotherapeutischen Praxis mit vielen Erwachsenen können und müssen wir die Feinheit dieses formenden dyadischen Austauschs nicht auffangen. Das Muster Hunger – Essen – Erleichterung und Sättigung bedarf keiner großen Beachtung, wenn es gut eingeführt ist. Doch in der zunehmenden Häufung von Ess-Störungen, von Essen oder nicht Essen, Sattheit und übermäßigem Essen und Erbrechen erhebt sich ein Schreckgespenst von Affektstörungen, die vielleicht, vielleicht auch nicht, darauf zurückgehen, dass das Grundschema schlecht ausgebildet wurde (s. Lichtenberg et al., 1992).

Die Atmung bietet ein weiteres Beispiel für die Affektmuster, die an der Regulierung physiologischer Erfordernisse beteiligt sind. Während der therapeutischen Begegnung könnte man die Atmung als Empfindung größtenteils außerhalb des Bewusstseins beider Partner – in einer neutralen Zone – sehen. Eine mögliche Ausnahme liegt in den Atmungs-Eigenschaften, die das affektiv-evokative Potenzial der Sprache beeinflussen. In bestimmten außergewöhnlichen Situationen, die während der Behandlung auftreten, wird die Atmung selbst direkt oder indirekt bewusst. Bei Zuständen der Aufregung, sei es eine freudige Erregung oder Angst und Wut, beschleunigt sich die Atmung merklich. Bei Zuständen einer verringerten Aufregung, der Vermeidung oder Unterdrückung von Affekt oder bei Schläfrigkeit, verlangsamt sich die Atmung. Bei Situationen, in denen die Atmung einer Störung unterliegt, wie bei Erkältungen, Nebenhöhlenentzündungen und Asthmaanfällen, ruft die Bedrohung durch die Blockierung der Atemwege ein Unbehagen hervor, dem das Potenzial eines raschen Anstiegs zur Panik innewohnt; sie wird bei Einsetzen einer Erstickungsempfindung augenblicklich hervorgerufen. Wenn traumatische Erfahrungen aufgetreten sind, bei denen drohendes Ersticken eine Rolle spielte, wie beispielsweise wenn ein Patient beinah ertrunken wäre oder wie bei Nancy, wenn Matt ihr Nase und Mund zuhielt, können Erinnerungen die Empfindung zusammen mit der sie begleitenden Panik wieder hervorrufen. Unsere Hypothese lautet, dass während der Analyse, selbst wenn die Atmung unbemerkt zu bleiben scheint, die Atemgeschwindigkeit und -tiefe zusammen mit Positionsveränderungen und Magenglucksen in die subtile, nicht reflektierte dyadische Kommunikation eingehen. Unterschwellig beachtet liefern diese weniger direkten Affekt-Empfindungs-Indikatoren eine Informationsquelle im Hintergrund, die zur Belebung des verbal-affektiven Flusses im Vordergrund beiträgt oder einen Hinweis auf einen flach-entvitalisierten Zustand gibt, der aus dem verbalen Fluss, Worten ohne Musik, nicht offensichtlich wird.

Unserer Ansicht nach sind die Affektziele der »Sexualität« weit vielfältiger als die von der Libido-Theorie konzeptualisierten. In dieser Theorie ist das Modell das einer orgastischen Entladung – ein zuerst langsam (Vorspiel) und dann rascher ansteigender Erregungszustand (Koitus) mit orgastischer Entladung (Lust) und einem steilen Abfall der Empfindung in Verbindung mit Entspannung (Befriedigung). Die Beobachtung des »Sexuallebens« von Kindern und Erwachsenen deutet darauf hin, dass etwa ab dem Alter von neun Monaten zwei Wege offen stehen: 1. Ein Bedürfnis nach sinnlichem Vergnügen entsteht als allgemeine Not und Reizbarkeit oder als eine spezielle Empfindung in einer sinnlichen Zielzone → Besänftigen, Streicheln, rhythmisches Reiben durch das Kind selbst oder durch andere führt *entweder* zu Erleichterung der Not und Reizbarkeit und zu speziellen Lustgefühlen mit einer verringerten allgemeinen Anspannung oder 2. zu Erleichterung von Not und Reizbarkeit sowie speziellen Lustgefühlen mit gesteigerten fokalen und allgemeinen sexuellen Erregungsempfindungen. Der eine Weg ist mit sinnlichen Empfindungen verbunden, die an Intensität mit der Lust entweder ansteigen oder abfallen können. Der andere Weg ist mit sexueller Erregung verbunden, die an Intensität zu einem Höhepunkt hin ansteigt. Der mit sinnlichem Vergnügen verbundene Weg kann weit über den Körper verteilte Empfindungen – auf Mund, Haut, Anus ebenso wie den Genitalien – und über Sinnesmodi aufgenommene – Sehen, Hören, Schmecken und Berühren – nutzen. Der mit sexueller Erregung verbundene Weg kann alle anderen Stimulationsquellen nutzen, doch ist der Brennpunkt auf den Penis oder den vulvo-klitoral-perinealen Bereich gerichtet. Sinnliches Vergnügen beinhaltet häufig zärtliche Gefühle gegenüber sich selbst oder anderen, während sexuelle Erregung häufig Gefühle der Zielstrebigkeit und Macht als Initiatoren und/oder Rezipienten und oft eine gesteigerte Intensivierung, die einer Schmerzempfindung entstammt, beinhaltet. Die Empfindungen und Affekte, die die gesamten Erfahrungen sowohl der Sinnlichkeit als auch der Sexualität umfassen, können als Muster »autoerotisch« sein, nicht jedoch ihrem Ursprung oder psychischen Gehalt nach. Die gelebte Erfahrung der Sinnlichkeit und Sexualität geht aus dem intersubjektiven Austausch zwischen Bezugsperson und Säugling oder Kleinkind hervor. Somit tragen die prä- und postsymbolischen Repräsentationen dieser Erfahrungen den Stempel ihrer dyadischen und triadischen Ursprünge in bildlichen Formen, in denen die Rollen des Initiators und des Rezipienten leicht umgekehrt werden. Die sinnlichen und sexuellen Erfahrungen sind oft mit traumähnlichen Qualitäten der Unschärfe und Träumerei verbunden, welche die Austauschbarkeit der Subjekt-Objekt-Repräsentationen fördern. Der fließende Übergang von aktiv zu passiv, maskulin zu feminin, verleiht diesen Erfahrungen ein gesteigertes Potenzial, vielfältige Bereiche der dyadischen und triadischen Erfahrung anzuzapfen. Für Patienten, deren Selbst-Kohäsion verletzlich ist, bedeutet die Fluidität der Repräsentationen oft eine Quelle der Angst, der Wachsamkeit vor einem Grenzverlust und folglich der intimitätsbeschränkenden Vermeidung (Mitchell, 1993).

Die affektiven Muster, die die mit der psychischen Regulierung physiologischer Erfordernisse und den sinnlich-sexuellen motivationalen Systemen assoziierten Erfahrungen charakterisieren, sind besonders reichhaltige Quellen des metaphorischen Ausdrucks. Wir vermuten, dass die Querverbindungen von der empfindungsreichen gelebten Erfahrung des Kindes im präsymbolischen Zustand zur späteren symbolischen Verwendung verbaler Kodierungen besonders prägnant in Erscheinung treten in von Empfindungen abgeleiteten Metaphern wie: Ich könnte dich auffressen. Sei nicht so ein Korinthenkacker. Du raubst mir den Atem. Es ist zum Kotzen. Du versuchst, in Schwindel erregende Höhen aufzusteigen. Du brauchst nicht gleich zu platzen. Eine scharfe Frau. Was für einen Kolben der hat.

Die Bedeutung dieser Prävalenz einer »Empfindungs«-Sprache in den Metaphern jedes motivationalen Systems weist in zwei Richtungen. Erstens zeigen uns die Metaphern die Richtung zum affektiv reichhaltigen Potenzial dessen, wovon gesprochen wird. Zweitens ermöglichen es die Metaphern dem Patienten häufig, weitschweifig distanzierende Anspielungen auf Themen zu machen, die näher an die tatsächliche Lebenserfahrung gebracht werden müssen. Eine Patientin sagt vielleicht beispielsweise, sie habe sich von den Worten des Analytikers »berührt« gefühlt, ohne jedoch die Bedeutung von »berührt« in die spezielle affektive Form auszuweiten – die Patientin empfand Zuneigung oder fühlte sich bestätigt oder man hatte ihr geholfen, ihre unterdrückte Trauer zu erleben.

Nachdem wir nun unseren Überblick über die Affekte, Affekt-Empfindungen, Stimmungen und Affektzustände jedes der motivationalen Systeme abgeschlossen haben, wenden wir uns der Beziehung von Affekten zueinander zu. In unseren Diagrammen präsentieren wir Paare positiver und negativer einzelner Affekte, Stimmungen und Zustände als Erweiterungen zusammenhängender emotionaler Erfahrungen. Wut, auf die nicht reagiert wird, steigert sich oft zu wildem Zorn, doch kann ein wütender Mensch, der unfähig war, eine frustrierende Situation zu überwinden, mit einem Zustand der Scham oder Depression reagieren. Ähnlich kann ein wütender Mensch, der keine Gegenreaktion erzielt, Beruhigung in übermäßigem Essen und/oder sinnlichem Streben suchen. Der einseitige Versuch, eine Liebesbeziehung einzugehen, kann sich zu einer verzückten Beschäftigung, einem Zustand grandioser Gleichgültigkeit gegenüber anderen oder zu Zorn, Depression, Unterwürfigkeit, extremem Selbstmitleid, Anorexie oder obsessivem Suchen sexueller Erregung steigern. Was können wir aus dieser Feststellung von Komplexität, aus dem Hinweis, dass die Pfeile des Diagramms von jedem Affekt oder jeder Stimmung zu jedem positiven oder negativen Affektzustand gehen können, schlussfolgern? Jeder hat aus seiner gelebten Erfahrung heraus Neigungen zu einer Intensivierung oder einer Steigerung eines Affektzustandes, wenn auf einen speziellen Affekt nicht in der benötigten oder gewünschten Weise reagiert wurde. Wir müssen jeder Äußerung des Patienten folgen, um das Auf und Ab aller Emotionen zu verfolgen, das Gefühl, das der Patient vom Erfolg oder Versagen des Therapeuten in Bezug auf Verständnis und Reaktion hat, sowie das Potenzial und die Wege von Affekten, sich zu Zuständen zu steigern. Wir glauben, ebenso wie Friedman

(1995): »Wenn ein Analytiker lernt, Affekte entlang mehrerer, unterschiedlicher motivationaler Achsen zu ordnen, wird er sehr wahrscheinlich eine zusätzliche Sensibilität für ihre Bedeutung und ihr Gefühl entwickeln« (S. 444).

Techniken, die zum Gefühl der Sicherheit beitragen

Welche technischen Ansätze ermöglichen es dem Analysanden, sich sicher genug zu fühlen, sowohl um Affektzustände wieder fühlbar zu machen, die wichtige Lebenserfahrungen enthalten und die exploriert werden müssen, als auch um zu verhindern, dass diese Zustände zu eingewurzelten Barrieren für das reflektierende Bewusstsein werden? Der empathische Wahrnehmungsmodus ist der Schlüssel. Wenn der Analytiker die Affekte und Stimmungen des Analysanden richtig erkennt und die daran beteiligten Motivationen versteht, bleiben die Affekte meist flexibel, das Bewusstsein erweitert sich und ein Gefühl der Sicherheit entsteht. Mit Friedmans (1995) Worten: »Liebe oder die Illusion von Liebe zeigt sich, wenn jemand die subjektiv empfundene Zielstrebigkeit eines Menschen unterstützt« (S. 446). Wenn der Analytiker einen Affekt oder eine Stimmung ebenso wenig erkennt wie die Motivation, die aus der Sicht des Patienten vorhanden ist, wird oft ein durch dieses Versagen ausgelöster Affektzustand folgen. Ein Merkmal vieler derartiger Unterlassungen ist die Wahrnehmung des Patienten, dass er wie ein »Objekt« behandelt wird und seine Subjektivität missachtet oder übersehen wird (Objektivierung, Broucek, 1991). Während Patient und Analytiker mit dem Affektzustand leben (ihn halten) und seine Auslösung durch das empathische Versagen zu explorieren beginnen, hat der Patient immer wieder Gelegenheit, die Wahrnehmung des Analytikers hinsichtlich der Ursache der durch Unterbrechung entstandenen Zustandsveränderung zu korrigieren. Der Analytiker bestätigt durch seine Offenheit für die Wahrnehmungen des Analysanden dessen Fähigkeit, reflektive Beobachtungen zu machen und *Einfluss auszuüben*. Diese Selbstbestätigung hilft, die Asymmetrie zwischen Patient und »Experte« zu verringern und löst ihrerseits Gefühle der Wirksamkeit und Kompetenz aus, bildet also ein Gegengewicht zu dem gestörten Zustand. Oft ist noch ein zusätzlicher Faktor vorhanden. Der Patient identifiziert möglicherweise die Rolle des Analytikers in der Unterbrechung damit, wie er den Analytiker wahrnimmt (Hoffman, 1983), und diese Attribuierung wird oft in Begriffen eines Affektzustands geäußert: »Sie verfallen in Schweigen und hegen Ihre verletzten Gefühle, wenn ich einen Termin, den Sie mir anbieten, nicht akzeptiere.« Oder: »Sie reden als wüssten Sie alles und ich nichts.« Oder: »Sie sind zu sehr überzeugt, verstehen zu können, was ich empfinde.« Die Zuschreibung eines verletzenden Rückzugs, von Allmacht und Selbsterhöhung bieten Gelegenheit, die Wirkung des Zustands einer Person auf eine andere zu erforschen, wenn der Analytiker sich gestattet, die Zuschreibung zu »tragen«. Indem er offen ist für die Prämisse und sich selbst erlaubt, sich in den Zustand einzufühlen und dabei manchmal einen schwach wahrgenommenen Aspekt des Selbst erkennt, der Einfluss auf den intersubjektiven Bereich hatte, kann der Analytiker die Bereitschaft modellhaft vorleben, die Wirkung eines Affektzustands zu erforschen, wie er eine dyadische Beziehung unvermeidlich beeinflusst.

6. Übertragungen – Wie wir sie verstehen und damit arbeiten

Um die Diskussion zur Übertragung zu eröffnen, wenden wir uns der ersten berichteten Sitzung aus Nancys Analyse zu, die sich damals im zweiten Jahr befand (83:1). Nancy spricht ihre Enttäuschung und Verletzung wegen der Nichtverfügbarkeit ihres Priester-Freundes an und ihre Depression wegen der Nichtverfügbarkeit ihres Analytikers am Wochenende, die auf einer ähnlichen Linie liegt. Sie erwähnt ihren Prüfungsstress, gefolgt von ihren sexuellen »Fantasien, sich nah zu sein und miteinander zu schlafen.« Dann reflektiert sie über den Analytiker, dem sie diese Dinge erzählt. Sie hofft auf eine vertrauensvolle Beziehung: »Ich verlasse mich darauf, dass ich mich Ihnen anvertrauen und darüber reden und mich dann besser fühlen kann.« Doch auch eine andere, beängstigende Wahrnehmung des Analytikers taucht auf und schafft einen Konflikt: »In den Nachrichten habe ich von einem Psychiater gehört, der seine Patientin vergewaltigt hat. Da bringe ich nun all diese deutlichen Sexsachen herein. Was für ein Mensch sind Sie, dass Sie sich das anhören und mir dabei helfen wollen? Ist daran nicht etwas Perverses? Was gerät in all diesen Fällen außer Kontrolle? Das Potenzial ist da.« Der Analytiker trägt die Zuschreibung des »Vergewaltigers«, um die Bearbeitung im Hier und Jetzt zu fördern und fragt: »Was Sie zuvor gefragt haben, bringt mich das in Gefahr, die Kontrolle zu verlieren? ... Dass ich als Folge von dem, wovon Sie sprechen, erregt werde.« Nancy antwortet darauf nachdenklich, dass dies eine Möglichkeit sei und er (der Analytiker) etwas mit seiner Freude und Erregung tun müsse. Sie wiederholt ihre Hoffnungen und Ängste und erklärt: »Wenn ich mich Ihnen anvertraue, möchte ich wissen, dass Sie in der Lage sind, mit den Themen umzugehen, die ich aufbringe. Ich bin selbstsüchtig – Sie könnten die Kontrolle verlieren. Oder abgestumpft werden, nicht mehr fähig, sich einzufühlen.« Dann setzt sie diese beängstigende Sicht des Analytikers zu ihrem Vater in

Beziehung, wie sie ihn erlebt hat: »Meine Beziehung zu Ihnen – in meinen Gedanken sind Sie für mich mein Dad. Ich war ihm sehr nahe. Ich musste mit Gefühlen fertig werden, die sich bei mir einschlichen. Ich muss mit meinen eigenen Gefühlen Ihnen gegenüber fertig werden, ungeachtet alles anderen. Ich bin mir bewusst, wie stark ich meine Neugier auf Ihr Leben, Ihren Schreibtisch, welches Auto Sie fahren unterdrücke – ich fühle mich weit von Ihnen persönlich entfernt ... Sie stellen eine verbotene Gestalt dar.«
Dann erläutert Nancy problematischen Familienerfahrungen entstammende Themen, die gegenwärtig in der Beziehung zum Analytiker aktiv sind: Wer war der Verführer? Wer war der Verführte? Wer war verantwortlich? Sie sagt: »Das war der ganze Grund, warum mir nicht erlaubt war, leicht bekleidet herumzulaufen. Nicht vollständig bekleidet sein heißt, zu verführen suchen ... Also bin ich wütend geworden – ich muss Kleider anziehen, um Dad nicht zu stören. Niemand kümmert sich darum, wie sehr es mich stört! Das ist nicht fair ... Warum möchte ich schauen und mich abwenden? Es gibt da noch andere verbotene Interessen ... Ich fühle in all diesen Fällen, dass ich im Unrecht bin, und das ist nicht in Ordnung.« Nancy unterbreitet eine kurze aber klare Darstellung des Konflikts, der in Bezug auf den Analytiker organisiert wurde. Sie drückt sexuelle Neugier und die damit verbundenen Gefühlen und Fantasien aus. Nancys Bedürfnis nach sexueller Erregung wurde während ihrer Entwicklung ständig vereitelt, was zu einer jahrelangen genitalen Anästhesie geführt hatte. Als sich ihre sexuellen Sehnsüchte im Lauf der Analyse zeigten, war Nancy von Schuldgefühlen und Scham erfüllt. Sie fürchtete, wenn sie auch nur Neugier ausdrückte, würde jemand, entweder der Mann (Vater, Bruder, Analytiker) oder sie selbst die Kontrolle verlieren und dass sie, ungeachtet dessen, wer die Kontrolle verlor, letztendlich für die Verführung verantwortlich gemacht würde (was Ornstein, 1974, als die Befürchtung einer Wiederholung der Vergangenheit beschrieben hat). Dies führt zu unserer Erörterung der Natur der Übertragung und ihrer beiden wichtigsten Aspekte.
Patienten beginnen eine aufdeckende Psychotherapie einerseits mit bewussten, andererseits mit unbewussten Erwartungen. Ängstlich erwarten sie in der Behandlung Situationserfahrungen, die früheren problematischen Beziehungen gleichen. Diese Erwar-

tung entspricht dem vertrauten Modell der Übertragung als von Konflikt und Trauma herrührend. Die Patienten erwarten aber auch, dass ihnen ihre gegenwärtigen analytischen Bemühungen wachstumsfördernde Möglichkeiten eröffnen. Diese divergierenden Erwartungen im dialektischen Wechselspiel beeinflussen den Aufbau der analytischen Beziehung aus der Perspektive des Patienten. Dieses Übertragungsmodell gleicht Freuds unanstößiger positiver Übertragung weitgehend und entspricht Kohuts Selbstobjekt-Übertragungen, wenn man diese in einem Figur-Grund-Verhältnis zur pathologischen, sich wiederholenden Dimension (Stolorow, Brandchaft und Atwood, 1987) oder zur repräsentativen Konfiguration (Lachmann und Beebe, 1992) versteht. Wir finden es notwendig, sowohl die Übertragungskonstruktionen zu erforschen, die auf den Erwartungen vergangener problematischer Beziehungen beruhen, als auch die Erwartungen eines Neuanfangs (Balint, 1968; Ornstein, 1974). Wir veranschaulichen die Inhalte, Affekte und Konflikte, die mit jeder der beiden Erwartungshaltungen in Verbindung stehen, ihre Quellen in Gegenwart und Vergangenheit und, von allergrößter Wichtigkeit, ihr Wechselspiel.

Bei Nancy stehen drei beständige Übertragungskonstruktionen im Vordergrund. In der einen Struktur wird der Analytiker allein oder in Kombination zum sexuell bedrohlichen Mann und zur im Stich lassenden Frau. In einer anderen Sichtweise werden der Analytiker und die analytische Situation zu einem Mittel der Beruhigung und Besänftigung, der Aufmerksamkeit, die sich auf die Selbst-Regulation konzentriert und zum Hilfsmittel für eine nachdenklich-selbstreflexive Annäherungsweise an Probleme. Nancy schuf durch ihr Misstrauen gegenüber der zweiten Sichtweise eine dritte Konfiguration. Eine Haltung des Analytikers, die sie im einen Augenblick als ruhig und nachdenklich erlebte, wurde dann als zögerlich und unentschlossen gewertet, und die willkommene Bereitschaft des Analytikers, sich mit ihr auf die Überlegung sinnlich-sexueller Probleme einzulassen, wurde dann als bedrohlich und als ohne Vollzug oder Verpflichtung verführerisch erlebt.

Organisationsmodell

In wesentlicher Abweichung von einem Trieb-Verschiebungs-Modell (Fosshage, 1994), sehen wir, in Übereinstimmung mit anderen (Gill, 1982; Stolorow et al., 1987; Lachmann und Beebe, 1992), die Übertragungserfahrung als innerhalb eines interaktiven Feldes auftretend und als variabel und ko-abhängig vom Patient-Analytiker-Bezug. Das von uns angewandte Modell setzt voraus, dass jede Erfahrung strukturiert ist: 1. in Verbindung mit dem Kontext, der über die Wahrnehmung einwirkt, 2. in Reaktion darauf, welches motivationale System jeweils dominant ist und 3. in Übereinstimmung mit Erwartungen, die auf früheren Erfahrungen beruhen; sie wurden verallgemeinert und sind gegenwärtig aktiviert. Übertragung bezieht sich auf jene spezifischen Erfahrungen des Analysanden, die sich auf die analytische Beziehung konzentrieren.
Organisationsmodelle der Übertragung sind im Verlauf des vergangenen Jahrzehnts aufgetaucht und spiegeln den Übergang von einer positivistischen zu einer relativistischen Wissenschaft wider (Wachtel, 1980; Gill, 1982, 1983, 1994; Hoffman, 1983, 1991, 1992; Hoffman und Gill, 1988; Stolorow und Lachmann, 1984/1985; Lichtenberg, 1989; Lachmann und Beebe, 1992, und Fosshage, 1994). Auch wenn unser Modell mit dem übereinstimmt, worauf Hoffman und Gill sich als die sozial-konstruktivistische Sichtweise beziehen, definieren wir es als ein Organisationsmodell (Fosshage, 1994), um die Bedeutung der sich entwickelnden Selbstempfindung für die Organisation von Erfahrung widerzuspiegeln. Mit seinem Fokus auf der laufenden wahrnehmend-affektiv-kognitiven Organisation der Erfahrung ist das Modell in neueren Entwicklungen auf dem Gebiet der kognitiven Psychologie (Bucci, 1985), der Säuglingsforschung (Stern, 1985) und der psychoanalytischen Entwicklungspsychologie (Lichtenberg, 1983) verankert.
Aus unserem Blickwinkel liefert die Sichtweise, dass Nancy trieborganisierte, verzerrte kindliche Objektrepräsentanzen auf den Analytiker verschiebt und projiziert, nicht die umfassende Sicht der Interaktion zwischen Analytiker und Patient, die wir für die Übertragung als entscheidend ansehen. Natürlich üben in Nancys

Vergangenheit entstandene thematische Muster einen dynamischen Einfluss aus, doch sind sie in der Gegenwart in Übereinstimmung mit einem unmittelbar wahrgenommenen Kontext organisiert. Wir betrachten Nancys Enttäuschung über den Priester nicht als eine Verschiebung ihrer Enttäuschung über den Analytiker oder ihre Eltern, sondern als von *derselben thematischen emotionalen Erfahrung* organisiert, die in ihrer Wahrnehmung der jeweiligen Situation ausgelöst wurde. Nancys Botschaft ist ihre Enttäuschung durch die Abwesenheit des anderen. Statt anzunehmen, dass Nancys Enttäuschung eine Verschiebung sei und den Fokus auf die frühere Erfahrung zu richten, folgen wir den Veränderungen in Nancys kognitiv-affektivem Zustand, den Ereignissen in der analytischen Beziehung und den thematischen Mustern, die ihre Wahrnehmung bestimmter Kontexte formen. Die Wochenend-Trennung Nancys von ihrem Analytiker beispielsweise mag ihre Verletzlichkeit für die mangelnde Aufmerksamkeit des Priesters gesteigert und ihre Sensibilität für Enttäuschungen verstärkt haben. Ihre emotionale Reaktion als eine Verschiebung zu betrachten, würde die Authentizität ihrer Enttäuschung über den Priester als ein Ereignis mit seinen eigenen Bedeutungen, Motiven und Nuancen, die erforscht werden wollen, entwerten. Außerdem löst Nancys Wunsch, ihre sexuellen Gefühle und Fantasien zu besprechen, eine Vorstellung des Analytikers aus, die einen Kontrast zu ihrer Enttäuschung über den Priester bildet. Sie denkt sich den Analytiker als einen vertrauenswürdigen Mann, der in der Lage ist, mit ihren und seinen eigenen sexuellen Gefühlen umzugehen. Gleichzeitig stellt sie ihn sich beängstigend vor. Er könnte sexuell erregt werden und die Kontrolle verlieren, oder er könnte sich vor einer sexuellen Erregung schützen, indem er seine Gefühle abtötet, wie sie, Nancy, es über weite Strecken in ihrem Leben hinweg getan hat. Die Wahrnehmung des Analytikers durch den Patienten als Variablen eines Muster zu sehen, die auftauchen und die analytische Beziehung organisieren und konstruieren, zwingt den Analytiker, sich seiner eigenen wechselnden Beiträge zur Auslösung dieser Wahrnehmungen sowie derer des Patienten bewusst zu sein. In der Folge wird der Analytiker stärker zum Erleben der gemeinsamen Übertragungserfahrung im Hier und Jetzt gezogen. Nancys Analytiker beispielsweise ließ sich auf das Hier und Jetzt von Nancys Übertragungserfahrung ein und explorierte sie mit der Frage: »Was Sie zuvor gefragt haben, bringt mich das in Gefahr, die Kontrolle zu verlieren?« (83:1:4). Wir behaupten, dass die Exploration der auf Erfahrung beruhenden Themen des Patienten eine psychische Reorganisation durch neue Beziehungserfahrungen, die die Perspektive des Patienten erweitern, erleichtert. Nancy wurde sich zunehmend ihrer Erwartungen bewusst, einem verführerischen, außer Kontrolle geratenen Mann zu begegnen, wie auch der Ursprünge dieser Erwartungen in den Beziehungen zu ihrem Vater und Bruder. Ihr erweitertes Bewusstsein befähigte sie nach und nach, sich von dieser restriktiven Perspektive zu befreien und versetzte sie in die Lage, sich genügend persönlichen Raum zu schaffen, um ihre eigenen, nun neu bewerteten sexuellen Wünsche geltend zu machen.

Organisierende Aktivität: das Selbst und die motivationalen Systeme

Wir beginnen das Leben mit angeborenen Mustern von Bedürfnissen und Reaktionen, die die Befriedigung dieser Bedürfnisse mit der Reagibilität der Bezugspersonen koordinieren. Als Folge hieraus entwickelt sich ein Selbstempfinden, das zum Mittelpunkt des Initiierens, Organisierens und Integrierens von Motivation und Erfahrung wird (Lichtenberg, 1989 und Lichtenberg, Lachmann und Fosshage, 1992/2000). Affekte verstärken und schaffen die persönliche Bedeutung in der gelebten Erfahrung und deren abstrahierten Erinnerungen. Ab dem dritten Lebensjahr werden die in Form von Ereignissen und Ereigniserinnerungen gelebten Erfahrungen als Narration organisiert. Jede neue Wahrnehmung wird durch zwei gleichzeitig stattfindende Prozessmodi beeinflusst und kategorisiert – dem logischen, sprachlich verankerten, Sekundärprozess (der im Allgemeinen auf Funktionen der linken Hirnhemisphäre basiert) und dem sensorisch-metaphorischen, bildhaften, Primärprozess (der mit Prozessen in der rechten Hirnhemisphäre korrespondiert) (Holt, 1967; McLaughlin, 1978; McKinnon, 1979; Noy, 1979; Fosshage, 1983; Lichtenberg, 1983;

Bucci, 1985; Dorpat, 1990). Jede gelebte Erfahrung wird von dem im Augenblick dominierenden motivationalen System und dem Zustand der Selbstkohäsion beeinflusst. Gleichzeitig mit diesen intrapsychischen Faktoren wird jede gelebte Erfahrung vom Sog des intersubjektiven Kontexts geformt. Die organisierende Aktivität, von der wir sprechen, produziert keine Repliken früherer Erfahrungen, sondern schafft neue gelebte Erfahrungen, die bedeutsame Merkmale früherer Erfahrungen zum Modell haben. Betrachten wir eine Sequenz aus Nancys gelebter Erfahrung unter diesem Blickwinkel. Auf Grund der therapeutischen Arbeit vermuten wir, dass Nancys Mutter nach ihrer Heimkehr für Nancy keine warme Empfindung von Intimität und Bindung geschaffen hat. Diese Erfahrung, von einer (depressiven? apathischen? zurückgezogenen?) Mutter versorgt zu werden, die ihre moralische Pflicht erfüllte, wurde aus unzähligen Interaktionen abstrahiert und zu der Erwartung verallgemeinert, dass Nancy nicht auf herzliche Annahme zählen konnte, besonders nicht von einer Mutterfigur. Im Alter von etwa drei Jahren verschmolzen diese abstrahierten gelebten Erfahrungen zu dem Narrativ, wie Nancy am Rock ihrer Mutter zog und das Erstarren der Mutter in einer sich verweigernden und zurückweisenden Haltung spürte. Wenn wir uns den therapeutischen Gesprächen zuwenden, stellen wir fest, dass die gelebten Erfahrungen und die erzählende »Erinnerung« die neuen Situationsgestaltungen prägen. Nancy wurde sich beispielsweise bewusst, dass sie aus ihrer Erwartungshaltung heraus, von Männern zurückgewiesen zu werden, sich schützend teilweise selbst zurückzog, teils die Unerreichbare spielte.

Zwei große Gruppen der Selbst-Erfahrung

Erfahrungen, die zur Vitalität beitragen – beispielsweise das Erleben der responsiven Einstimmung der Bezugsperson auf das Bedürfnis des Kindes nach Bestätigung – Ereignisse, die wir als Selbstobjekt-Erfahrungen bezeichnen (Kohut, 1977, 1984; Lichtenberg, 1991; Lichtenberg, Lachmann und Fosshage, 1992), sind besonders einflussreiche Organisatoren neuer Situationsgestaltungen. Selbstobjekt-Erfahrungen erleichtern die psychologische Entwicklung des Kindes und motivieren den Erwachsenen, vergleichbare Erfahrungen positiv affektgeladener Bindungen zwischen dem Selbst und anderen neu zu erschaffen. In Nancys ersten Lebensjahren wurde ihre Gesellschaft vom Großvater begrüßt, der ihren Bruder verjagte, wenn dieser sie quälte. In der Analyse versuchte Nancy ein ähnliches Gefühl des Willkommenseins und Beschütztwerdens durch den Analytiker zu schaffen.

Im Gegensatz dazu neigen Erfahrungen, an denen thematische Misseinstimmungen beteiligt sind, zur Organisation von Erwartungen, die zur Dominanz eines motivationalen Systems, oft der Aversivität, auf Kosten anderer Motivationen, wie Bindungen, führen. Beispielsweise fühlte Nancy, dass ihre Mutter nie eine warme Bindung zu ihr entwickelte wie zu ihrem Bruder, sondern sie, Nancy, vielmehr als zusätzliche Belastung ihres sowieso schon harten Lebens ablehnte. Nancys Erfahrung verdeutlicht, dass ein abwesender oder ablehnender Elternteil zu der Erwartungshaltung der Misseinstimmung beiträgt ebenso wie zur Organisation des Selbst und des interaktiven Selbst auf der Grundlage von Aversivität, also Scham, Schuldgefühle, Angst und Wut. Der einzigartige Entwicklungsprozess des Kindes ist dadurch gestört. Nancy sah sich als ein Mensch mit »falschen« Wünschen und Sehnsüchten sowie als die verantwortliche Verführerin, die sich folglich beschränken musste. Eine konfliktreiche, geschwächte Identität wie die Nancys besteht als organisierendes Prinzip weiter, da sie eine zeitweilige Kohäsionsempfindung, die von starken Affekten, sowie eine Stabilitätsempfindung, die von einer vertrauten Selbstempfindung herrührt, hervorruft. Nancys Gefühl, im »Unrecht« zu sein, blieb trotz ihres Wunsches bestehen, sich selbst gegenüber positivere Gefühle zu entwickeln. Die Vielfalt der Selbst-Schemata trägt zusammen mit den wechselnden Motivationen und Interaktionen mit anderen zu den aktuellen Selbstzuständen und zum beharrlicheren und beständigeren Selbstgefühl bei.

Übertragung – Gegenübertragung: die Erfahrung des Anderen, wie sie von Patient und Analytiker konstruiert wird

Obwohl es die Analyse erfordert, die unmittelbare Erfahrung des Patienten in den Vordergrund zu rücken, betreten sowohl der Patient als auch der Analytiker die psychoanalytische Arena mit ihren jeweiligen früheren Erfahrungen und wechselnden motivationalen Prioritäten und Selbstzuständen und kreieren somit eine einzigartige Erfahrung miteinander. Auf der Grundlage vergangener Erfahrung konstruiert der Patient sich wiederholende, stärkende und selbstschwächende Erwartungen und bezieht sie in die analytische Beziehung ein. Selbststärkende Muster beinhalten und vermitteln die Erwartungen des Patienten, dass Bedürfnisse erfüllt und die Selbstkohäsion gefördert werden (Kohut, 1977, 1984; Stolorow und Lachmann, 1984–1985). Wenn der Patient sich in psychoanalytische Behandlung begibt, ist seine Hoffnung auf eine andere, wachstumsfördernde Erfahrung ein Versuch zur Selbstkorrektur. Nancy beschrieb am Beginn ihrer Behandlung, dass sie zum Dahintreiben neige und hoffe, jemand werde ihr Antrieb geben. Der Beitrag der Selbstpsychologie war und ist es bis heute, Erfolg und Misserfolg der Suche des Patienten nach Selbstobjekt-Erfahrungen und Veränderungen in der Entwicklung und Aufrechterhaltung eines belastbaren, vitalen Selbstempfindens genau zu registrieren.

Die analytische Erforschung selbstschwächender Muster und ihrer Ursprünge bewirkt eine neue Perspektive und führt, im Gegensatz zu der positiven, oft neuen, Beziehungserfahrung in der analytischen Beziehung, Schritt für Schritt zu einer symbolischen Neuorganisation (9. Kapitel). Sexuelle Gefühle, mochten es nun die eigenen oder die anderer sein, lösten bei Nancy durchgängig Gefühle aus, die verantwortliche Verführerin und im Unrecht zu sein. Als sie sich dieses Musters und seiner Ursprünge langsam bewusst wurde, konnte sie sich allmählich von seiner Dominanz befreien und neue, positivere Sichtweisen ihrer selbst entwickeln, die sie erst orgasmusfähig machten. Mit anderen Worten, die Analyse konzentriert sich darauf, pathologische Konfigurationen zu erforschen und schrittweise umzuwandeln, während sie gleichzeitig die vitalisierenden Konfigurationen bildet und unterstützt. Sowohl das Streben des Analysanden nach (vitalisierenden) Selbstobjekt-Erfahrungen, die für die Entwicklung notwendig sind, als auch die Wiederbelebung problematischer Erwartungen pendeln zwischen Vordergrund und Hintergrund (Stolorow und Lachmann, 1984–1985). Als Nancy den Analytiker im Hintergrund als einen vertrauenswürdigen, interessierten, beteiligten Miterforscher erlebte, wurde sie dadurch befähigt, mit affektiver Lebendigkeit von einem Problem zu erzählen, das sie mit der Ausbeutung durch einen Mitbewohner oder mit dem urlaubsbedingten »Im-Stich-gelassen-Werden« durch den Analytiker hatte. Gelegentlich verbalisierte Nancy ihre Erkenntnis und Würdigung der Hilfe und Beständigkeit des Analytikers auch angesichts ihrer aversiven Emotionen. Erlebte Nancy den Analytiker im Gegensatz dazu jedoch als nicht begreifend, als nicht eingestimmt oder geriet sie in Stress – z. B. nach dem Versagen in einer wichtigen Prüfung – wurde die Hintergrunderfahrung der Bestätigung und Unterstützung gestört, was diese Bedürfnisse dann in den Vordergrund rückte. Die Auslöser für sich wiederholende aversive Muster zu verstehen beseitigte häufig die Störungen und stellte die Selbstobjekt-Erfahrungen im Hintergrund wieder her.

Im Gegensatz zu der Position, die die Gegenübertragungs-Reaktionen als auf die persönliche Pathologie des Analytikers beschränkt sieht, umfasst für uns die Gegenübertragung des Analytikers das gesamte Spektrum dessen, wie der Analytiker den Patienten erlebt (Fosshage, 1995b). Wie der Analytiker den Patienten erlebt, wird von seinen Wahrnehmungen des Patienten und von den dualen Aspekten der Übertragung des Patienten wie auch seiner früher gelebten Erfahrungen, motivationalen Prioritäten, Selbstzuständen, Selbstobjektbedürfnissen (Bacal und Thomson, im Druck) und psychoanalytischen Modellen gestaltet. Das Erleben des Patienten durch den Analytiker, sowohl seiner problematischen Beziehungskonstruktionen als auch seiner ersehnten vitalisierenden Wünsche, dient als zentrale Richtschnur zur Erforschung der Erfahrung des Patienten. Während Nancys gesamter Analyse musste der Analytiker mit einer Reihe von Gegenreaktionen auf ihre Reaktionen auf bedrohliche oder beleidigende Situationen kämpfen. In einem Fall versprach Nancys reiche Tante, ihr eine bescheidene Geldsumme zu schenken, die Nancy vor ständiger Überarbeitung bewahrt hätte, und der Analytiker teilte Nancys Erleichterung über diese Aussicht. Er freute sich auch, als Nancy nach einem langen Schweigen sagte, dass sie ihre Tante, wenn auch widerstrebend, um das versprochene Geschenk bitten würde. Dann berichtete sie, ihre Tante habe sich dagegen entschieden, ihr das Geld zu schicken, da Nancy es nur für ihre Analyse verschwenden würde. Schrecklich verletzt rief Nancy ihren Bruder an in der Hoffnung, von ihm Trost zu erhalten, doch meinte der nur, er fände es töricht von Nancy, irgendetwas zu tun, was ihre Erbschaft von Seiten der Tante gefährden könnte. In dem Glauben, mit Nancy zu fühlen, äußerte der Analytiker, sie sei enttäuscht, verletzt und wütend über diese beiden Antworten. Nancy erwiderte, dass sie zuerst wütend gewesen sei, rasch aber »erkannt« habe, dass ihre Tante das Recht habe, mit ihrem Geld zu tun, was sie für richtig hielt und sie, Nancy, nur beschützen wolle, ebenso wie auch ihr Bruder. An diesem Punkt erlebte der Analytiker eine Wut, die sich rasch von der Tante auf den Bruder und schließlich auf Nancy verlagerte – und die eine ordentliche Portion Hilflosigkeit enthielt. Nancy stellte dann die Frage, weshalb die Tante ihr überhaupt irgendetwas hinterlassen sollte. Welchen Anspruch habe sie auf das Geld, die Hilfe oder das Interesse ihrer Tante? Darauf trieb die Entrüstung des Analytikers ihn dazu, sein eigenes Werturteil in die Rolleninszenierung einzubringen, die zwischen ihnen stattfand: »Sie sind die Tochter ihrer Schwester, sie ist Ihre Tante.« Man kann die Reaktion des Analytikers als Identifikation mit der unterdrückten Wut Nancys und als direkten Angriff auf sie sehen – weil sie mit Passivität darauf reagierte, mit gebrochenen Versprechen genarrt zu werden, weil sie sich an ihren Bruder wandte (obwohl sie wusste, dass er gewöhnlich jede Gelegenheit nutzte, sie weiter zu demütigen) und wegen der Verunglimpfung der Analyse, welche die Einstellung der Familie repräsentierte (ein persönlicher Grund für den Analytiker, Nancy an Familienwerte zu erinnern). Wir glauben nicht, dass das Ergebnis dieser »Gegenübertragungs«-Erfahrung des Patienten a priori als schädlich oder hilfreich vorhersagbar ist. Die folgende Sequenz deutete darauf hin, dass Nancy diese Erfahrung als eine empathische Bestätigung dafür erlebte, einen Platz in ihrer Familie zu haben, der einfühlsame und fürsorgliche Reaktionen ihr gegenüber verlangte.

Selbstobjekt-Erfahrungen in der analytischen Beziehung

Die Hoffnung und Erwartung des Analysanden, mit Hilfe des Analytikers Selbstobjekt-Erfahrungen zu machen, sind fundamentale Motivationen für das Engagement des Analysanden in der Therapie. Die Selbstpsychologie betont die Spiegel-, Alter-Ego- und die idealisierende Übertragungen, die allesamt Eckpfeiler des motivationalen Bindungssystems sind. Wir sind überzeugt, dass die Anwendung der Theorie der motivationalen Systeme die Formen von Selbstobjekt-Erfahrungen vermehrt, die in der analytischen Beziehung auftauchen.

Die Regulation physiologischer Notwendigkeiten

Die Selbstpsychologen haben gezeigt, dass eine gestörte Regulation physiologischer Abläufe beim Patienten das Resultat primärer Störungen oder Mängel in den spiegelnden, Alterego- oder idealisierenden Erfahrungen sein können. Diese Auffassung beruhte auf der Beobachtung, dass die physiologische Störung endete, wenn das Gefühl empathischer Verbundenheit nach einer Störung wiederhergestellt wurde. Nancy berichtete häufig von Verstopfung während des Wochenendes, die abklang, wenn die spiegelnde, Zwillings- oder idealisierende Übertragungserfahrung wiederhergestellt war. Allerdings scheinen viele Ess-, Ausscheidungs-, Schlaf-, Atmungs- und Gleichgewichtsstörungen auf primäre Schäden durch frühe Erfahrungen zurückzugehen. Nur manche primären Störungen sind die Folge einer angeborenen Fehlregulation wie Erkrankungen des Bauchraums, Asthma im Kindesalter, Ekzeme, taktile Empfindlichkeit, sensorische Hyperreagibilität etc. Häufiger jedoch sind Entwicklungsstörungen die Folge einer mangelhaften Koordination zwischen Bezugspersonen und Kind. Sobald spezielle Mängel in der physiologischen Regulierung auftreten, werden sie häufig zur Ursache von Störungen in den Bindungserfahrungen. Manchmal sind die Verflechtungen zwischen einer primären Fehlregulation und Bindungsdefiziten schwer zu entwirren. Nancys Ekzem in der Kindheit ist wahrscheinlich primär eine Hautstörung, doch war es assoziativ mit ihrem Gefühl verbunden, nicht genügend gehalten und liebkost worden zu sein. Jedes Mal, wenn ihr Ekzem während der Analyse wieder auftrat, erlebte sie Unbehagen, Verlegenheit und eine intensive Sehnsucht, physisch vom Analytiker gehalten zu werden. Der Analytiker konnte nicht feststellen, ob die unerfüllte Sehnsucht das Ekzem oder das Ekzem die Sehnsucht auslöste. Wenn eine seit langer Zeit bestehende Fehlregulation existiert, die gegenwärtig ist – wie beispielsweise eine Fehlregulation von Hunger und Sättigung oder eine Schlafstörung – dann erfordern die mit diesen Störungen verbundenen Affektzustände und die gegenwärtig damit in Beziehung stehenden Motive einen speziellen empathischen Fokus, um den besonderen Mangel an Selbstobjekt-Erfahrungen zu verstehen, den der Patient erleidet. Dieses Verständnis wird die Perspektive erweitern und dem Patienten helfen, in den betroffenen Bereichen eine bessere physiologische Regulierung zu erreichen. Wenn Ess-, Schlaf- oder Bewegungsmuster betrachtet werden, ist die Übertragungserfahrung für Patient und Therapeut wahrscheinlich gemeinsame Anteilnahme und Sorge. Wenn eben diese Regulationsschwierigkeiten jedoch frühere empathische Versagensgefühle wiedererwecken, wird die Übertragungserfahrung mit aversiven Gefühlen verbunden sein.

Bindung und Zugehörigkeit

Zusätzlich zur Bestätigung, zur Zwillingschaft und zur Idealisierung können Bindungs-Selbstobjekt-Erfahrungen der Bindung eine Vielzahl an Rollen umfassen, die man spezieller bezeichnen kann als Führer, Berater, Mentor, Sponsor, Geliebter und Rivale. Nancy beispielsweise sah in ihrem Analytiker einen Mentor, der ihr half, verschiedene Bereiche zu regulieren, einschließlich ihrer Beziehungen zu Männern, ihrer akademischen Abschlussarbeit und ihrer Finanzen. Selbstobjekt-Erfahrungen der Zugehörigkeit können die Familie, das Team, das Land, die Religion und die Berufsgruppe umfassen – alle mit jeweils spezifischen Loyalitäten in Bezug auf Werte und Ideologien. Die religiöse Zugehörigkeit war Nancy als eine positive Quelle von Vertrautheit wichtig. Statt Bindung zu ihrer Kern- und Großfamilie zu suchen, wo sie sich kritisiert und zurückgewiesen fühlte, suchte sie Zugehörigkeit und Akzeptanz in religiösen Gruppen. Für die intersubjektive Atmosphäre der Analyse war auch wichtig, wie Nancy die Einstellung des Analytikers zu religiösen Fragen einschätzte. Stand er ihrer Konversion zum Katholizismus wie ihre Familie ablehnend gegenüber? Betrachtete er Religiosität, wie manche Psychoanalytiker, als »Neurose«? Sie wusste, dass er an hohen jüdischen Feiertagen nicht arbeitete und schloss daraus, dass er Verständnis für sie haben würde. Sie folgerte aus der Art und Weise, in der er auf die von ihr aufgebrachten Problempunkte reagierte, dass er ihr helfen wollte, eine positive Zugehörigkeitsempfindung zu erlangen.

Exploration und Selbstbehauptung

Exploratorisch und assertiv motiviertes Verhalten kann Freude an Effizienz und Kompetenz, ein inhärent selbststärkendes Ziel, schaffen. Eine erfolgreiche Exploration und Selbstbehauptung, die Nutzung von Talenten und Fertigkeiten, schafft eine Selbstobjekt-Erfahrung. Frühere Erfahrungen, die aus diesem motivationalen System erwachsen, lösen Einstellungen aus, welche die Bereitschaft des Patienten beeinflussen, seinen inneren Prozess in der Analyse zu artikulieren und zu erforschen. Als Nancy ihre Behandlung begann, hatte sie auch mit ihrer Doktorarbeit begonnen und war sich der vitalisierenden Erfahrung, ihre Talente zu nutzen, wohl bewusst. Sie verbrachte viele Sitzungen mit der Erörterung von Problemen beim Lernen, Unterrichten, Schreiben und bei dem Ablegen von Prüfungen. Auf der Grundlage ihres frühen Entdeckungsdrangs und der Ermutigung zum Nachforschen, die sie von ihrem Vater erhalten hatte, entwickelte sie in der Analyse leicht einen investigativen Ansatz. Sie genoss das Gefühl von Effizienz, das sie aus dem Verstehen von Bedeutungen und dem Lösen von Problemen innerhalb und außerhalb der Analyse zog. Wie bei ihrem Vater und Bruder verlor sie jedoch leicht den Glauben an ihre Fähigkeiten, wenn ein Professor oder der Analytiker ihr keine Bestätigung gab oder sie ein Vorurteil gegenüber Frauen zu spüren vermeinte (dann verfiel sie manchmal wieder darauf, ihre Intelligenz so zu nutzen, wie sie es in der Adoleszenz gelernt hatte – sie provozierte Männer zu vorurteilsbehafteten Äußerungen, über die sie sich lustig machen konnte). An ihrem Analytiker bewunderte sie seine sorgfältig durchdachten Interventionen ebenso wie sie seine Langsamkeit als Zaghaftigkeit sanft verspottete. Hatte sie allerdings den Eindruck, dass er ihr in einer Schlussfolgerung voraus war, erlebte sie häufig heftige Gefühle der Scham und des Bloßgestelltwerdens, weil sie nicht so rasch war wie ihr Bruder. Als die negativen Selbstgefühle allmählich abnahmen, besonders das Gefühl, im »Unrecht« zu sein und das Bedürfnis, zu hetzen und zu blenden, war sie besser in der Lage, ihre Arbeit mit einem klareren Fokus zu verfolgen und Beziehungen, die mit ihrer Dissertation in Verbindung standen, effektiver und mit mehr Selbstbehauptung zu gestalten.

Aversiver Antagonismus oder Rückzug

Die Fähigkeit, wütend zu werden und eine wahrgenommene Bedrohung oder Verletzung abzuwenden, kann sowohl die Selbstkohäsion des Einzelnen schützen als auch Gefühle von Kraft verstärken. Durch eine Steigerung der Fähigkeiten zur Erforschung und Überwindung von Hindernissen kann Aggression unsere Empfindung von Effizienz verstärken. Das Kind braucht mitfühlende Eltern, die ihm sowohl Verbündete als auch Widersacher sind (Wolf, 1980; Lachmann, 1986). Als Verbündete bestätigen die Eltern, dass die Kinder durch ihre Weigerungen – ihre heftigen Willensäußerungen – das sich entwickelnde Selbstempfinden stärken. Als Widersacher bieten die Eltern den Kindern einen starken, unbesiegbaren Gegner, gegen den sie die Kräfte des Zorns, des Argumentierens und der Überredung mobilisieren. Die Kombination von Verbündetem und Widersacher gibt Kindern die Gelegenheit, das Gefühl der Stärke kennen zu lernen, das der Stärkung der Selbstbehauptung durch Wut entspringt, und somit in Kontroversen erfolgreich zu sein. Ähnliche Erfahrungen in der Analyse können das Selbstempfinden des Patienten vitalisieren.

Nach einem langen, anstrengenden Wochenende im Labor geriet Nancy zu Hause häufig in die wachsende Panik, sie hätte in einem Test einen Fehler gemacht, der für einen Patienten tödlich enden würde. Sie musste dann im Labor anrufen, um sich zu beruhigen. Aus der aversiven Übertragungshaltung zum Analytiker, dass er zu viel von ihr forderte, während er ihr nicht genug half, zogen Nancy und er den Schluss, dass sie in der Arbeit genauso empfand. Die ausführliche Untersuchung der Beziehungen zu ihren Kollegen und Vorgesetzten im Labor, die Nancy zunächst als ihr überlegen beschrieben hatte, wiesen darauf hin, dass sie zugelassen hatte, von ihnen mit den schwierigeren Verfahren übermäßig beansprucht zu werden. Ihr starkes Verantwortungsgefühl für die Patienten und ihr hoher Leistungsstandard machten sie für die Schmeicheleien in den ständigen Forderungen der Vorgesetzten empfänglich. In Zusammenhang damit stand ihr Groll, den sie früher empfunden hatte, wenn sie die Mutter bei ihren Migräneanfällen – die vorgeblich durch Nancy ausgelöst worden waren – pflegen musste. Zu dieser zweifach aversive Erfahrung mit ihrer Mutter in ihrer Kindheit kam Nancys Schuldgefühl, sich während der letzten Krankheit ihrer Mutter nicht um sie gekümmert zu haben. Als diese vielfachen Verknüpfungen der Aversivität erforscht wurden, begann Nancy, sich direkt gegen ihre Mitarbeiter und Vorgesetzten zu wehren und darauf zu achten, wie sie ihre eigenen Bedürfnisse erkennen und sich darum kümmern konnte. Die Kontroversen, die nun folgten, quälten sie manchmal, doch ihre Panik verschwand.

Sinnlicher Genuss und sexuelle Erregung

Motivationen können sich um die Suche nach sinnlichem Genuss und/oder sexueller Erregung drehen. Sinnlicher Genuss kann die Intensität von Überstimulierung oder Aversivität durch Besänftigung, Beruhigung und Vorbereitung zum Schlaf verringern. Oder er kann die Empfänglichkeit für erotisch erregende Stimuli erhöhen, was zu genitaler und sexueller Erregung führt. Ein Patient könnte sinnlichen Genuss in der analytischen Beziehung suchen und besonders auf die sanft rhythmische Sprechweise, die ruhige Atmosphäre, das ästhetisch angenehme Ambiente eingestimmt werden und sich symbolisch »berührt« und »getröstet« fühlen. Auf der Suche nach dem Sinnlichen, das Nancy in der Beziehung zu ihrer Mutter so sehr gefehlt hatte, fühlte sie sich beispielsweise magisch angezogen von runden, warmen Brüsten und weiblichen Gesäßen oder fantasierte darüber. Nach und nach konnte ihre Sinnlichkeit auch zu sexueller Erregung führen.

Die traditionelle psychoanalytische Theorie hat die sexuelle Erregung und orgastische Entladung als das zentrale, ja sogar das einzige Ziel des sinnlich-sexuellen motivationalen Systems angenommen. Wir haben jedoch bemerkt, dass sexuelle Erregung auch gesucht werden kann, wenn sich ein Mensch gefährdet fühlt, also nicht als primäres Ziel, sondern als ein Mittel, um eine Vitalisierung zu erreichen, die einen erschöpften Zustand ausgleichen soll. Obwohl das oft der Fall sein mag, kann eine Sexualisierung, wie sie in der analytischen Beziehung auftaucht, offensichtlich selbststärkendes Vergnügen bieten. Nancy gestattete sich allmählich und vorsichtig, auf den Analytiker gerichtete sinnliche Sehnsüchte und sexuelle Erregung in Träumen, außerhalb und während der Sitzungen zu erleben. Diese Erfahrungen hatten ihr eigenes Gewicht in der Behandlung als Thematisierung von Problemen im sinnlich-sexuellen motivationalen System und waren nicht nur allein oder primär verschobene Versuche, um verzweifelt Bindungen wiederherzustellen. Die Wiederherstellung fand direkten Ausdruck darin, dass Nancys Genitalien nach Jahren der »Betäubung« wieder empfindsam wurden. Bald nach diesem wichtigen Zugewinn an Sinnlichkeit hatte sie ihre erste Erfahrung mit orgastischer Erregung. Das Gesamtresultat war, dass sie sich zum ersten Mal als »vollständige Frau« fühlte.

Es funktioniert am besten, die fünf motivationalen Systeme als Leitlinien zum Erkennen von Übertragungserfahrungen zu nutzen, wenn die Hauptthemen der Assoziationen des Patienten und die Gefühle, die sie begleiten, deutlich unterscheidbar sind. Zuneigung und der Wunsch nach Intimität können leicht von Wut und Rachegefühlen oder Interesse an Spiel oder Arbeit mit dem Ziel des Kompetenzerwerbs unterschieden werden. Im Allgemeinen sind komplexe Symptome und Persönlichkeitszüge die Verschmelzung mannigfaltiger Motivationen. Nancys Bettnässen und das Verlangen nach Schnelligkeit und Risiko sind Beispiele. So wie Nancy mit ihrem Geld umging, wie sie ihre Pläne und Entschlüsse bezüglich Studium, Gewichtsproblemen und Rauchen buchstäblich zerrinnen ließ, lag es für den Analytiker nahe, einen wiederholten Rückfall ins Bettnässen zu beobachten. Somit trat das generelle Problem, Kontrolle zu gewinnen oder zu verlieren, in jedem motivationalen System auf. Die Enuresis selbst war eine Zusammenfassung oder Kompromissbildung aus vielen Quellen, die nur aus kleinen Ausschnitten der analytischen Exploration im Laufe der Behandlung zusammengefügt werden konnte. Die früheste Quelle war, dass Nancy bis zum Alter von drei Jahren im Schlafzimmer ihrer Eltern schlief. Daraus folgte, dass sie Zeugin ihrer sexuellen Begegnungen und nächtlichen Streits wurde, was die Nacht zu einer Zeit der Überstimulation statt der Ruhe machte. Überdies sah sie ihre »Vertreibung« aus dem Schlafzimmer als eine Folge davon, dass sie selbst zum Quälgeist geworden war. Der von ihr empfundene Groll wurde erheblich von dem Gefühl verstärkt, dass sie, sobald sie im Alter von drei Jahren sauber war, ihren Nachttopf selbst die Treppe hinauftragen und allein zu Bett gehen musste. Damit entwickelte sich das Gefühl, dass ihre Mutter, sobald Nancy einen Entwicklungsschritt machte, diesen zu ihrem eigenen Vorteil nutzte, um sich von der Last zu befreien, die Nancy für sie darstellte. Das verlieh allen Fortschritten in der Analyse einen negativen affektiven Beigeschmack und wurde zu einem besonderen Problem für die Beendigung von Nancys Analyse. Die Enuresis diente als ein Mittel, um sowohl mit den Erregungszuständen, die mit ihrem Bruder fortgesetzt stattfanden, als auch mit ihrem Groll gegenüber ihrer Mutter fertig zu werden. Wenn gelegentlich während der Analyse Erregung oder Groll ausgelöst wurde, fürchtete Nancy und wünschte gelegentlich auch, auf die Couch zu machen. Hauptsächlich lieferte die Enuresis ihr ein Mittel, ihre Mutter in ständiger Verbindung zu sich zu halten – sie musste Nancy aus dem Bett holen, die Betttücher wechseln und Nancy ausschelten. Die Enurese endete schließlich, als Nancy die sexuelle Aktivität mit ihrem Bruder beendet hatte und somit die sexuelle Erregung reduzierte, und nachdem ihre Mutter ihr

Geld versprochen hatte. Nancy glaubte von ihrer Mutter wenigstens ein Geschenk bekommen zu haben, das sie sich wirklich wünschte.

In der Kindheit hatte Nancy Orientierung über das Leben bei ihrem Bruder Matt gesucht. Durch Matt hatte sie gelernt loszustürzen, ohne den Hinweisen genügend Aufmerksamkeit zu schenken, die sie brauchte, um sich selbst und ihre Aktivitäten besser zu regulieren. Sie wollte blenden, schnell und erfolgreich sein wie ihr »brillanter« Bruder und empfand als Folge davon in ihren Bemühungen häufig Kontrollverlust und Versagen. Durch die ruhige und methodische Einstellung des Analytikers, die sich in seiner Art der Exploration äußerte, begann Nancy allmählich, eine entspanntere, zurückhaltendere Einstellung zum Leben zu lernen. In einem Augenblick, als sie diese neue Einstellung entwickelte, sagte Nancy: »Ich habe mir gesagt, ich muss mich entspannen, muss die Dinge nehmen, wie sie kommen, um sie mir mit Ihnen anzuschauen, und alles kommt in Ordnung« (85:2:1). Sie »liebte ihn dafür«, da es ihr half, allmählich die Kontrolle über einige Bereiche ihres Lebens zu gewinnen. Doch »hasste sie ihn auch dafür«, denn Veränderungen wurden nötig und nahmen ihr das Gefühl von Hochstimmung und Macht. Nancys Streben nach Unabhängigkeit und Macht war teilweise entwickelt worden, um ihren alten Gefühlen der Entwertung entgegenzuwirken. Folglich unterminierte Nancys vertrauensvolle Bindung an ihren Analytiker die Machtquelle, die sie aus der Identifikation mit ihrem Bruder zog. Manchmal hatte Nancy das Gefühl, dass der Analytiker sie wie ihr Bruder ermunterte, Risiken einzugehen, indem sie sich in gefährliche Situationen begab, sie dann aber abhielt und sie für ihre vermutete Feigheit schalt. Mehrere (in diesem Band nicht veröffentlichte) Stunden wurden damit verbracht, dass Nancy eine Klettertour auf einen Berg nacherlebte, in welcher Matt die ausgestreckte Hand gerade außer Reichweite seiner verängstigten Schwester hielt. Mit entsprechender Motivation konnte Nancy das Gefühl haben, der Analytiker schränke entweder ihre Aufregung ein und führe sie zu langweiliger Mittelmäßigkeit, oder er ermutige sie, sich in beängstigende Situationen zu begeben, um ihr dann nicht hilfsbereit die Hand zu reichen.

Die Erforschung der Übertragungserfahrung in einem intersubjektiven Kontext

Wir haben bereits weiter vorn festgestellt, dass Patient und Analytiker gemeinsam in variablen Anteilen eine Übertragungserfahrung gestalten, und dass der Beitragsbereich eines jeden von minimal bis beträchtlich variiert. Wir sprechen nun zwei mögliche Fehler an, die dadurch gemildert werden können, dass sich der Analytiker der variablen Beitragsbereiche beider Beteiligten bewusst ist.

Wir können in einer Richtung irren, wenn wir das gegenwärtige Erleben des Patienten ihm als sein ausschließliches Produkt zuschreiben, obwohl der Analytiker signifikant dazu beigetragen hat. In der anderen Richtung können wir irren, wenn wir beharrlich nach bedeutsamen Ursprüngen des Patientenerlebens in den Reaktionen oder Einstellungen des Analytikers suchen, obwohl der Analytiker minimal dazu beigetragen hat. Als Nancys Analytiker in eine Rolleninszenierung stolperte und seine Patientin drängte, die zusätzlichen Bedeutungen eines Traums anzusprechen, womit er interaktional die Rollen Verführer-Verführte schuf, berichtete er, zu Beginn seine Verantwortung für den Druck frei weg geleugnet zu haben. Nancy nahm seine Findigkeit wahr (hat sie aber nicht projiziert) und wurde wütend auf ihn, weil er seine Verantwortlichkeit geleugnet hatte (83:2:16-27). Wenn er ihre Wahrnehmung als Projektion gesehen hätte, hätte er erneut die Verantwortung von sich gewiesen und hätte damit ein pathogenes Szenario weiter nachgebildet. Dass der Analytiker seinen Beitrag an der Interaktion erkannte, brachte ihn in die vorteilhafte Lage, Nancys Wahrnehmung zu bestätigen. Durch seine nun folgende Akzeptanz von Nancys Wut sowie sein Verständnisses und die Anerkennung seines Beitrags dazu konnte er die Wiedergutmachung der Unterbrechung erleichtern. Wenn Patienten jedoch mit Besorgnis erregenden Erwartungen beschäftigt sind, die sie als gegensätzlich zu ihren Erfahrungen mit den Reaktionen des Analytikers betrachten, werden die »alten«, konfliktbelasteten und die auftauchenden bestätigenden Sichtweisen gleichzeitig aufrechterhalten. Nancy mühte sich ab zwischen der Wahrnehmung ihres Analytikers als vertrauenswürdig oder als eines »scheußlichen« Menschen (83:3:17). Obwohl die Antworten des Therapeuten im Lauf der Zeit ihre erhofften Erfahrungen und auch seine Person als vertrauenswürdig bestätigten, wurde die »ältere« Erwartung der Patientin in diesem Moment nicht vom Analytiker beigesteuert, sondern primär intrapsychisch hervorgerufen. Die Annahme und das Beharren des Analytikers auf seiner Beteiligung hätte in diesem Fall den intrapsychischen Kampf der Patientin mit den beiden Wahrnehmungsinhalten verwirrt.

Der Prozess der psychologischen Neuorganisation verursacht kognitive Dissonanz (Festinger, 1964). Der Kampf mit dieser kognitiven Dissonanz wird umfassend demonstriert durch Nancys Frage: »Ich bin mir überhaupt nicht sicher, ob Sie nicht einfach nur ein scheußlicher Mensch sind. Wer sind Sie? Mache ich es richtig, wenn ich hierher komme? Kann ich Ihnen vertrauen? Dennoch stelle ich fest, dass ich nicht von Ihnen getrennt sein will« (83:3:17). Deutungen, die zu wenig mit den Wahrnehmungsinhalten des Patienten übereinstimmen, werden auf Aversivität stoßen und die analytische Exploration stören. Wenn der Analytiker dicht an dem Erleben des Patienten bleibt und allmählich ein neues System (Deutung) einführt, wird das den Patienten befähigen, offen zu bleiben und nach und nach eine neue Perspektive (Verständnis) anzunehmen.

Die komplexe Art, in der ein Patient sein Erleben des Analytikers in der analytischen Beziehung organisiert, kann gewöhnlich erst nach wiederholten Bemühungen um Erkenntnis, Konzept und Überprüfung erklärt werden. Durch die empathische Untersuchung identifizieren Patient und Analytiker mit der Zeit ein sich wiederholendes Erleben innerhalb der analytischen Beziehung. Beschreibt der Patient dasselbe Erleben auch in anderen Beziehungen, bestätigt sich, dass es ein zentrales Thema ist. Oft können wir dann anfangen, die vergangenen Aspekte des Erlebens zu explorieren, und der Patient führt uns bei Gelegenheit leicht zu Ursprungserfahrungen (Modellszenen) der Vergangenheit. In anderen Fällen ist das Erleben des Analytikers durch den Patienten so intensiv, dass Analytiker und Patient nur in der Erfahrung »leben können« (das ist, was wir »die Attribuierungen tragen« nennen). Die »Attribuierungen tragen« bedeutet, zu erforschen und zu ergänzen, als wären die Attribuierungen wahr (für den Patienten sind sie wahr). Jede Exploration, die von der laufenden intensiven Erfahrung in der analytischen Beziehung wegführt, sei es die Identifizierung eines Themas oder früherer Ereignisse, kann vom Patienten als Nichtigerklären seiner gegenwärtigen Wahrnehmungen erlebt werden. Wenn der Patient das Gefühl hat, sein Erleben verliere seine Gültigkeit, wird er dazu neigen, eine weitere Exploration zu verhindern. Durch die nicht defensive Bereitschaft des Analytikers hingegen, die Attribuierungen zu tragen, ebenso wie durch die rechtzeitige Anerkennung seines eigenen Beitrags, fühlt sich der Analysand gehört und kann nun seinerseits nachdenklicher werden. Wenn die Wahrnehmungen des Analysanden für gültig erklärt wurden (d. h., als seine identifiziert und für »realistisch« erklärt wurden), und mit zunehmender Bereitschaft zur Reflexion kann die empathische Untersuchung allmählich voranschreiten: hin zur Identifikation der Erfahrung als sich wiederholende und hin zur Erforschung des Beitrags des Analysanden.

Erwartungen, die vergangenen traumatischen Erfahrungen entstammen, können in der analytischen Beziehung ausgelöst werden, wenn die Interaktionen des Analytikers diese gefürchteten Erwartungen wiederholt bestätigen. Die Beschaffenheit intensiver aversiver Erfahrungen kann die Bedingungen gefährden, die für die Analyse eines sich entfaltenden Musters notwendig sind. Die Empfindung einer Selbstobjekt-Erfahrung im Hintergrund kann gestört werden und die Intensität des Affektzustands kann kognitive Prozesse und Überlegungen unmöglich machen. Erkennt der Analytiker, dass eine Selbstobjekt-Erfahrung im Hintergrund gestört wurde, wird er sein Verhalten modifizieren, um seinen Beitrag zu der Übertragung zu verringern. Bewirkt beispielsweise die Neigung eines Patienten, sich bedrängt und vernichtet zu fühlen, heftige aversive Rückzugsreaktionen, ist es notwendig, dass der Analytiker verbal weniger aktiv wird, damit die Arbeit voranschreiten und das Gefühl des Patienten, sich bedrängt zu fühlen, erforscht werden kann. Kohut (1977) stellte fest, dass für gewisse Patienten die »Verständnis«-Phase der Analyse vor der »erklärenden« Phase ausgedehnt werden muss, um die erforderlichen Entwicklungserfahrungen zu schaffen und, fügen wir hinzu, pathogene Erfahrungen auszugleichen. Wir glauben, dass bei allen erfolgreichen Analysand-Analytiker-Paaren oft unbewusst einige Veränderungen im Verhalten des Analytikers als Teil der laufenden, gegenseitigen Regulation auftreten (Jacobs, 1991; Lachmann und Beebe, 1994, 1995; Fosshage, 1995a). Bei der Arbeit mit Patienten, bei denen in der Behandlung eine ernsthaft verletzende Erfahrung wieder auftaucht, kann das Verständnis für die Not des Patienten durch Handlungen vermittelt werden, wo Worte allein nicht mehr genügen (Balint, 1968; Bacal, 1985; Jacobs, 1991; Malin, 1992; Lichtenberg et al., 1992; Lindon, 1994; Fosshage, 1995a).

Übertragung und »außerhalb der Übertragung«

Manche Analytiker postulieren, dass jede Kommunikation, einschließlich Diskussionen außerhalb der Übertragung, Übertragungsbezüge enthält, die ständig untersucht werden müssen. Indem der Analytiker das tut, stellt er die analytische Beziehung beharrlich in den Vordergrund der Analyse, eine Vorgehensweise, von der wir, in Übereinstimmung mit anderen (Wallerstein, 1984), glauben, dass sie Störungen im analytischen Fluss verstärkt und manche Übertragungsdeutungen gekünstelt macht. Überdies können der ständige Fokus und die ständige Bezugnahme des Analytikers auf die analytische Beziehung, wenn der Patient beispielsweise über andere Beziehungen spricht, bewirken, dass das, was der Patient als wichtig einschätzt, subtil für nichtig erklärt und die Führung des Patienten unterminiert wird.

Die Erörterung einer Beziehung außerhalb der analytischen Beziehung durch den Analysanden als »außerhalb der Übertragung« zu betrachten setzt implizit voraus, dass der Analysand latent über die analytische Beziehung spricht. Die Auslösung eines bestimmten thematischen Erlebens in einer äußeren Beziehung weist nicht unbedingt darauf hin, dass es gleichzeitig in der analytischen Beziehung wirksam ist. Das Sprechen über anderes in die Übertragung zu zwingen macht die Präsenz des Analytikers im Leben des Patienten mehrdeutiger als sie ist. Der Patient erfährt den Analytiker vielleicht als jemanden, der ihm sagt, der Analytiker sei wichtiger oder sollte wichtiger sein als es das authentische Erleben des Patienten bestätigt. Unserer Sichtweise nach hat jede Kommunikation innerhalb der analytischen Umgebung Übertragungsbedeutung; jedoch ist die Bedeutung vielleicht nicht auf den Inhalt bezogen, sondern auf den Prozess der Kommunikation (Fosshage, 1994). Wenn ein Patient dem Analytiker beispielsweise eine gegenwärtige oder längst vergangene schmerzhafte Missbrauchserfahrung durch einen anderen Menschen beschreibt, wird er den Analytiker höchstwahrscheinlich nicht »latent« als missbräuchlich erleben (d. h., den Inhalt als auf die Übertragung anwendbar interpretieren), sondern er erlebt den Analytiker als sicher und schützend genug, um fähig zu sein, die schmerzvolle Erfahrung mitzuteilen (d. h., den kommunikativen Prozess als eine Übertragungsbedeutung besitzend zu interpretieren). Zu dem Zweck, gemeinsam das Bewusstsein zu erweitern, kann die Exploration der Erfahrung und vor allem der damit verbundenen Gefühle optimal durchgeführt werden, indem man sich auf die besondere Situation konzentriert, in welcher der Patient sie aufbringt.

Abschließend lässt sich sagen, die Übertragung, wie wir sie definieren, bezieht sich auf das Erleben der analytischen Beziehung durch den Patienten und die organisierenden Muster, durch die es gestaltet und aufgenommen wird. Obwohl die Analyse erfordert, dass die direkte Erfahrung des Patienten in den Vordergrund gerückt wird, betreten sowohl Patient als auch Analytiker die psychoanalytische Arena mit ihren jeweiligen früheren Lebenserfahrungen und wechselnden motivationalen Prioritäten und Selbstzuständen und schaffen somit eine einzigartige Erfahrung miteinander. Der Patient gestaltet und assimiliert die analytische Beziehung in sich wiederholenden selbststärkenden und selbstschwächenden Erwartungen, die durch das vergangene Erleben aufgebaut wurden. Die Hoffnungen des Analysanden, die notwendigen Selbstobjekt-Erfahrungen hervorzurufen, um Kohäsion und Lebendigkeit des Selbstempfindens sicherzustellen, dienen als die fundamentale Motivation, die der analytischen Bemühung zugrunde liegt. Die Theorie der motivationalen Systeme anzuwenden, um die in der analytischen Beziehung gesuchten Arten der Selbstobjekt-Erfahrungen zu erweitern und zu spezifizieren, glauben wir, versetzt den Analytiker in die vorteilhafte Lage, die wechselnden motivationalen Prioritäten seiner Analysanden zu verstehen.

7. Träume
Die besondere Gelegenheit zur Exploration durch die Geistestätigkeit im Schlaf

Wir wollen die Diskussion der Träume und ihrer Nutzung in der therapeutischen Situation damit beginnen, Nancys zweiten Traum in den hier dokumentierten Sitzungen (85:4) und das darauf folgende Wechselspiel zwischen Nancy und ihrem Analytiker eingehend zu betrachten.
Nancy berichtete von einer Verabredung mit Karl zum Essen, die eine Menge wachgerufen hatte. Nancy machte sich Sorgen, dass Jim, ihr Mitbewohner, eifersüchtig sein würde – so war es in ihrer Familie gewesen. Sie beschrieb ihren Bruder Matt und ihre Angst vor seiner Eifersucht in Bezug auf andere Männer. »Als ich in der High School und am College war, ließen alle mich wissen, dass mein Platz bei meinem Dad und meinem Bruder war. Jeder Junge, den ich mit nach Hause brachte, war nicht gut genug, weil er eine Bedrohung darstellte« (85:4:5). Einmal telefonierte sie mit einem Mann, mit dem sie befreundet war. Er bat sie, zu ihm zurückzukommen, da er sich einsam fühlte. »Mein Bruder hörte mich sprechen und sagte: ›Du weißt, wo du hingehörst.‹« (85:4:5) Dann erinnerte sie sich an einen Traum:

»In einem Traum vergangene Nacht kniete ich auf dem Boden, um etwas aufzuheben. Jim kam her. Ich legte ihm den Arm ums Bein. Nur war es nicht sein Bein, es war sein Schritt. Als ich das erkannte, versuchte ich mich zurückzuziehen, aber er ließ mich nicht. Ich versuchte, ihm eine Geste der Zuneigung zu machen, ihn wissen zu lassen, dass ich nicht weggegangen war, und dann hat es sich fälschlicherweise von Karl auf Jim verlagert. Aber woher kommt das? Sie behaupten, es kommt aus meiner Vergangenheit – meinen Erinnerungen. In dem Traum war eines offensichtlich, was das Fehlermachen anging. Mein erster Fehler war, zu missdeuten, wohin ich meine Wange legte. Dann sein Fehler, mich nicht wieder loszulassen. Wie mein Bruder. Ich habe nicht versucht, mein Gesicht in die Nähe seiner Genitalien zu bringen. Ich versuchte, Zuneigung zueinander zu spüren. Das habe ich in dem Traum auch versucht.« (85:4:5)

Der Analytiker antwortet: »In dem Traum, was haben Sie da zuerst gemacht?« Während der ganzen Sitzung hat Nancy ohne die Notwendigkeit zur Ermutigung oder Konzentration ihre Assoziationen vorgetragen. Ich wollte, dass sie mit den Traumvorstellungen in Berührung bleibt und war neugierig auf die Anfangsvorstellung, die mir nicht klar war« (85:4:6).

Zunächst klärt der Analytiker die Traumerfahrung des Patienten, um die Bedeutung des Traumes zu verstehen – unsere erste technische Richtlinie für die Traumarbeit. Mit derselben Frage erleichtert der Analytiker dem Patienten zusätzlich, die affektive Erfahrung im Traum wieder zu erkennen, die es Patient und Analytiker ermöglicht, den Traum in bedeutsamerer Weise zu erforschen und zu nutzen – unsere zweite technische Richtlinie. Nancy antwortet:

»Ich weiß es nicht. Ich lag auf den Knien, um irgendetwas aufzuheben. Eine Karteikarte vielleicht. Jim kommt herein. Ich möchte eine Geste der Zuneigung machen, strecke den Arm aus und lehne das Gesicht an – das müsste sein Knie oder Oberschenkel sein. Dann veränderte sich die Perspektive der Größe vom Kind zum Erwachsenen. Das ist wichtig, weil es das ist, was hier betont wird – sich kindlich fühlen ... Ich hatte gerade eine Frage: Begreife ich eigentlich die Bedeutung dessen, was ich sage? [*seufzt*] Die Antwort heißt nein. Das ist, wie wenn ich etwas sage und Sie sagen es mir noch einmal und dann erst verstehe ich es.« (85:4:7)

Nancy führt ihre Traumerfahrung weiter aus. Sie sieht sich, wie sie zunächst »eine Geste der Zuneigung machen« möchte. Dann wechselt die Größenperspektive vom Kind zur Erwachsenen, sie setzt diesen Wechsel zur analytischen Beziehung in Bezug, und daraus folgt Verwirrung. Im nun folgenden Gespräch ist Nancy in der Lage, ihr Bedürfnis nach Zuneigung und deren Ausdruck zu akzeptieren. Sie fragt, ob es etwas noch »Beängstigenderes« gibt und beginnt mit Hilfe des Analytikers, Anspruch auf ihre sexuelle Neugier geltend zu machen. Doch sexuelle Neugier war negativ gefärbt: »Meine Eltern fürchteten, ein Interesse an meinem Körper und dem anderer würde zu Verdorbenheit führen« (85:4:21). Nachdem Nancy weitere, Konflikt auslösende Botschaften in ihrer Familie beschrieben hat, fasst der Analytiker zusammen: »Und scheint den Beigeschmack von entweder ›es ist Ihre Schuld‹ oder ›es ist nicht Ihre Schuld, es ist die Schuld von jemandem, der die Verantwortung nicht übernimmt‹ zu bewahren« (85:4:24). Darauf entgegnete Nancy: »Den hatte es. Was soll ich damit anfangen? [*streitlustig*] So sind die Botschaften bei mir angekommen« (85:4:25). Anscheinend hatte Nancy die Bemerkung des Analytikers als ein wenig kritisch empfunden, was ihre Aversivität weckte. Da der Analytiker das Gefühl hatte, Nancy nochmals zu einem reflektierenden Prozess hinführen zu können, kehrte er zu ihrem Traum zurück: »In Ihrem Traum teilen Sie es auf deutliche Weise auf« (85:4:26). Er nutzt den Traum, um Licht in das Problem der Verantwortlichkeit im Hinblick auf liebevolle und sexuelle Wünsche und Verhaltensweisen zu bringen. Bald sagte Nancy: »Ich fange an zu denken: ›Zum Tango-Tanzen gehören zwei.‹ Dann vergesse ich es und bin wieder zurück bei: ›Das ist alles mein Problem.‹ Dann denke ich: ›Kinder brauchen Erwachsene, um zu lernen.‹ Es ist ein echtes Problem, wenn das nicht verfügbar ist« (85:4:31). Dann fügte sie hinzu: »Ich kann die Verantwortung dafür übernehmen, alles wissen zu wollen ... Ich war ein sehr neugieriges kleines Mädchen. Aber Neugierde ist nicht abartig. Wenn sie abartig wird, dann weil etwas verkehrt ist« (85:4:33). Indem Nancy alte Einstellungen neu bewertet, gelangt sie zu einer neuen akzeptierenden Haltung ihrer sexuellen Neugier gegenüber.

Die Traumbilder enthüllen Konfliktpunkte, die mit der Bedeutung von Sexuellem und der Verantwortung für den Ausdruck von Zuneigung, sexuellem Begehren und sexueller Neugier verbunden sind und bieten Gelegenheit, sie zu erforschen. Im Traum macht Nancy deutlich, dass sie Zuneigung ausdrücken wollte. Im Traum geschahen jedoch »zwei Fehler«: Der erste »war, zu missdeuten, wohin ich meine Wange legte« und »dann sein Fehler, mich nicht wieder loszulassen.« Sie erklärt: »Wie mein Bruder. Ich habe nicht versucht, mein Gesicht in die Nähe seiner Genitalien zu bringen. Ich versuchte, Zuneigung zueinander zu spüren« (85:4:5). Obwohl der Konflikt, wer für die sexuellen Handlungen verantwortlich ist, im Traum deutlich wird, teilt Nancy durch die Erwähnung der beiden Fehler auf – wie der Analytiker feststellt –, was unter ihre Verantwortung und was unter die ihres Bruders fällt. Bei der Arbeit mit dem Traum verwendete der Analytiker die Geistestätigkeit im Traum in Verbindung mit der Geistestätigkeit im Wachzustand, um diese leidvollen, konfliktreichen Probleme weiter zu erforschen und zu klären. Dabei blieb er dicht an der im Traumszenario augenscheinlichen thematischen Struktur, womit er unser Prinzip »die Botschaft enthält die Botschaft« veranschaulicht. Er übersetzte keine Traumbilder in dem Versuch, den Traum entweder zu verstehen oder ihn in die Übertragung einzubringen, sondern blieb bei den Bildern der Träumenden und deren unmittelbaren Assoziationen hinsichtlich Zuneigung, Sexualität und Verantwortung und den entsprechenden Konflikten – Konflikte, die teilweise in ihrer Beziehung zu ihrem Bruder entstanden waren und die in der Gegenwart durch die noch nicht lange zurückliegende Verabredung zum Essen und die Beziehung zu ihrem männlichen Mitbewohner wieder ausgelöst wurden.

Wie aus diesem Beispiel deutlich hervorgeht, nähern wir uns einem Traum wie einer Erzählung. Wenn wir einer Traumerzählung zuhören, greifen wir, wie bei jeder Erzählung, die wichtigsten Affekte, Themen und die Kernaussage der Geschichte auf und denken darüber nach, um das Erleben des Träumenden im Traum zu klären und zu verstärken. Indem wir uns auf einen Traum als eine Erzählung und als den Kern der Geschichte beziehen, folgen wir Sloane (1979), der glaubte, es sei in der Traumdeutung zentral, dass der Analytiker den Sinn des Traumes, seine »nackte oder wesentliche Bedeutung«, seine »Qualität oder seinen allgemeinen Tenor« (S. 39) identifiziert. Für die Bedeutung des Traumes betrachtet Sloane, wie auch wir, den explizit im Traum ausgedrückten Affekt zusammen mit dem allgemeinen Gefühlston als grundlegend. Dementsprechend könnten wir einem Patienten spiegeln: »Sie waren in Ihrem Traum also voll Angst, als sie Ihr Kind in Gefahr glaubten« oder »Trotz all des Herumziehens im Traum waren sie ruhig«. Wir fragen nach unklaren Ereignissen im Traum und danach, wie der Träumende sie erlebt hat, um sie zu begreifen. Wenn wir uns auf einen Affekt konzentrieren, versuchen wir, ihn mit seiner Quelle im Traum in Verbindung zu bringen. Allgemeine Fragen wie: »Was assoziieren Sie mit dem Traum?« oder »Welche Bedeutung hat der Traum für Sie?« empfehlen wir nicht, da sie zu offen sind und oft eine affektlose, intellektualisierende Annäherung an den Traum fördern. Um den Wiedereinstieg des Patienten und den Einstieg des Analytikers in die Traumerfahrung zu erleichtern, formulieren wir unsere Fragen häufig so: »Was haben Sie erlebt, als das im Traum passiert ist?« und »Wie waren Ihre Gefühle, als das geschah?« Nach Klärung der Traumerfahrung versuchen wir, sie mit dem Erleben des Patienten im Wachzustand in Verbindung zu bringen.

Diese Erläuterungen führen uns zu unserer Theorie der Traumbildung und einer detaillierteren Darstellung der Technik in der Arbeit mit Träumen.

Die Theorie der Traumbildung[2]

Wir betrachten den Traum als einen komplexen Prozess der Geistestätigkeit, der im Schlaf stattfindet. Seine zentrale Funktion, ebenso wie bei der Geistestätigkeit im Wachzustand, ist die Informationsverarbeitung. Sie nutzt wechselweise die dualen Kognitionsmodi – den bildhaften, sinnlichen Primärprozessmodus und den sprachlich verankerten Sekundärprozessmodus (Holt, 1967; McLaughlin, 1978; Noy, 1969, 1979; McKinnon, 1979; Fosshage, 1983, 1987; Lichtenberg, 1983; Bucci, 1985, 1992; Dorpat, 1990). Diese Modi tauchen im Traum jeweils in der Form von sinnlichen Bildern und gesprochenen oder unausgesprochenen Worten auf. Ebenso wie die Worte in logischer, kohärenter Weise angeordnet sind, um eine Bedeutung und einen kognitiven Fokus zu bilden, sind auch die Bilder in eine Abfolgeordnung gestellt, um eine Bedeutung und eine affektiv-kognitive Verarbeitung auszudrücken (Fosshage, 1983). Bilder rufen häufig heftigere Affekte hervor (für eine Übersicht s. Epstein, 1994), was klar macht, weshalb Träume (besonders REM-Träume, in denen die Bilder stärker dominieren) eine so tief greifende Wirkung haben können. Die folgerichtige Anordnung der Bilder wie in einem Film drückt die Sorgen und

---

[2] Mehrere Teile dieses Abschnitts sind bereits erschienen in J. Fosshages »Dreaming as a Royal Expression of Unconscious Mentation: A Current Perspective«, der auf einer Konferenz des Toronto Institute for Contemporary Psychoanalysis am 24. September 1994 in Toronto, Kanada, vorgestellt wurde.

Versuche, die Probleme des täglichen Lebens zu lösen, in dramatischer Weise aus. Wir glauben, dass diese Bilder nicht gewählt werden, um zu verbergen, sondern um die geistigen Bemühungen des Träumers voranzubringen (Fosshage, 1987). Dementsprechend liefern Träume eine unschätzbare Quelle zum Verständnis der Kämpfe, Konflikte und Bestrebungen eines Menschen.

Das von uns verwendete Traummodell setzt voraus, dass jede Traumerfahrung organisiert ist: 1. in Verbindung mit dem Kontext, der über die Wahrnehmung einen starken Eindruck hinterlassen hat (obwohl Wahrnehmungsreize auch bei Nacht auftreten können – z. B. das Pfeifen eines Zugs in der Ferne oder ein kalter Raum – bezieht sich der Wahrnehmungskontext gewöhnlich auf die Ereignisse des oder der vorangegangenen Tage(s), 2. in Reaktion auf die jeweiligen motivationalen Systeme, die dominant und/oder in Konflikt sind und 3. in Übereinstimmung mit Organisationsmustern, die auf früher gelebter Erfahrung beruhen und nun aktiviert sind.

Die Geistestätigkeit im Traum, wie diejenige im Wachzustand, dient dazu, die psychologische Organisation zu entwickeln, aufrechtzuerhalten und wiederherzustellen (Fosshage, 1983). Wir nennen unser Modell das »Organisationsmodell der Träume«, da der Kernprozess und die Funktion des Träumens die Organisation von Sinnesdaten sind. Ähnlich haben sie Atwood und Stolorow (1984) auf den Traum als »den Wächter der psychologischen Organisation« (S. 103) bezogen. Auf der Grundlage der REM- und Trauminhalts-Forschung sieht Greenberg (1987, 1993) die Traumfunktion als den Prozess, »Informationen aus gegenwärtiger Erfahrung mit vergangenen Erinnerungen in Übereinstimmung zu bringen, um Schemata hervorzubringen, welche die Organisatoren komplizierter verhaltensbezogener Aufgaben sind« (S. 3). Aus einer neurophysiologischen Perspektive heraus postuliert auch Winson (1985), der die evolutionäre Entwicklung von Gehirnstrukturen erforscht, dass die Funktion des Traumes die Integration ist, d. h, eine systematische Verarbeitung von Information (S. 295). Und auf der Grundlage der REM- und Traumforschung hat Fiss (1986, 1989) in Übereinstimmung mit uns (Fosshage, 1983) darauf hingewiesen, dass das Träumen die Entwicklung, Aufrecherhaltung und Wiederherstellung des Selbst erleichtert.

Entwicklung

Die Geistestätigkeit im Traum, wie auch die Geistestätigkeit im Wachzustand, kann der Entwicklung der psychologischen Organisation durch Schaffung oder Festigung einer neuen Lösung oder Synthese dienen (Jung, 1916). Als Beitrag zur Entwicklung werden neue Wahrnehmungsweisen erprobt und neue Verhaltensmöglichkeiten bildhaft festgehalten. Die Verfechter von informationsverarbeitenden Modellen (z. B. Breger, 1977) haben in ähnlicher Weise darauf hingewiesen, dass neue Wahrnehmungen und Erfahrungen mit bleibenden Erinnerungen und Lösungen in einem ständigen »Neuordnen und Bereichern der assoziativen Struktur der permanenten Erinnerung verglichen werden« (Palombo, 1978, S. 468). In einem Überblick über die Forschung kommt Levin (1990) zu folgender Schlussfolgerung:

»Im Allgemeinen hat der experimentelle Beweis gezeigt, dass der REM-Schlaf, und insbesondere das Träumen, in der Verstärkung, Integration und Verarbeitung von affektgeladener Information, gewöhnlich derjenigen mit konfliktgeladenen oder negativen Qualitäten, einen funktionalen Nutzen hat. [Überdies] scheint eine gesteigerte REM- und Traumtätigkeit mit der Fähigkeit assoziiert zu sein, die Fantasie wirkungsvoll zu nutzen und an abweichendem [kreativem] Denken und ganzheitlicher Problemlösung beteiligt zu sein.« (S. 37)

In einer Sitzung überlegte Nancy, wie viele gute Freunde sie hat, eine neue Sachlage. Das löste die Erinnerung des Traumes der vergangenen Nacht aus, der »von einer Gruppe Frauen an der Mädchen-Universität [handelte], an der ich studiert habe. Es waren dieselben Frauen – manche verheiratet, manche Singles – alle in Weiß und Lavendel gekleidet, wie Hochzeitskleider aus spitzenartigem Chiffon. In dem Traum dachte ich darüber nach, dass ich mich zu einigen von ihnen hingezogen fühle, weil sie glücklich sind, nicht weil sie große Brüste haben oder zornig und hochmütig sind« (89:1:17). In dem Traum wendet sie sich ab von den Frauen, die zornig und hochmütig sind – Frauen, die ihrer Mutter ähneln – und hat weniger Bedürfnis nach Frauen mit »großen Brüsten« – wo sie Fürsorge sucht. In ihrem Traum fasst sie ihre Entwicklungsbemühung, eine vitalisierendere Bindung zu Frauen zu suchen, in Bilder und bringt sie damit weiter.

Ein anderes Beispiel dafür, wie die Geistestätigkeit im Traum die Entwicklungsbewegung fördert, ist ein von Ms. D. berichteter Traum. Ms. D. ist eine attraktive, freundliche junge Frau mit viel Sinn für Humor, die sich wegen Schlaflosigkeit, Haarausfall, Depression und Angst in Behandlung begab. Sie war übrmäßig empfindlich für Kritik an ihrer Arbeit in einer Anwaltskanzlei, in der sie auf der mittleren Ebene tätig war. Ihr Selbstvertrauen war auf einem Tiefpunkt angelangt, was sie mit Überstunden und Erfüllung aller Forderungen ihrer männlichen Kollegen zu kompensieren suchte. Die Exploration ihrer unterdrückten Selbstbehauptungsfähigkeit und ihres verleugneten Antagonismus enthüllten eine starke Verbindung zu der Angst ihrer Kindheit, ihrer Mutter zu missfallen, die zwei Mal wegen Depressionen in die Klinik eingewiesen worden war. Im Lauf der Zeit zeigte die Patientin beträchtliche Besserung, und sie wurde gebeten, sich einer Gruppe von drei männlichen Kollegen anzuschließen, die die Mutterfirma verließen, um eine eigene Spezialfirma zu gründen. Die Patientin fühlte sich von dem Angebot geschmeichelt, zögerte jedoch erheblich. Ihr Vater hatte ihren Ehrgeiz erstickt und riet ihr beharrlich von dem Risiko ab, einen »sicheren« Job aufzugeben. Sie bekam Angst, dass ihre früheren Kollegen gekränkt wären und die neue Firma erfolglos sein würde. Dennoch verhandelte sie erfolgreich mit den drei Männern und schloss sich ihnen an. In einer Sitzung, kurz bevor ihr Analytiker für eine Woche verreiste, beschrieb sie ihren Zwiespalt, ihren neuen Partnern gegenüber auf bestimmten notwendigen Arrangements zu beharren oder in ihre alte Neigung zum Gehorsam zurückzufallen – eine Braves-Mädchen-, »Sekretärinnen«-Haltung. Ihr Analytiker war ungewöhnlich aktiv in der Rolle des Mentors und wies darauf hin, dass diese ersten Tage in der neuen Firma für die Errichtung der Art von Präsenz, die sie zu vermitteln wünschte – eine richtige Rechtsanwältin oder eine unterwürfige »Sekretärin« – entscheidend sein könnten.
Bei der Rückkehr des Analytikers berichtete Ms. D., dass sie in der Nacht nach der letzten Sitzung einen Traum hatte, den sie für ungewöhnlich und hoffnungsvoll hielt. Sie stand in einem Raum am einen Ende eines Operationstischs. Am anderen Ende war ihr Analytiker. Auf dem Tisch lag ein Baby. Das Ungewöhnliche war, dass das Baby ein Baby bekommen sollte. Der Analytiker drehte

das Baby um, sodass es statt ihm ihr zugewandt war. Aus dem Baby kam eine erwachsene Frau hervor.
Ms. D. fand, die erwachsene Frau stelle sie dar, wie sie ihren Platz in der neuen Firma einnahm. Der Analytiker fragte sie nach dem Umdrehen des Babys. Sie sagte, dies sei seine Art, ihr zu sagen, dass sie, nicht er, dies herbeiführen würde, was eine Umkehr ihrer früheren Erwartung darstellte, dass er die Dinge in Ordnung bringen würde, wenn sie ihn nur aus ihrer folgsamen Braves-kleines-Mädchen-Haltung heraus anflehte. Sie wusste, dass ihre Passivität und Vermeidungshaltung kindlich waren und dass der Traum sie ermutigte, erwachsen zu werden. Der Traum half, ihr eine neue Sicht ihrer Fähigkeit zu vermitteln, ihr Selbstempfinden als »voll ausgewachsene Frau« zu stärken.

Aufrechterhaltung und Wiederherstellung

Die Geistestätigkeit im Schlaf, wie auch die im Wachzustand, kann der Aufrechterhaltung und Wiederherstellung der psychologischen Organisation und Selbstkohäsion dienen. Kohuts (1977) Beschreibung des »Selbstzustandstraumes« (Ornstein, 1987) ist ein Beispiel, in dem die Traumbemühungen angesichts einer drohenden Selbst-Fragmentierung oder Auflösung darauf gerichtet sind, ein positives, kohäsives Selbstempfinden wiederherzustellen. Die Affektregulierung ist in diesen Träumen zentral. Haben wir beispielsweise Wut und Antagonismus in Reaktion auf eine wahrgenommene Bedrohung während des Tages nicht ausreichend ausgedrückt, versuchen wir vielleicht, die Situation in unseren Träumen in Ordnung zu bringen – ein Bestreben, den Affekt zu regulieren und das Selbst-Gleichgewicht wiederherzustellen.
Nancy beispielsweise beschrieb ihre Reaktion auf Pater Roccos kritischen Telefonanruf zu ihrer Dissertation. Nachdem sie sich zuerst niedergeschlagen gefühlt hatte und dann wütend geworden war, erinnerte sie sich an einen Traum (90:1:3). Sie wurde von einem Schwarzen sexuell belästigt. Ihre ersten Versuche, ihn abzuwehren, scheiterten. Dann, als sie die Menschen im Nachbarraum zu Hilfe rief, fühlte sie sich gestärkt und erkannte, dass sie »ihn [den Schwarzen] an die Wand nageln« konnte. Die Traumbilder

stellen anschaulich dar, wie Nancy Pater Roccos Anruf als gleichbedeutend mit sexueller Belästigung erlebte, wie es ihr anfänglich nicht gelang, ihn abzuwehren, und schließlich ein kraftvolles Schreien Hilfe brachte. Im Traum fand Nancy einen Weg, um ihre Gefühle auszudrücken und ihre Empfindung von Kraft und Wirkung wiederherzustellen. Die Verbindung, die durch das Erzählen des Traumes entstanden war, befähigte Nancy, innerlich gegenüber Pater Rocco definitiver, selbstsicherer und stärker zu werden. Einen Traum im Wachzustand zu erzählen und affektiv damit in Verbindung zu treten, fördert die Integration der psychologischen Bewegung, die im Traumzustand aufgetaucht ist.

Die Wiederherstellung der psychologischen Organisation ist jedoch nicht immer mit einer Bewegung zur »Gesundheit« hin verbunden. Man kann eine vertraute, aber eher problematische »Einstellung« (Organisationsmuster) ebenso in der Geistestätigkeit im Traum wie im Wachzustand wiederherstellen und verstärken. Beispielsweise kann jemand seinen Erfolg auf Grund der Vergangenheit als für den anderen und dadurch auch für die Verbindung zum Selbstobjekt als bedrohlich erleben. Ein Traum kann dazu dienen, die vertrautere, weniger Angst erzeugende negative Selbstsicht, unzulänglich zu sein, wieder durchzusetzen und damit die Verbindung zum Selbstobjekt und ein gewisses psychologisches Gleichgewicht wiederherzustellen. Dieses Ereignis können wir nur erkennen, indem wir die charakteristische Selbstsicht des Träumenden in Kombination mit den genauen Tagesereignissen, die zum Traumgeschehen geführt haben, verstehen.

Wenn wir träumen, nutzen und enthüllen wir die primären Muster, wie wir unsere Welt organisieren. Die Geistestätigkeit im Traum, wie die im Wachzustand, kann dazu dienen, diese Muster aufrechtzuerhalten oder sie zu verändern. Bilder des Selbst, der anderen und des Selbst-mit-anderen werden in komplizierten Metaphern dargestellt. Objektbeziehungs-Kämpfe und -Konflikte tauchen auf und werden gelöst oder auch nicht. Affekte, Motivationen, Konflikte, Selbstobjekt-Erfahrungen – alle Aspekte des eigenen Erlebens werden am Traumprozess beteiligt und darin enthüllt. Nancys Traum (90:1:3) von ihrem Kampf mit dem sexuellen Belästiger beispielsweise erzählt uns eine komplizierte Geschichte. Die Geschichte beinhaltet einen Beziehungskampf mit einem anderen, der versucht, Nancy aus seiner Wut heraus sexuell zu dominieren – ein sich wiederholendes Thema im Leben mit ihrer Familie. Nancys anfängliche Versuche, sich zu behaupten, schlagen fehl. Und dann, in einem Augenblick der Spannkraft ihres Selbst, findet sie die Kraft und Stärke, laut um Hilfe zu rufen – eine Sichtweise, dass es andere gibt, die ihr zu Hilfe kommen werden und eine veränderte Sicht ihrer selbst als stark genug und fähig, sich selbst zu verteidigen.

Trauminhalt

Freuds Unterscheidung von manifestem und latenten Trauminhalt, die im Zentrum seines Traummodells steht, beruhte auf der Triebtheorie, der zufolge latente Triebimpulse oder infantile Wünsche verschleiert und in den manifesten Traum umgewandelt werden mussten, um den Schlaf zu wahren. Seine These, dass alle Träume eine abwehrende (verschleiernde) Umwandlung des zugrunde liegenden latenten Inhalts enthalten, ist nur dem klassischen Modell eigen und unterscheidet es von allen anderen Traummodellen. Sobald man das Trieb- und energetische Modell verlässt, ist es nicht mehr theoretisch notwendig, die Ubiquität der Abwehr in der Traumbildung zu postulieren.
Wir glauben, dass Träume – durch Affekte, Metaphern und Themen – direkt die unmittelbaren Sorgen des Träumenden enthüllen. Frenchs und Fromms (1964) Bemühungen um Problemlösung, Fairbairns (1944) Objektbeziehungs-Prozesse, Kohuts (1977) Selbstzustandsträume, Eriksons (1954) individualisierte Ich-Modi des Erlebens und Sich-Beziehens sowie die Entwicklungs-, Organisations- und Regulierungsfunktionen, die wir hier postulieren, werden alle als direkt (manifest) in Träumen beobachtbar angesehen. Nancys Träume – beispielsweise der Kampf mit dem Belästiger, der Traum, in dem sie sich zu glücklichen Frauen hingezogen fühlt und der, in dem sie sich mehr wie Betty fühlt, die ihre Ruhe bewahrte, als sie ein Baby zur Welt brachte – vermitteln alle direkt durch Affekte, Metaphern und Bilder des Selbst, der anderen und des Selbst-mit-anderen, worüber Nancy nachdenkt.
Abwehrhaltungen – was wir als Aversivität bezeichnen (Lichtenberg, Lachmann und Fosshage, 1992) – tauchen in Träumen sehr wohl auf. Doch erfordert das Auftauchen von Aversivität keine

Umwandlung oder Verschleierung des latenten Inhalts in manifesten Inhalt. Aversivität erscheint in den Traumszenarien direkt. Nancys Aversivität gegenüber dem Belästiger (90:1:3) und ihrem Bruder, der sie nicht loslässt (85:3:5) tauchten im Traum direkt auf.

Daher beziehen wir uns auf den Trauminhalt (Fosshage, 1983, 1987). Wir halten keine Differenzierung zwischen latentem und manifestem Inhalt aufrecht, da diese Unterscheidung einen Umwandlungs- oder Verschleierungsprozess in der Traumbildung voraussetzt. Selbst wenn der Trauminhalt nicht verschleiert wurde, ist er dennoch oft schwer greifbar und schwierig zu verstehen. Seine Flüchtigkeit hängt mit einer Reihe von Faktoren zusammen, zu denen unter anderen die schlechte Erinnerung an den Traum, die mangelnde Klarheit der Geistestätigkeit im Traum, Schwierigkeiten beim Verstehen der Bedeutung von Bildern aus der Perspektive des Wachzustands und das Problem des Auffindens einer geeigneten Passung, wenn zwei unterschiedliche Zustände der Geistestätigkeit nebeneinander stehen.

Nicht vorauszusetzen, dass der Trauminhalt aus einer Abwehrhaltung heraus verändert wurde, hat weit reichende Auswirkungen auf die Arbeit mit und das Verstehen von Träumen. Statt die Traumbilder als verschleierten Ersatz für etwas anderes zu betrachten, sind die Traumbilder unserer Überzeugung nach die beste dem Träumenden in dem Augenblick verfügbare Bildersprache, um das, worüber er nachdenkt, auszudrücken und zugänglich zu machen. Weshalb war in Nancys Traum vom sexuellen Belästiger beispielsweise der Belästiger nicht Pater Rocco, dessen telefonische Nachricht den Traum anscheinend ausgelöst hatte, sondern ein Schwarzer, der sie hasste, weil sie sowohl eine Frau als auch Weiße war? War nun der Schwarze eine Verschiebung, ein verschleierter Vertreter für Pater Rocco, der den Schlaf der Träumenden schützte? Hat das Bild des Schwarzen an Stelle Pater Roccos ihr Entsetzen im Traum verringert? Wir denken nein. Nancy hat ihr Entsetzen im Traum voll erlebt. Wir vermuten (wozu wir natürlich weitere Assoziationen von Nancy benötigen), dass das Bild des Schwarzen, der zwei Gründe hatte, sie zu hassen, ihr Erleben Pater Roccos bildhaft eindrucksvoller einfing als Pater Rocco selbst es getan hätte. In Nancys Erleben demaskierte das Bild Pater Rocco und zeigte dessen verborgene Seite.

Um die Themen und Metaphern eines Traumes zu verstehen, sind die Assoziationen und die Resonanz des Traumaffekts sowie die explorierenden Fragen des Analytikers sowohl zum Traum als auch zu seinen Verbindungen im Wachzustand notwendig. Traumbilder und -szenarien müssen therapeutisch jedoch danach beurteilt werden, was sie metaphorisch und thematisch enthüllen, nicht danach, was sie verbergen. Bei dieser Betonung kann die Verwendung jedes Traumbildes zur Übermittlung eines Sachverhalts im Traumkontext besser eingeschätzt werden (Fosshage, 1994). Das »Ich« im Traum beispielsweise identifiziert den Träumenden. Die Objektbilder stellen die Bilder des Träumers von anderen dar. Nicht anzunehmen, dass diese Objektbilder Projektionen des Selbst des Träumenden sind, gibt uns Zugang zu den Vorstellungen des Träumenden von anderen, des Selbst mit anderen und wichtigen Beziehungsmustern. War beispielsweise in Nancys Traum vom Belästiger der Schwarze eine Gestalt, die die Projektion ihrer eigenen Wut trug und die Vorstellung des Objekts in eine Vorstellung des Selbst übersetzte? Auch das glauben wir nicht. Wir glauben, dass dieses gewundenere Verständnis der thematischen Struktur des Traumes nicht entspricht und wir somit das wichtige Traumszenario des Selbst in der Beziehung zum anderen nicht bemerken würden. Darüber hinaus war Nancy in diesem Traum fähig, ihre Wut und Aversivität direkt im Traum zu erleben und auszudrücken.

Bedeutung eines Traumes

Wie die Geistestätigkeit im Wachzustand kann auch die Geistestätigkeit im Traum von unterschiedlicher Bedeutung sein. Ein Traum kann einen vergleichsweise einfachen Gedanken ausdrücken – beispielsweise, den Rasen zu mähen, eine Abhandlung fertig zu schreiben oder andere Tagesaufgaben zu erledigen – ohne weitere Bedeutung. Oder ein Traum kann eine umfassende bildhafte Übertragung des Lebens des Träumenden vermitteln, einschließlich thematischer Traumata, Veränderungen und des gegenwärtigen Zustands (ein Beispiel s. Fosshage, 1989). Nancys letzter Traum, »ich klettere einen großen Hügel hinauf, um den Sonnenuntergang über dem See zu sehen« (90:4:1) beispielsweise stellt dramatisch eine sich verändernde und erweiternde Perspektive dar. Während der Vorbereitung auf das Ende der Behandlung träumt sie, dass der See der Analyse austrocknet, und sie erinnert sich an das Bedürfnis, weiterhin vor ihrem Bruder auf der Hut zu sein, der versuchen könnte, ihre Erfolge zu zerstören.

Die Forschung stützt diese Sichtweise der unterschiedlichen Bedeutung von Träumen. Die stärker bildhaft dominierten REM-Träume sind typischerweise stärker mit affektgeladenen Szenarien verbunden. Im Gegensatz dazu sind Träume, die in Nicht-REM-Zuständen auftreten, stärker von Sekundärprozessen beherrscht und gleichen daher mehr den Sekundärprozessgedanken im Wachzustand. Die Forschung hat gezeigt, dass die REM-Träume wichtiger sind als die Nicht-REM-Träume, insofern als sie die Erinnerung verdichten und sich mit emotionalen Schwierigkeiten befassen (z. B., Fiss und Litchman, 1976;Cartwright, Tipton und Wicklund, 1980).

Der Gedanke, dass sich Träume in ihrer Bedeutung unterscheiden, stellt eine radikale Abkehr vom klassischen Modell dar, demzufolge immer eine tiefere latente Bedeutung vorausgesetzt wird. Therapeutisch, finden wir, befreit es Analytiker und Analysand von der mühsamen und oft fruchtlosen Aufgabe, in jedem Traum eine wichtige latente Bedeutung zu finden. Gelegentlich wird der Patient dem Analytiker einen Traum berichten, da er weiß, dass der Analytiker Träume schätzt, und er wird vielleicht eine Bemerkung hinzufügen, dass der Traum scheinbar wenig Bedeutung habe. Obwohl sich der Patient natürlich auch der Bedeutung des Traumes noch nicht bewusst geworden sein kann, hat er jedoch möglicherweise mit seiner Einschätzung Recht.

Technische Prinzipien für die Arbeit mit Träumen

Unser erstes technisches Prinzip ist, dem Patienten bei der Schilderung seines Traumerlebens so genau wie möglich zuzuhören (empathischer Wahrnehmungsmodus). Anfänglich zielt die analytische Nachfrage darauf, das Erleben des Träumers im Traum zu vervollständigen – was wir das Füllen der narrativen Hülle des

Traumes nennen, unser zweites technisches Prinzip. Beispielsweise: Was haben Sie gefühlt, als das im Traum geschah? Was haben Sie erlebt? (Bonime, 1962) Die Verbindung von empathischem Zuhören und Nachfragen nach dem Erleben des Träumers erleichtert dem Patienten das Betroffensein von und die affektive Verbindung mit dem Traumerleben und ergänzt es für den Verständnisprozess seiner Bedeutung. Sich auf die Traumerfahrung selbst zu konzentrieren, kann der vom Patienten im Wachzustand durchgeführten Konstruktion und Deutung eines Traumes zuwiderlaufen, wenn diese von der metaphorischen und thematischen Struktur des Traumes scharf abweichen. Das empathische Nachfragen bestätigt das Traumerleben und steigert die Überzeugung des Patienten hinsichtlich der Bedeutsamkeit der Traumerfahrung.

Möglicherweise erzählt ein Patient einen Traum, doch ist das Erleben des Träumers vielleicht unklar. In dem zu Beginn dieses Kapitels beschriebenen Traum Nancys sagte sie: »In einem Traum vergangene Nacht kniete ich auf dem Boden, um etwas aufzuheben« (85:4:5). War klar, was sie aufhob? Was war der Kontext? Welche Gefühle hatte sie? Der Analytiker fragte nach diesem Traumbild, da es ihm ein »Rätsel« war. Sein Nachfragen erleichterte es Nancy, sich in den Traum »hineinzubegeben« und ihn zu ergänzen.

Träume als Organisationsprozesse enthüllend zu betrachten bringt Analytiker und Patient in die Position, den Traumvorstellungen und deren Metaphern und Themen als direkt kommunikativ zu vertrauen. Unser drittes technisches Prinzip für die Arbeit mit Träumen lautet, ebenso wie für die Gedanken und Gefühle im Wachzustand, »die Botschaft enthält die Botschaft«.

Traditionell lautet die analytische Aufgabe, mit Hilfe der »freien« Assoziation hinter die »manifesten« Traumbilder zu den einzelnen Traumelementen zu gelangen. Die Bitte um Assoziationen zu den einzelnen Traumelementen a, b, c und d bis z ist nur dann von heuristischem Wert, wenn der Traum als Sequenz lose verbundener Elemente gesehen wird, die gleichzeitig etwas darunter Liegendes verbergen und ausdrücken. Unserer Ansicht nach sind Träume synthetische Bemühungen der Geistestätigkeit und sind nicht aus lose verbundenen Elementen zusammengesetzt. Überdies finden wir, dass die Bitte um Assoziationen zu einzelnen Traumelementen auf Kosten des Gesamtkontexts die Traumerfahrung leicht fragmentieren und außerdem von den Bildern selbst weit wegführen kann. Wenn das Träumen als ein integrativer und synthetischer Geistesprozess betrachtet wird, lautet die Aufgabe, die Bedeutung eines Bildes, wie es im Kontext der Traumerfahrung eingesetzt wird, durch die Assoziationen und Ausführungen des Träumenden umfassender zu erhellen. Jedes geistige Bild ist wie ein Wort in einem Satz, und Abfolgen von Bildern sind wie Sätze und Absätze, die eine Geschichte erzählen. Die Verstärkung der Bedeutung im Wachzustand – eines bestimmten Menschen beispielsweise – erleichtert das Verständnis. Jedoch kann ein Bild nur umfassend verstanden werden, wie es im Traumkontext verwendet ist, denn der Kontext formt seine Bedeutung. (Die Ähnlichkeit oder Unterschiedlichkeit des Traumbildes zu der Sichtweise im Wachzustand vermittelt eine wichtige Bedeutung. Beispielsweise kann die Sicht des Patienten von einem bestimmten Menschen im Traum eine Veränderung erfahren.) Die spontanen und die fokussierteren Assoziationen des Patienten zu den Traumbildern (Whitmont, 1978; Fosshage, 1987; Whitmont und Perera, 1990) destillieren die verschiedenen Bedeutungen eines Traumes heraus.

Um zum letzten berichteten Traum Nancys zurückzukehren, in dem sie einen großen Hügel hinaufkletterte und feststellte, dass »der See fast ausgetrocknet [war] – wie ein Krater« (90:4:1), verband Nancy, als sie vollständig mit ihrer Traumerfahrung verbunden war, diese spontan mit dem kurz bevorstehenden Ende ihrer Analyse: »Die Arbeit mit Ihnen trocknet aus. Die Stürme der Veränderung ... Es ist jetzt schwer zu erkennen, wie der See wieder gefüllt werden kann« (90:4:1). Einen Jungen im Traum, der »am Rand der Uferböschung entlang[trampelt] und sie zum Einbrechen [bringt]«, sah sie augenblicklich als ihren Bruder. Wäre das nicht so gewesen, hätte der Analytiker nach diesem Jungen fragen müssen: Wer war er? Wie war er? Hat er sie an jemanden erinnert? Als Nancy »lieber auf sichereren Boden zurück [eilte]«, warnte sie sich selbst: »Ich muss vorsichtig sein und darf weder ihn noch irgendjemand anderen die Arbeit zerstören lassen, die wir miteinander gemacht haben, sie abwerten lassen« (90:4:1). Nancy führt die Bedeutung des Traumes durch ihre spontanen Angaben und Assoziationen zu den Traumbildern im Kontext des Traumes aus. Sie hat den Traum metaphorisch verstanden und hat die thematische

Struktur des Traumes nicht verändert. Ihr Verständnis des Traumes war von ihren Sorgen im Wachzustand inspiriert, wie sie mit dem bevorstehenden Analyseende fertig werden sollte. Hätte Nancy ihre Traumerfahrung nicht mit ihrem Leben im Wachzustand in Verbindung gebracht, hätte der Analytiker fragen müssen: »Wo in Ihrem Leben haben Sie die Empfindung, dass ein See austrocknet?« Oder: »Was trocknet in Ihrem Leben aus?« In diesem Fall setzte Nancy durch den Traum ihre Bemühungen im wachen Leben fort, das bevorstehende Analyseende zu verarbeiten.

Dieses klinische Beispiel führt uns zu einem vierten Prinzip: Sobald die Traumerfahrung ausgearbeitet wurde, muss sie zum Leben im Wachzustand in Verbindung gebracht werden. Wie auch bei Nancys Traum von dem Hügel, den sie hinaufklettert, sind die Ausarbeitung der Traumerfahrung und die Verbindung mit dem Leben im Wachzustand oft simultane Prozesse. Manchmal treten sie jedoch auch eher getrennt auf. Die Geistestätigkeit im Wachzustand kann unser Verständnis eines Traumes steigern und umgekehrt. Einen Traum und seine Funktion zu verstehen, erfordert gewöhnlich die Erwägung des Kontexts im Wachzustand. Ein positiver Traum beispielsweise, der die intellektuellen Fähigkeiten des Träumenden bestätigt, könnte die Funktion haben, kurz zuvor im Wachzustand empfundene Gefühle weiter zu verstärken, oder er könnte angesichts von Selbstzweifeln eine wieder aufbauende Funktion haben. Kongruenz und Inkongruenz zwischen der Geistestätigkeit im Wachzustand und im Traum liefern eine zusätzliche Hebelwirkung zum Verstehen des Patienten. Als ein Beispiel für Kongruenz setzte Nancys letzter Traum ihre Gedanken im Wachzustand zum Ende ihrer Analyse fort und führte sie weiter. Inkongruenz zwischen dem Wach- und dem Traumzustand kann eine Reihe von Bedeutungen haben. Beispielsweise könnte ein Patient, der sich im Wachzustand vertrauensvoll und ruhig fühlt, im Traum zu einem früheren Angstzustand zurückkehren oder umgekehrt. Oder ein Patient könnte einen neuen Blickwinkel oder eine neue Lösung finden, die seine Wachstumsbestrebungen fördern, auf die er im Wachzustand noch nicht gekommen ist. Nancys Ausdruck von Aversivität gegenüber dem Belästiger und das darauf folgende Gefühl von Kraft waren relativ neue Erfahrungen für sie, die in dem Traum dargestellt wurden. Die Übereinstimmung zwischen Wach- und Traumzustand einzuschätzen und beide Zustände in einem analytischen Prozess in den Brennpunkt zu rücken steigert das Verständnis und die Integration der geistigen Bemühungen eines Menschen.

Obwohl die Bedeutung mancher Träume dem Träumenden ziemlich klar ist, sind zu ihrem Verständnis häufig zusätzliche Fragen notwendig. Im letzteren Beispiel wird die Deutung des Traumes, das ist unser fünftes technisches Prinzip, abwechselnd von Patient und Analytiker geformt. Die traditionelle Anforderung, dass manifester Inhalt in latenten Inhalt zu übersetzen ist, kann die Tür für Deutungen öffnen, die leichter vom metaphorischen und thematischen Trauminhalt ablenken und so den potenziellen Einfluss des Analytikers steigern. Unsere Richtlinie, dem Erleben des Träumenden empathisch zuzuhören, das Erleben des Träumenden zu verstärken und die thematische und metaphorische Struktur des Traumes als enthüllend anzusehen, sind Methoden, die dem Patienten größtmöglichen Einfluss während des *gemeinsam* entwickelten Verstehens der persönlichen Traumbedeutung zugestehen.

Wie steht es mit Übertragung und Traum? Die Vorstellung, dass alle Äußerungen des Analysanden übertragungsbezogen sind, greift den weit verbreiteten Gedanken auf, dass jeder dem Analytiker berichtete Traum mit Übertragung zu tun habe. Die Unterscheidung in manifesten und latenten Trauminhalt verstärkt die Übersetzungen von Traumbildern, die ihrerseits wiederum den Analytiker oder psychoanalytischen Therapeuten befähigen, Traumgestalten in verschleierte Übertragungs-Vertreter zu übersetzen. Diese Übersetzungen können Elemente aufgreifen, die in der analytischen Beziehung lebendig sind, oder auch nicht. Verständnis, Verwirrung, Willfährigkeit und Aversivität sind allesamt mögliche Ergebnisse.

Welche Implikationen hat unser Traummodell für die Übertragung? Alle einem Analytiker berichteten Träume haben eine Übertragungsbedeutung, sofern entweder der Trauminhalt auf die Therapie beziehbar ist oder der Vermittlungsprozess des Traumes die primäre Bedeutung für die analytische Beziehung in sich trägt (s. unsere Erörterung von Inhalt und Prozess im Verständnis der Übertragung im 6. Kapitel). Wir sind der Meinung, dass die traditionelle analytische Zugangsweise, nämlich anzunehmen, dass der Trauminhalt sich auf einen Übertragungskonflikt beziehen müsse,

leicht die Aufmerksamkeit vom Traumerleben des Patienten ablenken oder es untergraben kann. Wenn ein sich wiederholendes Beziehungsmuster im Traum überdies nicht in der analytischen Beziehung aktiv ist, sondern anderswo, dann verstärkt die Deutung dieses Musters als in der analytischen Beziehung bestehend dasselbe eher, als es das schrittweise Aufgeben durch den Analysanden fördert. Wir setzen daher niemals voraus, dass der Trauminhalt direkt mit einer problematischen Übertragungsdynamik in Beziehung steht, wenn nicht der Analytiker oder ein offensichtlich metaphorischer Repräsentant im Traum erscheint oder die Assoziationen des Träumers sich sofort auf den Analytiker beziehen. Beim Analysieren eines Traumes wird das im Traum auftauchende Beziehungsmuster zunächst identifiziert und später vom Patienten mit seinem Leben im Wachzustand in Verbindung gebracht. Wenn der Analytiker spürt, dass dieses Muster auch in der analytischen Beziehung auftaucht, obwohl der Patient es nicht erwähnt hat, kann er sich einfach erkundigen: »Ich frage mich, ob Sie das hier auch erleben?« So kann die Übertragung angesprochen werden, ohne die Traumbilder zu übersetzen und ohne das Erleben des Patienten außerhalb der analytischen Beziehung, in der das bestimmte Beziehungsmuster aufgetaucht ist, zu bagatellisieren.
Im 4. Kapitel haben wir einen Interventionstypus beschrieben, den wir »diszipliniert spontanes Engagement« zwischen Analytiker und Patient nennen. Bei der Arbeit mit Träumen fallen dem Analytiker vielleicht spontane Assoziationen ein, die in analytisch produktiver Weise genutzt werden können. Es folgt ein Beispiel.
Ms. E. begann ihre psychoanalytische Behandlung mit Anfang fünfzig. Sie entstammte einer aristokratischen Familie, war überaus intelligent und arbeitete als erfolgreiche Redakteurin. In ihrem Verhalten und ihrem Lebensstil war sie stark eingeschränkt, und sie hatte nie eine intime, sexuelle Beziehung erlebt. Nachdem sie etwa drei Monate in Behandlung gewesen war, berichtete die Patientin einen kurzen Traum. Sie fuhr ihren roten Porsche in ihre kreisförmige Auffahrt. Als Ms. E. »meinen roten Porsche« sagte, verriet die Miene des Analytikers spontan Überraschung. Nachdem sie ihm erzählt hatte, wie gut sie sich in dem Traum gefühlt hatte, bemerkte sie seine Überraschung und fragte: »Was sollte ich Ihrer Meinung nach denn fahren?« In seinem Geist tauchte augenblicklich eine Assoziation auf. Die Frage war, sollte er sie der Pati-

entin mitteilen oder nicht? Um sie beide vorzubereiten und um eine Wahlmöglichkeit anzubieten, sagte er: »Wollen Sie es wirklich wissen?« Sie ließ sich nicht entmutigen und antwortete bejahend. Da verriet er: »Einen Ford Edsel.« Sie war nicht erfreut, schien aber zu verstehen, dass diese Assoziation etwas an ihr einfing. In der folgenden Diskussion klärten die Patientin und ihr Analytiker, dass der Edsel den altmodischen, eingeschränkten Ort verkörperte, in dem sie sich befand. Der rote Porsche war die vitale, sportliche Seite der Patientin, die langsam auftauchte. Während der Analytiker dem Traumbericht zuhörte, reagierte er auf den Kontrast zwischen ihrem eingeschränkten Lebensstil und dem unerwarteten Auftauchen einer lebendigen, sportlichen Seite von ihr im Traum. Die Mitteilung der spontanen Assoziation fing den Kontrast zwischen ihrem Wach- und Traumzustand ein und diente dazu, das Verständnis beider Zustände der Patientin wie auch der Notwendigkeit, ihr vitaleres, sportlicheres Selbst zu integrieren und zu entwickeln, zu vertiefen. Wie sich herausstellte, wurde der Porsche zu einem wirkungsvollen Symbol der notwendigen Veränderung, das als Leitfaden für die gesamte Behandlung diente. Am Ende einer recht erfolgreichen fünfjährigen Analyse war es Ehrensache, dass Ms. E. ihrem Analytiker ein Porschemodell zur Erinnerung an sie schenkte.

Zusammenfassend sei gesagt, die erste Aufgabe bei der Annäherung an einen Traum ist, das Erleben des Träumenden im Traum zu klären und zu verstärken. Die Ereignisse des Traumes werden erzählt, aber dennoch ist das Erleben des Träumenden im Traum häufig unklar. Oder der Patient nähert sich dem Traum aus der Perspektive des Wachzustands. Allgemeine Fragen – wie: »Was assoziieren Sie zu dem Traum?« oder »Welche Bedeutung hat der Traum für Sie?« – sind meist zu offen und fördern eine affektlose, intellektualisierende Annäherung an den Traum. Um den Wiedereinstieg des Patienten und den Einstieg des Analytikers in die Traumerfahrung zu erleichtern, kann die Untersuchung des Traumes die Form von Fragen annehmen wie: »Was haben Sie erlebt, als das im Traum passiert ist?« oder »Was haben Sie empfunden, als das geschah?« Die Nachforschungen des Analytikers bleiben dicht am Erleben des Träumenden und verbinden den Traum zu dem Zweck, ihn zu verstärken und zu verstehen, affektiv erneut mit der Erfahrung.

Die Fragen konzentrieren sich stärker auf jene Traumgestalten oder -bilder, die eine Klärung benötigen. Objektbeziehungsthemen, affektgeladene Bilder des Selbst, anderer und des Selbst-mit-anderen werden identifiziert. Das gesamte Drama vom Anfang bis zum Ende besitzt eine immense kommunikative Kraft bezüglich der tiefsten Kämpfe und Bestrebungen des Träumenden. Sobald die Szenarien des Träumenden identifiziert sind, verschiebt sich die analytische Aufgabe darauf, zu identifizieren (falls es unklar ist), ob, wo und wann diese Themen im wachen Leben des Patienten aufgetaucht sind. Die Funktion des Traumes kann oft nur verstanden werden, wenn man die Wach- und Traumzustände des Patienten nebeneinander stellt. Drückt ein Traum beispielsweise eine überschäumende Stimmung von Effektivität und von Erfolg aus, könnte dies entweder einen derzeitigen Wachzustand reflektieren und zu seiner weiteren Festigung dienen, oder er könnte der Wiederherstellung der Selbstachtung angesichts einer Scham hervorrufenden Versagenserfahrung im wachen Erleben dienen.

Dieser phänomenologisch begründete Ansatz bestätigt auch das Erleben des Träumenden und steigert die Überzeugung bezüglich der Bedeutung des Traumes. Traumbilder werden nicht als defensive Stellvertreter übersetzt, sondern werden innerhalb der Struktur des Traumdramas für ihren kommunikativen Wert anerkannt. Besonders wichtig ist, dass der Träumende anfangen oder fortfahren kann, sich auf seine eigene Erfahrung zu verlassen (statt darauf, was traditionell die interpretierende Übersetzung des Analytikers war), um den Traum zu verstehen, was wiederum die Selbstkohäsion fördert.

8. Sexualität, Zuneigung und Erotisierung
Begleiterscheinungen der Behandlung sexuellen Missbrauchs

Nancys Analyse bietet einen tiefen Einblick in die Auswirkungen, die sexueller Missbrauch in der Kindheit auf das Bedürfnis nach und den Ausdruck von Zuneigung hat, die Hemmung von Sinnlichkeit und Sexualität, und die Zunahme von Schuld- und Schamgefühlen bezüglich sinnlichem Vergnügen und sexueller Erregung. Der übliche Weg, damit diese Bedürfnisse, Ängste und Hemmungen ausgedrückt und analysiert werden konnten, wurde in der erotisierten Übertragung gefunden, die Nancy mit ihrem Analytiker konstellierte. Diese Übertragung öffnete ein Fenster zu den Wechselfällen der Erotisierung, die Nancys sexuellem Missbrauch und den damit assoziierten verstärkenden Erfahrungen entstammten.

Die erotisierte Übertragung

In *Erotic Transference: Contemporary Perspectives* (Gould and Rosenberger, 1994) enthüllen der historische Überblick ebenso wie die unterschiedlichen gegenwärtigen Sichtweisen der erotischen Übertragung die weit reichende Uneinigkeit unter Analytikern, was »erotisch« heißt und was unter »Übertragung« verstanden wird. Im 5. Kapitel haben wir unser Verständnis der Übertragung deutlich gemacht, wie sie sowohl aus den repräsentierten Personen des Patienten (Lachmann und Beebe, 1992a, b, 1993) und dem laufenden Austausch zwischen Analytiker und Patient aufgebaut wird. Die besonderen Beiträge des Patienten zur Interaktion zwischen Analytiker und Patient formen jede therapeutische Dyade in einzigartiger Weise. Der Beitrag der Gegenübertragung des Analytikers beschränkt sich nicht auf die »Reaktionen« des Analytikers auf den Patienten oder auf die »Übertragungsforderungen« des Patienten. Alle Aspekte des Analytikers – einschließlich seiner theoretischen Vorlieben, die sowohl den Prozess als auch den Inhalt der Analyse unvermeidlich beeinflussen – gehören dazu. Daher ist es entscheidend, dass die Gegenübertragung und theoretischen Vorlieben des Analytikers in der Behandlung ständig untersucht werden. Diese Aufgabe ist in der Behandlung sexuell missbrauchter Patienten und in der Analyse einer erotisierten Übertragung von besonderer Bedeutung.

Bei der Durchsicht der Literatur zur erotisierten Übertragung war Bergmann (1994) »beeindruckt«, dass sie »überwiegend in der Sprache der Ein-Personen-Psychologie geschrieben war … Es wird nie angedeutet, was der Analytiker getan oder nicht getan hat, entweder um diese Liebe zu provozieren oder um sie in bearbeitbare Bahnen zurückzuleiten« (S. 514). Unter Bezugnahme auf sein Buch, *The Anatomy of Love*, erwähnt Bergmann die Rolle der infantilen Prototypen in der Liebe, wobei er besonders »den Wunsch, dass der Geliebte die Wunden heilt, die durch die kindlichen Objekte zugefügt wurden« (S. 504) hervorhebt. In der analytischen Situation werden die Wünsche, eine verlorene oder unerwiderte Liebe wiederzufinden, und die Sehnsucht nach dem Heiler sehr mächtig. Bergmann bezog sich auch auf Blums (1973) Vorschlag, dass die erotisierte Übertragung eine Form der Übertragungsneurose ist, in der der Analysand den Analytiker in handfester Weise zu verführen versucht und damit aktiv wiederholt, was ihm oder ihr in der Kindheit passiv geschah. In seinem ausführlichen Fallbericht betrachtete Dewald (1972) die erotisierte Übertragung seiner Patientin als eine paradigmatische Übertragungsneurose, die zu einem sehr erfolgreichen Analyseergebnis führte.

Wir stimmen zu, was die wichtige Stellung der Beiträge des Analytikers in der erotischen Übertragung angeht. In der Diskussion von Nancys erotisierter Übertragung gehen wir auf ihren Versuch ein, das Kuscheln, Anschmiegen und die Fürsorge zu finden, die sie von ihrer Mutter nicht erhalten hatte. Diese Sehnsucht nach einer mütterlichen Gestalt wurde in ihre scham- und schuldbeladenen sexuellen Erfahrungen mit ihrem Vater und Bruder aufgenommen. Diese anfänglich nicht erotischen Sehnsüchte wurden erotisiert und konnten durch die Analyse der erotisierten Dimension der Übertragung durchgearbeitet werden. Wir schließen jene Fälle ein, in denen der Analytiker sich selbst eingestand, dass er sich an einer Inszenierung der Verführer-Verführter-Erfahrungen (83:1:12) in Nancys Kindheit beteiligt hatte. Die Bemühungen des Analytikers, die »Attribuierungen zu tragen«, sind ein weiterer Versuch, die Wiederholung der sexuellen Erfahrungen in der Kindheit in einem analysierbaren Rahmen zu halten.

Jede Diskussion der erotischen oder erotisierten Übertragung muss die Beiträge George Kleins anerkennen. In seiner Erörterung (1969) der Formbarkeit von Sexualität ebnete er den Weg für viele Nuancen erotischer Manifestationen, die in der analytischen Praxis anerkannt sind. Klein argumentierte, dass Freud zwei extrem unterschiedliche Theorien der Sexualität entwarf. Die eine ist die metapsychologische Triebtheorie, die eine allgemeine Theorie der menschlichen Natur entwirft und von der Entladung energetischer Quantitäten ausgeht. Die zweite Theorie identifizierte Klein als die klinische Theorie. Diese Theorie »konzentriert sich auf die Merkmale, die der Sexualität eigen sind, auf die Werte und Bedeutungen, die in der motivationalen Geschichte eines Menschen von der Geburt bis zum Erwachsenenleben mit sinnlichen Erfahrungen assoziiert werden, darauf, wie nichtsexuelle Motive und Aktivitäten verändert werden, wenn sie einen sinnlichen Aspekt erhalten, und umgekehrt« (1969, S. 15). Klein erörterte, wie nichtsexuelle Motive »sexualisiert« werden (S. 37) und stellte die Behauptung auf, dass nur die klinische Theorie die Sexualisierung oder Erotisierung als wichtiges Phänomen in der therapeutischen Situation anerkannte. Er argumentierte, dass die Bedeutung und die »Formbarkeit« (S. 29) der *Sinnlichkeit* die Phänomenologie und die Dynamik der Sexualität begründet.

Klein unterschied zwischen der Sexualität als Trieb, der sich entladen kann und als einer bedeutungsvollen Erfahrung, die man genießen, meiden, wünschen, fürchten, die man anderen aufdrängen oder vor der man fliehen kann. Kleins Arbeit trug zur Analyse der komplexen Bedeutungen bei, die in Nancys erotisierter Übertragung mit enthalten waren, nämlich ihre in sexuellen Vorstellungen ausgedrückte Sehnsucht, umsorgt zu werden.

Wolf (1994) versteht die erotisierte Übertragung als eine Möglichkeit, wie ein Patient eine notwendige Verbindung zum Analytiker aufrechterhalten kann, d. h., indem er diese Bindung erotisiert. Obwohl die Therapeuten eigentlich schon immer gegenüber den möglichen Aspekten des Widerstands in der erotischen Übertragung wachsam waren und sind, konzentrieren sich Wolf und andere (z. B. Gould, 1994) nun auch auf die wiederherstellende, belebende und selbststärkende Funktion, die die erotisierten Übertragungen erfüllen kann. Diese Deutungsrichtung stützt sich auf die Beiträge von Ferenczi (1933) und Schafer (1977).

Das Unbehagen des Analytikers gegenüber sexuellen Annäherungsversuchen durch Patienten trägt zu den Übertragungs-Gegenübertragungs-Sackgassen bei, die oft einzig und allein der Psychopathologie der Patienten, die erotisierte Übertragungen ausbilden, zugeschrieben werden. Zusätzlich zum Versagen des Analytikers, die Ursprünge der Übertragung anzusprechen, wird der analytische Dialog von dem therapeutischen Gewinn abgelenkt, den die erotische Übertragung bietet. In Nancys Analyse trug die erotisierte Übertragung die Behandlung eine beträchtliche Zeit lang. Erst gegen Ende konnte Nancy deutlich zwischen ihrem erotisierten Übertragungserleben und ihrem Wunsch nach (und der Angst vor) einer befriedigenden sexuellen Beziehung in ihrem Alltagsleben unterscheiden. Wolf (1994) wies darauf hin, dass das Auftauchen einer erotisierten Übertragung in der Analyse willkommen geheißen werden sollte als Ausdruck von vereitelten, ersehnten Bedürfnissen, die nicht mehr aus Angst vor Enttäuschung oder Zurückweisung unterdrückt werden. Mit »willkommen heißen« meinen wir nicht, dass der Analytiker »etwas tun« sollte, um den Patienten einzuladen, ihn, den Analytiker, zu erotisieren. Vielmehr meinen wir, dass erotisierte Gefühle, beispielsweise der Ausdruck von Zuneigung und sexuellen Vorstellungen, wie jeder andere Ausdruck auch akzeptiert wird. Das bedeutet, diese »erotischen« Attribuierungen werden vom Analytiker »getragen«, wie es auch mit jeder anderen Attribuierung des Patienten getan würde.

Wir bevorzugen den Ausdruck »erotisierte Übertragung« gegenüber »erotische Übertragung«, der einfacher mit Motivationen des sinnlich-sexuellen Systems allein verbunden sein kann. Nancys erotisierte Übertragung beispielsweise entstammte in beachtlichem Ausmaß den unerwiderten Sehnsüchten nach körperlicher und emotionaler Zuneigung ihrer »steifen« Mutter. Diese Bindungssehnsüchte, die mit sexuellen Vorstellungen gefüllt waren: »... war ich besonders neugierig auf Frauen – auf Brüste, Hintern, Beine, und habe verglichen« (83:1:13), tauchten während der gesamten Analyse bis zum Ende auf. Sie wurden dann in die Gefühle der Zuneigung aufgenommen, die Nancys Beziehung zu ihrem Analytiker charakterisierte. Indem wir Nancys Übertragungsgefühle als »erotisiert« charakterisieren, beziehen wir uns auf eine dynamische Sequenz. Nancys nichtsexuelle Sehnsüchte nach Fürsorglichkeit ihrer Mutter waren nicht erfüllt worden. Um ihre Bindungen aufrechtzuerhalten, verwandelte Nancy passiv ertragene Zurückweisungen in aktiv gesuchten sexuellen Kontakt (durch Erforschung und Neugier), verschmolz diese Sehnsüchte mit ihren Erfahrungen der sexuellen Belästigung und akzeptierte die Anschuldigung, dass sie die Anstifterin der »Verführung« ihres Vaters und Bruders gewesen sei. Nancys sexuelle Gefühle koalierten, obwohl sie voller Schuld- und Schamgefühle steckten, mit nichtsexuellen Sehnsüchten und tauchten als erotisierte Übertragung wieder auf.

Bindung, Trennung, Zuneigung und Aversion

In einer Sitzung im zweiten Jahr ihrer Analyse (83:1) sagte Nancy: »Über das Wochenende habe ich mich insgesamt besser gefühlt, aber am Samstag hatte ich starke Depressionen. Ich weiß nicht, ob ich das Wochenende nicht deshalb hasse, weil ich dann nicht zu Ihnen kann« (83:1:1). Später in der Sitzung brachte Nancy ihre »niederschmetternde Depression« mit »Fantasien, sich nah zu sein und miteinander [mit ihrem Analytiker] zu schlafen« (83:1:3-9) in Verbindung. Diese interpretative Sequenz klärte die Verbindung zwischen Nancys unerwiderten Sehnsüchten, die ursprünglich in Bezug auf ihre Mutter hervorgerufen worden waren, mit einer Angst einflößenden, erotisierten liebevollen Bindung.
Nancy drückte ihre Sehnsucht nach dem Analytiker und ihre Bindung an ihn aus, als sie seine Abwesenheit spürte. Sie führte aus: »Dennoch stelle ich fest, dass ich nicht von Ihnen getrennt sein

will. Was Sie auch sein mögen, es ist besser als allein zu sein. Dafür hasse ich mich« (83:3:17) und »Ich hasse Sie dafür, dass Sie fortgehen und das tun ... Genauso, wie ich meine Mutter hasste. Ich habe ein Bild vor Augen, wie ich aufstehe und alles hier im Raum nach Ihnen werfe« (83:3:23). Nancy beschreibt das schreckliche Dilemma, in das Zuneigung und Liebe sie bringen. Zuneigung verursacht Scham, weil sie jemanden begehrt, der sie im Stich gelassen oder vernachlässigt hat. Zwei Jahre später brachte Nancy ihre erotisierte Erfahrung der Analyse – »geistige Masturbation« (85:2:11) – direkt damit in Verbindung, nicht von ihrer Mutter gehegt und umsorgt worden zu sein – »[Ich] komme auf Mutter zurück und dass ich als Baby nicht kuscheln, schmusen oder an der Brust trinken konnte« (85:2:13).

In einer Sitzung während der Schlussphase, als der Analytiker nicht seine üblichen »Hmm, hmms« äußerte, bemerkte Nancy: »Vielleicht entwöhnen Sie mich« (90:1:7). Später berichtete sie, dass »ich diesen Traum über eine werdende Mutter habe und ihn so deutlich mit Ihnen in Verbindung bringe« (90:3:23), worauf der Analytiker antwortete: »Nachdem Sie darüber nachgedacht haben, wie sehr Sie mich vermissen werden« (90:3:24).

Des Analytikers fortgesetzte Akzeptanz von Nancys liebevoller Bindung (89:1) und von dem Zorn und Hass, die diese oft auslöste, führte zu einer wachsenden Unterscheidung zwischen Nancys masturbatorischen Erfahrungen und der Anziehung, die Frauen auf sie ausübten. Nun wirkten Frauen anziehend auf sie, »weil sie glücklich sind, nicht weil sie große Brüste haben oder zornig und hochmütig sind« (89:1:17).

Während der gesamten Analyse ist die Aufmerksamkeit des Analytikers darauf gerichtet, was in jedem beliebigen Augenblick motivationale und erfahrungsbezogene Wichtigkeit besitzt. Da die Übertragung von jedem motivationalen System organisiert sein kann, hat kein System eine privilegierte Stellung. Die erotisierte Übertragung erhält vielleicht nur dann eine mächtige Dominanz, wenn der Therapeut Schwierigkeiten mit dem Akzeptieren, Verstehen und Arbeiten mit den Reaktionen, die diese Leidenschaften des Patienten hervorrufen, erlebt. Bis zu diesem Grad werden die erotischen Forderungen oder wütenden Reaktionen auf ihre Nichterfüllung von Patient und Analytiker gemeinsam bestimmt. Als Nancy sagte: »Auf eine seltsame Art ist es in Ordnung, sexuelle

Fantasien über Christus zu haben. Er steht für Perfektion und ist immateriell, es gibt also keine Möglichkeit zu handeln. Es ist sicher« (83:2:7), antwortete der Analytiker: »Im Gegensatz zu meiner körperlichen Anwesenheit, so nah?« (83:2:8) Die Antworten vermittelten, wie wenig Sorgen es dem Analytiker bereitete, Gegenstand von Nancys sexuellen Gefühlen zu sein. So befähigte er sie, weiterhin frei darüber zu sprechen. Später fügte sie hinzu: »Ich möchte, dass Sie einen Teil von sich herausnehmen und ihn mit mir teilen« (83:2:23) und fuhr fort mit: »Ich will Sie küssen. Nein, kastrieren – das wäre schlimmer« (83:2:27). Hier macht Nancy klar, dass in ihre liebevoll-sexuellen Wünsche intensive Gefühle der Aversion gegen die Vernachlässigung, sexuelle Ausbeutung und den mangelnden Schutz, unter denen sie leiden musste, eingebettet waren. In dem Maß, in dem der Analytiker diese sexuellen und aversiven Äußerungen als freie Assoziationen betrachtete, wie jede andere Äußerung der Patientin auch, wurde die erotisierte Übertragung auf einem beherrschbaren Niveau gehalten, ohne eine therapeutische Pattsituation hervorzurufen.

Während der Analytiker Nancys Sehnsüchte nach Fürsorge von ihrer Mutter mitverfolgte und ihre sexuellen Gefühle und Fantasien ihm gegenüber akzeptierte und erforschte, vertraute sie ihm immer mehr detaillierte Erinnerungen über die sexuellen Belästigungen durch ihren Bruder und ihre sexuellen Spiele mit ihrer Freundin Margaret (85:2) an. Im Gegensatz zu Bak (1973), der die erotische Übertragung als Abwehr gegen Melancholie oder einen drohenden Zusammenbruch des Selbst betrachtete, verstanden wir die erotisierte Übertragung in Nancys Fall als die Erfüllung von Bedürfnissen, die erleichternde, wiederherstellende und belebende Potenziale verkörperten. Am allerwichtigsten war, dass sich neue Möglichkeiten ankündigten, sinnlich, sexuell und liebevoll mit Männern und Frauen in Beziehung zu treten.

Das sorgfältige Verfolgen der komplexen Übertragung Nancys unterschied nach und nach zwischen Nancys sinnlich-liebevollen Gefühlen, den Sehnsüchten nach mütterlicher Zuneigung, sexuellverführerischen Absichten und aversiven Vergeltungsreaktionen. In ihren Assoziationen zu einem Traum (85:3) beschrieb sie, wie ihr Versuch, Zuneigung zu zeigen, als sexuelle Verführung missdeutet wurde, die Verbildlichung einer »Sprachverwirrung« (Ferenczi, 1933). Die Annahme, dass Zuneigung eine Spielart der Sexualität sei und die mangelnde Unterscheidung zwischen den beiden kann unabsichtlich eben die Erfahrungen replizieren, die einen Patienten dazu getrieben haben, sich in Behandlung zu begeben. Auch Analytiker sind bis heute vorsichtig damit, Zuneigung von Patienten zu akzeptieren oder ihnen gegenüber auszudrücken, damit sie keine inzestuösen Wünsche befriedigen. Der spielerische Wortwechsel zwischen Nancy und ihrem Analytiker (87:2) bewahrt einen Geist der Zuneigung, der zu Nancys Fähigkeit führt, ihren Wunsch nach einem sexuell attraktiven Mann zu artikulieren (87:2:5), sowie zu der Einsicht: »... doch bei der geringsten Andeutung einer sexuellen Anziehung sage ich: ›Schalte alles ab‹« (87:2:11).

Während der letzten Monate der Analyse konnte Nancy direkt über ihre sexuellen Gefühle für den Analytiker sprechen, ohne Scham und das Gefühl des »Böseseins«, das ihre Sexualität überkrustet hatte. Sie sagte: »Als Sie hereingekommen sind, habe ich Sie mit den Schlüsseln hantieren hören. Das hatte etwas Erotisches« (90:1:1). Später in der Sitzung berichtete sie einen Traum, in dem sie gegen einen potenziellen sexuellen Belästiger kämpfte. Sie kam aus dem Traum mit dem Gefühl, dass sie fähig war, gegenüber einem sexuellen Belästiger eindeutig und energisch reagieren zu können (90:1:3 bis 90:1:11). Sie fühlte, dass sie sich wirkungsvoll behaupten und widersetzen konnte, statt nur voll ohnmächtiger Wut um sich zu schlagen.

Eine liebevolle Bindung stärken

Das Gefühl gegenseitiger Zuneigung, das in der Endphase der Analyse vorherrschte, entwickelte sich allmählich. Eine Reihe von Faktoren schwächten Nancys Ausdruck von Zuneigung und das Gefühl, berechtigt zu sein, Zuneigung zu empfangen, ab. Indem der Analytiker die Attribuierungen im Hinblick auf Nancys sexuelle Wünsche und Ängste sowie ihre zornigen Reaktionen, wenn sie sich gehindert, zurückgewiesen oder missverstanden fühlte, trug, befähigte er Nancy, ihre sinnlich-sexuellen Motive als »erwachsene Leidenschaften« statt als Reste ihrer Vergangenheit zu erleben. Und wo darüber hinaus jeder Versuch des Analytikers, humorvoll zu sein, bei Nancy das Gefühl ausgelöst hatte, dass sie geneckt und gedemütigt wurde, begann in ihren Interaktionen recht natürlich ein spielerisches Moment aufzutauchen. Dieses »Spiel« vermittelte beiden, dass man dem anderen vertrauen konnte mitzumachen, eine heitere Stimmung ohne Zurückweisung oder verletzende Absicht aufrechtzuerhalten. Parallel dazu, dass der Analytiker die Attribuierungen der Patientin trug, akzeptierte Nancy nun die Erwartung des Analytikers, dass sie sich mit ihm auf eine erwachsene, spielerische Neckerei einlassen konnte. Nancys Fähigkeit zu symbolischem Spiel blühte während ihrer vorpubertären Beziehung zu Margaret auf. Das analytische Spiel konnte auf dieser soliden, wenn auch schmalen Grundlage aus ihrer Vergangenheit aufgebaut werden. Während Nancys Gefühle des Böseseins, ihre Schuldgefühle und ihre schambelastete Sexualität in der erotisierten Übertragung erforscht und wiedererlebt wurden, nahm ihre einschränkende Auswirkung auf Nancys Leben ab. Nancy konnte dem Analytiker gegenüber Zuneigung ausdrücken, ohne zu fürchten, dass sie oder er in Gefahr gerieten, die Verführer-Verführte-Rolle ihrer Kindheit wiederzubeleben. In der Vergangenheit hatten diese Sequenzen zu ihrer Überzeugung geführt, dass das »Sex-Zeug« in der Familie ihr Werk war oder dass sie dafür verantwortlich gemacht wurde, selbst wenn sie die selbstdienliche Sichtweise der anderen zurückwies. Liebevolle Bindungen waren von Nancys Angst unterlaufen worden, die Erfahrungen zu wiederholen, eine mächtige Verführerin zu sein, die ihre sexuellen Gefühle geheim halten musste, damit sie wichtige Bindungen nicht bedrohten.

Die stärksten Beiträge dazu, dass Nancy sinnliches Vergnügen und sexuelle Erregung aufgab, waren die Erfahrungen der sexuellen Belästigung. Ihre Besprechung und Durcharbeitung liefert das Entree zum größeren Bereich der Behandlung sexuellen Missbrauchs.

Behandlung sexuell missbrauchter Patientinnen

Besonders bei der Behandlung von Patientinnen, die sexuellen Missbrauch erlebt haben (Herman, 1992), kann unabsichtlich eine Retraumatisierung ausgelöst werden, wenn ein Aspekt der Theorie, der Art der Herangehensweise oder des interpretativen Ansatzes als dem Trauma des Patienten ähnlich erlebt wird. Beispielsweise könnte die Theorie eines Analytikers ihn zu der Überzeugung führen, dass der Deutung primäre Bedeutung beigemessen werden muss, der sexuelle Missbrauch erfülle eine universelle Fantasie und sei somit im Grunde, um welchen Preis auch immer, eine Form der Wunscherfüllung. Eine solche Sicht übersieht völlig die absolut angemessenen Bedürfnisse des Kindes nach sicherer Bindung, nach Regulierung in allen motivationalen Systemen und nach Schutz gegen missbräuchliche Übergriffe. Dies sind Bereiche, in denen Nancys Bezugspersonen versagt haben. Hätte der Analytiker versucht, ihr ihre ödipalen oder präödipalen Fantasien als wesentliche Quellen ihrer Missbrauchserfahrungen aufzuzeigen, hätte er einer Retraumatisierung entgegengewirkt.

In unserer Erörterung der zehn Prinzipien der Behandlungstechnik (4. Kapitel) haben wir die allgemeinen Verfahrensweisen ausgeführt, die unserer Ansicht nach die Wahrscheinlichkeit minimieren, dass die analytische Erfahrung des Patienten einem frühen pathogenen Erlebnis ähnelt. Durch die ständige Überprüfung der analytischen Beziehung und durch das Verfolgen der Patient-Analytiker-Interaktionen bleiben wir wachsam für die Störungen, empathischen Brüche, Missverhältnisse und mangelnde Einstimmung, die auf eine Retraumatisierung im sinnlich-sexuellen Bereich hindeuten. Wenn es der Analytiker unterlässt, auf Gefühle der Retraumatisierung beim Patienten einzugehen und diese zu untersuchen, stellt dies oft eine größere Gefährdung der möglichen Heilung dar als das traumatisierende Ereignis selbst.

Die analytische Situation kann tatsächlich in verschiedener Hinsicht als vergangenen traumatischen pathogenen Erfahrungen ähnlich erlebt werden. Längst ist erkannt worden, dass das Missverständnis eines Analytikers und die falsche Anwendung (Lipton, 1977) von Freuds technischen Empfehlungen negative Auswirkungen haben, da beides dazu beiträgt, dass der Analytiker vom Patienten als »kalt«, unpersönlich oder distanziert erlebt wird (Stone, 1961). Für Missbrauchsopfer kann eine solche Atmosphäre die Erwartung, Gefahren ausgesetzt zu sein, nicht mildern. Sie kann sogar aktiv zu einer Neuentstehung von Gefühlen beitragen, zum Objekt gemacht und entmenschlicht zu werden.

Wenn der Analytiker einer Theorie folgt, die es für zentral hält, dem Patienten seine verborgene verführerische, sadistische oder schmerzempfängliche Seite zu enthüllen, werden Schuld- und Schamgefühle zu einem aktuellen Erlebnis für den Patienten, welche Ähnlichkeit dies mit der Vergangenheit auch haben mag. Jedes Mal, wenn Nancy das erlebte, war es für sie, als richte der Analytiker einen anschuldigenden Finger auf sie – das Äquivalent der Beschuldigung des Opfers. Erlebte Nancy im Gegensatz dazu jedoch das Auftauchen bei der *gemeinsamen* Erforschung ihrer Motive, zu verbergen, auf Reaktionen auf ihre Weiblichkeit anzusprechen, sich rächen zu wollen oder sich von einem entschiedenen, potenten Mann grob behandeln zu lassen, dann konnte sie die Motive als ihre eigenen erkennen. Selbst dann wurden oft Scham- und Schuldgefühle ausgelöst, doch half ihr Stolz, sie mit dem unterstützenden Analytiker als von ihr selbst ausgehend zu erkennen und dadurch die Verletzung ihres Selbstwertgefühls zu lindern.

Ein weiteres Problem kann auftauchen, wenn ein Patient Verletzungen oder Wut ausdrückt und gegen die den Patienten beschuldigenden Formulierungen des Analytikers Einspruch erhebt. Statt das Erleben des Patienten zu akzeptieren, kann der Analytiker leicht defensiv werden und die Attribuierungen des Patienten als durch Widerstand verursachte Verfälschung interpretieren. Ein Teufelskreis entsteht zwischen zwei Menschen, die sich missverstanden fühlen und mit Worten oder schweigend sich gegenseitig beschuldigen. Dieser Teufelskreis ist nirgendwo schädlicher als in der Behandlung von Patienten, die bereits mit ihren Bezugspersonen eine ähnliche Unfähigkeit erlebt haben, die Ursachen und Auswirkungen des Traumas zu überwinden.

Strategien in der Behandlung sexuell missbrauchter Patientinnen

Abreaktion und Katharsis

Die Rolle der Sexualität als Basis aller Traumata und die Abreaktion als eine Theorie der Heilung hat in der Psychoanalyse eine lange und verschlungene Geschichte. Bis heute beeinflusst sie die Behandlung von Traumaopfern. Die Abreaktion von Affekten, die ein Trauma begleiten oder davon abgeleitet sind, ergeben angesichts des Traumas einen Sinn. Der Gedanke jedoch, man könne sich von schlechten Gefühlen befreien, setzt voraus, dass diese endlich sind, dass sie in einer bestimmten Menge in dem traumatisierten Menschen vorhanden sind und dass sie nicht neu geschaffen werden, wenn sie erst einmal entladen wurden. Die Erfahrungsgrundlage für die Katharsistheorie gründet sich auf das subjektive Gefühl der Erleichterung, das nach der Auslösung eines starken Affekts oft eintritt.

Wir betrachten Affekte als Prozesse, die integrale Aspekte des motivationalen Systems darstellen. Die Untersuchung der Beziehungen zwischen den motivationalen Systemen spricht gleichzeitig das Ausmaß an, in dem die Affektivität eingeschränkt ist, Affektzustände als überwältigend erlebt werden oder Stimmungen das subjektive Erleben färben. Diese Affekte können nicht unabhängig von den motivationalen Systemen behandelt werden, deren integrale Bestandteile sie sind.

Wir sehen, dass sich Traumaopfer – bedingt durch die zeitweilige Erleichterung – oft von Gruppen-, Kult- oder Einzel-Programmen angezogen fühlen, die dazu ermutigen, sich in Affektzustände des Schreiens, Weinens oder Wütens hineinzusteigern. Die Erdichtung von Ereignissen mag ebenso gefördert werden, um Erinnerungslücken oder mangelnde symbolische Repräsentationen zu ergänzen. Wir sind der Überzeugung, dass man einen Menschen nicht dafür disqualifizieren sollte, sich auf eine Erfahrung einzulassen, in der seine subjektive Welt ausgedrückt und analysiert wird, weil er Opfer sexuellen Missbrauchs war. So konzentrieren wir uns, in Übereinstimmung mit unseren benutzerfreundlichen

Prinzipien, auf die Validierung der Selbsterfahrung, das Mitschwingen des Analytikers mit den affektiven Äußerungen des Analysanden und die Bereitstellung einer Atmosphäre der Sicherheit. Wenn das vom Patienten dargelegte Material von sexuellem Missbrauch oder sexueller Belästigung handelt, sind wir darüber hinaus wachsam hinsichtlich der Möglichkeiten, wie die analytische Situation der ursprünglichen traumatischen Situation ähnlich sein oder als ähnlich erlebt werden kann. Wenn wir für diese Ähnlichkeiten wachsam sind, verfolgen wir, wie der Patient die Analyse plausibel als »gerade wie in meinem Kindheitstrauma« erleben kann. In der Einzelbehandlung als Modalität werden somit die einzigartige Reaktion und der einzigartige Pfad zur Gesundung anerkannt. Dass der Analytiker jene Merkmale erkennt, die ein Patient mit anderen traumatisierten Menschen teilt, wird dadurch nicht ausgeschlossen. Doch die besondere Art und Weise, in der ein bestimmter Mensch von einem bestimmten Trauma beeinflusst ist, wird betont. Wir achten sorgfältig darauf, eine übermäßige Beschäftigung mit dem sexuellen Missbrauch zu vermeiden (s. Kiersky, 1993), damit andere wichtige Erfahrungen, einschließlich anderer Gefühle des Patienten gegenüber dem Missbraucher, nicht ausgeschlossen werden. Erst wenn sich der Patient sicher ist, dass der Analytiker an ihm als Mensch interessiert ist, nicht nur als Inzest- oder Missbrauchsopfer, wird der Patient fähig sein, die traumatische Erfahrung zu untersuchen.

Uns fehlen die empirischen Erfahrungen oder Forschungsdokumentationen für die Wirksamkeit anderer Ansätze. Wir erkennen an, dass die Bloßstellung oder Konfrontation eines Missbrauchers und die Teilnahme an einer Gruppenerfahrung mit anderen Opfern manchmal positive Ergebnisse haben kann, sind aber skeptisch gegenüber diesen Ansätzen, wenn das Gefühl für die individuellen Unterschiede verloren geht. Die wesentliche Botschaft, die bei diesen Ansätzen vermittelt wird, lautet: »Fühle dich nicht hilflos, du kannst deinen Missbraucher herausfordern und vielleicht auch anderen helfen« oder »fühle dich nicht wie eine Ausgestoßene, du hast eine Gemeinschaft, zu der du gehören kannst.« Die therapeutische Absicht ist, Scham, Isolation und Machtlosigkeit zu bekämpfen. Wir vertreten jedoch die Ansicht, dass es für Patienten, die, wie Nancy, die Fähigkeit zur Selbstreflexion und symbolischen Repräsentation besitzen, zur Verarbeitung von traumatischen Erfahrungen zentral ist, die einzigartige Bedeutung analytisch zu erkennen, die ein solcher Patient um die traumatische Erfahrung herum organisiert hat, ebenso wie die gemeinsame Konstruktion eines individualisierten Behandlungsplans von Analytiker und Patient.

Nancys Analyse

Wurde ein Trauma durch sexuellen Missbrauch oder Inzest verursacht, schädigt der Verlust von aufgeschlossenen Selbstobjekt-Erfahrungen das sich entwickelnde Selbstempfinden, sodass ein erforschender therapeutischer Austausch meist schwierig zu initiieren und beizubehalten ist. Eine vertrauensvolle Bindung (Selbstobjekt-Bindung) in der Behandlungssituation aufzubauen und aufrechtzuerhalten ist das primäre Anliegen. In Nancys Analyse war die Erkenntnis ihres Bedürfnisses, das Vertrauen in ihre selbstregulatorische Fähigkeit wiederherzustellen, von größerer Bedeutung als den Analytiker mit vertrauensvollem Glauben und Respekt (eine idealisierende Übertragung) zu erleben. Im Wiederaufbau von Selbstobjekt-Bindungen in der Übertragung ist die einzigartige Weise mit enthalten, in der jeder Patient die Fähigkeit zur Selbstregulierung wiedererlangt. Die Behandlung gerät manchmal in eine Sackgasse, wenn der Patient ein prekäres Gleichgewicht aufrechterhält zwischen der Bereitschaft, vergangene traumatische Erlebnisse zu untersuchen und dem Bedürfnis, eine Bindung an die traumatogenen Objekte beizubehalten. Indem er dieses Gleichgewicht aufrechterhält, wird die Fähigkeit zur Selbstregulierung geopfert oder zumindest gefährdet. Nancy fühlte sich im Stich gelassen, weil ihre Mutter von ihr verfrüht die Kontrolle ihrer Ausscheidungen verlangte. Im Gegensatz dazu betrachtete es Nancy trotz des Unbehagens und des Verlusts an Autonomie als eine erwünschte Form der Aufmerksamkeit, dass ihre Mutter ihr Einläufe machte. Somit bedeutete Selbstregulierung, sich im Stich gelassen zu fühlen. Inkompetent und inkontinent zu sein (Geld versickern lassen, Enuresis) und zurückhaltend

und vorenthaltend (verstopft) zu sein hieß, zu berührender, sinnlicher Pflege einzuladen.
Wenn die Selbstregulierung wie in Nancys Fall stark kompromittiert wurde, können klassische »Widerstände« (z. B. problematischer Umgang mit Geld und psychische Lähmung im Treffen notwendiger praktischer Entscheidungen, die beide auf die Fortsetzung der Analyse Auswirkungen haben können) sowohl die Aufrechterhaltung einer alten, schmerzhaften, die Autonomie opfernden Bindung als auch einen Schritt hin zur Wiederaneignung der Kontrolle über den eigenen Körper und das eigene Schicksal (Selbstregulierung) darstellen. In diesem Prozess schildert der Patient den Analytiker zunächst vielleicht als jemanden, der die »totale Kontrolle« hat und kämpft, um dem Analytiker-Elternteil diese Kontrolle zu entreißen. Viele Traumata, besonders jene, in denen ein intensiver Affektzustand ausgelöst wird (5. Kapitel) und der Mensch erschrocken, sogar wie betäubt ist von der Unerwartetheit, können das Ausmaß begrenzen, bis zu dem die Erfahrungen einer Symbolisierung und Reflexion unterliegen. Somit sind »Inszenierungen« in der Analyse von Trauma- und Inzestopfern möglicherweise eine Konsequenz der konkreten Art und Weise, in der das Trauma aufrechterhalten wurde. Für Nancy nahm das Trauma-Problem verschiedene Formen an. Eine Form war das Potenzial an sich verstärkenden Affektzuständen der Depression, Angst und Wut. Eine andere war die Abwesenheit jeglicher Erinnerung an Empfindungen, während ihr Bruder an oder auf ihr masturbiert hatte, was sich in dem Symptom der Gefühllosigkeit konkretisierte. Eine dritte Form war die Verdichtung mehrfacher Bedeutungen in ihrem Symptom der Enuresis und deren gegenwärtigen Ableitungen. Inszenierungen, bei denen der Analytiker in eine Rollenreaktion gezogen wird, mögen notwendig sein, um den Prozess der Umwandlung restriktiver Selbstzustände der emotionalen Einschränkung und hoffnungslosen Verzweiflung zu erleichtern.
In dem Bewusstsein, dass eine »Inszenierung« mit Nancy in Reaktion auf subtil oder offensichtlich sexuelles Material von ihr als eine Wiederholung ihrer inzestuösen Beziehungen erlebt werden konnte, geriet der Analytiker anfänglich in eine Inszenierung des Gegenteils – was Nancy die »Zögerlichkeit« des Analytikers zu nennen begannen. Diese Zögerlichkeit, oder möglicherweise

unnötige Vorsicht, hat das Durcharbeiten des sexuellen Traumas vielleicht verzögert. Auf jeden Fall gingen Quasi-Inszenierungen im Hinblick auf die Bezahlung des Analytikerhonorars und das Aufgeben ihrer Arbeitsstelle weiter und vermischten sich mit der Analyse der sinnlich-sexuellen Motivation.

Jedes Mal, wenn die Honorarfrage auftauchte, fühlte sich der Analytiker hin und her gerissen zwischen seiner Neigung, Nancys Sinn für Fairness und Verantwortung zu ermutigen und ihm zu vertrauen, und seiner Angst davor, durch eine Empfindung der Vernachlässigung unwillentlich zu ihrem Gefühl des Chaos in ihrer Selbstregulierung beizutragen. Bei ihren Versuchen, das Honorar sowohl zu drücken als auch anzuheben, versuchte der Analytiker hauptsächlich, der Bedeutung nachzugehen. Als er einer geringeren Bezahlung nicht zustimmte, zog er eine Grenze auf der Grundlage seines eigenen Selbstinteresses und seiner Überzeugung, dass sie durch ihre Selbstregulierung dasselbe erreichen konnte. Dass der Analytiker diese Grenze festsetzte, erlaubte schließlich die detailliertere Analyse eines gültigen Gleichgewichts zwischen Altruismus und Selbstsucht verglichen mit der »Heiligkeit« Nancys und ihrer Mutter.

Modellszenen

Bei der Behandlung Nancys verfolgen wir den Durcharbeitungsprozess von Modellszenen, die auf Nancys Erfahrungen in der Vergangenheit beruhen, welche im Verlauf der Analyse gemeinsam ausgearbeitet wurden (s. 4. Kapitel):

1. Auf dem Schoß ihres Vaters zu sitzen und dann plötzlich davon verbannt zu werden. Diese Szene stellt Nancy als verführerisch und ihren Vater als hilflos reagierend dar. Seine Erregung ist Nancys Schuld; Männer tragen keine Verantwortung für ihre Triebe.

Wir erinnern uns, dass Nancy ihre Mahlzeiten bis zum Alter von fünf Jahren auf dem Schoß ihres Vaters einnahm und dann plötzlich »verbannt« wurde. Im Verlauf der Analyse schlussfolgerten sie und ihr Analytiker, dass die Grundlage für ihre »Verbannung« eine Erektion ihres Vaters, während sie auf seinem Schoß saß oder herumzappelte, gewesen sein könnte. Seine Erektion zu spüren hätte Nancy veranlasst, den Anschuldigungen ihrer Familie beizupflichten, sie sei zu verführerisch.

2. Der Bruder, der Nancy benutzte, um an und auf ihr zu masturbieren, und seine beharrliche Forderung, dass sie ihm verfügbar zu sein habe, der er zuerst durch Bedrohung und dann durch Bestechung Nachdruck verlieh. Diese Szene verbindet sich mit ihrem Gefühl, der Vater werfe ihr verführerisches Verhalten vor. Nancys Schuldgefühl erstreckte sich dann auch auf den »gleichrangigen« Bruder. Ein Aspekt dieser Szene ist ihre sadistische Ausführung, »mein Bruder hat alles gern untersucht – hat einer Fliege die Flügel ausgerissen und Vergnügen daran gehabt zu beobachten, wie sie sich windet« (83:3:1). Er versicherte ihr, dass ihre Mutter ihr nicht glauben würde, wenn sie ihn verraten würde und dass sie sich schämen sollte zu denken, er würde etwas tun, das ihr Schaden zufügt. In dieser Sichtweise des »Wissenschaftlers« als Sadist und auch als cleverer Täuscher wird der Sadismus umgekehrt, und Nancy ist diejenige, die beschuldigt wird zu verletzen. Eine Familienkollusion wird in diesen beiden Szenen dargestellt, durch die Nancy in konflikthafte Umstände gebracht wird, in denen sie immer verliert. Sie wird damit allein gelassen, diese gesteigerten Affekte (Pine, 1986; Beebe und Lachmann, 1995) die mit dem Bedürfnis nach sinnlichem Vergnügen und sexueller Erregung assoziiert sind, zu regulieren. Somit wird die Grundlage für Gefühlszustände des Überwältigtseins und der Depression gelegt. Die Modellszene macht auch die Nichtverfügbarkeit der Elternfiguren deutlich, die einen Kontext, eine verlässliche Hintergrund- (Selbstobjekt-)Unterstützung hätten bieten müssen.

3. Am Bein der Mutter zu ziehen und das Steifwerden des Körpers der Mutter zu spüren, als diese sich Nancys Drängen widersetzt. In einer Assoziation erinnerte sich Nancy, wie ihre Mutter Nancys Bruder hochnahm und ihn bat, ihr vorzusingen. Als Nancy auch hinaufkletterte, erklärte ihre Mutter ihr, dass sie nicht singen könne, und das, obwohl ihr Lehrer sie für ein Solo ausgewählt hatte. Diese Szenen begründeten das Gefühl, dass Nancys engste Bezugsperson fähig war, ihren Bruder anzufassen, hochzuheben, zu bestätigen und zu loben, die aber ihre, Nancys, Fähigkeiten nicht nur nicht bestätigte, sondern sogar leugnete.

Eine 4. Modellszene entwickelte sich im Verlauf des therapeutischen Austauschs. In den Sitzungen berichtete Nancy, dass Dan, ein Mitstudent, Interesse an ihr zeige und dass seine Annäherung und ihre Empfänglichkeit dafür auf eine vielversprechende Liebesaffäre hindeuteten. Obwohl Nancy diese Sichtweise der Verbindung weiterführte, zog der Analytiker aus ihren Assoziationen die Schlussfolgerung, dass Dan weit davon entfernt war, sich ernsthaft auf Nancy einzulassen, sondern vielmehr im Schutz von Mehrdeutigkeit Nancy neckte und mit ihr flirtete. Die wesentlichen Merkmale dieses Modells waren, dass Nancy sich in ihren Liebesbeziehungen zu mehrdeutigen Situationen hingezogen fühlte und dass sie selbst eine ähnliche Form der Verwirrung mit dem Analytiker praktizierte.

Der klinische Austausch

Im zweiten Jahr ihrer Analyse (83:1:1) eröffnete Nancy eine Sitzung mit der Schilderung ihrer Enttäuschung über einen Priester; von ihm hatte sie erwartet, dass er ihr gegenüber aufgeschlossen sei und sie als besondere Person behandle, da er an ihrer Konversion beteiligt gewesen war. Sie fuhr fort mit der Bemerkung, dass ihr bewusst geworden sei, wie depressiv sie war, wenn sie von ihrem Analytiker getrennt war. Das war ein Hinweis darauf, dass die Behandlungsbeziehung eine verlässliche Bindung hatte entstehen lassen. Von ihrem Analytiker getrennt zu sein, unterbach zeitweise ihre Selbstobjekt-Erfahrung.
Nancy drückte ihre Verlegenheit über »all diese[n] deutlichen Sexsachen« (83:1:3) aus, die sie bei dem Analytiker vorbrachte. Er könnte die Kontrolle verlieren. Sie hatte einen Zeitungsartikel über einen Psychiater gelesen, der seine Patientin vergewaltigt hatte. Wütend fasste sie zusammen, wenn es eine sexuelle Reaktion auf sie gäbe, ob vom Analytiker oder von ihrem Vater, sei es ihre Schuld und läge in ihrer Verantwortung. Sie verknüpfte die Gefühle zu ihrem gegenwärtigen Erleben auf der Couch. Auf der Couch des Analytikers zu liegen wurde damit gleichgesetzt, auf dem Schoß ihres Vaters zu sitzen. Selbst wenn sie den Kopf wendete oder die Augen verdrehte, wurde es zu einem »analytischen

Sachverhalt« (83:1:15). Sie sagte: »Ich erinnere mich daran, als ich zum ersten Mal den Kopf gedreht und Sie gesehen habe, wie beruhigend das war. Ich mache es, um mich zu beruhigen ... Dass Sie da sind. Nicht weg ... Ich [will] den Scheinwerfer auf Sie richten. Nicht nur auf mich!« (83:1:15-17)
Die oben stehende Sequenz erhellt sowohl das Trauma als auch Nancys »heilende Fantasie«. Die Sequenz begann damit, dass Nancys sich nicht beachtet und somit verraten fühlte. Sie begann, ihrem üblichen Kurs zu folgen, sich selbst für ihre Isolation verantwortlich zu machen und verband ihre »Verbannung« speziell damit, sexuell verführerisch gewesen zu sein. Um ihrem durchdringenden Gefühl des Verlassenseins entgegenzutreten, benötigte sie die Gegenwart des Analytikers und litt an den Wochenenden. Schließlich richtete sie den Scheinwerfer auf ihn – er könnte die Kontrolle verlieren wie der vergewaltigende Psychiater.

Nancys Versuch, dem Scheinwerferlicht zu entkommen, wurde teilweise von dem Druck ausgelöst, den sie dabei empfand, sich an die Gesetze ihrer Familie zu halten und deren kritisierenden Blick auszuhalten, der auf Nancy gerichtet war. Der Familie zufolge war es Nancy, die mit all diesen »Sexsachen« anfing, sie war ein Mädchen, und Mädchen waren verantwortlich. Ihre offensichtliche Willfährigkeit und ihre ohnmächtigen Versuche, Matt abzuwehren, dienten ihr als Bestätigung dafür. Nancy nutzte die Gelegenheit, die der Artikel über den Psychiater bot, um ein passiv erduldetes Erlebnis in eine aktive Reaktion zu verwandeln, ein besonders wichtiges Ereignis in der Analyse von Traumaopfern. Wir begreifen es als eine beginnende Veränderung, als den Versuch, die Herrschaft und selbstregulierende Kontrolle wiederzuerlangen. Obwohl Nancys Analytiker erkannte, dass ihr momentaner Affekt wütend und gehässig war, interpretierte er es nicht als Abwehr, dass Nancy den Scheinwerfer auf ihn richtete, auch nicht als ein Verleugnen von Verantwortung oder einen primären Ausdruck von Feindseligkeit. Obwohl diese Motive beteiligt gewesen sein können, hätten derartige Deutungen ihre Bestrebungen nicht anerkannt, sich von den Fesseln vergangener Ängste, Schuld- und Schamgefühle zu befreien. In dem Augenblick hätte die Deutung, den Spieß umdrehen zu wollen sei Abwehr, Nancys selbst-wiederherstellende, selbst-heilende Bemühungen nicht anerkannt. Der Analytiker war überzeugt, dass Nancys Scheinwerferschwenk

auf ihn den spontan auftauchenden Versuch darstellte, ihrer Neigung entgegenzutreten, ihre Missbraucher durch Selbstbeschuldigung zu schützen. Er beteiligte sich an diesem Prozess, indem er taktvoll »die Attribuierung trug«, den Scheinwerfer zu akzeptieren. Er fragte sie danach, in welcher Hinsicht sie beruhigt werden wollte (83:1:16).
In der folgenden Sitzung war Nancy immer noch wütend auf den Analytiker. Sie fühlte sich von ihm in einer Situation gefangen, in welcher der Scheinwerfer nur auf sie gerichtet war (83:2). Der Analytiker fasste ihre Gefühle als »zutiefst ungerecht« (83:2:24) zusammen, und das Thema, den Spieß umdrehen zu wollen, wurde fortgesetzt. Das folgende Gespräch deckte sowohl die Übertragung als auch die »Ungerechtigkeit« der Beschuldigungen ab, die Nancys Familie ihr entgegenschleuderte, indem sie Nancy zur »Ursache für all die Sexualität« machte (83:2:21-28).
Zu diesem Zeitpunkt in der Analyse war die Modellszene, vom Schoß ihres Vaters verbannt zu werden, noch nicht völlig ausgearbeitet. Doch Andeutungen darauf wurden bemerkt. In dem Ausmaß, in dem sich Nancy der Erregung ihres Vaters dunkel bewusst wurde, sah sie sich selbst als deren Ursache. Ihre Situation als ungerecht darzustellen und das Bild des »Scheinwerfers« zu nutzen, um etwas in der Dunkelheit Liegendes zu erhellen, war höchst treffend.
Nancy entwickelte Wut und Angst, dass ihr Analytiker, wie auch der Psychiater in dem Zeitungsartikel, und wie ihr Vater, ebenfalls die Kontrolle verlieren würde. Was auch immer dann folgen mochte, es wäre ihre Schuld. Denn auf dem Schoß des Vaters zu sitzen und auf der Couch des Analytikers zu liegen war das Gleiche, und auf »seiner« Couch zu liegen war unbehaglich (83:2:9). Sie hatte Angst davor, wo es hinführen könnte. Die Ungerechtigkeit der von Nancys Familie ihr aufgebürdeten Anschuldigungen motivierten ihre wütende Reaktion. In der Analyse erwartete Nancy einen ähnlichen Verlauf der Ereignisse.
Nach zwei Jahren Analyse war die Frage, wer schuld und wer verantwortlich ist, direkt angesprochen worden. Die Modellszenen, »auf dem Schoß des Vaters sitzen« und »vom Bruder sexuell belästigt werden« beschränkten Nancys Erleben und Affektivität nicht mehr so starr. Obwohl sie einen weniger hemmenden Einfluss auf ihre Sexualität ausübten, wurden von Gefühlen der Intimität und

Bindung immer noch aversive und aggressive Reaktionen ausgelöst. Die Sitzungen zwei Jahre später setzen die Durcharbeitung dieser Szenen fort.

Im vierten Jahr von Nancys Analyse wird die Durcharbeitung von belasteten Motivationen, die auf dem Bedürfnis nach sinnlichem Vergnügen und sexueller Erregung beruhen, fortgesetzt. Nancy hatte zu mehr Selbstsicherheit gefunden. Ihre Selbstreflexion war weniger von Selbstbeschuldigungen belastet, sodass sie ihre Reaktionen mit größerer Urteilsfähigkeit und Objektivität untersuchen konnte: »Als ich gestern ging, fand ich, dass es eine gute Stunde war. Aber irgendetwas im Hintergrund stimmt immer noch nicht … Ich habe meine Rechnungen nicht bezahlt … (85:2:1) … Ich habe $ 100 für ein Thanksgiving-Essen ausgegeben … Ich weiß nicht, was eigentlich los ist.«

Das Thema, die Verantwortung für sich selbst zu übernehmen, hatte die starre, feindselige Qualität verloren, doch waren »Verantwortung« und »Selbstbeschuldigung« immer noch eng miteinander verbunden. Das Ausmaß von Nancys Selbstbeschuldigung entstammte teilweise ihrer Erfahrung des Missbrauchs, der in den beiden ersten Modellszenen dargestellt wurde. Die Verantwortung für sich selbst zu übernehmen hieß also, die »Schuld« zu akzeptieren. Die Modellszenen »auf Vaters Schoß« und »der Bruder masturbiert auf ihr« enthielten die Anschuldigung, dass Nancy die Verführerin sei. Der analytischen Arbeit war es gelungen, Nancys mehrdeutige Selbstempfindung als verführerisch und widerstrebend, unverschämt und unschuldig, vorwitzig und schüchtern zu erforschen.

Die Themen, die diese Sitzungen beherrschten, für jemanden etwas Besonderes sein zu wollen, Schuld, Beschuldigung, Scham und Verantwortung ähnelten den Themen, die schon oft der unbewussten Überzeugung eines Kindes zugeschrieben wurden, nämlich dass es ein »ödipaler Gewinner« sei, dessen inzestuöse Wünsche erfüllt wurden. Die Ansicht zu vertreten, dass die sexuelle Belästigung eines Kindes universelle unbewusste Inzestwünsche erfülle und dass dies die Hauptursache seiner pathologischen Wirkung sei, bedeutet, die schädliche Wirkung auf die motivationalen Systeme sowie auf das Selbstempfinden des Patienten als Ganzes gering zu schätzen (2. Kapitel).

Der Analytiker und Nancy selbst betrachteten ihre umfangreichen regulatorischen Schwierigkeiten, ihre Affektzustände der Depression, Schuld, Scham und Wut als Folge der sich überlappenden Auswirkungen ihrer Bindungsstörung und des explorativen, aversiven und physiologischen motivationalen Drucks. Sie lernten diese Affektzustände als wesentlich komplexer determiniert zu verstehen als nur als Reaktionen auf das sexuelle Trauma, Verstärkungen der ödipalen Schuld oder Pseudobefriedigungen in der Therapie. Nancy als ödipale Gewinnerin zu betrachten, die unbewusst die Verführung ihres Bruders und Vaters arrangierte und die ihre Mutter aus ödipaler Wut und Rivalität als »Zurückweisende« darstellte, wäre nicht nur eine falsche Deutung ihrer Erfahrung gewesen, sondern hätte das Trauma wiederholt, das sie in ihrer Familie erlebt hatte. Wieder wäre Nancy als »die Verführerin« abgestempelt worden, nur dass die Verführung diesmal als »unbewusst« motiviert betrachtet worden wäre. Sie wäre in der Analyse retraumatisiert worden, wenn man ihr gesagt hätte, ihr Schuldgefühl sei eine Folge dessen, bekommen zu haben, wozu sie nicht berechtigt war und dass sie die Schuld nur bei sich selbst zu suchen habe, wenn sie dabei die gegenseitige regulierende Hilfe verloren hatte, die sie von ihrer Familie gebraucht hätte.
Nancys Angst vor Intimität und ihr Gewahrsein, wie sie das sexuelle Interesse eines Mannes an ihr gemieden hatte (85:2:9) signalisierte ihre gewachsene Selbstreflexion und gesunkene affektive Hemmung. Verminderte Selbstbeschuldigung und Scham führten auch dazu, dass sie die Hilfe durch den Analytiker zugeben konnte (85:2:13). Überdies konnte sie anerkennen, dass sie sowohl von Männern als auch von Frauen etwas brauchte. Sie fühlte sich unbehaglich und »dekadent« (85:2:9).
Dennoch erkannte sie, dass sie gern mit ihrem Analytiker sprach. Ihre Überzeugung, dass ihr Vergnügen an den Gesprächen mit ihm »dekadent« sei, begann sich zu verändern. Sie sagte: »Also ist es nicht dekadent! Aber es erscheint dekadent im Verhältnis zu dem, woran ich gewöhnt bin« (85:2:15). Die Erfahrungen, auf dem Schoß ihres Vaters zu sitzen und beim Analytiker auf der Couch zu liegen, wurden zunehmend unterschieden. Die Dominanz der Modellszene »auf dem Schoß des Vaters zu sitzen«, die einen Schatten über ihre sinnlichen Erfahrungen geworfen hatte, war et-

was vermindert worden. Folglich hatte sich auch ihre Angst verringert, wegen verführerischen Verhaltens verbannt zu werden. Als die Vorstellung, Vaters Schoß und die Couch des Analytikers sei ein und dasselbe, in den Hintergrund trat, konnte sie anfangen, den Analytiker als »fürsorgliche Person« und sich selbst als »Genährte« zu erleben. Die Modellszene, sich nach ihrer »steifen« Mutter zu sehnen, die zu ihrer überstarken sexuellen Beschäftigung mit Frauen geführt hatte und zur Erotisierung der Übertragung beitrug, wurde gleichzeitig umgearbeitet. Nancy begann, ihren Analytiker als eine etwas entfernte Mutter zu erleben, als »die Brustwarze an der Decke« (85:2:13), als nährend ohne zu infantilisieren.

Nancys Gefühl der »Dekadenz« im Gespräch mit ihrem Analytiker (85:1:9) deutete auf einen Rest an Schuldgefühlen hin. Sie sprach von »geistiger Masturbation«, die sich gleichzeitig »selbsterregend und selbst-befriedigend« (85:2:11) anfühlte. Der Analytiker intervenierte, um eine sichere Atmosphäre aufrechtzuerhalten, während Nancy mutig Gefühle und Erinnerungen erforschte, die schmerzvoll, schamerfüllt und peinlich für sie waren. Als Nancy tiefer in ihre Erfahrung eintauchte, wurde sie sich früher nicht berichteter Aspekte ihrer selbst bewusst. Der Analytiker reagierte mit aktivem Zuhören, mit Spiegelung und Ermutigung zum Weitermachen. Das tat sie und vertiefte das Material ohne übermäßigen Druck oder spezielle Deutungen. An diesem Punkt geschah es, dass ihre Assoziationen gelenkt wurden zu der »Unebenheit an der Decke, wie eine Brustwarze ... (und) die weichen Gesäße von Frauen, [da] komme ich auf Mutter zurück und dass ich als Baby nicht kuscheln, schmusen oder an der Brust trinken konnte ... Es kommt ans Tageslicht, weil das, was hier in einer dekadenten Weise geschieht, ist, ... ohne dass Sie mich hegen und pflegen, helfen Sie mir, erwachsen zu werden« (85:2:13).

Im Verlauf der weiteren Sitzung (85:2) sprach Nancy von einem Freund, der ihr trotz der Semesterschlusspanik geholfen hatte, als ihre Waschmaschine übergelaufen war. Der Analytiker bemerkte dazu: »Man könnte davon als einer altmodischen Tugend sprechen« (85:2:16). Dieser Begriff war ungewöhnlich für ihn. Der eigenartige Ausdruck entfuhr ihm spontan, vielleicht als seine Assoziation auf Nancys Verwendung von »dekadent«.

Die Gefühle von Überraschung und Spontaneität, die mit dem Ausdruck »altmodische Tugend« assoziiert wurden, wiesen auf einen Übertragungswandel hin, der vom Analytiker ausgelöst worden war. Dieser Wandel sollte Modellszenen beeinflussen, die dem Bedürfnis sowohl nach sinnlichem Vergnügen als auch nach sexueller Erregung entstammten. Besonders enthielten diese Modellszenen Nancys Sehnsüchte nach Fürsorge, die von ihrer »steifen« Mutter ignoriert worden waren und ihrer erwachenden Sexualität, die von ihrem zurückweisenden und beschuldigenden Vater und Bruder erstickt worden war. Nachdem sie die Selbsterfahrung organisiert hatte, um eine weitere Retraumatisierung zu vermeiden, suchte sie sich davor zu schützen, dass ihre Sehnsüchte nach Fürsorge und ihre sexuellen Bedürfnisse aktiviert und frustriert wurden.

Wir schließen daraus, dass Nancy die Einwirkung sowohl des mütterlichen Versagens bezüglich Fürsorge und des väterlichen Versagens in der Anerkennung ihrer sich entwickelnden Sexualität nicht verkraften und miteinander vereinbaren konnte. Als Nancy ihre Zufriedenheit mit ihrem Erleben des Analytikers als (mütterlich) befriedigend und (väterlich) aufgeschlossen ausdrückte, schien die ein wenig unpassende Bemerkung von der »altmodischen Tugend« Nancy sanft von seinem Schoß gleiten zu lassen.

In der darauf folgenden Sitzung (85:3) lieferte Nancy eine bemerkenswert organisierte Zusammenfassung ihrer frühen sexuellen Erfahrungen und ihres Missbrauchs und stellte zum ersten Mal detailliert die sexuellen Spiele mit ihrer Freundin dar. Mehrere Faktoren mögen erklären, weshalb diese Information zu dem Zeitpunkt enthüllt wurde. Erstens halfen der empathische Wahrnehmungsmodus und die Aufrechterhaltung einer sicheren Atmosphäre, Nancys Pfade zum Bewusstsein zu ebnen. Zweitens hielt die beständige Aufmerksamkeit auf Nancys Affektzuständen und der Selbstobjekt-Erfahrung, die sie suchte, die iatrogenen aversiven Reaktionen auf einem Minimum. Drittens erhielt die Nutzung von Modellszenen, um die vergangene Erfahrung und die gegenwärtigen Übertragungs-Organisationen miteinander zu verbinden, die emotionale Unmittelbarkeit in der Analyse aufrecht. Viertens steigerte sich allmählich Nancys Gefühl der Wirkungsmacht und Selbstbestimmung als Konsequenz des fortgesetzten Durcharbeitens der Modellszenen. Nancys gestärktes Gefühl ihrer eigenen

Wirksamkeit ließ es wahrscheinlicher werden, dass zusätzliches Material, das zuvor außerhalb des Bewusstseins gehalten wurde, zugänglich werden konnte. D. h., sie erinnerte sich an sexuelles Material und untersuchte es, ohne dass dieselbe intensiv aversive, brennende Scham geweckt wurde. Fünftens erinnerte sich Nancy, indem sie das Spiel mit Margaret wieder hervorholte, an eine Zeit, als sie 9 oder 10 Jahre alt war und altersgemäße sexuelle Aktivitäten und Neugier zeigte (85:3:5). Sie erinnerte die Bemerkung des Analytikers, dass sie und Margaret Gleichberechtigte waren (85:3:5). Er bestätigte ihre Mitgliedschaft in einer Gemeinschaft angemessen sexuell neugieriger und selbstbewusster zehnjähriger Mädchen. Ihr Selbstempfinden, als Behälter für Matt zu dienen, als vom Vater verbannt, von der Mutter beschämt oder als vom Analytiker als provokativ oder verführerisch betrachtet zu werden, wurde in Frage gestellt. Sechstens sprach der Analytiker mit seiner leicht dissonanten Bemerkung, »altmodische Tugend«, zu ihr als einer gebildeten »Erwachsenen«. Diese Bemerkung trug zu einer Perspektive bei, die sie aus ihrer Analyse gewann und die ihr eine gewisse Distanz zu der Geringschätzung ihres Intellekts durch ihren Vater – Mädchen brauchen nicht aufs College zu gehen – ermöglichte und sie voll und ganz ermutigte, die Welt der erwachsenen Sexualität in einer gemeinsamen Anstrengung zu erforschen. Schließlich hielt der Analytiker eine Haltung optimalen empathischen Kontakts mit Nancys Affektivität aufrecht. Indem er dies tat, konnte das Füllen der narrativen Hülle im Hintergrund bleiben. Es wurde nur sparsam genutzt, wenn ein besseres Verständnis ihrer Gefühle und Bedürfnisse notwendig war. Die Hülle wurde von Nancy spontan gefüllt, als sie bereit war, ihr Erleben – Affekt und alles, was dazugehört – einzubringen.

Die Erinnerungen an die Spiele mit Margaret lieferten einen wichtigen Kontrast zu dem vorangegangenen Material. In ihrem Spiel gründeten die motivationalen Systeme auf dem Bedürfnis nach Selbstbehauptung und Exploration, Bindung und sinnliches Vergnügen und sexuelle Erregung verstärkten sich gegenseitig. Aversive Motivationen, die durch Angst, Schuld- oder Schamgefühle ausgelöst wurden, tauchten als die Angst vor Krebs auf, wurden aber gut ins Spiel integriert (85:3:5).

Die Rückgewinnung dieser Phase aus Nancys Kindheit und die Anerkennung dieser Phase durch den Analytiker als etwas, das

Nancys »Gleichberechtigung« signalisierte, verband Nancy mit den Ressourcen ihrer Vergangenheit, stärkte ihre Selbstachtung und lieferte einen Gegenpol zu der Selbstverachtung, die den Modellszenen samt und sonders eigen war. Die motivationalen Systeme, die in den dominierenden Modellszenen eingeschränkt gewesen waren, wurden mit der neu konstruierten Modellszene, mit Margaret »Doktor« zu spielen, flexibler. Diese Erinnerung trug dazu bei, die Gefühle von Dekadenz umzuwandeln, die ein Überrest aus Nancys Missbrauchserfahrung waren. Das Gefühl der Gleichberechtigung, das jener Lebensphase entstammte, machte sich auch in der Behandlung bemerkbar. Mit ihrem gewachsenen Wirksamkeitsgefühl betrachtete Nancy nochmals den sexuellen Missbrauch durch ihren Bruder und die verschiedenen Reaktionen, die dadurch hervorgerufen worden waren. Sie empfand sogar etwas Mitleid für ihren Bruder, der ebenfalls keine angemessene elterliche Führung erhalten hatte.

Zu Beginn waren die steife und zurückweisende Mutter und das fordernde Kind zwei Seiten derselben Medaille. Nancy konnte die Fürsorge ihres Analytikers nicht mit angenehmen Gefühlen entgegennehmen, weil inzestuöse Gefühle und Anschuldigungen von »den Männern« geweckt wurden. So waren sinnliche Sehnsüchte, die durch die Zurückweisung ihrer Mutter zurückgehalten worden waren und die sexuelle Erregung, die durch die Anschuldigungen und den Missbrauch »der Männer« blockiert worden waren, verbunden worden. Fähig zu sein, den Analytiker als »fürsorglich« zu erleben, hatte doppelt heilsame Wirkung. Während Nancy allmählich zwischen dem Schoß ihres Vaters und der Couch ihres Analytikers sowie zwischen den Zurückweisungen ihrer Mutter und der Beherrschung ihres Analytikers unterschied, entwickelte sie gleichzeitig ein Selbstempfinden als ein weniger fordernder und daher weniger »schlechter« Mensch. Auch begann sie zwischen ihren sexuellen Gefühlen, für die sie die Verantwortung übernehmen und aus denen sie Vergnügen gewinnen konnte, und den sexuellen Reaktionen anderer auf sie zu unterscheiden. Nancy musste nicht die Verantwortung für deren Unfähigkeit, ihre Handlungen gegenüber Nancy zu kontrollieren, übernehmen. Die Verbindung zwischen der zurückweisenden Mutter und dem übermäßig fordernden Kind war gebrochen. Nancy schätzte sowohl ihr Bedürfnis, dass man ihr sagte, was sie wissen musste, als auch ihre Fähigkeit, selbst Verständnis zu erwerben (85:3). Sie bat den Analytiker, sie darüber aufzuklären, was geschah. Obwohl sie zugab, sich der sexuellen Hintergründe ihrer Assoziationen bewusst zu sein, wünschte sie, dass der Analytiker führte. Indem dieser ihre »Botschaft« als die »Botschaft« anerkannte, bestätigte er Nancys Wachstum vom Kind zur Erwachsenen und erkannte ihre sexuelle Aufklärung an. Nach verborgenen Motivationen hinter der »Botschaft« zu suchen hätte Nancy in diesem Fall vermittelt, dass sie immer noch nicht bereit war, als den Erwachsenen ebenbürtig gesehen zu werden und dass ihre sexuelle Neugier im Verdacht stand, »ungesund« zu sein. So jedoch erlebte Nancy den Analytiker als aufmerksam und fürsorglich, ohne dass Gefahr bestand, beschämt, infantilisiert oder in eine überstimulierende, erwachsenenähnliche Sexualität katapultiert zu werden. Besonders akzeptierte der Analytiker ihre Idealisierung, als sie äußerte, sie verstehe, was sie sage, *nachdem* er es für sie wiederholt habe. Darüber hinaus blieb er eine ausgeprägt idealisierte Gestalt, die sich weder ihrer Sexualität schämte noch über Nancys sexuelle Neugier wütend wurde. Weder vermied er sexuelle Themen, noch beschämte er Nancy wegen ihrer Interessen. Selbst Nancys streitlustiger Tonfall wurde willkommen geheißen als Auswirkung ihrer wachsenden Selbstsicherheit.

Wir haben unsere Schilderung auf die Arbeit mit den drei aus der Vergangenheit konstruierten Modellszenen konzentriert – Nancys sexuelle Ausbeutung durch ihren Bruder im Alter von fünf bis elf, die verborgene sexuelle Verwicklung mit ihrem Vater, vor allem im Alter von fünf Jahren, mit späteren verbalen Drohungen, sowie das Versagen von Fürsorglichkeit während Nancys gesamten Lebens. Die vierte Modellszene, die während des therapeutischen Gesprächs erkannt wurde, war Nancys Angezogensein von Männern, die sich mehrdeutig gaben. Nancy wandte diese Verunsicherung und Vernebelung auch an bei sich selbst wie beim Analytiker. Nancys Angezogensein und Anwendung von Mehrdeutigkeit agierte als eine Unterströmung, die gegen die Effektivität der analytischen Arbeit zog.[3] Wir glauben, ihr mehrdeutiges Agieren war

---

[3] In dieser Weise ähnelte Nancys Spielen mit Mehrdeutigkeit der Nutzung von Dissoziation, Vergessen und Suggestibilität vieler sexueller Missbrauchsopfer.

sowohl ein Teil der Erotisierung der Übertragung als auch ein auf breiterer Grundlage bestehender Ausdruck von Aversivität. Wir werden die Auswirkungen hiervon auf Nancys Liebesobjektwahl, auf ihre anderen Bindungen und auf ihre Regulierungen im Allgemeinen näher betrachten.

Wie Nancy Dans Interesse und die Aussicht auf eine enge Beziehung schilderte, wurde – so verstand es der Analytiker – durch Details ihrer Interaktionen nicht bestätigt, und deshalb ermunterte er sie, die Bedeutung von Dans Schwanken und dessen Auswirkungen auf sie zu erwägen. Sie war nicht willens, das auf direkte Weise zu tun. In ihren Assoziationen erkannte sie, dass ihre am längsten dauernde Beziehung dieselben Anzeichen der Unentschlossenheit und Ungewissheit auf beiden Seiten gezeigt hatte. Während der Analyse setzte sich dieses Muster bei einer langen Reihe von Männern fort. Wie wir im 6. Kapitel erwähnt haben, stand das Thema, bei dem diese Punkte in den Vordergrund rückten, in Zusammenhang mit ihren Fragen an den Analytiker: »Was für ein Mensch sind Sie?« (83:1:3). »Sie wirken gütig« (83:3:1) – eine Quelle für Interesse und Neugier (83:3:4). 1985 dann war sie bereit, die Punkte bei Karl aufzugreifen, der sie zum Abendessen eingeladen hatte. »Er hat es ganz zögerlich gemacht – als wollte er sich nur dafür revanchieren, dass er bei mir eingeladen war. Das war eigenartig. Und dann bin ich auch seltsam geworden und habe gesagt: ›Nun, ich habe erst nächste Woche Zeit.‹ Ich wollte nicht zu enthusiastisch wirken. Er benahm sich, als wäre er unsicher, ob ich überhaupt will, obwohl ich denke, dass ich das deutlich gemacht habe. Er war ganz kühl, um kein ›Rendezvous‹ daraus zu machen« (85:1:1). Dann greift Nancy einen der Ursprünge auf, weshalb sie Zuflucht beim »Seltsam-Sein« sucht. Ihre Mutter hatte ihr versichert, dass das Interesse anderer an ihr »bedeutungslos ist« (85:1:5), »sie stellen nur gute Manieren zur Schau« (85:1:9). Das Infragestellen ihrer Mutter wurde für Nancy eine Notwendigkeit – werde nicht aufgeregt und enthusiastisch, »flieg nicht davon ins Fantasiereich«, dann wirst du auch nicht enttäuscht – und eine Quelle, um mit ihrem sexuellen Missbrauch umzugehen – mein Bruder will mich nicht verletzen, er liebt mich. Zu der Zeit kehrten Nancy und der Analytiker zu dem Thema seiner Zögerlichkeit als einer vergleichbaren vernebelnden Bereitwilligkeit zurück. Das befreite Nancy, in den folgenden Monaten ihre sinnlichen und sexuellen Empfindungen zu erörtern, größtenteils in Bezug auf Masturbation. Das Ergebnis war eine Wiederherstellung des Gefühls (nach der völligen Empfindungslosigkeit zuvor). Wir glauben, die zweifache analytische Erforschung ihres Umgangs mit Mehrdeutigkeit in Mann-Frau-Beziehungen und körperlicher Sexualerfahrung lieferten den Anstoß für ihren ersten Orgasmus. Nancy hatte eine kurze heftige Affäre mit einem Mann, der ihr Schwanken beiseite wischte und eine unmissverständliche sexuelle Annäherung unternahm, deren eindeutiges Ziel der Geschlechtsverkehr war. Diese Erfahrung, die Nancy kurz nach der Hälfte der Analyse machte, war wie abgekapselt. Sie hatte die Wirkung, Nancy mächtig zu beruhigen, dass sie die ganze Bandbreite sexueller Gefühle erleben konnte, tat jedoch wenig dazu, mit den breiter angelegten Schwierigkeiten umzugehen, die mit der Mehrdeutigkeit in Verbindung standen. Nancys erotisierte Zuneigung blieb fest an die Liebe zu ihrem Bruder gebunden. Durch den Kontakt zu ihm hatte Nancy die wichtigsten Momente von Ausgelassenheit in ihrem oft verzweifelt einsamen Leben erfahren. Um die Fäden der Zuneigung von dem sexuellen Missbrauch und der sadistischen Quälerei zu trennen, die Nancy durch ihn erlitt, war die lange Untersuchung nötig, wer für was verantwortlich war. Die Analyse von Nancys Traum, wie sie voll Zuneigung nach dem Bein ihres Mitbewohners griff, was sich jedoch zu einer Berührung seines Schritts verwandelte, wurde bereits erwähnt (85:4). In dieser Stunde stellte der Analytiker fest: »In Ihrem Traum teilen Sie sie (die Verantwortung) in deutlicher Weise auf« (85:4:26). Nancy antwortete in einer Weise, welche die vor ihr liegende Arbeit charakterisierte: »Ich fange an zu denken: ›Zum Tango-Tanzen gehören zwei.‹ Dann vergesse ich es und bin wieder zurück bei: ›Das ist alles mein Problem.‹ Dann denke ich: ›Kinder brauchen Erwachsene, um zu lernen.‹ Es ist ein echtes Problem, wenn das nicht verfügbar ist« (85:4:31). Dann, zwei Jahre später: »Doch bei der geringsten Andeutung einer sexuellen Anziehung sage ich: ›Schalte alles ab, drehe dich in die andere Richtung‹« (87:2:11). Analytiker: »Damit was nicht geschieht?« (87:2:12). Nancy: »Damit ich die Kontrolle nicht verliere. Mich so angezogen fühle, dass ich sie verführe. Wenn ich das sage, geht es nicht nur um Brian und Anthony. [*Priester*] Es war auch so bei meinem Bruder und Dad ... Sie – weil es unpassend ist. Wenn ich mich verführerisch verhalte, ist das ein Versuch, das zu durchbrechen« (87:2:13). Zu dem Traum jedoch, in dem sie von dem Techniker sexuell belästigt wird und sich energisch wehrt (90:1:3), bemerkte der Analytiker: »... war die Klarheit hilfreich, mit der Sie erkennen konnten, dass der Missbraucher völlig daneben war.« (90:1:10). Nancy entgegnete: »Und die Klarheit meiner Reaktion – ich war deutlich und zunehmend energisch ... Ich lasse mich nicht konfus machen ... Ich muss deutlich und ruhig reagieren und die Grenzen setzen. Mein neuer Spruch auf dem Badezimmerspiegel, der aus unserer Diskussion heraus entstanden ist, heißt: *Mein Glück ist meine Verantwortung*« (90:1:11). Und in ihrem letzten Traum: Der Junge, der am Rand der Uferböschung entlangtrampelt und sie zum Einbrechen bringt »war mein Bruder. Ich muss vorsichtig sein und darf weder ihn noch irgendjemand anderen die Arbeit zerstören lassen, die wir miteinander gemacht haben, sie abwerten lassen« (90:4:1).

Dieselbe Mehrdeutigkeit traf auch auf ihr schützendes Durcheinanderbringen der Gefühle in Bezug auf alle anderen Familienmitglieder zu: Vater, Mutter und Tante. Auf der einen Seite stand ihr Bedürfnis auf der Grundlage ihrer Loyalität, die Illusionen aufrechtzuerhalten, die jeder von ihnen suchte – Vaters Leugnen der Verantwortung für seine sexuelle Erregung durch sie, den Anspruch auf Heiligkeit ihrer Mutter und ihrer Tante. Auf der anderen Seite stand Nancys Bedürfnis, ihre wütenden, rachsüchtigen und strafenden Reaktionen auf deren oft krasse Insensibilität zu verbergen. Ein Teil der Aversivität wurde in Bezug auf ihre phobische Überzeugung analysiert, sie habe Patienten durch Laborfehler geschadet, als sie von ihren Kollegen übermäßig belastet wurde; eine Parallel-Empfindung dazu, wie sie sich von ihrer Mutter bei Haushaltspflichten und bei der Pflege während deren Migräneanfällen, für die ihr, Nancy, die Schuld zugeschoben wurde, gefühlt hatte. Doch das Schlüsselelement bei der Entdeckung der Quelle ihres Umgangs mit Mehrdeutigkeit lag in der Analyse ihrer Enurese. Nancys Äußerung: »Das Problem mit der Doppeldeutigkeit ist, während ich sage, dass ich sie nicht mag, habe ich sie nur allzu leicht toleriert und habe keine echten Anstrengungen unternommen, die Dinge aufzuklären« (89:3:31), trifft, wie wir glauben, sowohl auf die kognitive Unklarheit als auch auf das Bettnässen zu. Wie Nancy kurz davor gesagt hatte: »Sie ermuntern mich dazu, darüber zu sprechen, darüber nachzudenken. Ich kehre zurück in eine Welt, in der Sex alte, zerstörerische, hässliche, zornige Facetten hat« (89:3:27).

Auf der Grundlage einzelner Erinnerungen und Schlussfolgerungen glaubte Nancy, dass ihre Enuresis etwa im Alter von drei oder vier Jahren begonnen hatte, nachdem sie bereits sauber und kontinent gewesen war, und endete im Alter von elf Jahren mit dem Bestechungsgeld ihrer Mutter – »Endlich gab sie mir etwas, das ich wollte.« Nancy sah sich aus dem elterlichen Schlafzimmer verbannt, wo ihr Kinderbettchen bis zum dritten Lebensjahr gestanden hatte. Sie vermutete, dass es eher geschehen sei, weil sie eine Missetat begangen hatte als wegen des Alters. Tatsächlich betrachtete sie ihr Alter als Verpflichtung, insofern als man ihr befohlen hatte, ihr Töpfchen selbst die Treppe hinaufzutragen und allein ins Bett zu gehen. Das Bettnässen begann also in einer Atmosphäre heftigen Ärgers wegen der »Verbannung« und der ungewollten Verantwortung für ihre Selbstregulierung. Während der gesamten Analyse verhalf die gemeinsame Regulierung, die der Anwesenheit des Analytikers entstammte, Nancys Selbst-Stärkung. An den Wochenenden hatte sie das Gefühl, »es zu verlieren«, dass ihr die Zeit und die Pläne davonschwammen, als unausgesprochene Botschaft an den Analytiker, dass sie ihn brauchte und dass er sich schuldig fühlen konnte und sollte, weil er sie im Stich gelassen hatte. All das wurde überaus deutlich. Weniger leicht zu demonstrieren und eher theoretisch war jedoch die Rolle, welche die Enuresis in ihrem Sexualleben spielte. Zu Beginn ihres Lebens hatte Nancy die erotisch-streitlustige Atmosphäre des elterlichen Schlafzimmers aufgenommen, dann die sexuelle Erregung, auf dem Schoß des Vaters herumzuzappeln (wie sie es auch auf der Couch des Analytikers tat) und die wiederholte Erregung durch Matts Masturbation an ihrem Bein und Körper. Nancy schützte sich vor dem Bewusstsein durch eine Reihe von Abwehrmaßnahmen, und wir sind überzeugt, dass ihr Bettnässen sowohl die Abwesenheit bewusster Erkenntnis als auch die Abfuhr der Erregung erleichterte. In manchen im Text nicht wiedergegebenen Stunden fürchtete Nancy auch während der Therapie nicht Herrin über ihre Schließmuskeln zu sein. Sie erinnerte oder rekonstruierte wahrscheinlich das Vergnügen nächtlicher Lösung mit Träumen, dass sie auf der Toilette sei. Sie hatte sowohl eine warme Empfindung erlebt als auch die latente Befriedigung, wenn die Mutter reinigte, tadelte und bekümmert war. Das Thema der Rache an der Mutter durch Versagen, d. h., durch fortgesetztes Inkontinentsein, oder dadurch, sich den Erfolg mit ihrer Dissertation entgleiten zu lassen, kam in der Stunde 90:2 zur vollständigen Untersuchung. Dass ihre Enuresis die Manifestation ihrer aversiven Motivation war, ist leicht zu beweisen. Die Rolle, die das Bettnässen in ihrem Sexualleben spielte, wenn diese auch weniger leicht zu bestätigen ist, scheint uns ein wertvolles Verbindungsglied zu sein zwischen ihrer allgemeinen Tendenz zur Mehrdeutigkeit, ihrer Empfindungslosigkeit in der Kindheit und ihrer Wahl von Männern, bei denen sie den Anschein von Annäherung und sexueller Erregung aufrechterhalten konnte, die aber auf beiden Seiten durch Verantwortungsbewusstsein gezügelt war. Wir stellen fest, dass sie ihre sexuellen Aktivitäten mit Matt beendete, indem sie seine Bestechung ablehnte, während sie zur gleichen Zeit das Bettnässen einstellte, indem sie die Bestechung ihrer Mutter annahm. Zu dieser Zeit begann sie auch ihr symbolisches Spiel mit Margaret. Wir vermuten, dass Nancys Symptom der Enurese ihr half, ihre sexuelle Überstimulation ohne einen schädigenden Verlust der Selbstkohäsion zu zügeln.

Nach sechs Jahren Analyse verringerte sich der Einfluss der vier Modellszenen. Nancy wurde sich schmerzlich bewusst, wie einsam und verletzlich sie als Kind gewesen war. Ihre Selbstbeschuldigung von Kindheit an hatte die implizite Hoffnung enthalten, dass sie, wenn sie sich ändern könnte und »nicht böse« wäre, nichts mit hässlichen sexuellen Aktivitäten oder Inkontinenz zu tun hätte, dann wäre ihr Leben besser. Die Abnahme der Selbstbeschuldigungen ging mit einem Gefühl von Verletzlichkeit, Einsamkeit und Depression einher. Nancy wurde sich nun eines Zustands bewusst, den sie verzweifelt versucht hatte abzuwehren: ohne die mehrdeutig verführerischen Beziehungen und die Rache des Versagens, hatte sie das Gefühl, war sie für niemanden etwas Besonderes. Gleichzeitig ließ sich Nancy auf eine immer größere Bandbreite von Affekten mit mehr Variationen ein, während sie ihre Selbsterfahrung entfaltete. Sie beschrieb die »Neigung« in Bezug auf ihren Analytiker mit einem Gefühl der Parität und ohne augenscheinlichen Groll. Sie überwand es, ihre Angst zu inszenieren, dass er sie vergewaltigen würde wie der erwähnte Psychiater seine Patientin. Nancy konnte nun über ihre Angst, den Analytiker zu verführen und ihre Angst, dass er verführt werden könnte, nachdenken und sie analysieren. Gleichermaßen gut konnte sie ihre Überzeugung überdenken und analysieren, dass sie den Analytiker, mittels Versagens und mangelnder Klarheit, durch schuldbewusste Sorge an sich binden konnte.

Nachdem sie sich zu Anfang auf dem Schoß ihres Vaters »besonders« gefühlt hatte, trug dieses »Besonders-Sein« unheilvolle Nebenbedeutungen in sich. Dennoch war Nancy fähig, das Problem ihres Wunsches, sich »besonders« zu fühlen und ihres Vergnügens an dem Gefühl, dass ihr Analytiker für sie »besonders« war, aufzugreifen.

Die fortgesetzte Überarbeitung der Modellszenen versetzte Nancy in die Lage, die Fähigkeit zu erwerben, sich lustvoll verführerisch zu fühlen. Das motivationale System, das auf ihrem Bedürfnis nach sinnlichem Vergnügen und sexueller Erregung beruht, war nun weniger durch Aversivität belastet. Besonders Nancys Befürchtung, dass ihre Sexualität zu einem Verlust an Bindungen führen würde, verringerte sich.

Auch die Scham, die mit Sexualität assoziiert war, nahm ab, ebenso wie die Erwartung der Notwendigkeit, bestimmte Aspekte ihres Selbst aufgeben zu müssen. Zu Anfang beschwor die Sexualität, auf Grund der Missbrauchserfahrungen durch ihren Bruder und der heimlichen Verführung durch ihren Vater, inzestuöse Zusammenhänge herauf. Durch die Durcharbeitung der verschiedenen Modellszenen wurden verschiedene Gestalten der Vergangenheit, wie Vater, Mutter und Bruder, deutlich. Unterschiedliche Gefühle auf Seiten Nancys wurden mit jedem von ihnen assoziiert. So wurde der Analytiker nicht auf dieselbe Ebene des Ungeeignetseins gestellt wie der Vater, und sie gestattete sich, mit ihm zu flirten. Sie konnte das tun, weil sie darauf vertraute, dass er sich gut genug beherrschen konnte und dass ihm ihr Wohlergehen am Herzen lag. Er konnte sich über ihre sich entwickelnde Sexualität freuen statt davon überwältigt zu sein. Die Bandbreite erträglicher Gefühle hatte sich erweitert.

Das achte Jahr der Analyse brachte ihre Beendigung. Die starr einschränkenden Aspekte der Modellszenen hatten sich gelöst. Obwohl sich ihre Inhalte immer noch bemerkbar machten, waren diese Themen nun mit neu organisierten Bearbeitungen durchsetzt, die der therapeutischen Beziehung entstammten. Weder verführerisch zu sein noch verführt zu werden hatte den negativen Beigeschmack, den es einmal getragen hatte, und Mehrdeutigkeit war nicht mehr notwendig, um die Verantwortung für Sexual- und Rachewünsche zu verschleiern und die Illusion positiver Liebesbindungen zu bewahren. Sexuelles Interesse zu erkennen, sowohl ihr eigenes wie auch das anderer, wurde zu einer akzeptablen Ressource in ihrem Beziehungsrepertoire. Nancys Träume während der Schlussphase der Analyse bewahrten einige Bilder ihrer Beschäftigung mit Sexualität. Jedoch signalisierten diese Träume, dass ihre Missbrauchserfahrungen nicht vergessen, sondern »entmystifiziert« worden waren.

Abschließende Bemerkungen

Vier – mehrfach dargestellte – Modellszenen fingen Nancys sexuelle Missbrauchserfahrungen in der Kindheit ein. Nancy fühlte sich direkt zurückgewiesen wie auch des mütterlichen Schutzes beraubt, insofern als ihre Mutter das Verhalten von Bruder und Vater implizit sanktionierte. Auf der Grundlage dieser Erfahrungen machte Nancys Analyse das gemeinsame Durcharbeiten ihres sexuellen Missbrauchs und der erotisierten Übertragung notwendig, die zum Teil Folge der Missbrauchserfahrung war.
Wir stellen Nancys Analyse in einen Kontext, von dem wir behaupten, dass die heiklen Probleme, denen man bei Missbrauchsopfern begegnet, am besten in einer Einzelbehandlung durchgearbeitet werden, in der der Patient aus dem Blickwinkel der fünf motivationalen Systeme verstanden wird. Unsere benutzerfreundlichen Prinzipien schützen den Patienten vor einer therapeutischen Retraumatisierung, während die Analyse der fünf motivationalen Systeme die beständige Konzentration auf den Patienten als komplexe Person statt nur einfach auf das »Inzestopfer« aufrechterhält. Schließlich stellt ein selbstpsychologischer Behandlungsmodus die ständige Aufmerksamkeit für die Interaktion zwischen Analytiker und Patient sicher, ebenso wie das Bewusstsein des Analytikers für seine Beiträge zum therapeutischen Austausch.

9. Therapeutisches Handeln und seine Weiterentwicklung durch unsere Behandlungstechnik

Meissner (1991) schrieb: »Die Natur der Veränderung in der Psychoanalyse und die Erklärung für die Effektivität psychoanalytischer Interventionen ist eines der immerwährenden Probleme im Verständnis des psychoanalytischen Prozesses« (S. 4). Meissner verfolgte den Trend von der strikten Beachtung des Konzepts mutativer (Übertragungs)Deutungen (Strachey, 1934) bis zur gegenwärtigen Betonung auf Beziehungsfaktoren, die mit Loewald (1960) begann und in den Postulaten vieler Objektbeziehungs- und Selbstpsychologie-Theoretiker einen stärkeren Einfluss erhielten. Modell (1984, 1986) stellte eine erfolgversprechende Möglichkeit vor, wie vermieden werden kann, sich in der Polarisation Einsicht versus Beziehung zu verfangen. Er plädierte dafür, dass der Inhalt einer Deutung an sich nicht mutativ aufzufassen sei. Vielmehr liefert die symbolische Aktualisierung eines stützenden Umfelds die Basis für die Wirksamkeit der Übertragungsdeutungen. Überdies wurde die komplexe Natur des therapeutischen Handelns von acht Analytikern (Fischer und Fischer, 1996) hinsichtlich Zentralität oder Ausgeglichenheit von drei Faktoren diskutiert: das Erlangen von Einsicht, die Intensität der hervorgerufenen Emotionen und die interpersonale Natur der Erfahrung. Was auch zur Komplexität beitrug war, dass die jeweils als am relevantesten hervorgehobene »Einsicht« mit der theoretischen Grundlage variierte: Ich-Psychologie, Kleinsche, Lacansche, Selbstpsychologie, Mahlersche und sozial konstruktivistische. Fischer und Fischer postulieren zwei Möglichkeiten, das Rätsel positiver Ergebnisse trotz derartiger klinischer und theoretischer Unterschiede zu erklären. Eine Erklärung ist: »Wie ein Breitbandantibiotikum haben die Behandlungsansätze, obwohl sie unterschiedlich sind, dennoch ein ausreichendes Spektrum an »heilsamen« Qualitäten, um Wachstum und therapeutische Veränderung zu fördern.« Die zweite Möglichkeit ist: »Die Allgemeinheit der Behandlungsansätze ... erlaubt es dem Patienten, von der Behandlungserfahrung das zu nehmen, was für ihn am nützlichsten ist oder die Behandlungssituation so zu gestalten, dass sie seiner Konfliktlösung und/oder seinen wachstumsfördernden Bedürfnissen am besten entspricht« (S. 309-310).

Wir nähern uns der therapeutischen Wirkungsweise von Psychotherapie und Psychoanalyse anders. Wir beginnen mit der Hypothese, dass eine starke Übereinstimmung zwischen empirisch gefundenen Techniken bestehen muss, damit sie eine positive Veränderung der Prozesse, die Wachstum sichern oder anregen, bewirken. Wir ziehen unsere Kreise weiter als zu versuchen, an der Behandlungserfahrung selbst zu identifizieren, ob Einsicht, affektive Erfahrung oder die Beziehungserfahrung zentral sind. Da sich Wachstum in vielen Bereichen manifestieren kann, suchen wir nach Korrelationen zwischen biologischer, neurophysiologischer und psychologischer Entwicklung. Wir identifizieren drei Wachstumsprozesse, die in jedem dieser Bereiche erkennbar sind und an Hand der therapeutischen Gespräche, die wir vorgelegt haben, beschrieben werden können. Die drei Prozesse sind Selbstaufrichtung, gemeinsame Bewusstseinserweiterung und die Neuordnung (Neukategorisierung) symbolischer Vorstellungsschemata oder Konfigurationen (Lachmann und Beebe, 1992). Wenn diese drei Modi therapeutischen Handelns durch weitere Untersuchungen gestützt werden, dann können Prinzipien der Behandlungstechnik, die empirisch aus den verschiedenen psychoanalytischen Theorien abgeleitet werden, untersucht werden, um zu erkennen, bis zu welchem Ausmaß sie jeweils das Wachstum gefördert haben, das jedem Modus inhärent ist.

Selbstaufrichtung

Klinisch bezieht sich die Selbstaufrichtung auf die intrinsische Tendenz während der Psychoanalyse, von einem veränderten Funktionszustand (auf niedrigerer Ebene) zu einem adaptiveren Zustand zu gelangen. Das Phänomen des Zurückkehrens zu einem adaptiveren Zustand wird oft »Elastizität« (resilience) genannt (Fajardo, 1988, 1991). Das angeborene Potenzial zur Selbstaufrichtung wird in Brazeltons Untersuchung von Kleinkindern mit der Kategorie »Beruhigbarkeit« (soothability) gemessen. Wir als Analytiker und Therapeuten sind davon abhängig, dass die Kapazität zur Selbstaufrichtung unseren Patienten (und uns selbst) befähigt, nach einer Stunde intensiven affektiven Engagements den Zustand adaptiven Funktionierens wiederaufzunehmen, der notwendig ist, um uns zu lösen und zu anderen Tätigkeiten zurückzukehren (und unsere Aufnahmefähigkeit für die nächste Stunde zu gewinnen).

In unserem gesamten klinischen Bericht haben wir die Bedeutung von Störungen im therapeutischen Austausch betont, die der Wahrnehmung empathischen Versagens durch einen oder beide Beteiligten folgen. Die Selbstaufrichtung ist entscheidend für die Gesundung, welche die Wiederherstellung der Bindungsfähigkeit und explorativen Motivationen ermöglicht. »Diese höchst affektiv geladenen Episoden stellen in der Therapie ›zentrale Augenblicke‹ dar. Sie sind Punkte potenziellen Stresses, gleichzeitig aber auch potenzielle Wachstumsepisoden« (Schore, persönliche Mitteilung, 1995).

In der zweiten Stunde (83:2) der ersten vorgestellten Woche erforschte Nancy zusammen mit dem Analytiker ihren aversiven Zustand. Als der Analytiker »unbewusst zu einer Inszenierung verleitet [wird], in der sich die Rollen von Verführer und Verführtem verwischen« (83:2:19-26), trat eine Störung auf. Dann, als der Analytiker sich in ihren Affektzustand der Wut und Angst eingefühlt hatte, die durch ihre Wut auf ihn ausgelöst worden war, war Nancy zur Selbstaufrichtung in der Lage. Nancys Selbstaufrichtung drückte sich in der Fähigkeit aus, ihre Feindseligkeit und deren Ursprung in Gegenwart und Vergangenheit vollständig und frei ausdrücken zu können. Damit der Analytiker seinen Beitrag zu Nancys Selbstaufrichtung leisten konnte, musste auch er sich selbst aufrichten. Zuerst musste er erkennen, dass eine Störung aufgetreten war und dass er mit seiner Intervention dafür verantwortlich war. Ein zweiter Schritt war erforderlich, insofern als er nicht nur erkennen musste, dass seine ursprüngliche Intervention von Nancy als empathisches Versagen wahrgenommen worden war, sondern auch, dass er manipulativ gewesen war und mit Aussprechen des Worts »erscheint« zu verstehen gegeben hatte, wie widerstrebend er sich dem stellen wollte. Ihre Weigerung, sein teilweises Ausweichen zu akzeptieren, zwang ihn, seine eigene wiederherstellende Bemühung zu vervollständigen. Er fühlte sich dann umfassender in Nancys Erfahrung ein (obwohl er das nicht verbalisierte). Daher war er in der Lage, sich auf ihre Erfahrung von Wut in einer Weise einzustimmen, die Nancy als förderlich erlebte.

Als ein Faktor in der Entwicklung bezieht sich die »Selbstaufrichtung« auf die inhärente Tendenz, von einem Zustand des Ungleichgewichts, der Beeinträchtigung im Wachsen zurückzuschnellen, wenn in einer zuvor hemmenden Bedingung eine positive Veränderung eintritt. Der Begriff »Selbstaufrichtung« (selfrighting) wurde von Waddington (1947) geprägt, einem Embryologen, der beobachtete, dass ein genetisches Programm eine sich entwickelnde Tendenz zu abnormalem Wachstum in den umgebenden Zellen einstellen kann, wodurch ein Zurückschwingen zur normalen Zellstruktur möglich wird. In der normalen Entwicklung werden unter günstigen Bedingungen Schritte der physiologischen Regulierung, Bindung, Exploration und Selbstbehauptung, Aversionskontrolle und des sinnlich-sexuellen Suchens möglich, die zuvor nicht unternommen worden waren.

Ein dramatisches Beispiel hierfür ist das von Kindern, die im Hochland von Guatemala aufwuchsen (Kagan et al., 1978). Diese Babys waren ihren Müttern zwar nah, lebten aber über ein Jahr lang in einer fensterlosen Hütte, oft in einem Rückentragetuch ohne Spielzeug und mit geringer menschlicher Interaktion. Im Alter von einem Jahr lächelten sie nicht, waren still, geistig minimal beweglich und körperlich passiv. In der kognitiven Entwicklung waren sie weit hinter durchschnittlichen amerikanischen Kindern zurückgeblieben. In der Mitte des zweiten Jahres jedoch, als sie mobil wurden und die Hütte verlassen durften, machte ihre Entwicklung dramatische Vorwärtssprünge. Als man die Kinder im Alter von zehn bis elf Jahren testete, waren ihre kognitiven und Wahrnehmungsfähigkeiten auf demselben Niveau wie die amerikanischer städtischer Mittelklassekinder.

Im therapeutischen Austausch tritt die Selbstaufrichtung in Reaktion auf viele nichtexplorativen Aspekte der Behandlung auf. Die Verlässlichkeit des Analytikers und seine Bereitschaft, Verantwortung zu übernehmen, sorgfältig und teilnahmsvoll zuzuhören, taktvoll zu sein und affektives Betroffensein und Interesse zu vermitteln, stellen für Patienten einzeln und gemeinsam eine positive Veränderung dar, für die in einer hemmenden Erfahrung diese Beziehungserfahrungen gefehlt hatte. In der Sitzung 85:3 war Nancy depressiv, schlaff, still und schweigsam. Zunächst intervenierte der Analytiker, indem er sein Interesse an ihren Gefühlen zeigte – er stellte die direkte Bitte, sie möge beschreiben, was sie erlebte. Sie sagte: »Nebel. Ich habe das Gefühl, im Nebel zu tappen, wenn ich über meine sexuellen Probleme nachzudenken versuche« (85:3:1). Dann, auf die Einladung des Analytikers hin, den Nebel zu durchdringen oder weiter zu beschreiben (85:3:2), reagierte sie mit allmählicher Selbstaufrichtung und bot eine sehr produktive Abfolge von Assoziationen. Die Selbstaufrichtung, die sich in derartigen Beispielen ergibt, kann als eine korrigierende emotionale Erfahrung betrachtet werden (Marohn und Wolf, 1990). Als Folge vieler vergleichbarer Erfahrungen lernen die Patienten oft, sich selbst das zu geben, was sie zur Selbstaufrichtung brauchen. Nancy beginnt die Sitzung 85:4 mit der Bemerkung: »Ich werde fünf Minuten lang über den Prozess jammern und mich dann an die Arbeit machen«, womit sie ihre Überzeugung zu erkennen gibt, dass der Analytiker im Gegensatz zu ihren Eltern ihre Aversivität akzeptieren wird. Mit dieser Akzeptanz kann sie sich selbst aufrichten, ohne dass eine weitere Intervention notwendig wäre.

Im Allgemeinen kann die Selbstaufrichtung gezeigt werden, wie sie in Reaktion auf spezielle Bemühungen des Analytikers hin auftritt. In dem bereits vorgestellten Beispiel der Sitzung 83:2 reagierte der Analytiker direkt auf die Störungen im Behandlungsprozess, die auf Nancys Erleben eines empathischen Versagens folgten. Der Analytiker hilft bei der Erkenntnis des veränderten Selbstzustands und, wenn möglich, bei der Identifikation der die Störung auslösenden Ursache, einschließlich der Beteiligung und dem Beitrag des Analytikers. »Die verlässliche und angemessene Erinnerung von Details aus den früheren Äußerungen des Patienten ist Bestandteil dessen, was ihn überzeugt, dass wir ihn hören, an ihn denken und er uns etwas bedeutet. Nun kann er damit beginnen, sich selbst als der Aufmerksamkeit, des Verständnisses und der Bedeutsamkeit für andere wert zu erachten« (Levin, 1991, S. 6). Die Kontinuität der Bemühungen, zu erkennen, zu verstehen und zu identifizieren, wird oft selbst bereits zu einer Selbstaufrichtung führen. Wir glauben, dass die Selbstaufrichtung zu einem wieder gesunden Zustand das erweiterte Bewusstsein der Bedeutung einer Störung erleichtert und nicht umgekehrt, dass das Verstehen zur Selbstaufrichtung führt. Schore (persönliche Mitteilung) schlägt eine interessante Quelle sowohl für Unterbrechungen als auch für Wiederherstellungen vor. Beide resultieren aus affektiven Transaktionen zwischen Therapeut und Patient, bei denen spontane Kommunikationen von rechter Hemisphäre zu rechter Hemisphäre beteiligt sind, die unterhalb der Bewusstseinsschwelle auftreten. Wenn der Analytiker die empathische Wahrnehmung des Bewusstseinszustands seines Patienten verliert, besonders wenn die Aversivität des Analytikers ausgelöst wird, wird dies dem Patienten durch Tonfall, Gestik, Mimik, Atemfrequenz etc. mitgeteilt. Die Veränderung des Analytikers, die von ihm selbst vielleicht gar nicht erkannt wird, trägt zu einem Zustand veränderten Engagements des Patienten bei. Dieser veränderte Zustand des Patienten wird dann, oft nonverbal, wiederum dem Therapeuten vermittelt. Hat der Analytiker dies erst einmal wahrgenommen, muss er mit der Aversivität fertig werden, die durch den Rückzug oder die Feindseligkeit des Patienten ausgelöst wurde. Schore glaubt, dass die Fähigkeit des Analytikers, seine eigenen aversiven Affekte – besonders Scham und Demütigung – zu regulieren, beim Auftreten von Selbstaufrichtung den entscheidenden Faktor darstellt. Wenn man Schores Argumentation folgt, liefert die Kommunikation von rechter Hemisphäre zu rechter Hemisphäre eine interaktive Wiedergutmachung, deren Folgen, nicht Ursachen, Erkenntnis und Aufdeckung sind.

Weiss und Sampson (1986) erklären die Zustandsveränderung, die wir Selbstaufrichtung nennen, durch ihr Postulat eines größtenteils unbewussten Plans des Patienten, seine pathogenen Überzeugungen zu verändern, indem er diese in seiner Erfahrung mit dem Analytiker überprüft. »Wenn die Reaktionen des Analytikers auf die Überprüfungen vom Patienten als Widerlegung der pathogenen Überzeugung erlebt werden, wird der Patient wahrscheinlich weniger ängstlich, entspannter, dem Analytiker gegenüber vertrauensvoller und kühner im Angehen seiner Probleme« (S. 223). Weiss und Sampson bemerken, dass der Analytiker im Allgemeinen kaum darauf fokussiert ist, die pathogenen Überzeugungen zu widerlegen, da er sich ihrer oft erst dann bewusst wird, nachdem die Überprüfung über die durch Empathie gelenkten Reaktionen des Analytikers bereits durchgeführt wurde. Wenn die Gefahr, die in der pathogenen Überzeugung erwartet wird, widerlegt ist, wird die inhärente Neigung des Patienten aktiviert, die Angst zu reduzieren und sich vorwärts zu bewegen (sich selbst aufzurichten). *Nachdem* sich der Patient nicht mehr gefährdet fühlt, ist er »fähig, die Inhalte vollständig zu erleben, über sie nachzudenken und sie therapeutisch zu nutzen« (S. 185). In unseren Begriffen ausgedrückt führt die erfolgreiche Anwendung des empathischen Wahrnehmungsmodus zur Selbstaufrichtung. Im Gegenzug hat die Zustandsveränderung der Selbstaufrichtung einen größeren Zugang zur inneren Erfahrung und die Fähigkeit zu deren Vermittlung gestattet, wodurch das Bewusstsein sowohl des Analytikers als auch des Patienten erweitert wurde. Das erweiterte Bewusstsein wird dann durch die *folgende* interpretative Sequenz bestätigt.

Die Fähigkeit eines Erwachsenen zur Selbstaufrichtung ist eine natürliche Folge der intersubjektiven Erfahrungen von Geburt an. Die Responsivität der Bezugsperson auf die Bedürfnisse des Säuglings in allen motivationalen Systemen erleichtert den wiederholten Übergang von aversiven Zuständen zu positiven Affekten der Intimität, des Interesses, der physiologischen Regulierung und des sinnlichen Vergnügens. Im zweiten Lebensjahr, wenn Bezugsperson und Kleinkind zunehmend in Kontroversen über Tagespläne verwickelt werden, dient die Fähigkeit von beiden, ein gewisses Maß an altruistischer Responsivität zu aktivieren, dazu, die Wiederherstellung der Intimität zu fördern. Diese zustandsverändernden Erfahrungen sind entscheidend für die Bildung der Hirnsysteme des Kindes, denen es zufällt, Umschaltungen der Affektzustände in Reaktion auf die Einschätzung umweltbedingter Stressoren selbst zu regulieren (Schore, 1994). An der Entfaltung der inneren Verarbeitungsmechanismen sind das limbische System (Hadley, 1989), das vegetative Nervensystem und der orbitofrontale Kortex, der hierarchische Apex des limbischen Systems, der in der sich früh entwickelnden rechten Hemisphäre erweitert wird, beteiligt (Schore, 1994, zu einer umfassenen Erklärung dieser folgenreichen Entwicklungen). Die progressive Entwicklung der regulatorischen

Funktionen des Gehirns tritt in einer ständigen beiderseitigen Regulierung mit Hilfe intersubjektiver Erfahrung ein. Wenn man das Gehirn betrachtet, sind das limbische System und seine kortikalen Verbindungen beteiligt. Wenn man die Erfahrung betrachtet, sind affektive Übergänge zentral für die Erholungsfähigkeit, die wir Selbstaufrichtung nennen.
Was lenkt die Selbstaufrichtung? Waddington (1947) weist darauf hin, dass für Zellen die Selbstaufrichtung vom genetischen Plan und dem Einfluss der existierenden Struktur gelenkt wird. In biologischen Begriffen ausgedrückt, wenn beispielsweise die Pubertät wegen Krankheit oder Unterernährung verzögert ist, wird der genetische Plan die selbstaufrichtende Genesung lenken, sobald die Krankheit oder Unterernährung behoben wurde. Was aber führt den Erwachsenen zu einer Wiederherstellung von Schlaf oder von Freundlichkeit und Vertrauen oder der Bereitschaft zur Exploration oder einem erneuerten Interesse an Sexualität nach einer verletzenden Zurückweisung? Wir behaupten, dass die Form der Selbstaufrichtung darauf orientiert ist, sich einem optimalen früheren Zustand anzunähern. Während sich die motivationalen Systeme organisieren und stabilisieren, treten Zustandsveränderungen auf. Die Zustandsveränderungen, die in der Selbstpsychologie Selbstobjekt-Erfahrungen maximaler Kohäsion und Vitalisierung (Lichtenberg, Lachmann und Fosshage, 1992) genannt werden, werden zu einem intrinsisch geschätzten Ziel der Wieder-Erschaffung (recreation). Diese Zustände physiologischer Regulierung, Bindungsintimität, explorativ-assertiver Wirksamkeit und Kompetenz sowie sinnlicher Befriedigung werden, wenn sie wieder-geschaffen werden, zu Kennzeichen der erwünschten Selbsterfahrung. Während der Analyse dürfen wir erwarten, dass die Formen der Selbstaufrichtung sowohl von den früheren optimalen Zuständen jedes der motivationalen Systeme und des Selbst (auch wenn es flüchtig ist) gelenkt werden und von den von entwicklungsgeschichtlichem Potenzial geleiteten optimalen Zuständen, die wegen der besonders günstigen Bedingungen während der Analyse selbst erreicht wurden. Die Widerlegung pathogener Überzeugungen stellt ein Beispiel für die besonders günstigen Bedingungen dar, die während der Analyse (und anderen Psychotherapien) auftreten.
Wir betrachten die Selbstaufrichtung als einen wirkungsvollen Wachstumsprozess, der eine positive Veränderung im gesamten

Spektrum der unterstützenden, explorativen und Ausdrucks-Psychotherapien wie auch in der Psychoanalyse erleichtert. Wenn wir unsere zehn Prinzipien der Behandlungstechnik in diesem Kontext betrachten, glauben wir, dass die der Selbstaufrichtung am meisten förderlichen die folgenden sind: 1. Vorkehrungen zu treffen, die der Schaffung eines Rahmens von Freundlichkeit, Beständigkeit, Verlässlichkeit und einer Atmosphäre der Sicherheit dienen. 2. Die systematische Anwendung des empathischen Wahrnehmungsmodus. 3. Das Erkennen von Affekten, um das Erleben des Patienten richtig einzuschätzen. 4. Interventionen, die *aus dem Blickwinkel des Patienten* Verständnis vermitteln, affektives Eingestimmtsein ausdrücken und erkennbare Muster deutlich machen. 5. Die Abfolge der Interventionen zu verfolgen, um das Auftreten störender Affektzustände und wahrgenommenen empathischen Versagens zu erkennen sowie die Verantwortung für die Wirkung unabhängig von der eigentlichen Absicht zu akzeptieren.

Gemeinsame Bewusstseinserweiterung

»Bewusstseinserweiterung« bezieht sich auf die Zunahme an Wissen über das Selbst. Traditionell konzentriert sich der Fokus der analytischen Theoretiker auf die Einsicht in spezielle Komplexe, Konflikte oder Kompromissbildungen, die als Ursachen der Krankheit betrachtet wurden. Der traditionelle Fokus porträtiert einen Menschen, den Analytiker, der einem anderen Informationen über dessen Psyche vermittelt. Wir vertreten hingegen die Ansicht, dass zwei Menschen zusammenwirkend ein erweitertes Bewusstsein des Selbst mit und getrennt von dem anderen entwickeln. Und wegen des Bedürfnisses, die Natur einer Übertragungskonfiguration (eine von früherer Erfahrung beeinflusste Neuschaffung) zu entdecken, versucht jeder, das Selbst zu finden, wie es vom anderen erlebt wird. Das Modell für diese Vorstellung von Bewusstseinserweiterung beruht auf den gewöhnlichen Bindungserfahrungen zwischen Bezugspersonen und sich entwickelndem Kind. Eine Mutter versucht zu entdecken, wer ihr Baby ist, und ein Baby versucht eine Identität zu finden und zu bestätigen durch und mit den Eltern. Diese Wechselseitigkeit der Suche erzwingt den Erwerb von Informationen. Die wichtigsten gesuchten Informationen sind das unbewusste und bewusste Erspüren der Subjektivität des anderen, die als emotionsgeladene Wahrnehmungen und Erinnerungen von Ereignissen und Vorgehensweisen organisiert sind. In der Analyse wird, im Gegensatz zum normalen Leben, beständig die Bemühung unternommen, die Einwirkung von methodischen und ereignisbezogenen Gesprächen ins Bewusstsein zu bringen und gegen Kollusionen und Verleugnung anzukämpfen. Um Pulver (1992) hinsichtlich der psychischen Veränderung in der Analyse zu zitieren: »Eine verständnisvolle Beziehung kann nicht ohne Einsicht in die Dynamik der Beziehung selbst aufrecherhalten werden« (S. 204). Obwohl dieses Suchen gemeinsam stattfindet, ist das Gesuchte unterschiedlich. Analytiker und Patient bemühen sich, den *Patienten* über die *lange Achse* des Lebens des Patienten (und vielleicht ein oder zwei Generationen zurück) als narrative Konstruktion in beider Vorstellungswelt zu finden. Analytiker und Patient bemühen sich, den *Analytiker* hauptsächlich über die *beschränkte Achse* ihrer gemeinsamen Erfahrung als intersubjektive Konstruktion in beider Vorstellung zu finden. Das sich erweiternde Bewusstsein muss gegen die Motive arbeiten, die Verletzlichkeit des Patienten oder die privilegierte Position des Analytikers zu benutzen, um Erkenntnis und Aufdeckung zu verhindern, und es muss sie gleichzeitig erkennen lernen. Ein Beispiel für dieses Lernen ist aus Nancys Analyse der Punkt, als der Analytiker sich der Verantwortung seiner Beteiligung an einer Rolleninszenierung stellen musste, nachdem er sie offen verleugnet hatte (83:2:24-26).

Die Sitzung 87:2 mit Nancy zeigt eine erfolgreiche Suche nach gemeinsamer Bewusstseinserweiterung. Nancy gibt den Ton mit einem spielerischen Austausch über das Honorar vor, und der Analytiker antwortet entsprechend. Dann führt sie das Thema der Stunde ein, das in einen Bereich der Exploration führt, der für beide von zentralem Interesse ist: »Es ist früher schon vorgekommen, dass ich mich von Männern angezogen gefühlt habe, die nicht frei waren« (87:2:5). Dann bittet sie den Analytiker irritiert um Hilfe. Dieser glaubt, sie bitte mehr um Bestätigung seiner Präsenz und Empfänglichkeit als um definitive Unterstützung. Deshalb fragt er: »Geben Sie mir einen Hinweis?« (87:2:6). Die Bestätigung, dass sie sich gegenseitig »kennen«, folgt, als Nancy das Problem wieder nennt: »Ich muss Grenzen setzten« (87:2:7). Die Stunde setzt sich dann in einer Art und Weise fort, wie es nur zwischen zwei Menschen möglich ist, die beide eine enorme Menge an Wissen über die Lebenserfahrung des einen – den Patienten – und Möglichkeiten des Zusammenseins als zwei – Patient und Analytiker – gemeinsam haben. Ein rascher Wechsel zwischen den Menschen in Nancys Leben beginnt – Sean, Brian, Anthony, ihr Vater, ihr Bruder, der Analytiker, der Dekan und ihr Großvater – und zwischen Zeitlinien – entfernte Vergangenheit, jüngste Vergangenheit und Gegenwart. Ihre Motive wechseln von gemocht werden, versorgt werden und anerkannt werden (Bindungsmotive) zu gewärmt werden (ein sinnliches Motiv) und erregt werden (ein sexuelles Motiv). Am Ende der Sitzung kommen sie zu einem Problempunkt, von dem wir glauben, dass keiner ihn hätte voraussehen können. Eine Ursache für Nancys Konflikt in der Zuneigung zu Männern entstammte der krass verwirrten Führung ihrer Mutter, die sexuelle Bedrohungen von verlässlichen, fürsorglichen Männern kommen sah und Nancys sexuellen Missbrauch durch den Bruder, der in den Augen seiner Mutter nichts Böses tun konnte, übersah, bestritt und verleugnete. »[*mit wachsender wütender Empörung*], warum zum Teufel hat sie dann dieselbe Beachtung nicht auch meinem Bruder geschenkt?! Weil die Männer alt waren? Sie sah ihn [den sexuellen Missbrauch] dort, wo er nicht war und sah nichts, wo er war« (87:2:25).

Unser Verständnis der Natur der Bewusstseinserweiterung entstammt unseren Studien der Kognitions- und Gedächtnisorganisation und der neuronalen Netzwerke. Gelebte Erfahrungen werden in Form von einzelnen Ereignissen abstrahiert und kategorisiert – essen, einkaufen gehen, mit Mama spielen, mit Spielzeug spielen, schlafen gehen. Die herausragenden Merkmale, nach denen Kategorien gebildet werden, sind zunächst extrem einfach: Der Kreislauf Hunger und Sättigung, Mutters Gesicht und Stimme beim Spiel, die Handlungen in einer Abfolge. Fragt man ein dreijähriges Kind danach, wie man Kekse macht, antwortet es: »Nun, du bäckst sie und isst sie« (Nelson, 1986, S. 27). Nach unserer aktuellen Theorie des Gedächtnisses ist es nicht so, dass eine Erinnerung oder Spur an einem bestimmten Ort im Gehirn lokalisiert ist. Es

bilden sich vielmehr, auf der Grundlage bestimmter Kriterien der Kategorisierung, Karten oder Netzwerke heraus. Wahrnehmungsstimuli allein sind nicht ausreichend, um eine Kategorisierung zu aktivieren. Diese perzeptuell-affektiven Aktivitätskarten sind fest mit bestimmten Außenreizen gekoppelt, und wenn diese auch nur geringfügig differieren, werden andere Karten aktiviert. Während die Karten miteinander interagieren, wird die Information ständig neu kategorisiert (Rosenfield, 1988). Wenn ein Stimulus wiederholt wird, wie das Erkennen des Erfahrungsmusters eines leichten empathischen Versagens, werden die Kräfte der Verbindungen gesteigert, die das Bewusstsein des Musters hervorrufen, wodurch es bei einer folgenden Exposition rascher erkannt wird. Da jedes Muster in Kontext und Struktur ein wenig variiert, wird keine Reaktion jemals genau gleich sein. Somit *ist jede Erinnerung eine Neuschöpfung* (Poland, 1992). Aufbewahrt wird keine Replik der Kategorie oder des Ereignisses, sondern die Fähigkeit, assoziativ zu verallgemeinern und dann das Verhalten folgerichtig anzunähern, um ein motivationales Ziel zu erreichen. Studien von Gehirnkarten deuten darauf hin, dass die Fähigkeit, Wahrnehmung zu kategorisieren und assoziativ zu verallgemeinern, in der Kleinkinderzeit komplexer ist als bisher angenommen und dass Hirnstamm sowie das Kleinhirn beteiligt sind (Levin, 1991). Selbst auf dieser Ebene kann die Verallgemeinerung die Allgemeinheit von Merkmal, Reaktion oder Geschichte umfassen, von denen jedes unabhängig vom anderen agieren kann – »kleine Schieflagen in den inneren Zuständen können zu großen Veränderungen in den Reaktionen führen« (Edelman, 1987, S. 258-259).
Noch komplizierter wird es, wenn die Nerven im Frontalbereich durch Myelinisierung leitfähig werden und dadurch weitere Formen der simultanen Verarbeitung hinzukommen. Der Einfluss der Sprache und anderer Symbolsysteme, vermittelt durch ein komplexes Selbstempfinden, mannigfaltig sich verändernde Motivationen und kulturelle Einflüsse verleihen dem Austausch während der Analyse eine dynamisch umwandelnde Qualität. »Auf der Ebene der Konzepte wird Kategorisierung weder nach strengen, noch nach logischen, noch nach allgemein gültigen Kriterien durchgeführt. Tatsächlich mag es kein einziges allgemeines Mittel geben, mit dessen Hilfe Kategorien auf dieser Ebene gebildet werden« (Edelman, 1987, S. 246).

Die dynamische Umwandlung des erweiterten Bewusstseins, die in der Analyse stattfindet, davon sind wir überzeugt, ist das Ergebnis der Erleichterung, dass *zwei* Menschen affektive Erfahrungen teilen, die durch Ereignisbeschreibungen sowie gestische und sprachliche Berichte der Selbsterfahrung ausgelöst werden. Hadley (persönliche Mitteilung, 1995) erklärt, dass das sich erweiternde Bewusstsein »die Affekterregung [braucht], zumindest bis zum Niveau des Interesses und der Entwicklung eines höheren Maßes an konzentrierter Aufmerksamkeit. Das höchste Maß an Interesse/Aufmerksamkeit/Affekt wird von Geburt an durch die Präsenz eines anderen Menschen erregt. Dieses Maß kann noch weiter gesteigert werden, wenn Kommunizierender und Rezipient genügend gemeinsame Erfahrung über einen gewissen Zeitraum hinweg machen.« Die Netzwerke, die die relevanten Erfahrungen von Analytiker und Patient vermitteln, erweitern sich in Verbindung mit der affektiven Erregung.

In manchen Augenblicken erleben Analytiker und Analysand ein aufeinander Abgestimmtsein der Affekte und ein gemeinsames Verständnis des Sinns. Allerdings sind Momente der übereinstimmenden Perspektive, wenn sie auch bestätigend, informativ und vertraulich sein mögen, nur für einen Teil des Impulses für die analytische Veränderung verantwortlich. Eine dialektische Spannung besteht, während sich die beiden Beteiligten in ihrem Gefühl, die Subjektivität des anderen zu kennen, aneinander annähern und voneinander entfernen. Boesky (1990) bemerkt: »Wenn sich der Analytiker emotional nicht früher oder später beteiligt, wird die Analyse in irgendeiner nicht beabsichtigten Art und Weise zu einem erfolglosen Ende kommen« (S. 573). Der Gewinn für den Patienten ist nicht darauf beschränkt, »korrekte endgültige Antworten [zu erhalten]. Der Patient zieht einen Gewinn aus dem Prozess des beiderseitig versuchten, teils erfolgreichen und teils fehlgeschlagenen Bemühens um Verständnis. Die Art, wie wir als Analytiker missverstehen, und wir missverstehen immer viel, ist für den Patienten höchst kommunikativ, und dieses Missverstehen ist auf keinen Fall nur oder immer bedauerlich« (S. 577-578) (s. auch Poland, 1988). Übermäßig beschäftigt mit den ernsten Fehlern des Analytikers wie wir sind, »haben wir vergessen anzuerkennen, dass der Konflikt des Analytikers zu ... nützlichen Ergebnissen führen kann« (S. 578). Im gesamten Behandlungsprotokoll verdeutlichen die therapeutischen Gespräche, die sich darum drehen, wie der Analytiker in Rolleninszenierungen hineingezogen wird, wie er dann seine Beteiligung erkennt und die Sequenz für die gemeinsamen Erforschungen eröffnet, was Boesky meint.

Die größte Aufmerksamkeit hat man dem sich entwickelnden Selbstbewusstsein, der Einsicht und der narrativen Kontinuität des Analysanden geschenkt. Weniger aufmerksam hat man die Fähigkeit des Analytikers beobachtet, ein assoziativ verallgemeinertes Netzwerk zu jedem einzelnen Patienten zu entwickeln. Diese beiden sich ständig verändernden, ziemlich parallelen Schemata oder Netzwerke sind Ursache für die weit reichende, tiefe (manchmal scheinbar unheimliche) Wahrnehmungssensibilität, die in Analysen erwächst (Major und Miller, 1984; Simon, 1984). Zwei Erklärungen (Levin, 1991) wurden für den Einfluss des gemeinsamen Bewusstseins auf Übertragungskonfigurationen vorgeschlagen. Eine ist, dass das relevante Netzwerk oder die relevante Karte durch eine Verknüpfung zwischen höheren Schichten des Kortex, dem affektsteuernden limbischen System und dem Gedächtnissystem des Kleinhirns erweitert wird. Es kommt zur Erweiterung der Karte, weil die Schaltkerne im Hirnstamm »die speziellen limbischen oder zerebellaren oder anderen Inputs nicht mehr blockieren« (S. 51). »Eine zweite Möglichkeit ist, dass die Art des Patienten, seine Hemisphären zu koordinieren ... durch sein Bewusstsein für den Stil des Analytikers verändert wurde« (S. 52), nämlich durch die Offenheit für spielerische Integration von Informationen, die von der rechten oder linken Gehirnhälfte verarbeitet wurden (Lichtenberg und Meares, 1996).

Levin (1991) implizierte, dass die Sprache, die nonverbale Kommunikation mit eingeschlossen, Träger der dynamisch affektiven Informationsmitteilung sei. Gespräche mit metaphorischem Potenzial »berühren mehrere Ebenen der Erfahrung« (S. 12) im Analytiker und im Analysanden. Levin vermutet, dass »die eigene natürliche Sprache, wenn sie erst einmal assimiliert wurde, dauerhaft und entschieden die Gehirnorganisation verändert. Die Sprache erleichtert möglicherweise nicht nur die Entwicklung des genetischen Plans für die psychologische Organisation, sondern berücksichtigt auch die adaptive Neuorganisation als Lösung für

Probleme, die etwas Neues erfordern und für die Manipulation von Wissensmodulen ... Es ist möglich, dass unsere natürliche Sprache auch wiederkehrende hierarchische Elemente enthält, die als Befehle an das Betriebssystem des Gehirns decodiert werden«, womit es dem Gehirn möglich wird, »mit sich selbst zu kommunizieren« (S. 117).

Wir haben bisher angenommen, dass das Verstehen in der Analyse einem linearen Weg folgt – eine Deutung führt zur Einsicht des Patienten, was wiederum zur Veränderung führt. Die Gehirnforschung bestätigt jedoch die Ansicht, dass Kommunikation sowohl linear als auch nonlinear verläuft. Bei therapeutischen Gesprächen umfasst die Kommunikation auch nonlineare gestische, verbale und affektive Merkmale und wird überdies von dem reichhaltigen Kontext geleitet, der von den beiden Beteiligten geschaffen wird. Die Mikroanalyse therapeutischer Gespräche zwingt uns, in nonlinearen Konzepten zu denken. Wir fangen an zu erkennen, wie die geringste Neigung im Affektzustand des einen Beteiligten eine deutliche Verschiebung in dessen Reaktion hervorrufen und oft den gesamten intersubjektiven Kontext unmerklich verändern kann. Ähnlich erfordert der Spielraum zur Aktivierung alternativer Assoziationswege, die aus der Mehrdeutigkeit der Sprache entstehen (z. B. Nancys Vater, Vater-Priester, Dad, Christus, Analytiker), eine nonlineare Denkweise (überwiegend der rechten Hemisphäre). Levin schreibt:»Wenigstens drei Systeme sind für das unterschiedliche Lernen entscheidend, das wir mit menschlichem Verhalten auf seiner komplexesten Ebene assoziieren: Das System der rechten Hemisphäre mit seinen bevorzugten Bindungen zum limbischen System, die linke Hemisphäre mit seiner Dominanz des motorischen Systems und das vestibulocerebellare System ... entscheidende Schaltkerne im Hirnstamm können diese Haupt-Subsysteme entweder zusammenleimen oder lösen« (S. 80).

»Wenn das Erregungsniveau unterhalb einer bestimmten Erregungsschwelle liegt, scheint die Kortexaktivität des Patienten auf nur ein (sensorisches) kortikales Assoziationsfeld auf einmal begrenzt zu sein ... Wenn eine Schwelle des Interesses überstiegen wird, wird das Gehirn als Ganzes aktiviert und ... die verschiedenen assoziativen kortikalen (und vermutlich auch subkortikalen) Teile des Gehirns gelangen zu einer Kommunikation miteinander« (S. 12).

Viele unserer Prinzipien der Behandlungstechnik wirken zusammen, um die gemeinsame Bewusstseinserweiterung zu fördern. Zusätzlich zur Förderung der Selbstaufrichtung ist die Atmosphäre, die durch den empathischen Wahrnehmungsmodus geschaffen wird, entscheidend für den Aufbau einer forschenden Einstellung, die von zwei Suchenden getragen wird, nicht von einem wissenden Experten und einem demütig Lernenden. Jeder benötigt optimale Informationen für die Exploration, und so versuchen wir, die narrative Hülle zu füllen, um das Wer, Was, Wo, Wann und Wie eines zu untersuchenden Ereignisses oder Gesprächs herauszufinden. Darüber hinaus respektieren wir, dass die im umfassendsten Kontext vermittelte Botschaft die benötigte Information *enthält*, nicht sie verschleiert. Gleichermaßen erweitert es das Bewusstsein, statt es zu verschleiern, wenn man die Manifestationen des aversiven Systems als zu untersuchende Motivationsquellen betrachtet. Affekte zu erkennen, um das Erleben des Patienten richtig einzuschätzen und das gesuchte affektive Erleben zu erkennen, geben dem Ziel der Exploration ihren Fokus. Die gemeinsame Konstruktion von Modellszenen liefert eine Methode zur Unterstützung der Exploration auf einem umfassenderen, integrativen Niveau. Zusammen mit den Interventionen des Analytikers, die sein Verständnis für die Sichtweise des Patienten vermitteln, bereichert die Reflexion seiner eigenen Gefühle, Beurteilungen und Absichten die reale Grundlage für einen gemeinsamen, bewusstseinserweiternden therapeutischen Austausch. Der Analytiker, der die Zuschreibungen des Patienten trägt, unterstützt diesen Prozess. Schließlich gewinnt die gemeinsame Bewusstseinserweiterung unermesslich viel durch die ständige Bemühung, die Deutungssequenz zu überwachen. Durch die Überwachung der Reaktionen des Patienten auf die erfolgten oder unterlassenen Interventionen sind wir in der Lage, die Wirkung der Interventionen in früheren Gesprächen einzuschätzen und zu erforschen.
Wie die Selbstaufrichtung tritt auch die gemeinsame Bewusstseinserweiterung im gesamten Spektrum der Psychotherapien auf. In unterstützenden und expressiven oder in kognitiven Therapien wird das Ausmaß und die Tiefe des Bewusstseins wahrscheinlich begrenzter sein. Die gemeinsame Bewusstseinserweiterung ist sowohl in der aufdeckenden Psychotherapie als auch in der Psychoanalyse zentral. Darüber hinaus geschieht eine Neuordnung der

symbolischen Vorstellungsschemata in der aufdeckenden Psychotherapie häufig. Wie wir noch zeigen werden, macht der *systematische* Aufmerksamkeitsfokus auf die Übertragungskonfigurationen die Psychoanalyse jedoch zur Therapie par excellence, wenn es darum geht, diese bestimmte Art positiver Veränderung zu fördern.

Die Neuordnung symbolischer Vorstellungsschemata

Die *Neuordnung symbolischer Vorstellungsschemata* in einer erfolgreichen Psychoanalyse resultiert, wie wir glauben, aus bestimmten Erfahrungen, die die Erregung auf ein Niveau steigern, in dem das Gehirn als Ganzes aktiviert wird. Mit der Neuordnung symbolischer Vorstellungsschemata beziehen wir uns auf eine Veränderung der Art und Weise, in der das Selbst oder ein bedeutsamer anderer (oder eine bedeutsame Situation) repräsentiert (kategorisiert) wird. Besonders wenn die Kategorisierung starr festgehalten wird, können die Veränderungen zunächst unmerklich sein und erfordern viele Wiederholungen und Variationen der Übertragungskonfiguration, damit eine gewisse Flexibilität der Vorstellung und Plastizität der Responsivität erreicht werden können.
Die Neuordnung der Vorstellungskonfigurationen, die während der Behandlung eintritt, hat die Veränderungen zum Vorläufer, die am Übergangspunkt jedes Entwicklungsstadiums stattfinden. Der große Junge, der aufs Töpfchen gehen kann, das große Mädchen, das in einem richtigen Bett schlafen kann, der Junge, der ohne die Mutter in die Schule gehen kann und die Mutter, die ihn nicht mehr so sorgfältig überwacht, der Jugendliche, der entscheiden kann, wann er schlafen geht und die Eltern, die ihn am Abend allein zu Hause lassen können – all das stellt Übergänge in der Art und Weise dar, wie das Selbst und bedeutsame andere erlebt und repräsentiert werden. In diesem Prozess wird das Selbstempfinden und das Empfinden anderer unterschiedlich kategorisiert, wodurch neue Verallgemeinerungen möglich werden. So werden spä-

tere Versionen des Selbst allein und des Selbst-mit-anderen in Vorstellungs-Netzwerke eingebaut, während frühe Versionen erhalten bleiben.

»In der Psychoanalyse erkennen wir zwei Prozesse, an der Übertragung beteiligt ist, die zu einer Neuorganisation der symbolischen Vorstellungen führen. Der erste ist, dass der Analytiker den Analysanden darin unterstützt, die Art seiner Reaktion auf das wahrgenommene Wohlwollen oder Übelwollen des Analytikers zu erkennen. Der zweite ist der Bewusstseinsrand der unbewussten Wertschätzung bei widersprüchlichen Wahrnehmungen des Analytikers. Die eine Wahrnehmung des Analytikers entsteht, wenn eine affektgeladene Übertragungsfantasie, -überzeugung oder -interaktion die Analyse beherrscht. Die andere Wahrnehmung des Analytikers durch den Patienten entstammt dem Analytiker als empathischem Zuhörer-Beobachter-Interpretator der Übertragung [Lachmann, 1990].

»Eine Wahrnehmung kann mit der affektiven Empfindung des Analysanden zu tun haben, dass er in besonderer Weise vom Analytiker bevorzugt und geliebt werde. Die andere Wahrnehmung impliziert, dass der Analytiker die Bedeutung des Gefühls, etwas Besonderes zu sein, interpretiert, die Sitzung zu einer vorher vereinbarten Zeit beendet und ein Honorar verlangt. Eine Wahrnehmung kann mit der affektiven Empfindung zu tun haben, dass der Analytiker hasse und gehasst werde, Vorhaltungen mache und erhalte, dass er Verluste zufüge und erleide. Die andere Wahrnehmung impliziert, dass der Analytiker anhört und deutet, was er als auslösende Vorgänge wie Hass, Vorwürfe oder Deprivation identifiziert, wodurch er die Erfahrung gemeinsamer Erfahrung und Reflexion zugänglich macht. Die eine das Selbst und den Analytiker betreffende Repräsentation ist weitgehend in einem primärprozesshaften Modus organisiert, die anderen weitgehend in einem sekundärprozesshaften Modus, wobei die Diskrepanz der beiden Modi um der vollen Wirksamkeit willen wahrscheinlich weitgehend unbewusst verstanden wird. Alles in allem glauben wir, dass die letztlich bedeutsamste Selbstobjekterfahrung des Patienten aus einem Gefühl fortwährender Veränderung seiner Wahrnehmung dessen stammt, wie er sich selbst und andere wahrnimmt. Wir schreiben diese Veränderung kurzen, aber häufig erlebten Momenten widersprüchlicher, doppelter Wahrnehmung in der Analyse zu.« [Lichtenberg, Lachmann und Fosshage, 1992/2000, S. 207]

In nicht im Protokoll abgedruckten Sitzungen im Jahr 1989 war Nancy überaus wütend auf den Analytiker, weil er im Herbst einen längeren Urlaub nahm als sonst. Sie berief sich auf das kurz bevorstehende Ende der Analyse. In der Stunde nach der dreiwöchigen Abwesenheit des Analytikers äußerte Nancy ihre Überzeugung, dass sie ihm nichts bedeute. In dieser Hinsicht wurde er als ihrer Mutter ähnlich empfunden, er wolle sie nur loswerden. Um Schuldgefühle und sein Interesse zu wecken, glaubte sie ihm erzählen zu müssen, es sei ihr die ganze Zeit über schlecht gegangen und sie habe kaum an ihrer Dissertation weitergearbeitet. Nachdem sie ruhiger wurde und die Selbstaufrichtung einsetzte, gestand sie ein, dass es ihr tatsächlich nicht so schlecht gegangen war, sie aber langsamer geworden sei. Selbst langsamer zu machen konnte man als einen Gewinn der Analyse betrachten. Wie sie viele Male herausgearbeitet hatten, bedeutete schnell sein für Nancy rücksichtslos zu sein wie ihr Bruder Matt. Langsam, sorgfältig und gründlich bedeutete, sich dafür zu entscheiden, wie der Analytiker zu sein, doch spürte Nancy diese Nähe in jenem Augenblick nicht. In der nächsten Sitzung bemerkte sie, dass sie zwar nicht die beabsichtigte Anzahl von Seiten geschrieben habe, aber zufrieden sei mit dem, was sie seit der Stunde am Vortag getan hatte. (Aus der Sicht des Analytikers hatte die Patientin sich weiter selbst aufgerichtet aus ihrem lähmend-depressiven Affekt und hatte ein positives Schema von sich selbst und dem Analytiker wiederhergestellt, das in ihrer aversiven Reaktion auf das Gefühl, während seiner Abwesenheit im Stich gelassen worden zu sein, verloren gegangen war.) Sie hatte einen beunruhigenden Anruf erhalten, dass die Söhne ihres Bruders in der Schule schlecht waren und Schwierigkeiten hatten. Sie hatte zu einer psychologischen Untersuchung und Behandlung geraten, doch hatte ihr Bruder den Rat abgelehnt und dies mit mangelnden finanziellen Mitteln begründet. Nancy war frustriert. Sie war auch enttäuscht über die geringen Bemühungen des Dekans, sie bei der Stellensuche zu unterstützen.

Niemand schien ihr helfen zu wollen – weder der Dekan mit seinen Empfehlungen, noch der Analytiker mit Bereitstellung der Zeit, die sie brauchte. Der Analytiker erkannte ihr Gefühl des Verletztseins an, wunderte sich aber darüber angesichts ihrer früheren Überzeugung, dass der Dekan sie mit einem Brief aktiv unterstützt habe. Nancy bestätigte dies, endete aber, sie könne nicht glauben, dass sein Empfehlungsschreiben seiner Überzeugung entsprach, sondern sie hielt es für eine bloße Beruhigungsgeste. Weshalb sollte irgendjemand ihr helfen wollen? Der Analytiker äußerte, dass sie die Möglichkeit zu übersehen schien, dass es neben einer Zuneigung zu ihr im Selbstinteresse des Dekans und auch seiner selbst (des Analytikers) lag, wenn sie Erfolg hatte. Nancy antwortete, dass sie das zwar intellektuell wisse, aber nicht glauben könne – obwohl sie nicht wisse weshalb. Sie hatte zwei Träume gehabt. Im einen sagte jemand: »Sie gehören nicht zu uns.« Im anderen musste der Analytiker aus finanziellen Gründen seine Praxis aufgeben und traf sich mit ihr auf einem Parkplatz hinter einer Reparaturwerkstatt. Es war eigenartig und kränkend. Nancy war erstaunt, denn sie wusste, sie hatte ihre Rechnung bezahlt.

In der nächsten Sitzung begann Nancy sich zu fragen, was die Hochnäsigkeit in dem Traum mit »Sie gehören nicht zu uns« zu bedeuten hatte. Sie erkannte darin die Haltung ihrer Mutter gegenüber der Familie des Vaters. Der Analytiker fügte hinzu, und die Haltung ihres Bruders gegenüber Therapeuten – Nancys und eines Therapeuten für seine Kinder. Sie antwortete, dass es nicht seine herablassende Einstellung gegenüber schwachen und abhängigen Menschen sei, die ihren Bruder abhielt, sondern sein Mangel an Geld. Er sei nicht wirklich hochnäsig. Tatsächlich lebe er in einem heruntergekommenen Arbeiterviertel und war zu den Menschen dort freundlich. (Dies war das erste Mal, dass sie diesen Sachverhalt erwähnte.) Höchst interessiert fragte der Analytiker nach weiteren Einzelheiten. Sie erzählte, dass die Menschen in der Umgebung ihres Bruders sehr unter der Rezession zu leiden hatten. Da er und seine Frau nicht umgezogen waren, als sie es hätten tun können, war der Wert ihres Besitzes gesunken und sie steckten dort fest, wo die Schulen und alle Dienstleistungen unterfinanziert und unzulänglich waren. Der Analytiker sagte, das sei wie in ihrem Traum, wo er sie auf einem Parkplatz hinter einer Werkstatt empfangen habe. Er fragte weiter nach, ob der Bruder sein Geld verloren habe und sich nicht richtig darum kümmern könne, dass sie Fortschritte mache. Nein, erklärte sie, ihr Bruder habe sein Geld nicht verloren – tatsächlich sei er einer der wenigen dort, die ihren Arbeitsplatz behalten hätten. Der Grund, weshalb sie kein Geld für die Behandlung hätten, sei der, dass sie ihr Geld für Vergnügungen ausgaben, kaum dass sie es eingenommen hätten. Daraufhin »korrigierte« der Analytiker die Sichtweise von sich, wie er in ihrem Traum dargestellt war: Er hatte sein Geld nicht verloren, sondern vielmehr für Vergnügungen ausgegeben. Wütend erwiderte sie: »Sie nehmen mein Geld und geben es für Ihre Reisen aus!« Der Analytiker fügte hinzu, kein Wunder, dass sie nicht glauben könne, dass ihm an ihrem Fortschritt liege – er sei damit beschäftigt, ihr Geld für sein Vergnügen auszugeben. Beim Abschied wirkte die Patientin wütend und verlegen.

In diesem Beispiel bemühen sich Analytiker und Analysand, eine unbewusst determinierte pathogene Überzeugung (Weiss und Sampson, 1986), dass der Analytiker, wie Nancys Bruder bei seinen Kindern und ihre Eltern bei ihr, eine verarmte, unzulängliche, unmotivierte Bezugsperson sei. Das Bewusstsein beider wird erweitert, während sie das Wiederauftauchen des negativen Schemas des Analytikers und Nancys untersuchen – zuerst ist er derjenige, der die Familie im Stich lässt, dann ist er der versagende Mentor ihrer Zukunft und schließlich, in einer neuen Variante, ist er jemand, der selbstsüchtig das Geld zum Fenster hinauswirft. Wir glauben, dass das sich erweiternde Bewusstsein hinsichtlich der Motivationen, Bedeutung und kausalen Zusammenhänge dieser gemeinsamen Erfahrungen die Behandlung vorantreiben. Doch der Schlüssel für die spezielle Macht zur positiven Veränderung liegt im gleichzeitigen Erleben zweier kontrastierender subjektiver Welten. In der einen erlebte die Analysandin den Analytiker völlig so, wie es ihrem Leiden implizit war. In der anderen ist er der Mensch, mit dem sie spricht, zu dem sie offen ist, der ihre Sicht anerkennt und bestätigt. Mit den Worten Atwoods und Stolorows (1984): »Jede Übertragungsdeutung, die dem Patienten erfolgreich seine unbewusste Vergangenheit erhellt, kristallisiert gleichzeitig eine illusorische Gegenwart – die Neuheit des Therapeuten als verstehende Präsenz« (S. 60). Wir sind überzeugt, dass den früher fixierten Erwartungen auf der Grundlage pathogener Vorstellungsschemata, die die Wahrnehmungen und Interferenzen in Richtung auf negative Übertragungskonfigurationen hin beeinflussen, durch die beständige, anders geartete Empfindung des Analytikers als empathisch Mitsuchendem die Starrheit genommen werden kann.

Wir glauben, dass nicht der Affekt alleine die Intensität verursacht, die nötig ist, um das gesamte Gehirn zu aktivieren. Ein Affektzustand kann nur Prozesse der rechten Hemisphäre und des limbischen Systems sowie eine Abwesenheit von Kognition auslösen. Wir glauben, eine Aktivierung des gesamten Gehirns resultiert aus der Vitalität der gemeinsamen Exploration und Selbstbehauptung bei der Zusammenarbeit von Analysand und Analytiker. Bei der Durchsicht von Anregungen Galins (1974) und Baschs (1983) stellt Levin (1991) fest, dass mentale Ereignisse in jeder der beiden Hemisphären funktionell von denen in der jeweils anderen abgetrennt werden können. Affektzustände können die logische Kategorisierung der linken Hemisphäre blockieren, und wenn eine affektive Selbsterfahrung aversiv ist, können die Reaktionen der rechten Hemisphäre abgetrennt werden. Wenn jedoch das gesamte Gehirn aktiviert ist, kann eine Kommunikation zwischen den Hemisphären und auch mit dem vestibulocerebellaren System stattfinden, wodurch frühere Erfahrungen eingebracht werden (z. B. bei Nancy – die Mutter als Vernachlässigende, der Bruder als der idealisierte, erfolgreiche Liebling). Die besondere Qualität einer sehr wirksamen Übertragungsdeutungserfahrung schafft eine Spannung zwischen der eher logischen Kategorisierung des Analytikers durch die linke Hemisphäre und der Vorstellung durch die rechte Hemisphäre, die mit dem vestibulocerebellaren Input verknüpft ist, das damit verbundene vergangene Erfahrungen heranzieht. Die abweichenden Kategorisierungen erfordern eine Angleichung (hierarchische Neuordnung) als Teil der ständigen Problemlösungsbemühungen des Gehirns. Levin glaubt, dass die Funktion des präfrontalen Kortex »komplexe Beziehungen zwischen komplexen Input- und Outputvariablen schafft, selbst wenn diese Beziehungen nicht offensichtlich sind oder nicht logisch erscheinen« (1991, S. 90). Der präfrontale Kortex nutzt motivational relevante Erfahrungen des Selbst und anderer, um mögliche zukünftige Zustände mit gegenwärtigen Zielen zu vergleichen und so die Hinlänglichkeit vorgeschlagener Lösungen zu prüfen – was

Kent (1981) eine Strategie der »Vorwärtssuche« nennt. Indem mögliche zukünftige Zustände mit Zielen abgeglichen werden, kann die frühere automatische Erwartung einer symbolischen Vorstellungskonfiguration des Selbst mit einem verlassenden oder selbstsüchtigen Anderen langsam mit einer potenziell plausiblen Erwartung des Selbst mit einem verfügbaren oder empathischen Anderen zusammenfallen. D. h., in der Neukategorisierung von Erfahrung, die der intensiven Übertragungszuschreibung des Verlassenden oder Selbstsüchtigen folgt, kann eine hierarchische Neuordnung zulassen, dass die nächste Kategorisierung das Zusammensein mit einem verfügbaren oder empathischen Anderen beinhaltet. Natürlich kann, wie wir es von Übertragungen wissen, der erneuerte Kontext eines wahrgenommenen empathischen Versagens die Reaktivierung des aversiven Vorstellungsschemas auslösen, doch wird es hoffentlich weniger »in Stein gemeißelt« sein.

Diese Annahmen beruhen auf der Existenz von Komparatorfunktionen, die fähig sind, zwischen abweichenden Erfahrungen zu unterscheiden. Stuss (1992) beschrieb Komparatoren, die auf drei hierarchischen Ebenen operieren. Jeder Komparator nutzt Werte, die durch frühere Erfahrung, Modellgebung und Lernen entwickelt wurden. Die niedrigste Ebene vergleicht wahrgenommene Sinnesdaten mit feststehenden Erwartungen. Die Funktionen auf dieser Ebene sind praktisch automatisch, außerhalb des Bewusstseins, und bieten eine Erleichterung für das tägliche, sich wiederholende Verhalten. Der Komparator der zweiten Ebene erleichtert die Selektion von Reaktionen, die dem Funktionieren auf ein gewähltes Ziel hin bewusst Richtung geben. Auf dieser Ebene werden Erwartung, Zielauswahl, Planbildung, Einschätzung und Überwachung von Verhalten, Aufmerksamkeitsfokus und Ausdauer koordiniert. Das Komparator-Feed-back ist langsam, überlegt und mühsam, besonders wo neue und komplexe Reaktionen notwendig sind. Der Komparator der dritten Ebene beinhaltet »die Fähigkeit, sich seiner selbst und der Beziehung des Selbst zur Umwelt bewusst zu sein. Dieses präfrontale Selbstbewusstsein scheint dem Konzept der Metakognition ähnlich zu sein, der Fähigkeit, über den Prozess selbst nachzudenken. Diese Ebene beinhaltet die Selbstreflexion auf allen Ebenen, einschließlich ihrer eigenen. Input sind vermutlich die abstrakten geistigen Vorstellungen der alternativen Wahl der ausführenden [zweiten] Ebene« und erfordern »die Beteiligung aller funktional niedrigeren Ebenen [des Gehirns]« (S. 12).

Zusammenfassend lässt sich sagen, im Gegensatz zu der früheren psychoanalytischen Annahme der sich von der Verdrängung erholenden feststehenden Erinnerungen weisen die gegenwärtige Gehirnforschung und analytischen Studien der letzten Zeit darauf hin, dass alle Wahrnehmungen in einem gewissen Maß Schöpfungen sind und alle Erinnerungen Teil eines fortlaufenden Prozesses der Neukategorisierung und der Imagination sind. Die Psychoanalyse führt nicht nur einfach zu mehr Wissen, sondern auch zur Überarbeitung, Neukategorisierung und Neuordnung dessen, was gewusst wird. Wenn dieser Prozess erfolgreich ist, werden die symbolischen Vorstellungsschemata und alle anderen Informationen verallgemeinert und auf neue, freiere und imaginativere Art und Weise umgeformt. Sowohl der Analytiker als auch der Patient werden Wahrnehmungen weiterhin färben (kategorisieren) und Schlussfolgerungen ziehen, die auf Erwartungen aus früher gelebter Erfahrung beruhen, besonders jener Erfahrungen, die sie im therapeutischen Gespräch geteilt haben. Die Veränderung liegt in der Potenzialität, eine Erwartung von ihrem automatischen (und im Allgemeinen unbewussten) Ausgelöstwerden abzukoppeln und, wenn erst größere Freiheit besteht, das neuronale Netzwerk eines anderen Vorstellungsschemas zu aktivieren. Um General Douglas MacArthur zu paraphrasieren: alte Übertragungen sterben nie, sie verblassen nur. Genauer können wir sagen, dass intensive Übertragungserfahrungen immer wieder geschaffen werden können. Das Vorstellungsschema, auf dem sie ruhen, bleibt als neuronales Netzwerk bestehen. Der Erfolg der analytischen Bemühungen liegt in der verringerten Wahrscheinlichkeit, dass sie neu geschaffen werden – besonders nicht automatisch. Stattdessen wird ein alternatives Netzwerk aktiviert und eine andere Erfahrung wird geschaffen.

Wir glauben, dass die in der Psychoanalyse stattfindenden therapeutischen Gespräche wahrscheinlich die optimalen Möglichkeiten für eine Neuordnung von Vorstellungskonfigurationen schaffen. Die Häufigkeit, gewöhnlich die Verwendung der Couch (wie bei Nancy) (Lichtenberg, 1995) und das strukturierte Muster von Zuhören und Antworten tragen alle zu den Erfahrungen der grundlegenden Verlässlichkeit jedes Partners für den anderen bei, wenn beide mit den Auswirkungen des affektgeladenen Ausdrucks von Bedürfnissen, Wünschen und Begehrlichkeiten kämpfen, die in den motivationalen Systemen ihren Ursprung haben. Alle zehn Prinzipien der Behandlungstechnik kommen am umfassendsten während der formalen Psychoanalyse zum Tragen, machen den therapeutischen Austausch reich an kontextueller Struktur und Nuance sowie offen für reflexives nochmaliges Überdenken. Beim Reflektieren über den Unterschied zwischen der psychoanalytischen Therapie und der eigentlichen Psychoanalyse äußert Friedman (persönliche Mitteilung, 1995): »Es ist eine Sache des Grades: An einem gewissen Punkt von Feinheit der Reaktion, bei einem gewissen Maß an Intensität des Patientenengagements, bei einem gewissen Maß an Beständigkeit des ausweichenden Verhaltens des Therapeuten und bei einem bestimmten Niveau an Mobilität und Ruhe des Analytikers, ist es Analyse.« Wir sind überzeugt, dass diese Punkte von Feinheit der Reaktion Momente sind, in denen die Dualität von quälenden Erwartungen und der aktualisierten empathischen Responsivität den Patienten (und manchmal auch den Analytiker) höchst wirksam mit einer Dissonanz konfrontieren, die nach einer kleinen aber bedeutsamen Veränderung in der Kategorisierung von Erfahrungen verlangt. Obwohl alle technischen Prinzipien wichtig sind, um diese Augenblicke im therapeutischen Austausch herbeizuführen, scheinen uns zwei besonders wirkungsvoll zu sein: Das Tragen der Zuschreibungen des Patienten durch den Analytiker und das Potenzial für und das Auftreten von diszipliniert spontanen Engagements bei passenden Gelegenheiten. Die Zuschreibungen des Patienten zu tragen hält den Augenblick offen, in dem die Vorstellungskonfiguration erlebt und darüber nachgedacht wird, wodurch die Intensität des Betroffenseins, der Ruhe und der Mobilität, die Friedman erwähnt, geboten wird. Der Analytiker ist gegenwärtig in der Erzählung, die auf der Grundlage des Schemas geschaffen wird, wodurch es sowohl dem Patienten als auch dem Analytiker möglich wird, die Erfahrung und ihre Bedeutung zu betrachten. Der Analytiker ist in seinem eigenen Geist präsent, um zu schauen, wie er die Erwartung möglicherweise aktualisiert hätte. Der Analytiker ist in ihrer beider Erfahrungen gleichfalls präsent als der den Standpunkt des Patienten empathisch Wahrnehmende. Nebenbei bemerkt ist der Analytiker in solchen Momenten gleichermaßen konfrontiert mit der Dualität des Patienten als Forderndem, Nörgler, Provokateur, Beschuldiger und Verführer sowie als Beteiligtem an dem therapeutischen Gespräch, der seine motivationalen Bedürfnisse und Wünsche enthüllt. Diese Dualität drängt den Analytiker, neue Vorstellungskonfigurationen des Patienten allein und in Beziehung zu ihm zu schaffen in einer Weise, die den Änderungen der Vorstellungskonfiguration des Patienten ähnelt. Diszipliniert spontane Engagements sind in vielerlei Hinsicht das Gegenteil von Augenblicken der Ruhe und des Nachdenkens. Sie sind ein Teil der Mischung, die die inhumane (und unglaubliche) »Beständigkeit ausweichenden Verhaltens«, die Friedman erwähnt, aufbricht. Sie liefern einen Kontrast zum empathisch Wahrnehmenden als erhaben wohlwollendem Altruisten. Indem sie einen scharfen Kontrast herstellen, heben sie die sonstige empathische Beobachterhaltung des Analytikers hervor. Darüber hinaus bieten sie aktualisierte Momente von Rolleninszenierungen zu einer reflexiven Betrachtung sowohl durch den Patienten als auch durch den Analytiker. Die therapeutischen Gespräche zwischen Nancy und ihrem Analytiker bieten häufige Gelegenheiten für den Analytiker, Nancys Zuschreibungen zu tragen. Wie wir gezeigt haben, führen sie zu vielen fruchtbaren Entdeckungen und Gelegenheiten für die Neukategorisierung der Sichtweisen, die jeder von beiden bewusst und unbewusst vom anderen hat. Obwohl einige diszipliniert spontane Engagements notiert wurden, waren sie nicht von der dramatischeren Art, die oft auftritt, wenn Analytiker und Patient einzeln oder gemeinsam dazu neigen, eine unmittelbare, affektiv intensive Kommunikation zu aktivieren und zu benötigen. Dennoch hatten die notierten spontanen Engagements die Wirkung, intensive Augenblicke hervorzurufen, die den Weg zur Erforschung von Rolleninszenierungen frei machten, auf die der Analytiker unbewusst hereingefallen war. Zunächst muss sich der Analytiker aus einem unerwarteten Moment selbst aufrichten, an dem seine Gefühle »had grown very near that point of unmanageable strength when thoughts are apt to take wing out of their secret nest in a startling manner« (George Eliot, *Adam Bede*, 1859, S. 469). Dann werden die Bedingungen optimal für eine Spannung zwischen der Erfahrung einer aktualisierten Übertragungsinteraktion und der Erfahrung des Analytikers als Zuhörer-Deuter. Diszipliniert spontane Engagements bieten nur dann einen optimalen Kontrast, wenn der grundlegende Kommunikationsmodus derjenige sich ständig wiederholender, empathischer therapeutischer Gespräche ist. Ohne den Hintergrund einer im Wesentlichen empathischen Atmosphäre, um kontrastierende Erfahrungen zu bieten, führen wiederholte Interaktionen mit hoher Spannung häufig zu einem Entgleisen der Gespräche und zu beiderseitig traumatisierenden Störungen. Dann werden negative pathogene Erwartungen neu geschaffen und bestätigt. Derartige neuerliche Bestätigungen sind das Gegenteil des kontrastierenden Nebeneinanderstehens von Engagements und reflexiv geformter Bewusstseinserweiterung, die unserer Überzeugung nach einen Ausgleich durch die höherrangigen Komparatorfunktionen des Gehirns erfordert. Nur wenn dieser Kontrast die Erfahrung dominiert, können Neuordnungen symbolischer Vorstellungskonfigurationen eintreten.

10. Bedenkenswerte Fragen und unsere Antworten

Kritiker und Zuhörer haben uns viele anregende Fragen zu unseren Konzepten des therapeutischen Gesprächs gestellt. Einige der Fragensteller wünschten Erläuterungen, andere erhoben Einwände. Offensichtlich sind unsere Erklärungen in manchen Fällen nicht ganz klar. In diesem Kapitel versuchen wir, uns diesem Problem zu widmen, indem wir zu einigen der gestellten Fragen ausführliche Antworten geben.

Unterscheidung zwischen den motivationalen Systemen

1. Friedman (1995) fragt, ob es möglich ist, zwischen den motivationalen Systemen zu unterscheiden. Kann der Therapeut in einem bestimmten therapeutischen Gespräch erkennen, welches System gerade herausragende Bedeutung hat? Friedman nimmt ein klinisches Beispiel (Lichtenberg, 1989) aus Nancys Behandlung und zeigt daran, wie leicht eine andere Deutung möglich wäre. Im fünften Jahr ihrer Analyse (im Protokoll nicht enthalten) verspürte Nancy große Besorgnis, da ihr wegen Urlaubs eine Reihe von Unterbrechungen bevorstanden. Sie berichtete einen Traum, in dem sie sich an das Bein einer Kommilitonin lehnte, wobei sie in seltsamer Weise die Beine spreizte und sich erregt fühlte. In dem Traum fühlte Nancy Verwirrung darüber, ob das, was sie tat, sündhaft sei und ob es bemerkt würde. Sie bewunderte die Attraktivität und Intelligenz der Frau im Traum und beneidete sie darum, wie sie ihre Mutter beneidet hatte. Nancy fragte sich, weshalb sie diesen Traum in der Nacht zuvor gehabt hatte und dachte, es hätte mit dem Versäumnis der nächsten Sitzung und den bevorstehenden Trennungen zu tun. Dann äußerte Nancy ihre Frustration

über die Kontrolle, die der Analytiker über ihr Leben ausübte. Ihre Mutter hatte diese Art von Kontrolle gehabt, hatte sie jedoch nicht gut ausgeübt. Sie hatte Nancy nicht vor den Sexualspielen mit Matt geschützt. Der Analytiker überlegte sich, dass Nancys Wut auf ihre Mutter – weil sie die sexuellen Verführungen Matts ignoriert hatte – ihnen beiden vertraut waren, die Vorstellungen im Traum aber nahelegten, dass Nancy neuen Boden betrat. Er deutete an, was ihm an dem Traum auffalle sei, dass sie das »unschuldige« Nichts-Bemerken ihrer Mutter in einem neuen Licht darstelle – eines, in dem die Mutter selbst beteiligt war. Der Analytiker lenkte Nancys Aufmerksamkeit auf die Darstellung im Traum, wo das sexuelle Beinespreizen und erregende Reiben direkt vor der Nase der Frau stattfanden. Überdies entzog die Frau, die deutlich ihre Mutter zu repräsentieren schien, das Bein nicht. Er fügte hinzu, dass Nancy anscheinend darauf hinweisen wollte, wie ihre Mutter und der Analytiker direkt an ihrer Verwirrung über sündiges Verhalten und darüber, ob die sexuellen Empfindungen und Kontakte bemerkt wurden, die sie als Reaktion auf ihre Einsamkeit suchte, beteiligt waren.
Nancy reagierte auf die Bemerkungen des Analytikers mit sichtbarem körperlichen Erstarren. Dann, nach einer Pause, fragte sie gequält, ob das, worauf er hingewiesen habe, offensichtlich sei? Nachdem er gesprochen hatte, habe sie sich angespannt gefühlt. Sie hatte geglaubt, sie assoziiere so gut zu dem Traum und verstehe ihn so gut. An dieser Stelle erlebte der Analytiker Überraschung und Verwirrung. Zuvor hatte Nancy aktiv und vertrauensvoll über ihre Traurigkeit gesprochen, weil sie ihn vermissen würde und hatte ihren Traum mit ihm geteilt. Die Reaktion des Analytikers war gewesen, mit entspannter Aufmerksamkeit zuzuhören, während er ihr Einsamkeitsgefühl und ihre Hinwendung zu sexueller Erregung in Reaktion auf den drohenden Verlust der Vertrautheit spürte, die durch die bevorstehenden Trennungen ausgelöst wurde. Er war nicht darauf vorbereitet, dass die Dominanz von Wünschen und Gefühlen des motivationalen Bindungssystems so plötzlich zu der Dominanz von Motiven wechselte, die mit Exploration und Selbstbehauptung in Verbindung standen, d. h., zur Sorge hinsichtlich ihrer intellektuellen Kompetenz, ihrem Gefühl, dabei ertappt worden zu sein, etwas »Offensichtliches« nicht gewusst zu haben. Während sie weitersprach, orientierte er

sich neu in der Rolle, die sie ihm zugewiesen hatte. Er fragte sich, ob er vielleicht in einem besserwisserischen Ton gesprochen und damit eine überlegene Haltung vermittelt hatte, im Sinne von: »Ich durchschaue die Verleugnungen und Täuschungen, die Sie und Ihre Mutter praktiziert haben.« Er konnte sich nicht sicher sein, ob es so gewesen war oder nicht, doch auf jeden Fall war es das, was sie im intersubjektiven Austausch erlebt hatte. Die Dominanz hatte sich von einem motivationalen System zum anderen verschoben. Mit diesem Wechsel veränderte sich der Fokus auf die Rolle des Analytikers als Quelle von Nancys Gefühl der Inkompetenz in der Inszenierung der Ereignisse.

Um von einer aversiven Inszenierung zum konzeptuellen Teilen des unmittelbaren Erlebens zurückzukehren, fragte der Analytiker, ob er die Situation so verstanden habe, wie sie diese konstruierte. Er fragte, ob sie ihn kritisierend erlebt habe, oder ob er sage oder andeute, sie solle sehen was er sieht. Wütend platzte Nancy heraus:»Nicht was Sie sehen, sondern *bevor* Sie es sehen, um Ihre Kritik zu vermeiden. Sonst werde ich geohrfeigt«, womit sie meinte, plötzlich aus dem Gefühl der Nähe und des Ihre-Sache-gut-Machens in das Gefühl versetzt zu werden, dumm und doof zu sein. Nach einer klärenden Darlegung ihrer Sicht des Analytikers als kritisch und fordernd, und ihrer Wut, machte Nancy eine Pause und kehrte zur Beschreibung ihrer Gefühle drohender Einsamkeit zurück und zu ihrer starken Neigung, die Nähe zum Analytiker während seiner Abwesenheit durch beliebige, verfügbare Besänftigungsmittel (Zigaretten, Essen, Sex) zu ersetzen.

In seinen Notizen nach der Sitzung notierte der Analytiker, dass der erste Hinweis, der ihn die Rolleninszenierung identifizieren ließ, in die Nancy ihn verwickelt hatte, die unerwartete Veränderung ihres Selbstzustands und die entsprechende Veränderung seines eigenen war. Sie wurden beide vom anderen »geohrfeigt«, doch indem er Nancys verbalen Assoziationen folgte, war er in der Lage, sich selbst aus ihrer Perspektive als den »Ohrfeigenden« zu erkennen. Er wurde von ihr erlebt als jemand, der ihre Naivität und vermutete Dummheit aufdeckte. Der Analytiker betrachtete die »Ohrfeigen«-Szene als Kondensation vieler schmerzhafter Episoden empathischen Versagens in Reaktion auf ihre Bemühungen in der Kindheit, Bestätigung und Lob für ihren Forschungsdrang und für Selbstbehauptung zu erhalten. In dieser Stunde war eine tiefgehende Exploration nicht notwendig, um das Eingestimmtsein wiederherzustellen und das ursprüngliche Hauptthema Bindung und Verlust der Bindung wieder dominant werden zu lassen. Die Erkenntnis und Bestätigung ihres subjektiven Erlebens genügten, um die Störung zu beheben und die Selbstaufrichtung eintreten zu lassen. Zu anderen Zeiten, besonders wenn Nancy Prüfungen bevorstanden (und später in der Analyse, als sie mit ihrer Dissertation kämpfte), erforderten die explorativen und assertiven Motive eine umfassendere Aufdeckung.

Diese klinische Vignette forderte Friedmans kritische Stellungnahme heraus. Dieselbe Erfahrung, von der wir glauben, dass sie einen abrupten Wechsel von einem Bindungsmotiv zu aversiven Motiven darstellt, der mit der Empfindung des Versagens in Exploration und Selbstbehauptung zusammenhing, wurde von Friedman konzeptualisiert als Nancys Gefühl: »Mein Versuch, dem Analytiker nahe zu kommen, wurde vereitelt, und die Beleidigung für meine Kompetenz hat nun einen Beigeschmack der Entfremdung von dem Mann, den ich für meinen Partner gehalten hatte.« Wir glauben, dass diese Alternativformulierung zutrifft, insofern als Bindungsmotive während der gesamten Sequenz aktiv blieben. Unsere Behauptung, dass ein Wechsel der Dominanz von einem System zum anderen stattfand, gründet auf unseren Versuch zu begreifen was geschah, als die auf Bindung beruhende Erfahrung unterbrochen wurde. Nancys Assoziationen legen nahe, dass sie empfand: »Sie haben verursacht, dass ich mich dumm fühle, und das hinterlässt bei mir ein Gefühl der Fehlorganisation« und nicht »Sie haben mich weggestoßen, und dadurch fühle ich mich ganz allein.« Anders ausgedrückt, Näheverlust und Traurigkeit sind weder die auslösende Erfahrung für die Unterbrechung, noch sind sie in Nancys Assoziationen dazu dominant. »War das, worauf Sie hingewiesen haben, offensichtlich?« und »Nicht was Sie sehen, sondern *bevor* Sie es sehen« sind Äußerungen, die genügend Doppeldeutigkeit zeigen, um zwei Deutungen zu rechtfertigen. Nancy könnte den Schmerz und die Demütigung hervorheben, die eintreten, wenn die Nähe des Analytikers durch seine Kritik ersetzt wird. Oder sie könnte den Schmerz und die Demütigung betonen, die das Gefühl, dumm und doof zu sein, sowohl in ihren als auch in seinen Augen hervorrief, weil es ihr nicht gelungen war, ein intellektuelles (aufdeckendes) Ziel zu erreichen. Der Analytiker entschied sich damals für die zweite Deutung, und wir schließen uns dem nach weiterem Nachdenken an.

Nachdem er eine Reihe von Varianten ausprobiert hatte, von denen jede plausibel war, kam Friedman zu dem Schluss, dass die Entscheidung nicht leicht sei. Somit können wir nicht definitiv sein bei unserer Deutung des Gesprächs. Wir können nur die Grundlage für unsere Überzeugung aufzeigen. Die Reaktion der Patientin und unser Verständnis davon sind eingebettet in eine Matrix früherer Erfahrungen, die der Analytiker und Nancy miteinander erlebt haben. Aus früheren Gesprächen wusste der Analytiker, dass Nancy stolz darauf war, eine intellektuelle Aufgabe *gut* zu erfüllen, doch unter Druck wechselte sie leicht zu einem konkurrierenden *besser als*. Und »besser als« bedeutet letztendlich, ähnlich wie Matt, der in den Augen der Mutter sowohl intellektuell brillant war als auch eine *rasche Auffassungsgabe* hatte. Der Analytiker war von Nancys Reaktion an dieser Stelle überrascht, doch nachdem er sich von seinem Schreck erholt hatte, war er sich sicher, die Anzeichen zu erkennen, dass sie intellektuell gedemütigt war. Nicht *rascher* zu sein als der Analytiker vermittelte ihr das Gefühl, dumm und doof *und* der Kritik ausgesetzt zu sein statt Lob zu erhalten *und* weniger geliebt zu werden und deshalb für ihn verloren zu sein. Mit diesen drei in Wechselbeziehung stehenden Reaktionen hatte der Analytiker bereits eine komplexe Mischung, mit der er arbeiten musste, und das klinische Problem fügte weitere Komplexität hinzu: Was sollte er tun, um die Arbeitsnähe (Bindung) wiederherzustellen, um die Motivation zu erforschen, die Ursache der Störung war. Obwohl der Verlust der Nähe das unmittelbare Problem gewesen sein mochte, war somit ihre Verletzlichkeit für einen »ohrfeigenden« Verlust ihres Stolzes, eine überwältigende Scham und Demütigung, die ihre Bemühungen lähmte, der Affektzustand, der zur weiteren Analyse aufgedeckt wurde. Als die Analyse weiter voranschritt, setzte ihre Verletzlichkeit im Hinblick auf ihre intellektuell explorativ-assertiven Anstrengungen Nancy einem beträchtlichen Versagensrisiko in ihren Bemühungen um einen Doktortitel aus. Friedman (1995) versteht unsere Haltung eindeutig: »Die Reaktionsabfolge der Patientin zeigt, dass eine bestimmte Verletzlichkeit *zusammen mit* der Beziehung zu anderen Verletzlichkeiten die Patientin für eine gewisse potenzielle Dringlichkeitsordnung prädisponiert« (S. 450-451).

Wenn wir somit versuchen zu erkennen oder zu kategorisieren, welches motivationale System dominant ist, können wir uns an der unter anderen Umständen erforderlichen Funktion und den Verletzlichkeiten, die Dringlichkeit auslösen, orientieren. Als Nancy unter dem Stress stand, sich auf ihre mündliche Prüfung vorzubereiten, waren definitiv explorativ-assertive Motive dominant. Wenn sie mit der bevorstehenden Abwesenheit des Analytikers konfrontiert wurde, wurden Bindungsmotive dominant, die gewöhnlich einen deutlich aversiven Affekt hatten. Manchmal schien der Wechsel dramatisch – wie »Programme«, die ein und aus geschaltet wurden. Häufig interagieren motivationale Systeme jedoch mit feinen Veränderungen in der Mischung. Für Nancy waren lustvolle Intimität, sinnliches Vergnügen und Freude an Kompetenz oft miteinander verstrickt, wobei Störungen jedes einzelnen Punkts rasch aversive Reaktionen auslösten. Daher darf die Frage gestellt werden: Wenn Motive, die verschiedenen Systemen entstammen, oft verstrickt sind und die Dominanzveränderungen subtil sind, welchen Vorteil hat dann die Theorie über den gewöhnlichen Verlauf der Behandlung? Friedman bietet eine Antwort, die wir billigen: »Was das »Schema [der motivationalen Systeme] für uns tun könnte ist, wenigstens einen provisorischen Aufmerksamkeitsfokus, wenn schon keine attestierbare motivationale Diagnose von Minute zu Minute, zu liefen« (S. 452-453).

Die Bedeutung von Folgerung und Bindung

2. Auf die umfassenden Forschungen der Mount-Zion-Gruppe aufbauend stellt Weiss (1995) zwei miteinander verbundene Fragen: erstens, betont unsere Formulierung die Bedeutung der Schlussfolgerungen zu wenig, die der Patient aus früheren Erfahrungen gezogen hat, und zweitens, betonen wir die Bedeutung von Bindungsmotiven zu wenig, die Weiss als primär erachtet, indem wir allen motivationalen Systemen als Organisatoren der Erfahrung die gleiche Bedeutung geben? Wir stimmen mit den Erkenntnissen (Weiss und Sampson, 1986) vollkommen überein,

dass sich Folgerungen, die sich durch bestimmte Ereignisse manifestieren, die Bildung pathologischer Überzeugungen erklären helfen und dass Patienten sich mit einem unbewussten Plan, diese lähmenden Überzeugungen zu widerlegen, in Behandlung begeben. Nancy beispielsweise schlussfolgerte aus der Bevorzugung des spontanen und aufgeweckten Matt und ihrer eigenen wiederholten Herabsetzungen durch ihre Mutter, dass sie, Nancy, mit intellektuellen Glanzleistungen brillieren musste, um die Billigung ihrer Mutter, Matts, ihrer Professoren, des Analytikers und, am allerwichtigsten, manchmal auch ihrer selbst zu gewinnen. Wenn wir uns die Protokollnotizen anschauen, stimmen wir zu, dass wir oft vom Bericht einer Erfahrung und deren Folgen weitersprangen, ohne die Schlussfolgerung anzuerkennen, die entweder die Patientin oder der Analytiker gezogen hatte, um zur bewussten oder unbewussten Erklärung ihrer Bedeutung zu gelangen. Dieser »Ausrutscher« wird die Klarheit unserer gemeinsamen Bewusstseinserweiterung wahrscheinlich manchmal verringern.
Weniger stimmen wir mit Weiss' zweitem Kritikpunkt überein. Wir teilen Weiss' Meinung nicht, dass, während die motivationalen Systeme »alle wichtig sind, das Bindungssystem einen besonderen Platz innehat ... weil der Wunsch des Säuglings und des Kleinkindes, die Bindungen zu seinen Eltern aufrechtzuerhalten, von überragender Bedeutung ist. Wenn das Kind in einem anderen System Probleme entwickelt, geschieht dies, weil die Verfolgung der Ziele dieses Systems es in Konflikt mit seinen Eltern bringt« (S. 467). Als Beispiel führt Weiss an: »Ein Mensch, der seine Eltern als schwach sieht und sich selbst schwächt, um ihre Autorität zu schützen, gestattet sich vielleicht nicht, sich bei sexuellen oder aufdeckenden Aktivitäten wohl zu fühlen« (S. 468). Oder, fügt Weiss hinzu, der Patient gestattet sich vielleicht nicht die Kontrolle über seine physiologischen Funktionen oder erlaubt sich nicht, angemessen aversiv zu sein. Wir argumentieren dagegen, alle problematischen Effekte als von Bindungskonflikten ausgehend zu betrachten. An einer derart restriktiven Theorie festzuhalten könnte unseren Geist für die Überlegung verschließen, dass Probleme in jedem System *entstehen* und dann sekundär jedes andere System beeinflussen können. Eine Lernschwäche wie Dyslexie stört die Entwicklungen des explorativ-assertiven Systems. Das Kind neigt zu der Schlussfolgerung, es könne mit anderen nicht

mithalten, und diese Folgerung allein kann schon primäre Ursache eines schamerfüllten Selbstempfindens sein. Die Verbindungen zu den Eltern können von seiner Enttäuschung aversiv beeinflusst werden, was zu der Empfindung eines versagenden Selbst beiträgt, das nicht nur sich selbst verletzt und demütigt, sondern andere obendrein. Oder die Eltern nähern sich in ihrer Sorge und dem Bemühen zu helfen stärker an und führen das Kind zu der Schlussfolgerung, dass es ein Mensch ist, der Schwierigkeiten durch Erforschung derselben überwinden kann und dass andere bereit sind zu helfen, wenn es notwendig ist. Oder wenn ein Kind auf Grund einer taktilen Sensibilität sinnliches Vergnügen und propriozeptive Aktivität nicht erleben kann, mag sowohl die Entwicklung der sinnlichen als auch der physiologischen Regulierung gestört werden. Diese Störungen können eine Folgewirkung auf die Bindung und die Folgerungen haben, die das Kind in Abhängigkeit der Reaktion seiner Bezugspersonen zieht. Für das Verständnis der vorhandenen oder nicht vorhandenen Auswirkung auf die motivationalen Systeme brauchen wir eine Theorie, die uns über jene Entwicklungen informiert, die für jedes dieser Systeme entscheidend sind. Dem würde Weiss wahrscheinlich zustimmen. Der Unterschied liegt in unserer Annahme, dass die Dominanz der Systeme von Augenblick zu Augenblick wechselt und kein System eine besondere Stellung einnimmt. Probleme in einem System können sich in seiner Auswirkung auf die anderen und die aus dieser Auswirkung gezogenen Folgerungen übertragen oder auch nicht. Jeder Fall muss in seinen Besonderheiten untersucht werden.
Da die Objektbeziehungstheorien in der einen oder anderen Form (Bowlby, Klein, Winnicot, Sullivan) zunehmend einflussreicher werden, erwarten wir, dass Weiss' Sichtweise breite Zustimmung finden wird. Wir empfehlen Vorsicht, die vorherrschende Sicht der Objektbeziehungs-Dominanz zu akzeptieren. Die Geschichte der Psychoanalyse zeigt, wie leicht eine weitreichende Konzeption wie Sexualität oder Aggression oder Separation-Individuation oder Narzissmus oder oraler Neid überzeugend als übergeordnet betrachtet werden kann. Wir müssen die Macht bestimmter mehrdeutiger Metaphern berücksichtigen, die kreative Geister anregen, ziemlich unzusammenhängende Vorstellungen unter eine Rubrik zusammenzufassen. Unser Verstand besitzt die Fähigkeit, Gedanken zu einzelnen fokalen Entitäten zusammenzuspannen, wie eine

Linse das gesamte Farbspektrum in einem einzelnen fokalen Glühen brechen kann. Überdies hat das Bindungssystem in der therapeutischen Situation bereits eine besondere Stellung in der dyadischen Beziehung und den Kommunikationsmodi. Leicht können wir das Medium (die Intersubjektivität des klinischen Austauschs) mit der Botschaft (die komplexen Motivationen, die die *gesamte* Lebenserfahrung des Patienten umfassen) verwechseln. Kohut folgend erkennen wir die Bedeutung des Spiegelns, des Alter-Ego-Teilens und der Idealisierungserfahrungen für die Qualität des therapeutischen Gesprächs. Manchmal stehen diese wirkungsvollen Bindungsphänomene im Vordergrund und erfordern die Exploration der Wirkung ihres Vorhandenseins oder Nichtvorhandenseins auf den unmittelbaren therapeutischen Austausch. Zu anderen Zeiten stehen diese grundlegenden Bindungserfahrungen im Hintergrund, was die Aufdeckung anderer motivationaler Bereiche ermöglicht. Wenn die im Hintergrund liegende therapeutische Bindung gestört wird, endet die Exploration als solche, bis eine Wiederherstellung stattfinden kann. In dieser Hinsicht sind Beziehungs-(Bindungs-)Erfahrungen bedeutsam. Jedoch sind wir überzeugt, dass unser Konzept der fünf motivationalen Systeme unsere Fähigkeit erweitert, den klinischen Austausch zum Verständnis der mannigfaltigen Qualitäten menschlicher Erfahrung zu nutzen, während wir die Veränderungen in den Affekten und Assoziationen von Augenblick zu Augenblick erforschen. Beispielsweise kann Erfolg oder Versagen in der Regulierung physiologischer Erfordernisse durch bestimmte Inhalte, Empfindungen und Affekte erkannt werden, die dem körperlichen Erleben seine charakteristische, einzigartige Qualität geben. Wenn wir den Hunger einfach der Bindung einverleiben, werden wir weniger dazu in der Lage sein, die Permutationen der vielen physiologischen Zustände zu verstehen, die an der Regulation und Dysregulation des Kreislaufs Hunger-Sättigung beteiligt sind.

Betrachten wir einen Patienten, der einen Asthmaanfall beschreibt. Der Patient berichtet vom zunehmenden Keuchen und Nach-Luft-Schnappen und der damit verbundenen wachsenden Todesangst. Außerdem beschreibt der Patient das Gefühl, wochenlang nach dem Anfall jeden Morgen mit dem Gedanken aufzuwachen, wo er seine Medizin und sein Inhalationsspray habe. Wenn der Patient vor irgendetwas Angst empfindet, tastet er – um Sicherheit bemüht – nach seinem Taschenzerstäuber. An dieser Stelle könnten wir uns vorstellen, dass er die unbewusste Überzeugung erlangt hat, einen verletzlichen Körper zu haben, oder Pech zu haben, weil er Asthma hat, oder Glück zu haben, weil er ein Medikament hat, das hilft. Dann beginnt er sich zu erinnern, wie er voll Verzweiflung die Hand seiner Mutter umklammerte und wie er im Geist angefangen hat, die Hand des Analytikers zu halten, um einem Ansteigen der Angst vorzubeugen, die einen Anfall auslösen könnte. Nun könnte der Analytiker mutmaßen, dass der Patient die bewusste oder unbewusste Überzeugung gebildet hat, dass der Kontakt zu seiner Mutter sein Sicherheitsempfinden steigert. Ein anderer Analytiker könnte die Situation umgekehrt deuten: Der Patient hat gefolgert, dass er unterwürfig sein oder klammern oder krank sein muss, um Zugang zu seiner Mutter zu finden oder um dem Schuldgefühl wegen Aggression zuvorzukommen. All das sind Möglichkeiten, aber weshalb im Voraus urteilen?

Wir sind überzeugt, dass die einfachste und vernünftigste Interpretation die ist, dass diese Vignette das Vorherrschen der Erfahrung physiologischer Dysregulierung beispielhaft darstellt. Für den Analytiker lautet die Aufgabe, sich in den inneren Empfindungs- und Affektzustand einzufühlen und, vom assoziativen Fluss geleitet, Folgerungen auftauchen zu lassen. Durch eine empathische Einschätzung des Entsetzens, sich ungeschützt zu fühlen, kann der Analytiker dann die morgendliche Befürchtung des Patienten verstehen und begreifen, dass ihr Ziel die Medizin ist, die das Gefühl der Hilflosigkeit verringert. Dann führt ein weiterer Schritt den Patienten von der zentralen Beschäftigung mit physiologischen Störungen an die Stelle, die Bindungserfahrungen in seinen Versuchen, Sicherheit zu finden und sein physiologisches Gleichgewicht wiederherzustellen, innehaben. Motive, die dem System entstammen, das sich in Reaktion auf die psychische Regulierung physiologischer Erfordernisse entwickelte, bleiben während der Assoziationen des Patienten dominant, wobei Motive der Aufdeckung und Selbstbehauptung (die Medizin zu haben und zu benutzen) und Bindungsmotive in den Brennpunkt geraten. Die aversiven Aspekte der Störungen, schmerzhafte Brustempfindungen und sich verstärkende Angst, sind wirkungsvolle Determinanten der Motive zur Wiederherstellung eines regulierten physiologischen Zustands.

Die Stellung der Theorie in einer unmittelbaren klinischen Herausforderung

3. Wie nutzt der praktizierende Analytiker oder Psychotherapeut die motivationalen Systeme, wenn er unmittelbar mit der klinischen Begegnung konfrontiert ist? Das ist eine der uns am häufigsten gestellten Frage, und sie ist schwierig zu beantworten. Teils entspringt diese Schwierigkeit der Einfachheit der einen Antwort: Man behält das Schema der Systeme als Orientierung im Hintergrund der Gedanken. Wenn man sich dann darüber orientieren muss, »was los ist«, holt man es einen Augenblick lang in den Vordergrund. Man nutzt die fünf Systeme wie eine Straßenkarte. Wenn man unsicher ist, wo man sich befindet, orientiert man sich kurz an Hand der Karte und wendet sich dann wieder der Straße zu.

Uns ist klar, dass diese Antwort ebenso wenig befriedigend ist wie zu sagen: »Es ist einfach, man braucht nur die Anleitung zu lesen, wenn man die vielen Schraubenmuttern, Bolzen und Teile des Schaukelsets für sein Kind an die richtige Stelle schrauben will.« Um eine Antwort zu geben, die der Komplexität der Aufgabe eher entspricht, müssen wir unsere wesentlichen Behauptungen wiederholen. Erstens glauben wir, dass die fünf motivationalen Systeme die gesamte Bandbreite menschlicher Motivationen umfassen und dass dies allen anderen Schemata weniger gut gelingt. Zweitens unterstützt die Kenntnis der fünf Systeme den Analytiker bei seiner Suche nach einem empathischen Zugang zum Geisteszustand des Patienten. Sie bieten ein theoretisches Schema, das umfassend und erfahrungsnah genug ist, um dort zu sein, wo sowohl Patient als auch Therapeut die Gefühle, Gedanken und Intentionen des Patienten erspüren können, während der Patient sie erkennen und empfinden kann. Dies sind in der Tat große Behauptungen, und wir äußern sie nicht leichthin. Tatsächlich wurden zwei frühere Bücher (Lichtenberg, 1989; Lichtenberg, Lachmann und Fosshage, 1992) geschrieben, um den Nachweis für die erste Behauptung zu liefern, und der hier vorgestellte Fall Nancys wird zur Unterstützung der zweiten Behauptung dargeboten (siehe auch Lichtenberg und Kindler, 1994; Ringstrom, 1995).

Die grundlegenden Elemente der fünf Systeme und ihre Teilelemente sind, glauben wir, kognitiv leicht zu erlernen. Zentral ist für die Anwendung der Theorie die Rolle der Affekte, jene, die in jeder Erfahrung ausgelöst werden, jene, die als nochmalige Bestätigung der Selbstempfindung wiedergeschaffen werden und jene, die ihrer dauerhaften oder temporären Besänftigung oder Vitalisierung wegen gesucht werden. Unsere Vorstellung der Affekte ist die richtungweisende Orientierung, der wir selbst folgen, während wir an therapeutischen Gesprächen beteiligt sind. Wir sprechen die Affekte als unsere erste Möglichkeit an, um mit dem Patienten zusammen unser empathisches Verständnis der Botschaft des Patienten aufzubauen. Somit sind die Affekte, die in jedem motivationalen System ausgelöst werden, in Verbindung mit der Identifikation der Ziele des Patienten, unser Weg, um unsere Identifikation des dominanten Systems zu verifizieren und die Möglichkeit, unsere Theorie erfahrungs-nah anzuwenden. Wir haben uns selbst und diejenigen, die von uns gelernt haben, darauf trainiert, Affekte und Ziele ohne bewusstes »Anklammern« während der Stunde zu beurteilen. Sobald man dieses Gedankengut beherrscht, glauben wir, kann es intuitiv angewandt werden als bequemes Orientierungsmittel, und die Sprache von Patient und Analytiker kann ungehindert auf diese Orientierung zu und von ihr weg fließen. Bemerkt der Therapeut, dass er bei Verständnis und Kommunikation wiederholt versagt hat, so glauben wir, kann er Gewinn aus einem Augenblick reflexiver Erwägung des motivationalen Systems ziehen, das er zu deuten glaubt oder er wird sich fragen, ob der Patient möglicherweise die Dominanz eines anderen Systems ausdrücken könnte. Zusammenfassend kann man sagen, wir bieten die motivationalen Systeme an, damit der Therapeut, der sie (vorbewusst) im Hintergrund seiner Gedanken hält, intuitiv größeren empathischen Erfolg haben kann. Überdies bietet die Identifikation des dominanten motivationalen Systems sowohl des Therapeuten als auch des Patienten in den unvermeidlichen Fällen empathischen Versagens, besonders bei schlechter Abgestimmtheit zwischen ihnen, ein Mittel, um eine mögliche Ursache des Versagens zu »diagnostizieren« (Lichtenberg und Kindler, 1994).

Die Bedeutung früher Erfahrungen und die Verwendung von Modellszenen

4. Arlow (1990) stellt die Bedeutung in Frage, die wir den Kindheitserfahrungen und der Verwendung von Modellszenen beimessen. Er weist auf Theorien hin, die die Säuglingsforschung als Quelle des phänomenologischen Fehlers ausmachen, der darin besteht, dass der Analytiker den Assoziationen seines Patienten eine Deutung auf der Grundlage eines pathogenetischen Modellkonzepts aufnötigt. (Einzelheiten dieser Kritik s. Ellman, 1991). Arlow greift unsere Behauptung auf, dass Forschung und direkte Beobachtung uns mit Modellszenen versorgen, die den gelebten Erfahrungen des Kindes näher liegen und dass diese normalen und pathologischen Prototypen den analytischen Prozess vereinfachen. Indem Arlow (1979) den Vorwurf des »Aufnötigens« erhebt, impliziert er, dass wir zu der Beweisführung, dass eine Annahme der Erwägung wert sei, nicht dieselben Kriterien verwendeten wie er: »Material im Kontext, das in damit zusammenhängender Sequenz auftaucht, mehrfache Vorstellungen desselben Themas, Wiederholung und eine Konvergenz der Daten zu einer verständlichen Hypothese stellen den besonderen methodologischen Ansatz der Psychoanalyse dar, der in unmittelbarer, intuitiver Weise im analytischen Austausch gewonnene Einsichten zu validieren vermag« (S. 203). Zwei Beispiele aus Nancys Behandlung mögen als »Tests« dienen. Der Analytiker, der Nancys Geschichte durch den Filter der Theorie normaler und pathologischer Entwicklung und der motivationalen Systeme betrachtete, stellte die Hypothese auf, dass Nancy und ihre Mutter eine grundlegende Störung ihrer Bindungserfahrung erlebten. Die Versorgung des Säuglings in den ersten Lebensmonaten durch Vater und Großvater legt das nahe, beweist es aber nicht, da eine positiv motivierte Mutter nach der Wiedervereinigung ihr Baby umwerben würde, eine starke Bindung mit ihr einzugehen. Somit lässt die Theorie das offen.

Was können wir über die analytische Erfahrung sagen? Wir glauben, dass jeder, der die Verbatim-Protokolle liest, zu dem Schluss kommt, dass unter Befolgung »der Richtlinien von Kontext, Kontinuität und Konvergenz« (Ellman, 1991, S. 279) Nancys Sehnen,

Klammern und Suchen nach liebevollen, fürsorglichen Reaktionen in der Behandlung stark hervorgetreten ist. Diese affektiven Marker von Bindungsbedürfnis, -verlangen und -wunsch wurden in den Gedanken des Analytikers verstärkt durch Assoziationen zu Brüsten, zu Gesäßen und zu weichen, runden, weiblichen Körperteilen. Eine von Analytiker und Patientin gemeinsam entwickelte Modellszene war, dass Nancy am Analytiker zerrte und sich an ihn klammerte, um fürsorgliche Reaktionen zu erhalten, während dieser wie ihre Mutter erstarrte, wenn sie ihn Unterstützung und Aufmerksamkeit suchend am Bein zog. An Beinen zu ziehen und sich an Beine zu lehnen tauchte immer wieder in Träumen auf und verschob sich, wie auch Nancys Suche, von dem Wunsch nach Vertrautheit zu sinnlichem und sexuellem Verlangen.

Das zweite Beispiel kann eher Anlass zu Zweifeln geben. Nancys Erinnerung war, dass sie bis zum Alter von fünf Jahren auf dem Schoß des Vaters aß, dann plötzlich davon verbannt wurde. Für diese schmerzhafte Vertreibung hatte Nancy keine Erklärung. Während einer Sitzung, in der Nancy über diese Erfahrung redete, bemerkte der Analytiker sexuelle Erregung. Er fragte sich nach ihrer Ursache, da Nancy traurig und resigniert sprach. Dann bemerkte er ihre Körperbewegungen auf der Couch, die ihm ungewöhnlich unruhig vorkamen. Da stieg vor dem geistigen Auge des Analytikers spontan ein Bild von Nancy als kleinem Mädchen auf, wie sie auf dem Schoß des Vaters herumzappelte und der Vater dadurch erregt wurde. Bewusst oder unbewusst war es Vater und Tochter klar, was vor sich ging – und wahrscheinlich nicht zum ersten Mal. Wahrscheinlich hat der Vater das Kind aus Angst vor weiteren Erektionen ohne Erklärung des wirklichen Grunds "verstoßen". Diese Auslegung ging ausschließlich vom Analytiker aus und beruhte auf seiner Vorstellung des sinnlich-sexuellen Systems von Vater und Tochter.

Obwohl Arlow und andere die sich anschließenden Deutungen der Vermutung des Analytikers als "Aufnötigung" einer Modellszene aus der Kindheit ansehen würden, erfüllt die Quelle der Informationen Arlows Kriterium, »in unmittelbarer Weise im analytischen Austausch erlangt« worden zu sein. Darüber hinaus bot der Analytiker seine Mutmaßung in Übereinstimmung mit unserem Konzept der gemeinsamen Konstruktion von Modellszenen im Geist einer offenen Forschung. Nancy erschien diese Deutung zu jenem Zeitpunkt ebenso wie später während der gesamten Analyse höchst sinnvoll. Direkt bestätigende Erinnerungen hatte sie nicht. Sie brachte jedoch viele Assoziationen hervor, wie er entblößt umherging, ihr Interesse beobachtete und sie dann scharf dafür tadelte. Das betrachtete sie als die Doppelgesichtigkeit ihres Vaters. Dieses häufig wiederholte Thema war Grundlage für die Deutung des Analytikers (83:2:8), dass seine Anwesenheit Aufregung bei ihr auslöste. In einer noch stärker verallgemeinerten Form war die Doppeldeutigkeit fürsorglicher »asexueller« Männer und deren tatsächliches oder fantasiertes sexuelles Interesse an ihr eine Wiederholung der Ähnlichkeiten mit der Erfahrung, wenn sie auf dem Schoß ihres Vaters herumgezappelt hatte. Dies stellte ein zentrales Thema der Kriterien dar, nach denen sie die Männer wählte, auf die sie am häufigsten reagierte. Wieder unterstützen wir die Kriterien, die Arlow eindeutig artikuliert. Wir sind überzeugt, »eine Konvergenz der Daten zu einer verständlichen Hypothese [zu dokumentieren] ... die in unmittelbarer, intuitiver Weise im analytischen Gespräch erlangt wurde« (Arlow, 1979, S. 203).

Das aversive motivationale System

5. Jones (1995) widerspricht unserem Konzept eines aversiven Systems, das Reaktionen der Feindseligkeit oder des Rückzugs umfasst. Jones' Ansicht nach »stellen Angst und Wut zwei sehr verschiedene motivationale Systeme dar« (S. 49). Der Affekt der Angst wirkt als das Signal eines Systems, das der physischen Sicherheit dient, wohingegen die Wut die Aufgabe eines Monitors des »konkurrierend/territorialen« Systems habe, wie Jones es nennt. Somit diene die Aggression »der sehr speziellen adaptiven Funktion, rare Mittel wie Nahrung, Partner und Territorium zuzuweisen«, oft »durch die Errichtung von dominanten Hierarchien« (S. 50). Unserer Überzeugung nach legt Jones triftige Gründe vor für die Bedeutung der konkurrierend/territorialen Bestrebungen und ihren organisierenden Einfluss, besonders bei Kindern in der Latenz. Wir könnten Nancy und Matt als um den territorialen

Besitz ihrer Mutter konkurrierend betrachten, ein Wettbewerb, den Matt von Anfang an gewonnen hatte, wie Nancy es empfand. Statt von Territorialität haben wir von Wahlmöglichkeiten und Forderungen des Tages und der Unvermeidlichkeit von Zusammenstößen zwischen Kind und Eltern, zwischen Geschwistern und zwischen Patient und Therapeut gesprochen. Wir können Gewinn daraus ziehen, wenn wir uns der Probleme mit territorialer Konkurrenz bewusster werden und Sensibilität dafür entwickeln. Dennoch ziehen wir es vor, unsere Vorstellung eines einzigen aversiven Systems beizubehalten. Unsere Beobachtungen an Säuglingen und Patienten deuten darauf hin, dass eine Erfahrung, auf die ein Mensch aversiv reagiert, individuelle Variationen und Kombinationen von Angst, Wut, Scham und Traurigkeit auslöst, der Kombinationen von Feindseligkeit und Rückzug folgen. Aktivitäten, die Konkurrenz mit einschließen, müssen überhaupt nicht aversiv sein. Sie müssen nicht zwingend Wut, Scham oder Angst erregen. Vielmehr könnte die Konkurrenz in den Bereich der Exploration und Selbstbehauptung fallen und Interesse, Wirksamkeitserfahrung und Kompetenzgefühle hervorrufen. Konkurrierende Rivalität könnte auch in den Bereich der Bindung fallen und die Freude der Vertrautheit um die Belebung steigern, die positive Reaktion eines geliebten Menschen zu gewinnen. Überdies sind aversive Reaktionen ein notwendiges Vorspiel für den Einsatz wohl überlegter Kombinationen von Antagonismus und Rückzug, die es einem gestatten, effektiv mit Kontroversen umzugehen, Kraft und das Vertrauen, das dadurch aufgebaut wird, zu erfahren und innere Grenzen zu setzen, die vor Schuld- und Scham-verursachenden Exzessen schützen.

Der empathische Wahrnehmungsmodus

6. Josephs (1995) stellte unseren Einsatz des empathischen Wahrnehmungsmodus in Frage: »Von empathischer *Wahrnehmung* statt von empathischem *Verständnis* zu sprechen scheint etwas zu implizieren, das sich einem direkten Zugang zur subjektiven Er-

fahrung des Patienten nähert« (S. xiv). Josephs versteht uns so, als würden wir behaupten, dass wir durch unseren Versuch, von innerhalb der Perspektive des Analysanden heraus zu begreifen, »implizieren, dass diese Situation etwas ist, worüber der Analytiker ein gewisses Maß an Kontrolle hat, statt die Möglichkeit zu erwägen, dass die Realitätswahrnehmung des Analytikers das therapeutische Gespräch durchdringt« (S. xiv). In unserer Darstellung des empathischen Wahrnehmungsmodus' glauben wir nicht impliziert zu haben, dass wir direkten Zugang zur subjektiven Erfahrung des Patienten hätten. Durch Josephs Kritik stellt sich uns die Frage, ob wir uns unklar ausgedrückt haben hinsichtlich der Bedeutung, die wir der empathischen Wahrnehmung im therapeutischen Austausch zuschreiben. Unserer Ansicht nach grenzt der empathische Wahrnehmungsmodus eine Zuhörerhaltung ab, die darauf abzielt, die Erfahrungswelt des Patienten aus dem Bezugsrahmen des Patienten heraus zu verstehen. Das empathische Zuhören stellt keinen einfachen Weg zum direkten Zugang dar, sondern ist vielmehr ein schwieriges Unterfangen, das beträchtliche Übung und umfassende Erfahrung mit jedem einzelnen Patienten erfordert. Ein Analytiker kann einer direkten Erfassung der subjektiven Erfahrung nicht näher kommen, als einige offen ausgedrückte Gefühle zu erfassen und sich darauf einzustimmen. Die Freude über einen willkommenen Erfolg, Trauer über einen Todesfall und Wut über eine Beleidigung bieten unmittelbaren Zugang zum Affektzustand eines Patienten. Die Arbeit, unser gemeinsames Verständnis zu erweitern, muss folgen.

Wir sind uns nicht sicher, was Josephs damit meint, dass die Realität des Analytikers seine Wahrnehmung durchdringe. In all unseren Äußerungen haben wir betont, dass jede Wahrnehmung von Erwartungen gelenkt wird, die auf früherem Erleben beruhen. Somit sprechen wir von dem *Einfluss,* den jeder Beobachter, einschließlich eines ausgebildeten empathischen Zuhörers, auf das zu Beobachtende ausübt. Wir glauben jedoch, dass das »Durchdringen« des therapeutischen Gesprächs durch die vorgefasste Meinung des Analytikers ein Versagen der empathischen Wahrnehmung darstellt, und nicht einen Bestandteil oder eine Folge davon. Der Einfluss des Patienten auf die gemeinsam ausgearbeitete Bedeutung, zu der man im therapeutischen Gespräch gelangt ist, wird unvermeidlich gesteigert durch unseren primären Fokus auf das Verstehen aus der Perspektive des Patienten heraus. Wir halten den Analytiker für fähig, zwischen einem empathischen Wahrnehmungsmodus und einer anderen Informationsquelle, der des außenstehenden Beobachters (Lichtenberg, 1983) oder dem, was Fosshage eine »anders-zentrierte« Perspektive genannt hat, zu wechseln. Wenn der Analytiker den Patienten erlebt, als versuche dieser Kontrolle auszuüben, ihn zu verführen oder ihn zu amüsieren, betrachtet der Analytiker den Patienten aus einer anders-zentrierten Perspektive. Dann muss der Analytiker zum empathischen Modus zurückkehren und nach der Absicht des Patienten vom Standpunkt des Patienten aus fragen. Eine weitere Informationsquelle (und ein wichtiger Schutz gegen das »Durchdringen« durch die Realität des Analytikers) liegt in dem nach innen gerichteten (introspektiven) Fokus, den der Analytiker bezüglich seines eigenen Geisteszustands – seiner Gefühle, Einstellungen, Erfahrungen und Motive – aufrechterhält.

Statt den Einfluss des Analytikers auf seine Wahrnehmungen als schwächenden Problempunkt des empathischen Wahrnehmungsmodus zu sehen, betrachten wir die Suche von Patient und Analytiker nach Anzeichen für das unvermeidliche Auftreten von Einfluss als eine wertvolle Informationsquelle über das Funktionieren des intersubjektiven Kontexts. Die kontrollierte Situation, innerhalb der das therapeutische Gespräch stattfindet, bietet die vorteilhafte Gelegenheit für Therapeut und Patient, so gut sie können Einflüsse zu eliminieren, von denen sie fühlen mögen, dass sie durch die vorgefassten Meinungen des anderen ausgeübt werden.

Der Einfluss des Analytikers auf die Übertragung

7. Eine andere Frage zum Einfluss entspringt unserer Behauptung, dass die Übertragungserfahrung eines Patienten variabel von Patient und Analytiker gemeinsam bestimmt wird. Wie beurteilen wir das Ausmaß des Einflusses auf einen Patienten durch die verbalen und nonverbalen Aktivitäten des Analytikers? Manchmal sind die Erwartungen des Patienten, die auf vergangenen Erfah-

rungen beruhen, derart intensiv, dass es wenig mehr als des Analytikers Präsenz braucht, um eine bestimmte Erfahrung neu zu schaffen. Am anderen Ende des Kontinuums können die Bemerkungen, Einstellungen, Affekte und Handlungen des Analytikers so deutlich sprechen, dass praktisch kein Patient sie ignorieren kann. Sarkasmus, Verzweiflung oder verführendes Verhalten des Analytikers wird die Sicht des Patienten auf den Analytiker und die Sicherheit der Situation sofort und direkt beeinflussen. Dazwischen liegen die vielen subtileren Erfahrungen, die den Besonderheiten und Empfänglichkeiten beider Partner entspringen. Viele Faktoren kommen ins Spiel, wenn es um das Aussortieren dieser beiderseitigen interaktiven Einflüsse geht. Wenn der Einfluss eines Patienten auf den Analytiker nicht intensiv ist, kann der Analytiker freier seinen Einfluss auf die Übertragungserfahrung im Hier und Jetzt untersuchen. Der Analytiker kann das Erleben des Patienten während des Gesprächs genau verfolgen, um die Genese der Art und Weise, wie er selbst erlebt wird, zu verstehen. Fühlt sich der Patient beunruhigt, wird der Analytiker fragen, wann und wie dieses Erleben des Patienten begann. Der Analytiker kann seinen möglichen Beitrag vermuten und danach fragen. Diese Nachforschung, einschließlich des Eingeständnisses seiner Aktivitäten durch den Analytiker, lädt den Patienten ein, die Sicht des Analytikers zu bestätigen oder zu widerlegen. Jeder kann dazu beitragen, das Erleben des anderen zu bestätigen. Überdies lädt die forschende Atmosphäre den Patienten ein, sich sicherer zu fühlen, wenn er Wahrnehmungen des Analytikers äußert, die er sonst aus Angst oder Scham nicht zugegeben hätte.

Ein Faktor, der die Identifizierung der Faktoren in einem subtilen, beiderseitig veränderlichen intersubjektiven Kontext komplizierter macht, sind die Veränderungen, die jeder Partner einbringt. Traditionell neigen Analytiker dazu, Veränderungen im Patienten als die wichtigste Variable zu sehen. Heutige Erfahrungen zeigen, dass diese Perspektive stark vereinfachend war. Wir glauben, dass der Analytiker genügend offen für Veränderung sein muss (Balint, 1968, beschrieb es als »flexibel«), um interaktional vom Patienten geformt zu werden. Die Offenheit des Analytikers für Veränderung beeinflusst die Behandlung in signifikanter Weise. Gelegentlich wird der Analytiker sein Verhalten genügend modifizieren, um eine Retraumatisierung beim Patienten zu vermeiden. Der

Therapeut mag sich seiner Gedankengänge bewusst sein oder er mag sich eher intuitiv ändern, weil er einen drohenden störenden Affektzustand spürt. Die Modifikation des Analytikers in der Annäherungsweise befähigt den Patienten, alternative Erfahrungen zu Erwartungen zu machen, die auf der früher gelebten Erfahrung des Patienten beruhen. Da sich der Analytiker des Erstarrens oder der Verweigerung bewusst war, von der Nancy auf Grund der Erfahrungen mit ihrer Mutter annahm, dass der Analytiker sie empfinde, deutete er diese Annahme in einem herzlichen, zugewandten Tonfall, der implizit Beruhigung hinsichtlich seiner Aufnahmebereitschaft vermittelte.

Die Offenheit des Analytikers für Einflüsse seitens des Patienten führt den Analytiker oft dazu, eine oppositionelle Haltung zu einer bewussten oder unbewussten Anpassung an die Bedürfnisse oder Wünsche des Patienten einzunehmen. Dies geschah in Nancys Analyse an dem Punkt, als der Analytiker ihre Bitte-Forderung um eine Honoraranpassung abschlug, deren absolute Notwendigkeit sie geäußert hatte. Die Wirkung der Reaktion des Analytikers auf einen solchen verbalen und besonders nonverbalen Druck ist, sich in eine Rolleninszenierung gezogen zu fühlen, die der Neuschaffung einer früheren traumatischen Erfahrung entspricht. Unsere These lautet, wenn wir uns als Therapeuten gestatten, in eine Rollenerfahrung gezogen zu werden, dann können wir Ebenen einer »teilnehmenden« (Sullivan, 1974) Sensibilität erreichen. Wenn wir uns dann wieder entzogen haben, gewinnen wir eine Perspektive, die das Bewusstsein fördert. Indem wir die Zuschreibung tragen, die in der Erfahrung gemacht oder impliziert wurde, sind wir in einer optimalen Position, um das Beziehungsszenarium zu analysieren (Gill, 1982; Hoffman, 1983).

Psychoanalyse und Psychotherapie

8. Viele, die uns unsere Konzepte vortragen hörten, haben gefragt: Da Sie die Begriffe Analytiker und Analysand, Therapeut und Patient austauschbar verwenden, treffen Sie eine Unterscheidung oder nicht? Wenn Ihre Techniken für Analytiker gedacht

sind, die Analyse praktizieren, können sie dann auch jemandem nützen, der seine Patienten oder Klienten ein- oder zweimal pro Woche oder in einer Kurzzeittherapie sieht? Wir haben unser Buch um ein spezielles Fallbeispiel herum angeordnet, das wir als »analytisch« betrachten. Nancy kam dreimal pro Woche und lag auf einer Couch, während der Analytiker schräg hinter ihr saß, sodass er ihre Mimik beobachten konnte. Diese formalen Aspekte des traditionell analytischen Rahmens sind nicht die Kriterien, nach denen wir eine Behandlung als »psychoanalytisch« einordnen. Wir setzen beim therapeutischen Gespräch an. Unsere Sicht des Gesprächs ist, dass einer seine Erfahrungen einem anderen beschreibt mit der Erwartung, dass die therapeutische Fertigkeit und Ausbildung dieses Spezialisten eine heilsame Wirkung fördern wird. Eine andere Sichtweise ist die, dass ein Spezialist hofft, eine heilsame Wirkung zu erzielen, indem er einen leidenden Menschen ermutigt, so offen wie möglich von seinem Geisteszustand und seinen Erfahrungen zu berichten. Der Therapeut-Analytiker beabsichtigt, eine Aufdeckung der Muster und Bedeutungen in Gang zu setzen, die den zwischen ihm und dem Patienten stattfindenden Kommunikationen inhärent sind. Unter diesen beiden Gesichtspunkten, von dem der Motive und Agenda des Patienten und dem der Motive und Agenda des Therapeuten aus betrachtet, können wir sagen, ein »analytischer Ansatz« ist der, der darauf hinarbeitet, die Selbstaufrichtung, die gemeinsame Bewusstseinserweiterung und die Neuordnung der symbolischen Vorstellungen zu erleichtern. So betrachtet sind die Analyse und die psychoanalytische Psychotherapie in ihrem Endzweck im Grund identisch: Ein therapeutisches Gespräch aufzubauen, das den Weg zum Bewusstsein optimal öffnet und dadurch die Flexibilität an Wahl- und Reaktionsmöglichkeiten steigert. Unsere Prinzipien der Behandlungstechnik sind so formuliert, dass sie den therapeutischen Austausch zwischen dem speziellen Therapeut-Patienten-Paar begünstigen, das Kommunikationen erforscht und die Bedeutung der Erfahrung erhellt. Wir glauben, dass wir jedes therapeutische Gespräch mit denselben technischen Prinzipien angehen, ob der Patient nun wöchentlich viermal oder einmal kommt und ob es sich nun um eine Lang- oder Kurzzeittherapie handelt (Ringstrom, 1995). Wir hoffen, eine grundlegende funktionale Wechselbeziehung zwischen den von uns beschriebenen grundlegenden Merkmalen des therapeutischen Gesprächs, den zehn Prinzipien der Behandlungstechnik, den motivationalen Systemen und den therapeutischen Handlungsmodi aufgebaut haben. Der Unterschied zwischen einem formalen analytischen Arrangement und einer begrenzteren Sitzungshäufigkeit und Behandlungsdauer liegt nicht in der gewählten Herangehensweise, der angewandten Technik oder dem Ziel, das Bewusstsein zu erweitern, sondern in der *Gelegenheit*, all diese therapeutischen Handlungsmodi zu aktivieren.

Internalisierte Objekte und projektive Identifikation

9. Objektbeziehungs-Analytiker fragen, ob unsere Verwendung von Modellszenen nicht ein Versuch ist, dieselben Problempunkte anzusprechen, die sie internalisierte Objekte nennen. Weiter fragen sie, weshalb wir nicht die projektive Identifikation als primäre Reaktion erkennen, die die analytische Situation traumatisierter Patienten beeinflusst (kontrolliert) oder die die analytische Situation im Allgemeinen beeinflusst (kontrolliert).
Wir unterscheiden zwischen internalisierten Objekten und Modellszenen. Modellszenen (Zu einer vollständigen Erörterung dieses Themas s. 2. und 3. Kapitel aus *Das Selbst und die motivationalen Systeme*) werden von Analytiker und Patient ausgearbeitet. Im Gegensatz zu internalisierten Objekten werden Modellszenen gemeinsam ausgearbeitet. Internalisierte Objekte werden so verstanden, dass sie vom Patienten durch Prozesse der Projektion und Introjektion erworben wurden. Diese internalisierten Objekte färben die Erfahrung des Patienten, verzerren interpersonale Beziehungen und üben eine beherrschende Wirkung auf das affektive Leben des Patienten aus. Sie befinden sich jedoch im Patienten und gehören zu ihm. In Bezug auf internalisierte Objekte mag der Analytiker das Ziel ihrer (Re)Projektion sein und ihre Präsenz und Kraft beobachten, kommentieren und deuten. Der Analytiker ist somit Beobachter und Deuter der internalisierten Objekte des Patienten, aber er ist Koautor und Koorganisator der Modellszenen.

Eine Modellszene fängt wichtige Themen, Übertragungbeziehungen oder Charakterstile des Patienten in wörtlichen, bildhaften oder metaphorischen Ausdrucksweisen ein. Ihr Ursprung ist die gemeinsame Konstruktion, kein Prozess der Projektion und (Re)Internalisierung. Jede Analytiker-Patienten-Dyade konstruiert ihre eigenen Modellszenen. Verschiedene Analytiker, die denselben Patienten behandeln, würden im Verlauf der Analyse möglicherweise auch unterschiedliche Modellszenen ausarbeiten.
Wir finden das Konzept »projektive Identifikation« höchst problematisch. Wir ziehen es vor, den Analytiker als vom Patienten in verschiedene »Rollen hineingezogen« zu betrachten. Sich auf verschiedene Inszenierungen mit einem Patienten einzulassen und sie zu deuten, ist ein immer gegenwärtiger Teil der Behandlung. Wir könnten argumentieren, würde ein Therapeut es vollständig vermeiden, sich in Inszenierungen des Patienten hineinziehen zu lassen, dann würde der Behandlung die Leidenschaft fehlen und sie käme vermutlich nie in Fahrt. Indem wir die Zuschreibungen des Patienten tragen, sprechen wir die Notwendigkeit an, dass der Analytiker den »Sog« des Patienten akzeptieren muss, um ihn analysieren zu können.
Wir stimmen mit Gill (1994) überein, dass die projektive Identifikation eher ein interaktives als ein auf einen Menschen bezogenes Konzept geworden ist. Es beschäftigt sich mit der Wirkung der Zuschreibungen des Patienten auf den Analytiker. Gill äußert, dass es eine »Absicht in der projektiven Identifikation ist, den anderen das fühlen zu lassen, was der Projizierende verleugnet« (S. 102). Wir sind überzeugt, dass Rolleninszenierungen und Rollenengagements genau dieselbe Wirkung haben. Der projektiven Identifikation implizit ist die Überzeugung, dass die Erfahrung des Analytikers vis-à-vis eines Patienten eine direkte, lesbare Projektion dessen darstellt, was der Patient verleugnet. Häufig finden wir, dass die Konzeptualisierung von Rolleninszenierungen eine flexiblere Erklärung einer gemeinsam konstruierten, fließenden Erfahrung bietet. Der Therapeut wird im Bewusstsein oder außerhalb ein Gefühl oder eine Einstellung oder eine Atmosphäre auffangen, die den bewussten oder unbewussten Zustand des Patienten widerhallen lässt. Wenn das geschieht, bietet es eine wertvolle Informationsquelle über den intersubjektiven Kontext der Behandlung und führt oft zu wirkungsvollen Konstruktionen von

Modellszenen. Oft jedoch schwingen Behagen und Unbehagen, Gedanken und Fantasien des Therapeuten nicht, wie eine Stimmgabel, mit den offensichtlichen und verborgenen Kommunikationen des Patienten mit. Anzunehmen, dass es so sei, und dann auf der Grundlage dieser Annahme weiterzumachen, ist riskant. Zweifelsohne wird jeder dieser Äußerung im Prinzip zustimmen. Unsere Sorge ist, dass die Theorie der projektiven Identifikation den Analytiker, der von seiner emotionalen oder physiologischen Reaktion überzeugt ist, dazu führen könnte, den Patienten als Widerstand zeigend zu betrachten, der einer Deutung auf der Grundlage einer vermuteten Projektion widerspricht, statt die Validität seiner eigenen Vermutung in Frage zu stellen. Wir akzeptieren bereitwillig die Ansicht, dass die Erfahrung des Analytikers gemeinsam mit dem Patienten gestaltet wird, doch der besondere gegenseitige Input von Patient und Analytiker muss mit großer Offenheit untersucht werden. A priori anzunehmen, dass die Erfahrung des Analytikers der Projektion des Patienten gleichkommt, geht von einem Maß an Objektivität auf Seiten des Analytikers aus, das vorauszusetzen wir zögern.

Laut Gill kann der Patient in der projektiven Identifikation hoffen, ein gutes Beispiel im Analytiker zu finden, jemanden, der fähig ist, mit den Zuschreibungen des Patienten in reifer Weise umzugehen. Aus dieser Sicht wird vom Analytiker erwartet, ein gutes Beispiel dafür zu liefern, wie mit ungerechten Anschuldigungen umzugehen ist. Unberechtigte Anschuldigungen, ungerechtfertigt zugewiesene Verantwortung und andere ungerechte Zuschreibungen waren Schwierigkeiten, die während Nancys Analyse unter Nutzung des von uns bevorzugten theoretischen Rahmens viele Male gelöst werden mussten. Wir halten es nicht für notwendig oder nützlich, irgendein Phänomen der Rollenempfänglichkeit oder Rolleninszenierung mit einer speziellen Bedeutung der projektiven Identifikation hervorzuheben. Während einer Analyse bietet der Analytiker im therapeutischen Austausch das Beispiel eines responsiv reagierenden Partners. Wie gut der Analytiker Idealisierung akzeptiert, reagiert, wenn er angegriffen oder verführt wird und die analytische Atmosphäre im Griff hat, all das gibt dem Patienten »Beispiele«. Wie der Analytiker mit Anschuldigungen umgeht, ist nur ein Bestandteil dieser Beispiele, die wir in unsere Diskussion um das Tragen dieser Attribuierungen eingebunden haben. Würde man vom Analytiker erwarten, ein Beispiel für »psychische Gesundheit«, »Neurosefreiheit« oder »Normalsein« zu geben, dann erhielte er dadurch eine unhaltbar überlegene Position. Schafer (1983) hob hervor, dass der Analytiker nur deshalb ein Beispiel größerer Reife sein kann, weil er während der analytischen Sitzung unter relativ geringerem Druck steht als der Patient. Aber, fügt Gill hinzu, »ein Analytiker, der ständig wachsam ist für seine Beteiligung am Prozess, mag unter ebenso viel Stress stehen wie der Patient, wenn nicht sogar mehr« (1994, S. 103). (S. auch Friedman, 1988.) Wir stimmen völlig mit Gill und Friedman überein. Unsere Hoffnung ist, dass die von uns erläuterten technischen Prinzipien dem Analytiker zwar einerseits zusätzliche Verantwortung übertragen, ihm jedoch andererseits Richtlinien an die Hand geben, die diese Belastungen etwas verringern.

Gruppenpsychotherapie

10. R. Segalla (persönliche Mitteilung, 1995) fragte, ob die Gruppentherapie nicht häufig ein wertvoller Zusatz zu den von uns beschriebenen dyadischen therapeutischen Gesprächen sei. Sie glaubt, dass die Behandlung in einer Gruppe angebracht sein könnte – besonders wenn die Persönlichkeit eines Analytikers oder seine Reaktionen und Interventionen nicht alle primären problematischen Organisationsmuster hervorrufen kann. Segalla wies darauf hin, dass die Gruppentherapie eine umfassendere Gelegenheit zur Schaffung neuer intersubjektiver Kontexte bieten und dadurch Übertragungskonfigurationen auslösen könnte. Wir stimmen ihr zu und sind der Ansicht, dass die Wirksamkeit der Gruppentherapie zur Anwesenheit sowohl der Therapeuten als auch der Gruppenmitglieder in Beziehung steht. Die Multiplizität der Beteiligten löst oft ein breites Spektrum an sich wiederholenden Übertragungskonfigurationen aus und bietet Gelegenheit zu psychologisch neuorganisierenden Begegnungen.

Traumdeutung

11. Wenn wir unser Organisationsmodell der Traumbildung und Traumdeutung vorstellen, tauchen ständig die folgenden Fragen auf: a) Wie erklärt unser Modell Alpträume? b) Sind alle Träume progressiv? c) Sind Träume jemals maskiert? d) Entgeht einem die Übertragung, wenn Traumbilder nicht als maskierte Vertreter für den Analytiker betrachtet werden? e) Haben Träume nicht mehr als eine Bedeutung?

a) Alpträume sind Erfahrungen, in denen beängstigend intensive Konflikte und Affektreaktionen durch die Geistestätigkeit im Traum ungenügend gelenkt und abgewandelt werden. Diese Traumzustände entsprechen intensiven Angstzuständen, die während einer Geistestätigkeit im Wachzustand auftreten, in der die Affektzügelung misslingt und zu gestörten affektiv-kognitiven Zuständen führt (5. Kapitel).

b) Während wir postulieren, dass es die übergeordnete Funktion der Geistestätigkeit im Traum wie im Wachzustand ist, die psychologische Organisation zu entwickeln, aufrechtzuerhalten und wiederherzustellen, so unterscheiden sich die momentanen Bemühungen der Geistestätigkeit im Traum hinsichtlich des Erfolgs dieser Funktionen. Außerdem kann zwischen der Funktion, die neue Organisation zu entwickeln oder die alte wiederherzustellen, ein Konflikt entstehen. Im einen Traum mag der Träumende eine ältere, vertrautere Selbstwahrnehmung (Organisationsmuster) wiederherstellen, obwohl die Wahrnehmung devitalisierend und hemmend ist. In einem anderen Traum entwickelt der Träumende dann vielleicht eine positivere Selbstwahrnehmung, die trotz der Angst, dass die neue Wahrnehmung zu einem Verlust der Beziehung mit einer bedeutsamen Bindungsgestalt führen könnte, vitalisierend wirkt. Die Geistestätigkeit im Traum kann ebenso wie die im Wachzustand Fortschritte, Rückschritte oder Stillstand andeuten.

c) Obwohl Aversivität (s. unser Verständnis der Formen von Abwehr in Lichtenberg et al., 1992) in Träumen oft auftaucht, glauben wir nicht, dass daraus eine maskierende Übersetzung der Traumbilder resultiert. Wir unterstützen eher die Ansicht, dass

Träume ein Produkt des ständigen geistigen Prozesses einer Organisationserfahrung sind, als dass sie der Funktion dienen, den Schlaf zu schützen. Obwohl ein Träumender ein weniger Angst einflößendes Bild statt eines anderen wählen mag, sind wir überzeugt, dass Träumende die Bilder typischerweise auf der Grundlage von Bedeutungen wählen, die ihnen in ihren Bemühungen der Geistestätigkeit weiterhelfen. Die aversive Funktion ist vielleicht direkt im Traum augenscheinlich, oder sie taucht auf, wenn man einen Traum und den vorangegangenen Wachzustand nebeneinander stellt. In Freuds Irma-Traum beispielsweise war die Aversivität des Träumenden in Form der Diskreditierung seiner Kritiker im Traum direkt offenbar. Die Bemühungen des Träumers, zu diskreditieren, konnte nur aus Freuds Schilderung der Ereignisse des vorangegangenen Tages als Bemühung, seine Selbstachtung zu schützen und wiederherzustellen, verstanden werden.

d) Der Therapeut, der Traumbilder als eine nonlineare, metaphorische Sprache betrachtet, die eine Ausarbeitung von Problemen vermittelt, und nicht als maskierte Stellvertreter von etwas anderem, können die Wahl der Bilder und ihre Bedeutung effektiver erforschen. Die Traumbilder als direkt enthüllend zu betrachten bestätigt die Traumsprache und -erfahrung des Patienten eher als sie als etwas Verbergendes zu betrachten.
Was ist mit der Übertragung? Ein Patient erzählt vielleicht einen Traum über eine Begegnung außerhalb der Analyse, ohne dies direkt mit dem Analytiker in Verbindung zu bringen. Wenn der Analytiker der Überzeugung ist, dass diese bestimmte thematische Erfahrung ebenso in der analytischen Beziehung wirksam ist, kann er sie leicht in die analytische Beziehung einbringen, indem er fragt: »Erleben Sie das hier auch?« Die Übertragung anzusprechen erfordert keine Übersetzung der Traumbilder. Ein Traumbild ohne Nachfrage und Bestätigung als Stellvertreter für den Analytiker zu übersetzen birgt darüber hinaus die Gefahr anzunehmen, dass die im Traum offensichtliche thematische Erfahrung gegenwärtig in der analytischen Beziehung wirkt, wenn dies vielleicht gar nicht der Fall ist. Diese Vermutung nagelt den Patienten gern auf diese bestimmte thematische Erfahrungsweise fest, wenn er zu dem Zeitpunkt den Analytiker vielleicht gerade in einer anderen Weise erlebt.

e) Analytiker sagen häufig, Träume hätten vielfache Bedeutungen, wenn sie eine Debatte um abweichende Deutungen eines bestimmten Traumes beenden wollen. Die Annahme, dass es hinter dem manifesten Inhalt eines Traumes mehrere potenzielle latente Bedeutungen gibt, trägt zu der Ansicht mehrfacher Bedeutungen bei, da sie den Analytiker befähigt, endlose Übersetzungen der Traumbilder vorzunehmen. Obwohl Träume höchst komplex sein können und daher eine Reihe von Anliegen und Bedeutungen umfassen, glauben wir, dass Träume, wie auch Äußerungen im Wachzustand, »Hauptbedeutungen« (Friedman, 1995) haben, d. h., dominante motivationale Schubrichtungen. Der Träumende konzentriert sich im Schlaf auf bestimmte motivationale Anliegen. Der Träumer im Wachzustand und der Analytiker werden in ihrem Versuch, zur Hauptbedeutung des Traumes zu gelangen, höchst erfolgreich sein, wenn sie bei ihrer Untersuchung auf die emotionale und interaktionale Erfahrung des Träumenden im Traum achten.

Die Gefahr analytischer »Inauthentizität«

12. Einige haben auf die in diesem Band vorgestellten Gedanken mit ähnlichen Fragen reagiert. Sie fragen, ob unsere technischen Prinzipien ein gewisses Maß an analytischer Unechtheit fördern. Fordern wir Analytiker nicht auf, sich unaufrichtig zu verhalten, indem wir das Prinzip aufstellen, die Therapie müsse in einem »freundlichen Rahmen« durchgeführt werden? Der Therapeut fühlt sich dem Patienten gegenüber vielleicht nicht immer »freundlich«. Ihm nun zu sagen, er solle sich »freundlich« benehmen, bringt das Verhalten des Analytikers möglicherweise in Widerspruch zu seinem subjektiven Zustand oder seinem unmittelbaren Erleben. Ähnlich wird gefragt: Könnte unsere Anregung, der Analytiker solle die Zuschreibungen des Patienten tragen, dem Analytiker eine Möglichkeit an die Hand geben, seine tatsächlichen Gefühle und Handlungen zu verleugnen oder ihnen auszuweichen? Würde der Versuch des Analytikers, »unverminderte

Empathie« aufrechtzuerhalten, darüber hinaus nicht die unnatürliche Unterdrückung des Selbstinteresses bis zu dem Punkt erfordern, an dem sich der Analytiker vom intersubjektiven Kontext der Behandlung entfernen würde?

Diese Fragen würden uns ernstlich Sorgen machen, wenn wir den Eindruck hätten, man verstünde uns als Verfechter des Ziels unveränderlicher Freundlichkeit, perfekter Empathie und künstlicher Beschränkung der Reaktionen des Therapeuten im therapeutischen Gespräch. Unsere Grundannahme ist, dass der Therapeut eine im Grund wohlwollende Einstellung zu den von ihm behandelten Patienten haben muss, was Stone (1961) eine ärztliche Einstellung nannte. Dies ist Teil dessen, was wir mit Rahmen bezeichnen, um eine Metapher zu verwenden, und mit der haltenden Umgebung im Hintergrund, um eine andere zu verwenden. Wir halten den Wert der Manifestation dieser Grundeinstellung in derselben Form von Freundlichkeit für wichtig, die jede Einladung zu einer gemeinsamen Vertraulichkeit charakterisiert. Der Therapeut muss mit Aversivität in all ihren Manifestationen kämpfen, oft schon um eine Beziehung herzustellen, unvermeidlich aber, sobald eine Atmosphäre des Vertrauens entstanden ist. Angefangen mit Gedo (1979) und London (1983) haben viele Analytiker, uns eingeschlossen, sowohl die Unvermeidbarkeit als auch die Erwünschtheit konfrontativer aversiver Momente in jeder erfolgreich voranschreitenden Behandlung angesprochen.

Fragen hinsichtlich der Authentizität sind ebenso bei Therapeuten aufgetaucht, die die Ansicht vertreten, dass die interpersonale Beziehung zwischen Analytiker und Patient sowohl auf Seiten des Analytikers als auch des Patienten frei von Verzerrungen und Täuschungen gehalten werden sollte. Die Technik, für die diese Therapeuten eintreten, macht erforderlich, dass er seine persönlichen Empfindungen für den Patienten klar äußert. Auf Grund der Annahme, dass die Erfahrung des Analytikers hinsichtlich des Patienten für ihn allgemeine Gültigkeit besitzt, könnte der Patient gewohnheitsmäßige interpersonale Muster bemerken. Von diesem Standpunkt aus betrachtet würde der Analytiker besonders viel Wert auf die Aufrechterhaltung eines Rahmens der »Authentizität« legen, nicht eines Rahmens der Freundlichkeit. Dieselbe »Authentizität« wird vom Patienten gefordert. Authentizität an sich zu erreichen wird als ein Ziel der Behandlung gesehen und die

Offenheit des Analytikers für persönliche Gefühle und Einstellungen liefert ein Modell für den Patienten. Während wir uns auf das Verständnis des Patienten aus der Perspektive des Patienten heraus konzentrieren, ist der interpersonale Fokus darauf gerichtet, dem Patienten eine Unterscheidung zwischen den Absichten des Patienten und dem, wie der Analytiker den Patienten erlebt, zu vermitteln.

Wir betrachten die allgemeine Freundlichkeit des Therapeuten als Einladung an den Patienten, sich in einem Geist der Zusammenarbeit und Sicherheit zu ihm zu gesellen – d. h., dass der Patient von Augenblick zu Augenblick umfassend erlebt, was er fühlt und denkt, wie unfreundlich das auch sein mag, um dann bei der Exploration der Bedeutung und Herkunft mit dem Analytiker zusammenzuarbeiten. Und der Therapeut muss sich notwendigerweise frei fühlen, um die ganze Skala seiner Emotionen zu empfinden. Wenn wir von einem Rahmen der Freundlichkeit sprechen, beziehen wir uns auf die allgemeine Atmosphäre der Behandlung, nicht auf die unvermeidbar enormen Schwankungen in der affektiven Reaktivität, die während eines therapeutischen Austauschs stattfinden (wie zwischen Nancy und dem Analytiker). Jede Reaktion des Analytikers unterliegt zunächst einer genauen Selbstprüfung des Analytikers. Wenn die Reaktion des Therapeuten als der Behandlung angemessen erachtet wird, dann ist die Offenheit des Therapeuten für Bewusstsein und taktvolle Enthüllung entscheidend. Das Ziel, einen Rahmen der Freundlichkeit als allgemeine Atmosphäre aufrechtzuerhalten, hilft dem Analytiker, davon wegzukommen, durch Klarstellungen, Deutungen und Konfrontationen »schuldlos« seine Gereiztheit, Angst, Feindseligkeit oder Vergeltung zu vermitteln. Das wiederholte Abweichen des Therapeuten von diesem Rahmen liefert ihm einen Hinweis dafür, dass persönliche Schwierigkeiten selbstreflexive Überlegungen benötigen. Dann fällt die Verantwortung zur Selbstaufrichtung dem Analytiker zu, ebenso wie er seinen »Ton« beim Verstehen der Assoziationen des Patienten berücksichtigen und sein Erkennen bei weiteren Interventionen nutzen muss.

Mit der Aufrechterhaltung eines Rahmens der Freundlichkeit legen wir dem Analytiker nahe, dass dies ein optimaler Zustand sowohl für den Patienten als auch für den Analytiker ist, um Zugang zu unbewussten Motiven zu finden und Modellszenen zu konstruieren. Wenn der Analytiker von diesem Rahmen abweicht, liegt es beim Analytiker zu erkennen, welcher Beitrag zu seinem affektiven Zustand in der unmittelbaren therapeutischen Interaktion vom Patienten ausgelöst wurde.

Wenn wir für die Aufrechterhaltung eines Rahmes der Freundlichkeit eintreten, steht das in Kontinuität mit Stones (1962) und Greensons (1967) Plädoyer für die Aufrechterhaltung einer »menschlichen Beziehung«. Sie erkannten, dass das, was zuvor als »analytische Neutralität« gegolten hatte, vom Patienten glaubhaft alles andere als neutral erlebt werden kann. Wir erkennen die analytische Neutralität als Fiktion. Würden Neutralität, Abstinenz und Nichtbefriedigung verwirklicht, würde dies eine potenzielle Retraumatisierung für den Patienten darstellen, dessen gelebte Erfahrungen ohne Nähe und Fürsorge gewesen sind. Alternativ könnte auch ein Therapeut, der beharrlich versucht, Patienten einen Rahmen der Freundlichkeit aufzudrängen, bei manchen die Gefahr einer Retraumatisierung heraufbeschwören. Bei manchen dieser Patienten könnte ein solcher Versuch vielleicht Misstrauen, Verdacht und die Befürchtung auslösen, eingelullt zu werden, um seine Wachsamkeit einzuschläfern, damit dann in ihn eingedrungen werden kann. »Freundlich« wäre in einer derartigen Situation ein Widerspruch in sich.

Andere Fragen zur Authenzitität entstanden aus unserer Empfehlung, dass der Analytiker die Zuschreibungen des Patienten tragen solle. Hier hat man uns gefragt: Bis zu welchem Ausmaß treten wir für Enthüllungen ein? Gehören erotisierte Übertragungen ebenso wie aggressivierte Übertragungen zu den vom Analytiker getragenen Attribuierungen?

Wenn der Analytiker die Attribuierungen »trägt«, die der Patient ihm zuschreibt, werden mehrere Prozesse gleichzeitig in Gang gesetzt. Erstens wird dem Therapeuten deutlich, wie er vom Patienten erlebt wird. Für sich kann der Analytiker über die Plausibilität dieser Wahrnehmung nachdenken und kann die Plausibilität dieser Attribuierung sogar anerkennen. Zweitens wird der Therapeut in eine höchst vorteilhafte Position gebracht, die Bedeutung der Attribuierung zu erforschen. Es ist nicht notwendig, dass der Patient die Attribuierung korrigiert und »realistischer« macht – wenigstens was die Realitätssicht des Analytikers angeht. Das heißt, wir befürworten eindeutig keine Technik der Realitätsprüfung, um dem Patienten zu zeigen, was real ist und was verzerrt oder falsch wahrgenommen wurde. Vielmehr versuchen wir, die Welt des Patienten aus seiner Erfahrung heraus zu verstehen. Indem wir die Zuschreibungen tragen, nehmen wir keinen kontroversen Standpunkt gegenüber dem Patienten ein, der am Punkt der Attribuierung entweder zur Abwehr oder, schlimmer noch, zu Willfährigkeit und Kapitulation führen würde. Vielmehr beteiligen wir uns an einer Exploration, die darauf abzielt, den Zugang des Patienten und des Analytikers zu einem Erfahrungsbereich, der einer analytischen Überprüfung zuvor noch nicht verfügbar war, zu steigern.

Indem der Analytiker die Zuschreibungen trägt, bekennt und enthüllt er weder, noch leugnet und bezweifelt er. Der Punkt bleibt offen. Der Analytiker erforscht Quellen, Bedeutung und Konsequenzen der Attribuierungen des Patienten nicht abwehrend. Selbst unter diesen Umständen bleibt der Rahmen der Freundlichkeit erhalten.

Da weder ein Geständnis noch eine Enthüllung vom Analytiker erforderlich wird, ist die Frage hinsichtlich des Inhalts der Zuschreibung offen. Von einem technischen Standpunkt aus betrachtet macht es wenig Unterschied, ob der Patient dem Analytiker feindselige oder verführerische Absichten zuschreibt, nur wird dem Analytiker eben zu Bewusstsein gebracht, dass er seine Rolle bei der Gestaltung dieser Attribuierungen überdenken muss.

Das schwierige Thema der Selbstenthüllung können wir an diesem Punkt nur streifen. Selbstenthüllungen können von einer Bestätigung des Analytikers für die Verwendung eines bestimmten »Tons«, den der Patient bemerkt hat, bis zu einer Enthüllung wütender oder sexueller Gefühle gehen. Man kann vom Analytiker erwarten, dass er es zugibt, wenn eine bestimmte Disjunktion, schlechte Einstimmung oder Störung aufgetreten ist oder eine taktlose Bemerkung gemacht wurde, und dass er die Grundlage für seinen Beitrag überdenkt. Der Analytiker kann die Einzelheiten seiner Selbstreflexion jedoch mitteilen oder auch nicht. Schließlich kann selbst eine den Analytiker überzeugende Einsicht immer noch auf selbstdienlichen Rationalisierungen beruhen. Es ist keine unparteiische, »objektive« dritte Partei anwesend, um über die Störung nachzudenken, um die relativen Beiträge und relevanten Motivationen von Patient und Analytiker zu der Störung zu ermitteln. Statt zu versuchen, das Problem durch die Annahme zu lösen, der Analytiker »weiß es am besten«, wird die Analyse fortgesetzt, indem Analytiker und Patient davon ausgehen, dass die Erfahrungen und Zuschreibungen des Patienten vom Analytiker »getragen« werden können. Der Endpunkt dieser Exploration ist nicht, dass der Patient die »volle« Verantwortung für alles Geschehene übernehmen muss. Der Nutzen der Therapie entsteht vielmehr daraus, dass der Patient Gelegenheit hat, sein Erleben des Zusammenseins mit einem »zurückweisenden Liebhaber« oder »sadistischen Konkurrenten« oder »verführerischen Verräter« zu erforschen. Diese Beschreibungen würden eine ausgewogene Charakterisierung des Analytikers in all seiner Komplexität niemals umfassen. Da Themen dieser Art Teil des menschlichen Erlebens sind, sollten sie dem Analytiker nicht fremd sein und nicht von ihm verleugnet oder zurückgewiesen werden. Stattdessen kann der Analytiker diese Themen im Kopf behalten und sie in den erforschenden Gesprächen tragen, weil sie glaubhaft Aspekte der Motivationen eines Menschen sein können, wenn auch hoffentlich in minimalem Umfang.

Affektive Toleranzstörungen

13. Hinsichtlich unserer Empfehlung, der Therapeut solle die Affekte des Patienten verfolgen, hat man uns gefragt: »Was ist mit Patienten mit primären Problemen in der Affekttoleranz, entweder Patienten, die das therapeutische Gespräch überfluten oder jene, bei denen die Affekte fehlen wie bei der Alexithymie?«
Vom Standpunkt der Entwicklung aus vertreten wir die Ansicht, dass Affekte ein integraler Bestandteil jedes motivationalen Systems sind und in der Dyade Bezugsperson-Kind ebenso wie in den Selbstaufrichtungs- und Selbstregulierungsprozessen geformt werden. Diese Prozesse beeinflussen und werden beeinflusst von der Dyade Kind-Bezugsperson.
Die Pathologie der Affektregulierung und Affekttoleranz beruht oft auf einer unabhängigen wechselseitigen Regulierung. Ohne die

notwendige affektive Einstimmung und sensible Regulationsreaktionen wird vom Kind gefordert, umfassende einsame Selbstaufrichtungs- und Selbstregulierungsfertigkeiten zu entwickeln. Alternativ stört eine aufdringlich exzessiv abhängige wechselseitige Regulierung die Möglichkeiten, Selbstaufrichtungs- und Selbstregulierungsfertigkeiten zu entwickeln. Beide Störungen in der Regulierung zwischen Bezugsperson und Kind werden zu Problemen in der Affekttoleranz führen.

Wir sind vertraut mit den Wirkungen der gestörten Bindung zwischen Bezugsperson und Kind, doch Probleme in der Affekttoleranz erfassen alle motivationalen Systeme. Das Problem, von Affekten überschwemmt zu werden oder ohne Affekte zu sein, kann mit einer primären Störung der physiologischen Regulierung und der unabhängigen wechselseitigen Regulierung in Verbindung stehen. Gleichermaßen können Affektstörungen von Hemmungen und Beschränkungen in Selbstbehauptung und Exploration herrühren, ebenso von der Abwesenheit sinnlichen Vergnügens, besonders in Fällen früher sexueller Überstimulierung und sexuellen Missbrauchs. Jede dieser misslungenen Regulierungen kann zu einer Dominanz der Aversivität durch Frustration und Wut oder zu Rückzug und Apathie führen.

Den Affekt des Patienten zu verfolgen – sei er nun eingeschränkt, überflutet oder moduliert – beinhaltet somit auch das Verfolgen der motivationalen Kontexte, in die die Affekte eingebettet sind. Wenn die Affekte merklich eingeschränkt sind wie bei der Alexithymie, versuchen wir sowohl den möglichen Affekt aus kleinen Hinweisen der Mimik, Gestik, des Tonfalls und somatischen Metaphern, als auch die Gefahr, die der Patient für sich selbst und seine Bindungen zu anderen befürchtet, zu erspüren. Wenn überwältigende Affektzustände auftreten, versuchen wir, die Ursachen zu erkennen, die die Affekte auslösen, das Ausmaß, in dem der Patient unfähig war, diese intensiven Zustände zu beherrschen und die heroischen Maßnahmen, die der Patient nutzt, um die Affektstürme und ihre Folgen zu vermeiden, abzulenken und zu kontrollieren. Bevor individuelle Affekte unterschieden werden können, erkennt der Therapeut, dass der Patient auf eine Vielfalt affektiv stimulierender Umstände mit vorherrschend aversiven oder negativen Affekten reagiert. Sexuelle Erregung, Neugier und Bindungen können alle als Angst oder Furcht oder Wut erlebt werden. Besonders wenn der Patient sich im Verlauf der Behandlung dem Analytiker »nah« fühlt oder empfindet, dass dieser auf ihn eingeht, können diese aversiven Reaktionen hervorgerufen werden. Der Therapeut hat dann eine Gelegenheit, die affektive Erfahrung des Patienten in den Behandlungssitzungen zu verfolgen. Zu anderen Zeiten werden Affekte möglicherweise als körperliche Empfindungen oder Symptome erlebt. Wenn diese Zustände oder Symptome (Leere, Kopfschmerzen oder versäumte Sitzungen) bemerkt werden, kann der Analytiker die jeweilige affektive Erfahrung des Patienten sowie den motivationalen und situativen Kontext und die Interaktion Analytiker-Patient, die die Emotion hervorgerufen hat, verfolgen.

Selbstobjekt-Erfahrung

14. Eine weitere Frage, die durch unser viertes Prinzip der Technik aufgeworfen wurde, lautet: »Was ist mit Selbstobjekt-Erfahrung gemeint? Wie kann jemand eine Erfahrung suchen, von der er nicht weiß, dass er sie sucht?« Diese Fragen wurden aufgeworfen, da wir die Aufmerksamkeit auf die affektiven Ziele der Vitalisierung und Beruhigung gelenkt haben, die das Erleben der vielen Emotionen steigern kann, die in jedem motivationalen System ausgelöst werden. Wir glauben, dass die Patienten Vitalisierung oder Beruhigung in Betätigungen suchen und finden, die von erwiderten Liebesbeziehungen, einem Schachspiel, einem Kunstwerk, Musik, einem schönen Tag bis zur Sucht nach Heroin, Essen oder Schmerz reichen. Unsere Zuhörer haben das motivationale Ziel einer Selbstobjekt-Erfahrung als einen *Versuch* zur Selbstregulierung durch Selbststärkung, Belebung und Affektregulierung leicht verstanden, wenn damit Intimität, Interesse, Kompetenz, Selbstbehauptung, Kraft, sinnliches Vergnügen und körperliches Wohlbefinden verbunden ist. Die Fragen entstanden durch unsere Erkenntnis, dass die von den Patienten getroffene maladaptive und oft selbstzerstörerische Wahl im Wesentlichen auf denselben affektiven Zielen beruht. Die Verwirrung entstand, als wir be-

haupteten, dass die Patienten klinisch häufig vor sich selbst und vor ihrem Therapeuten die positive (oft kurzlebige) Erfahrung verbergen, die sie suchen und in sich wiederholenden, maladaptiven Beschäftigungen finden. Oft werden sie ausführlich die Schmerzen, das Entsetzen und die Selbstschwächung beschreiben, die dem Suchtverhalten entspringt, doch die momentane vitalisierende oder beruhigende Selbstobjekt-Erfahrung wird, oft außerhalb des zugänglichen Bewusstseins, von einem Berg aus Scham, Verlegenheit, Demütigung und Schuldgefühlen vergraben.

Das Bedürfnis nach Selbstobjekt-Erfahrungen beruht ursprünglich auf den fest verbundenen, jedem motivationalen System innewohnenen »Bedürfnissen«, die in den frühen Interaktionen mit Bezugspersonen zu einem Teil der Motivations-Hierarchie des jeweiligen Menschen werden. Selbstobjekt-Erfahrungen werden in Bezug auf jedes motivationale System gesucht. Der Inhalt der Selbstobjekt-Erfahrung jedoch, ob es die Gegenwart von jemandem ist, der als idealisiert oder bestätigend erlebt wird, oder ob ein nichtmenschlicher Ersatz für eine Person verwendet wird (Drogenabhängigkeit oder Rückzug in die Welt der Computer), entwickelt sich mit der Zeit in Reaktion auf das Erleben von Empathie auf der positiven Seite oder Störungen wichtiger Bindungen auf der entmenschlichten Seite.

Das Bedürfnis, das sowohl von adaptiven als auch von maladaptiven Selbstobjekt-Erfahrungen befriedigt wird, ist jedem motivationalen System eigen. Selbstbehauptung in Form von stark konkurrenzbetonten Aktivitäten oder sinnliches Vergnügen und körperliche Entspannung durch Sonnenbaden können beide eine Empfindung der Selbstbelebung oder Beruhigung bieten und damit das Selbstempfinden dieses Menschen stärken. Bestehen solche Möglichkeiten nicht, vielleicht aus Angst vor emotionalem oder körperlichem Schaden in Konkurrenzsituationen oder weil Muße oder Sinnlichkeit abgelehnt und verdammt werden, kann Selbstbelebung oder Beruhigung vielleicht in Drogen, Alkohol oder aversivem Rückzug in Arroganz und Verachtung gesucht werden. Diese Reaktionen können Schmerz in der Selbstempfindung vorübergehend modifizieren. Somit können sie dem Menschen eine momentane Selbstobjekt-Erfahrung verschaffen.

Auf die Frage: »Wie kann jemand eine Erfahrung suchen, von der er nicht weiß, dass er sie sucht?« antworten wir, dass die Suche (oder die Angst vor der Suche) nach Selbstobjekt-Erfahrungen ein allgemeines Phänomen ist. Das Bewusstsein des gesuchten Ziels hängt davon ab, als wie sicher das Wiedererleben und Enthüllen des damit verbundenen positiven Gewinns erlebt wird. Indem wir die Selbstobjekt-Erfahrungen eines Patienten in der Behandlung verfolgen, haben wir die (wieder)auftauchenden, zögerlichen Versuche des Patienten im Blick, Bestätigung bietende Erfahrungen zu finden, die der Patient in seinem Leben immer wieder gesucht hat, die aber wiederholt zerstört wurden.

Die Botschaft enthält die Botschaft

15. Unser Eintreten für »die Botschaft enthält die Botschaft« führte Paul Stepansky zu der Frage, wie umfassend diese Botschaft sei? Umfasst die Botschaft alles in einer Sitzung oder einer Folge von Sitzungen? Gibt es eine Botschaft vor einer Störung und eine zweite während der Störung? Ist die Botschaft als intrapsychischer Ausdruck zu betrachten, oder wird sie intersubjektiv gestaltet?

Wenn wir dafür eintreten, dass »die Botschaft die Botschaft enthält«, empfehlen wir dem Analytiker, seine Exploration zu beginnen, indem er die Kommunikation des Patienten für bare Münze nimmt, bevor er »hinter den manifesten Inhalt« blickt. Wenn ein Patient einen Traum berichtet und hinzufügt: »Er hat nichts mit Ihnen zu tun gehabt«, gebietet die analytische Klugheit anzunehmen, dass die Negation abwehrend ist und so gedeutet werden sollte. Gleichermaßen haben Analytiker gelernt, wenn ein Patient über die Gegenwart spricht, widersteht er der Erinnerung an die Vergangenheit, ebenso wie der Patient, wenn er über die Vergangenheit spricht, Widerstand gegen das Ansprechen der Übertragung zeigt.

Wir treten dafür ein, den Patienten zunächst beim Wort zu nehmen, zuerst den bewussten Inhalt der Äußerung des Patienten zu untersuchen. Der Träumende, der sagt, sein Traum habe nichts mit dem Analytiker zu tun, drückt damit möglicherweise das starke Bedürfnis aus, eine Beziehung, einen Konflikt oder ein Problem in seinem außer-analytischen Leben zu betrachten und möchte nicht in die rituelle Konzentration auf die »Übertragung« hineingezogen werden. Darüber hinaus umfasst die Botschaft nicht nur das vom Patienten Gesagte, sondern auch Tonfall, Benehmen, Affekt, Körpersprache und Gestik, die die Vermittlung der Botschaft begleiten. Diese sichtbaren und hörbaren Mitteilungen des Patienten sind allesamt Bestandteile der Botschaft.

Wir beginnen an der Oberfläche, bevor wir weiter vordringen. Schlüsse zu ziehen, zu deuten und unter die Oberfläche vorzudringen kann beim Patienten Gefühle der Verwirrung und des Ausgeschlossenseins hervorrufen. Indem wir direkt auf die explizite Botschaft reagieren, beziehen wir den Patienten wahrscheinlicher in eine gemeinsame Exploration der assoziativen Verknüpfungen und Andeutungen ein. Eine solche gemeinsame Exploration beinhaltet die Beteiligung des Patienten am analytischen Prozess und befähigt den Analytiker, den Patienten aus dessen Erfahrung heraus zu verstehen. Diese technische Empfehlung steht im Einklang mit unserem Prinzip der schrittweisen Ausdehnung des Bereichs an zugänglichem Material, wodurch der Patient befähigt wird, immer mehr zuvor unzugängliches Material zu erschließen. In diesem Sinn ist die verborgene Mitteilung von heute die Botschaft von morgen. Doch wenn es als »die Botschaft« geboten wird, befinden sich Analytiker und Patient besser in der Lage, diese jetzt »erfahrungsnahe« Mitteilung zu nutzen, zu erforschen und zu deuten.

Wenn der Analytiker die Botschaft »bekommt«, wurde sie vom Patienten vielleicht bereits in einigen vorangegangenen Sitzungen vermittelt oder auch erst in den Momenten vor der analytischen Stunde aufgebracht. Doch selbst wenn sie nur in der Sitzung relevant ist, in der der Analytiker sie »bekommt«, kann sich die Botschaft in vorangegangenen Sitzungen mit der Zeit entwickelt haben. Somit setzen wir voraus, dass die Botschaft, wie sie der Analytiker versteht, für irgendeinen Lebensbereich des Patienten relevant ist, ob sie nun in nur einer Sitzung oder in mehreren gehört wird.

Damit wollen wir nicht sagen, dass die zu Grunde liegenden, latenten oder verborgenen Hintergründe der Botschaft des Patienten missachtet werden sollen. Vielmehr wollen wir die Möglichkeit vermeiden, dass der Patient die Erfahrung macht, dass seine

Mitteilungen und Absichten abgetan werden oder, noch schlimmer, dass er seine eigene Planung aufgibt und die Allwissenheit des Analytikers akzeptiert. Darüber hinaus laufen vorwegnehmende analytische Deutungen »der Botschaft« Gefahr, theoriegetrieben und erfahrungsfern zu sein. Wir wollen einigermaßen sicher sein, dass der Patient nicht zurückbleibt, wenn wir in einem Schnellaufzug direkt zum vermuteten verdrängten oder verleugneten Unbewussten hinabfahren.

Wir betrachten den analytischen Aufbau als aus drei Dimensionen bestehend – das Intrapsychische, das Intersubjektive und der affektiv-kognitive Zustand des Patienten – und verstehen die Botschaft daher als allen drei Dimensionen entstammend. Beispielsweise könnte die Botschaft sein, dass sich der Patient in einem Zustand der Hoffnungs- und Hilflosigkeit befindet. Jedoch kann dieser affektive Zustand des Patienten einer traumatischen Vergangenheit entstammen. Oder aber er kann eine Möglichkeit sein, eine gegenwärtig drohende hoffnungsvolle Erwartung abzuwehren, die als destabilisierend empfunden wird (eine intrapsychische Abwehr). Oder er ist eine Reaktion auf den übermäßigen Optimismus des Analytikers angesichts der Verzweiflung des Patienten (eine intersubjektiv organisierte Übertragungsreaktion). Diese drei Quellen schließen sich gegenseitig nicht aus. Da die Dimensionen zu einem gewissen Anteil all diesen Quellen entstammen, müssen alle drei Dimensionen angesprochen werden. In dem angeführten Beispiel bedeutet »die Botschaft enthält die Botschaft« allerdings, dass der *Zustand* des Patienten als das gegenwärtig Erlebte Vorrang erhält.

Die narrative Hülle füllen

16. Gibt es einen inhärenten Widerspruch zwischen dem Füllen der erzählerischen Hülle und dem Verfolgen der Erfahrung des Patienten? Wir sind gefragt worden, ob die Nachfrage nach mehr Informationen oder Details nicht Störungen der Spontaneität der Assoziationen hervorruft? Oberflächlich sieht es so aus, als stün-

den das Füllen der narrativen Hülle und das Verfolgen der Erfahrung des Patienten im Widerspruch. Doch erkennen wir auch die Notwendigkeit, dass sich der Analytiker am Erleben des Patienten orientiert. Indem er das tut, braucht er ein breiteres Erfassen der für den Patienten relevanten Details. Relevante Details nicht zu erforschen könnte dem Patienten außerdem mangelndes Interesse des Therapeuten an den Besonderheiten seines Lebens oder mangelnde Neugier auf das Erleben des Patienten vermitteln.

Was wir »die narrative Hülle füllen« nennen, wird manchmal als »eine detaillierte Befragung durchführen« bezeichnet und steht im Mittelpunkt der Durchführung einer Analyse wie von Levenson (1992) und Mitchell (1993) vorgeschlagen. Diese Analytiker befürworten Fragen wie: »Was ist passiert? Wie war der genaue Ablauf? Wer hat was wann wem angetan?« (Mitchell, 1993, S. 106). Derartige Fragen beruhen auf der Annahme, dass es entscheidend sei zu wissen, »was die Menschen tatsächlich miteinander machen und welche Strategien sie entwickelt haben, um ein Mensch unter anderen Menschen zu sein« (S. 106). Für diese Autoren dient die detaillierte Befragung dem Zweck, Mehrdeutigkeiten und Auslassungen zu beseitigen. Es ist eine Technik, die darauf abzielt, Selbsttäuschungen aufzudecken und unbewusste Geheimhaltung zu enthüllen – für diese Autoren das zentrale Ziel der Analyse. Im Gegensatz dazu ist unser Ziel die Erleichterung unserer empathischen Wahrnehmung. Wir füllen die narrative Hülle, um Wissen über die gelebte Erfahrung des Patienten zu erhalten, die dem Analytiker gestattet, sich in den Geisteszustand und die Motivation des Patienten einzufühlen.

Der Raum, den die Nachfrage nach den feinen Einzelheiten beansprucht, die ein gelebtes Ereignis oder eine Fantasie ausmachen, muss der relativen Wichtigkeit gegenüber ausgewogen sein, den Affekt und die gesuchte Selbstobjekt-Erfahrung des Patienten zu verfolgen. Umsichtig die erzählerische Hülle zu füllen lässt den Analytiker die wichtigen Umstände im Leben seines Patienten kennen. Überdies vermittelt es dem Patienten das Interesse, die Sorge und die Neugier des Analytikers und hält die Atmosphäre aufrecht, die wesentlich ist, damit Analytiker und Patient den Pfad zum Bewusstsein begehen können.

Eine andere Zuhörergruppe unserer Präsentationen hat gefragt: »Neigt das Füllen der narrativen Hülle nicht zu einer linearen oder kognitiven Betonung in der Behandlung?« Wenn das die einzige »Technik« wäre, die wir vertreten, wäre diese Sorge sicher begründet. Jedoch sehen wir das Füllen der erzählerischen Hülle als eine von mehreren Möglichkeiten, wie die Behandlung am besten durchgeführt wird. All unsere Prinzipien müssen im Gleichgewicht gehalten werden. Das heißt, der Analytiker folgt den Erfordernissen der Behandlung. Die von uns vorgeschlagenen Techniken sind Richtlinien zur Formulierung günstiger Interventionen. Die narrative Hülle zu füllen ist im Gleichgewicht mit dem Verfolgen des Affekts des Patienten, und unser Fokus auf den Affekt gleicht sich aus mit dem Aufbau eines Grundwissens über Ereignisse, Kognition und breitere Lebenserfahrungen. Sorge ist nur angebracht, wenn eine technische Verfahrensweise bis zum Extrem durchgeführt wird und die Atmosphäre der gesamten Behandlungsbeziehung dadurch gefährdet wird.

Terminologie

17. Nach einer Präsentation unserer motivationalen Systeme und Prinzipien der Technik drückte ein Zuhörer seine Begeisterung für die Gedanken aus, fügte aber hinzu, dass es ihm missfiele, ein neues Vokabular zu hören. Weshalb, fragte er, behielten wir nicht vertraute Begriffe wie Es, Ich und Überich bei, die anwenden zu lernen er Jahre gebracht hatte? Um ausführlich zu antworten, müssten wir jeden Begriff neu untersuchen und unsere Gedankengänge darlegen, die zu seiner Wahl geführt haben. Der Begriff Selbst beispielsweise reflektiert unsere Kontinuität mit den Theorien Heinz Kohuts, der das dreiteilige Strukturmodell durch ein Modell des Selbst als einer einheitlichen Geistesstruktur ersetzt hat. Wir sind von Kohuts Modifikation einen Schritt weiter gegangen und sprechen vom Selbstempfinden oder Selbstgefühl. So konsequent wie möglich verwenden wir Begriffe, die sich relativ einfach in Erfahrung übersetzen lassen. Dementsprechend sprechen wir von der physiologischen Hungerregulierung oder dem Ausscheidungsbedürfnis. Wir nennen Bindung sowohl eine Aktivität als auch eine

Suche nach Intimität. Wir beschreiben die Aufdeckung und das Festhalten an Vorlieben als ein Motiv, das dem Spiel, dem Wissensdrang und der Arbeit zugrunde liegt und dem Streben nach Gefühlen der Effizienz und Kompetenz korrespondiert. Obwohl wir die vielfachen Anzeichen der Aggression (um das Substantiv zu verwenden) anerkennen, ziehen wir es vor, die technische Verwendung wegen ihrem Eingebettetsein in Konzepte psychischer Energie zu meiden. Wir ziehen es vor, aversive Antworten als eine allgemeine Reaktion zu beschreiben und vertreten den Standpunkt, dass sowohl Feindseligkeit als auch Rückzug gleichermaßen bedeutsame angeborene Reaktionsmuster sind. Während wir den Begriff »sexuell« weiter verwenden, betonen wir, dass Erfahrungen sinnlichen Vergnügens für das Leben des Säuglings und Kleinkindes charakteristischer sind und dass die sexuell orgastische Erregung, wie bedeutsam sie auch sein mag, nicht das fundamentale Modell ist, als das Freud sie gesehen hat. Als allgemeinere Begriffe verwenden wir »Systeme« und »Regulierung«. Diese Begriffe gestatten uns, die Konzepte der Biologie und Neurophysiologie in unsere Theorie zu integrieren. Um unsere behandlungstechnischen Empfehlungen zu beschreiben, verwenden wir Begriffe, die wir in der Vergangenheit nützlich fanden, wie beispielsweise »empathischer Wahrnehmungsmodus« und »Modellszenen«. Wir haben neue Begriffe geprägt, die, wie wir hoffen, sowohl nützlich als auch sinnvoll sind, wie »Zuschreibungen tragen« und »diszipliniert spontane Engagements«. In der Wahl unserer Begriffe wie auch unseren Beschreibungen streben wir danach, dem Leser eine Sprache zu bieten, die dem möglichst nah kommt, wie der Therapeut zu seinem Patienten sprechen könnte. Unsere Hoffnung ist, dass die technischen Prinzipien, die wir erläutert haben, Richtlinien liefern, welche dem Analytiker im therapeutischen Gespräch die bewusste und unbewusste Wahl kommunikativer Reaktionen erleichtert.

Literatur

Arlow, J. (1979), The genesis of interpretation. J. Amer. Psychoanal. Assn., 27:193-207.

Arlow, J. und Brenner, C. (1964), Psychoanalytic Concepts and the Structural Theory. New York: International Universities Press.

Atwood, G. und Stolorow, R. (1984), Structures of Subjectivity: Explorations in Psychoanalytic Phenomenology. Hillsdale, NJ: The Analytic Press.

Bacal, H. (1985), Optimal responsiveness and the therapeutic process. In: Progress in Self Psychology, Vol. 1, Hrsg. A. Goldberg. Hillsdale, NJ: The Analytic Press, S. 202-227.

Bacal, H. und Thomson, P. (1996), The psychoanalyst's selfobject needs and the effect of their frustration on treatment: A new view of countertransference. Basic Ideas Reconsidered: Progress in Self Psychology, Vol. 12. Hillsdale, NJ: The Analytic Press S. 17-35.

Balint, M. (1968), The Basic Fault. London: Travistock. *Deutsche Übersetzung:* Therapeutische Aspekte der Regression: die Theorie der Grundstörung. Stuttgart: Klett-Cotta, 1997.

Basch, M. (1976), The concept of affect: A re-examination. J. Amer. Psychoanal. Assn., 24:759-777.

Basch, M. (1983), The perception of reality and the disavowal of meaning. The Annual of Psychoanalysis; 11:125-154. New York: International Universities Press.

Beebe, B. und Lachmann, F. M. (1994), Representation and internalization in infancy: Three principles of salience. Psychoanal. Psychol., 11:127-165.

Beebe, B., Jaffe, J. und Lachmann, F. (1992), A dyadic systems view of communication. In: Relational Perspectives in Psychoanalysis, Hrsg. N. Skolnick und S. Warshaw. Hillsdale, NJ: The Analytie Press, S. 61-81.

Bergmann, M. S. (1991), The Anatomy of Loving. *Deutsche Übersetzung:* Eine Geschichte der Liebe, Frankfurt am Main: S. Fischer, 1999.

Blatt, S. und Behrends, R. (1987), Internalization, separation-individuation, and the nature of therapeutic action. Internat. J. Psycho-Anal., 68:279-297.

Boesky, D. (1990), The psychoanalytic process and its components. Psychoanal. Quart., 59:550-584.

Bonine, L. (1977), Function of dreams. J. Abnorm. Psychol., 72:1-28.

Brenner, C. (1976), Psychoanalytic Technique and Psychic Conflict. New York: International Universities Press. *Deutsche Übersetzung:* Praxis der Psychoanalyse: psychischer Konflikt und Behandlungstechnik. Frankfurt am Main: Fischer, 1993.

Breuer, J. und Freud, S. (1893-1895), Studien über Hysterie. GW., Bd. 1

Broucek, F. (1991), Shame and the Self. New York: Guilford.

Bucci, W. (1985), Dual coding: A cognitive model for psychoanalytic research. J. Amer. Psychoanal. Assn., 33:571-607.

Bucci, W. (1992), The development of emotional meaning of free association: A multiple code theory. In: Hierarchical Conceptions in Psychoanalysis, Hrsg. A. Wilson und J. Gedo. New York: Guilford, S. 1-66.

Cartwright, R. D., Tipton, L. W. und Wicklund, J. (1980), Focusing on dreams: A preparation program for psychotherapy. Arch. Gen. Psychiat., 37:275-277.

Dahl, H., Kächele, D. und Thomä, H., Hrsg. (1988), Psychoanalytic Process Research Strategies. Berlin, Heidelberg, New York: Springer.

Deutsch, H. (1944), The Psychology of Women. New York: Grune & Stratton. *Deutsche Übersetzung:* Psychologie der Frau. Eschborn bei Frankfurt a.M.: Klotz, 1995.

Dewald, P. (1972), The Psychoanalytic Process: A Case Illustration. New York: Basic Books.

Dorpat, T. (1990), The primary process revisited. Bull. Soc. Psychoanal. Psychother., 5:5-22.

Dorpat, T. und Miller, M. (1992), Clinical Interaction and the Analysis of Meaning. Hillsdale, NJ: The Analytic Press.

Edelman, G. (1987), Neural Darwinism: The Theory of Neural Group Selection. New York: Harper & Row. *Deutsche Übersetzung:* Unser

Gehirn: ein dynamisches System; die Theorie des neuronalen Darwinismus und die biologischen Grundlagen der Wahrnehmung. München, Zürich: Piper, 1993.

Edelson, M. (1984), Hypothesis and Evidence in Psychoanalysis. Chicago: University of Chicago Press.

Eissler, K. (1953), The effect of the structure of the ego on psychoanalytic technique. J. Amer. Psychoanal. Assn., 1:104-143.

Eliot, G. (1859), Adam Bede. New York: Signet Classics, 1981. *Deutsche Übersetzung:* Adam Bede. Stuttgart: Reclam, 1987.

Ellman, S. (1991), Freud's Technique Papers. Northvale, NJ: Aronson.

Emde, R. (1983), The prerepresentational self and its affective core. The Psychoanalytic Study of the Child, 38:165-192. New Haven, CT: Yale University Press.

Emde, R. (1988a), Development terminable and interminable: 1. Innate and motivational factors from infancy. Internat. J. Psycho-Anal., 69:23-42. *Deutsche Übersetzung:* Die endliche und die unendliche Entwicklung. 1. Angeborene und motivationale Faktoren aus der frühen Kindheit. Psyche 45:745-779.

Emde, R. (1988b), Development terminable and interminable: 2. Recent psychoanalytic theory and therapeutic considerations. Internat J. Psycho-Anal., 69:283-296. *Deutsche Übersetzung:* Die endliche und die unendliche Entwicklung. 2. Neuere psychoanalytische Theorie und therapeutische Überlegungen. Psyche 45:890-913.

Epstein, S. (1994), Integration of the cognitive and the psychodynamic unconscious. Amer. Psychol., 8:709-724.

Erikson, E. (1954), The dream specimen of psychoanalysis. J. Amer. Psychoanal. Assn., 2:5-56.

Erikson, E. (1959), Identity and the Life Cycle. Psychological Issues, Monogr. 1. New York: International Universities Press. *Deutsche Übersetzung:* Identität und Lebenszyklus. Frankfurt am Main: Suhrkamp, 1995.

Fairbairn, W. R. D. (1944), Endopsychic structure considered in terms of object-relationships. In: Psychoanalytic Studies of the Personality. Boston: Routledge & Kegan Paul, S. 82-136.

Fajardo, B. (1988), Constitution in infancy: Implications for early development in psychoanalysis. In: Learning from Kohut: Progress in Self Psychology, Vol. 4, Hrsg. A. Goldberg. Hillsdale, NJ: The Analytic Press, S. 91-100.

Fenichel, O. (1941), Problems of Psychoanalytic Technique. New York: Psychoanalytic Quarterly. *Deutsche Übersetzung:* Aufsätze/Otto Fenichel. Hrsg. von Klaus Laermann. Frankfurt, M., Berlin, Wien: Ullstein.

Ferenczi, S. (1953), The Selected Papers of Sandor Ferenczi, M.D., Vol. 2. New York: Basic Books. *Deutsche Übersetzung:* Schriften zur Psychoanalyse: Ausw. in 2 Bd./Sándor Ferenczi. Hrsg. von Michael Balint. Frankfurt (am Main): S. Fischer.

Festinger, L. (1964), Conflict, Decision, and Dissonance. Stanford, CA: Stanford University Press.

Fischer, N. und Fischer, R. (1996), What Cures in Psychoanalysis. Psychoanal. Inq., 16:137-310.

Fiss, H. (1986), An empirical foundation for a self psychology of dreaming. J. Mind & Behav., 7:161-191.

Fiss, H. (1989), An experimental self psychology of dreaming: Clinical and theoretical applications. In: Dimensions of Self Experience: Progress in Self Psychology, Vol. 5, Hrsg. A. Goldberg. Hillsdale, NJ: The Analytic Press, S. 13-24.

Fiss, H. und Litchman, J. (1976), Dream enhancement: An experimental approach to the adaptive function of dreams. Paper presented at meeting of the Association for the Psychophysiological Study of Sleep, Cincinnati, OH.

Fosshage, J. (1983), The psychological function of dreams: A revised psychoanalytic perspective. Psychoanal. & Contemp. Thought, 6:641-669.

Fosshage, J. (1987), A revised psychoanalytic approach. In: Dream Interpretation: A Comparative Study, (rev.) Hrsg. J. Fosshage und C. Loew. Costa Mesa, CA: PMA Publications, S. 299-318.

Fosshage, J.(1989), The developmental function of dreaming mentation: Clinical implications. Reply in: Dimensions of Self Experience: Progress in Self Psychology, Vol. 5, Hrsg. A. Goldberg. Hillsdale, NJ: The Analytic Press, S. 3-11, 45-50.

Fosshage, J. (1990), Clinical protocol. Psychoanal. Inq., 10:461-477.

Fosshage, J. (1994), Toward reconceptualizing transference: Theoretical and clinical considerations. Internat. J. Psycho-Anal., 75:265-280.

Fosshage, J. (im Druck), Interaction in psychoanalysis: A broadening horizon. Psychoanal. Dial.

Fosshage, J. (im Druck), Countertransference as the analyst's experience of the analysand: The influence of listening perspectives. Psychoanal. Psychol.

French, T. und Fromm, E. (1964), Dream Interpretation: A New Approach. New York: Basic Books.

Freud, A. (1936), Das Ich und die Abwehrmechanismen Frankfurt am Main: Fischer, 1994.

Freud, S. (1900), Die Traumdeutung. G. W. Bd. 2/3.

Freud, S. (1905), Der Witz und seine Beziehung zum Unbewussten. G. W. Bd. 6.

Freud, S. (1911), Die Handhabung der Traumdeutung in der Psychoanalyse. G. W. Bd. 8.

Freud, S. (1912a), Zur Dynamik der Übertragung. G. W. Bd. 8.

Freud, S. (1912b), Ratschläge für den Arzt bei der psychoanalytischen Behandlung. G. W. Bd. 8.

Freud, S. (1913), Zur Einleitung der Behandlung. G. W. Bd. 8.

Freud, S. (1914a), Erinnern, Wiederholen und Durcharbeiten. G. W. Bd. 10.

Freud, S. (1914b), Bemerkungen über die Übertragungsliebe. G. W. Bd. 10.

Freud, S. (1923a), Bemerkungen zur Theorie und Praxis der Traumdeutung. G. W. Bd. 13.

Freud, S. (1923b), Das Ich und das Es. G. W. Bd. 13.

Freud, S. (1926), Hemmung, Symptom und Angst. G. W. Bd. 14.

Friedman, L. (1988), The Anatomy of Psychotherapy. Hillsdale, NJ: The Analytic Press.

Friedman, L. (1995), Main meaning and motivation. Psychoanal. Inq., 15:437-460.

Galin, D. (1974), Implications for psychiatry of left and right cerebral specialization. Arch. Gen. Psychiat., 31:572-583.

Gedo, J. (1979), Beyond Interpretation. New York: International Universities Press.

Gerson, B. (1994), An analyst's pregnancy loss and its effects on treatment: Disruption and growth. Psychoanal. Dial., 4:1-18.

Gill, M. (1963), Topography and Systems in Psychoanalytic Theory. Psychological Issues, Monogr. 10. New York: International Universities Press.

Gill, M. (1982), Analysis of Transference, Vol. 1. New York: International Universities Press.

Gill, M. (1983), The interpersonal paradigm and the degree of the therapist's involvement. Contemp. Psychoanal., 19:200-237.

Gill, M. (1991), Merton Gill speaks his mind. Amer. Psychoanal., 25:17-21.

Gill, M. (1994), Transference: A change in conception or only in emphasis? Psychoanal. Inq., 4:489-523.

Glover, E. (1931), The therapeutic effect of inexact interpretation: A contribution to the theory of suggestion. In: The Technique of Psychoanalysis. New York: International Universities Press, 1955, S. 353-366.

Goldberg, A. (1978), The Psychology of the Self: A Casebook. New York: International Universities Press.

Gould, E. und Rosenberger, J., Hrsg. (1994), Erotic transference: Contemporary perspectives. Psychoanal. Inq., 14:477-639.

Gray, P. (1973), Psychoanalytic technique and the ego's capacity for viewing intrapsychic activity. J. Amer. Psychoanal. Assn., 21:474-494.

Greenberg, J. und Mitchell, S. A. (1983), Object Relations in Psychoanalytic Theory. Cambridge, MA: Harvard University Press.

Greenberg, R. (1987), The dream problem and the problem in dreams. In: Dreams in New Perspective: The Royal Road Revisited, Hrsg. M. Glucksman und S. Warner. New York: Human Sciences Press, S. 45-58.

Greenberg, R. (1993), An integrated approach to dream theory: Contributions from sleep research and clinical practice. In: The Functions of Dreaming, Hrsg. A. Moffitt, M. Kramer und R. Hoffmann. Albany, NY: State University of New York Press, S. 363-380.

Greenson, R. R. (1967), The Technique and Practice of Psychoanalysis. New York: International Universities Press. *Deutsche Übersetzung:* Technik und Praxis der Psychoanalyse. Stuttgart: Klett-Cotta, 1995.

Guntrip, H. (1969), Schizoid Phenomena, Object Relations and the Self. New York: International Universities Press.

Hadley, J. (1989), The neurobiology of motivational Systems. In: Psychoanalysis and Motivation, Hrsg. J. Lichtenberg. Hillsdale, NJ: The Analytic Press, S. 337-372.

Hartmann, H. (1964), Essays on Ego Psychology. New York: International Universities Press. *Deutsche Übersetzung:* Ich-Psychologie: Studien zur psychoanalytischen Theorie. Stuttgart: Klett-Cotta, 1997.

Herman, J. (1992), Trauma and Recovery. New York: Basic Books. *Deutsche Übersetzung:* Die Narben der Gewalt: traumatische Erfahrungen verstehen und überwinden. München: Kindler, 1993.

Hoffman, I. (1983), The patient as interpreter of the analyst's experience. Contemp. Psychoanal., 19:389-422.

Hoffman, I. (1991), Discussion: Toward a social-constructivist view of the psychoanalytic situation. Psychoanal. Dial., 1:74-105.

Hoffman, I. (1992), Some practical implications of a social-constructivist view of the analytic situation. Psychoanal. Dial., 1:74-105.

Hoffman, I. und Gill, M. (1988), Critical reflections on a coding scheme. Internat. J. Psycho-Anal., 69:55-64.

Holt, R. (1967), The development of primary process. In: Motives and Thought: Psychoanalytic Essays in Honor of David Rapaport. Psychological Issues, Monogr. 18/19. New York: International Universities Press, S. 344-383.

Horowitz, M. J. (1988), Introduction to Psychodynamics. New York: Basic Books.

Jacobs, T. (1991), The Use of the Self. Madison, CT: International Universities Press.

Jones, E. (1953), The Life and Work of Sigmund Freud, Vol. 1. London: Hogarth Press.

Jones, J. (1995), Affects as Process. Hillsdale, NJ: The Analytic Press.

Josephs, L. (1995), Balancing Empathy and Interpretation. Northvale, NJ: Aronson.

Jung, C. G. (1916), General aspects of dream psychology. In: The Structure and Dynamics of the Psyche, Collected Works, Vol. 8. New York: Pantheon Books, 1960, S. 237-280.

Kagan, J., Kearsley, R. und Zelazu, P. (1978), Infancy: Its Place in Human Development. Cambridge, MA: Harvard University Press.

Kardiner, A. (1939), The Individual and His Society: The Psychodynamics of Primitive Social Organization. New York: Columbia University Press.

Kent, E. (1981), The Brains of Men and Machines. Peterborough, NH: BYTE.

Kernberg, O. F. (1975), Borderline Conditions and Pathological Narcissism. New York: Aronson. *Deutsche Übersetzung:* Borderline-Störungen und pathologischer Narzissmus – Frankfurt am Main: Suhrkamp, 1995.

Kernberg, O. F. (1976), Object Relations Theory and Clinical Psychoanalysis. New York: Aronson. *Deutsche Übersetzung:* Objektbeziehungen und Praxis der Psychoanalyse. Stuttgart: Klett-Cotta, 1992.

Kernberg, O. F. (1992), Aggression in Personality Disorders and Perversions. New Haven, CT: Yale University Press. *Deutsche Übersetzung:* Wut und Hass: über die Bedeutung von Agression bei Persönlichkeitsstörungen und sexuellen Perversionen. Stuttgart: Klett-Cotta, 1997.

Klein, G. (1970), Perception, Motives, and Personality. New York: Knopf.

Kohut, H. (1971), The Analysis of the Self. New York: International Universities Press. *Deutsche Übersetzung:* Narzissmus: eine Theorie der psychoanalytischen Behandlung narzisstischer Persönlichkeitsstörungen. Frankfurt am Main: Suhrkamp, 1995.

Kohut, H. (1977), The Restoration of the Self. New York: International Universities Press. *Deutsche Übersetzung:* Die Heilung des Selbst. Frankfurt am Main: Suhrkamp, 1996.

Kohut, H. (1984), How Does Analysis Cure? Hrsg. A. Goldberg und P. Stepansky. Chicago: University of Chicago Press. *Deutsche Übersetzung:* Wie heilt die Psychoanalyse? Hrsg. von Arnold Goldberg unter Mitw. von Paul Stepansky. – Frankfurt am Main: Suhrkamp, 1993.

Kris, E. (1956), On some vicissitudes of insight. Internat. J. Psycho-Anal., 37:445-455.

Lachmann, F. (1986), Interpretation of psychic conflict and adversarial relationships: A self-psychoanalytic perspective. Psychoanal. Psychol., 3:341-355.

Lachmann, F. (1990), On some challenges to clinical theory in the treatment of character pathology. In: The Realities of the Transference: Progress in Self Psychology, Vol. 6, Hrsg. A. Goldberg. Hillsdale, NJ: The Analytic Press, S. 59-67.

Lachmann, F. und Beebe, B. (1989), Oneness fantasies revisited. Hrsg. Psychoanal. Psychol., 6:137-149.

Lachmann, F. und Beebe, B. (1992a), Reformulation of early development and transference: Implications for psychic structure formation. In: Interface of Psychoanalysis and Psychology, Hrsg. D. Wolitzky, M. Eagle und J. Barron. Washington, DC: American Psychological Association, S. 133-153.

Lachmann, F. und Beebe, B. (1992b), Representational configurations and selfobject transferences: A developmental perspective. In: New Therapeutic Visions: Progress in Self Psychology, Vol. 8, Hrsg. A. Goldberg. Hillsdale, NJ: The Analytic Press, S. 3-15.

Lachmann, F. und Beebe, B. (1993), Interpretation in a developmental perspective. In: The Widening Scope of Self Psychology: Progress in Self Psychology, Vol. 9, Hrsg. A. Goldberg. Hillsdale, NJ: The Analytic Press, S. 45-52.

Lachmann, F. und Beebe, B. (im Druck), Three principles of salience in the organization of the analyst-patient interaction. Psychoanal. Psychol., 13.

Lazar, S. (1990), Patient's responses to pregnancy and miscarriage in the analyst. In: Illness in the Analyst; Hrsg. H. Schwartz und A. Silver. Madison, CT: International University Press, S. 199-226.

Levin, F. (1991), Mapping the Mind. Hillsdale, NJ: The Analytic Press.

Levin, R. (1990), Psychoanalytic theories on the function of dreaming: A review of the empirical dream research. In: Empirical Studies of Psychoanalytic Theories, Vol. 3, Hrsg. J. Masling. Hillsdale, NJ: The Analytic Press, S. 1-54.

Lichtenberg, J. (1981), The empathic mode of perception and alternative vantage points for psychoanalytic work. Psychoanal. Inq., 1:329-356.

Lichtenberg, J. (1983), Psychoanalysis and Infant Research. Hillsdale, NJ: The Analytic Press. *Deutsche Übersetzung:* Psychoanalyse und Säuglingsforschung. Berlin, Heidelberg, New York: Springer, 1991.

Lichtenberg, J. (1989), Psychoanalysis and Motivation. Hillsdale, NJ: The Analytic Press.

Lichtenberg, J. (1990) Rethinking the scope of the patient's transference and the therapist's counterresponsiveness. In: The Realities of Transference: Progress in Self Psychology, Vol. 6, Hrsg. A. Goldberg. Hillsdale, NJ: The Analytic Press, S. 23-33.

Lichtenberg, J. (1991), What is a selfobject? Psychoanal. Dial., 1:455-479.

Lichtenberg, J. (1994), How libido theory shaped technique (1911-1915). J. Amer. Psychoanal. Assn., 42:727-739.

Lichtenberg, J. (1995), Forty-five years on, behind, and without the couch. Psychoanal. Inq., 15:280-294.

Lichtenberg, J. und Kindler, A. (1994), A motivational systems approach to the clinical expe-rience. J. Amer. Psychoanal. Assn., 42:405-420.

Lichtenberg, J. und Meares, R. (1996), The role of play in things human. Psychoanal. & Psychother., 13:3-16.

Lichtenberg, J., Lachmann, F. und Fosshage, J. (1992), Self and Motivational Systems: Toward a Theory of Psychoanalytic Technique. Hillsdale, NJ: The Analytic Press. *Deutsche Übersetzung:* Das Selbst und die motivationalen Systeme: zu einer Theorie psychoanalytischer Technik. Frankfurt a.M.: Brandes & Apsel, 2000.

Lindon, J. (1994), Gratification and provision in psychoanalysis: Should we get rid of "the rule of abstinence"? Psychoanal. Dial., 4:549-582.

Loewald, H. (1960), On the therapeutic action of psychoanalysis. In: Papers on Psychoanalysis. New Haven, CT: Yale University Press, S. 221-256.

London, N. (1983), Confrontation and selfobject transference: A case study. In: Reflections on Self Psychology, Hrsg. J. Lichtenberg und S. Kaplan. Hillsdale, NJ: The Analytic Press.

Luborsky, L. (1976), Measuring a pervasive psychic structure in psychotherapy: The core conflictual relationship theme. In: Communicative Structures and Psychic Structures, Hrsg. M. Freedman und S. Grand. New York: Plenum Press.

Luborsky, L. und Crits-Christoph, P. (1989), A relationship pattern measure: The core conflictual relationship theme. Psychiatry, 52:250-259.

Mahler, M. S. (1968), On Human Symbiosis and the Vicissitudes of Individuation. New York: International Universities Press. *Deutsche Übersetzung:* Symbiose und Individuation. Stuttgart: Klett-Cotta.

Mahler, M. S., Pine, F. und Bergman, A. (1975), The Psychological Birth of the Human Infant. New York: Basic Books. *Deutsche Übersetzung:* Die psychische Geburt des Menschen: Symbiose und Individuation – Frankfurt am Main: Fischer, 1993.

Major, R. und Miller, P. (1984), Empathy, antipathy, and telepathy in the analytic process. In: Empathy II; Hrsg. J. Lichtenberg, M. Bornstein und D. Silver. Hillsdale, NJ: The Analytic Press, S. 227-248.

Malin, A. (1993), A self psychological approach to the analysis of resistance: A case report. Internat. J. Psycho-Anal., 74:505-518.

Marohn, R. und Wolf, B. (1990), Corrective emotional experience revisited. Hrsg. Psychoanal. Inq., 10:285-456.

McKinnon, J. (1979), Two semantic forms: Neuropsychological and psychoanalytic descriptions. Psychoanal. & Contemp. Thought, 2:25-76.

McLaughlin, J. (1978), Primary and secondary process in the context of cerebral hemispheric specialization. Psychoanal. Quart., 47:237-266.

Meissner, R. (1991), What Is Effective in Psychoanalytic Therapy. Northvale, NJ: Aronson.

Mitchell, S. (1988), Relational Concepts in Psychoanalysis. Cambridge, MA: Harvard University Press.

Modell, A. (1984), Psychoanalysis in a New Context. New York: International Universities Press.

Modell, A. (1986), The missing element in Kohut's cure. Psychoanal. Inq., 6:367-385.

Moraitis, G. (1988), A reexamination of phobias as the fear of the unknown. The Annual of Psychoanalysis, 16:221-249. New York: International Universities Press.

Nelson, K. (1986), Event Knowledge. Hillsdale, NJ: Lawrence Erlbaum Associates.

Noy, P. (1969), A revision of the psychoanalytic theory of the primary process. Internat. J. Psycho-Anal., 50:155-178.

Noy, P. (1979), The psychoanalytic theory of cognitive development. The Psychoanalytic Study of the Child, 34:169-216. New Haven, CT: Yale University Press.

Ogden, T. (1982), Projective Identification and Psychotherapeutic Technique. New York: Aronson.

Ornstein, A. (1974), The dread to repeat and the new beginning. The Annual of Psychoanalysis, 2:231-248. Madison, CT: International Universities Press.

Ornstein, P. (1987), On the self-state dreams in the psychoanalytic treatment process. In: The Interpretation of Dreams in Clinical Work, Hrsg. A. Rothstein. Madison, CT: International Universities Press, S. 87-104.

Palombo, S. (1978), The adaptive function of dreams. Psychoanal. & Contemp. Thought, 1:443-476.

Peterfreund, E. (1983), The Process of Psychoanalytic Therapy. Hillsdale, NJ: The Analytic Press.

Pine, F. (1981), In the beginning: Contributions to a psychoanalytic developmental psychology. Internat. Rev. Psychoanal., 8:15-33.

Pine, F. (1986), The "symbiotic phase" in the light of current infancy research. Bull. Menn. Clin., 50:564-569.

Poland, W. (1984), The analyst's words: Empathy and countertransference. Psychoanal. Quart., 53:421-424.

Poland, W. (1988), Insight and the analytic dyad. Psychoanal. Quart., 57:341-369.

Poland, W. (1992), Transference: An original creation. Psychoanal. Quart., 61:185-205.

Pulver, S. (1992), Psychic change: Insight or relationship. Internat J. Psycho-Anal., 73:199-208.

Racker, H. (1968), Transference and Countertransference. London: Hogarth Press.

Rapaport, D. (1953), On the psychoanalytic theory of affects. In: The Collected Papers of David Rapaport, Hrsg. M. Gill. New York: Basic Books, 1967, S. 476-512.

Reik, T. (1949), Listening With the Third Ear. New York: Farrar, Straus. *Deutsche Übersetzung:* Hören mit dem dritten Ohr: die innere Erfahrung eines Psychoanalytikers. Frankfurt am Main: Fischer, 1990.

Ringstrom, P. (1995), Exploring the model scene: Finding its focus in an intersubjective approach to brief psychotherapy. Psychoanal. Inq., 15:493-573.

Rogers, C. (1951), Client-Centered Therapy. Boston: Houghton Mifflin. *Deutsche Übersetzung:* Die klientenzentrierte Gesprächspsychotherapie. München: Kindler, 1976.

Rosenfield, I. (1988), The Invention of Memory: A New View of the Brain. New York: Harper & Row.

Schafer, R. (1982), A New Language for Psychoanalysis. New Haven, CT: Yale University Press. *Deutsche Übersetzung:* Eine neue Sprache für die Pyschoanalyse. Stuttgart: Klett-Cotta, 1982.

Schafer, R. (1983), The Analytic Attitude. New York: Basic Books.

Schore, A. (1994), Affect Regulation and the Origin of the Self. Hillsdale, NJ: Lawrence Erlbaum Associates.

Schwartz, H. und Silver, A., Hrsg. (1990), Illness in the Analyst. Madison, CT: International Universities Press.

Segel, H. (1974), An Introduction to the work of Melanie Klein. London: Hogarth Press.

Silverman, M. (1987), Clinical material. Psychoanal. Inq., 7:147-166.

Simon, B. (1984), Confluence of visual image between patient and analyst: Communication of failed communication. In: Empathy II, Hrsg. J. Lichtenberg, M. Bornstein und D. Silver. Hillsdale, NJ: The Analytic Press, S. 261-278.

Slavin, M. und Kriegman, D. (1992), The Adaptive Design of the Human Psyche. New York: Guilford.

Slavin, M. und Kriegman, D. (1994), Why the therapist needs to change: Conflict, deception, and mutual influence in the therapeutic relationship. Unpublished manuscript.

Sloane, P. (1979), Psychoanalytic Understanding of the Dream. New York: Aronson.

Spence, D. (1982), Narrative Truth and Historical Truth. New York: Norton.

Spillius, E. (1995), Developments in Kleinian thought: Overview and personal view. Psychoanal. Inq., 14:324-364.

Spitz, J. (1957), No and Yes. New York: International Universities Press.

Stern, D. (1985), The Interpersonal World of the Infant. New York: Basic Books. *Deutsche Übersetzung:* Die Lebenserfahrung des Säuglings. Stuttgart: Klett-Cotta, 1996.

Stolorow, R. und Atwood, G. (1992), Contexts of Being: The Intersubjective Foundations of Psychological Life. Hillsdale, NJ: The Analytic Press.

Stolorow, R. und Lachmann, F. (1980), Psychoanalysis of Developmental Arrests. New York: International Universities Press.

Stolorow, R. und Lachmann, F. (1984/1985), Transference: The future of an illusion. The Annual of Psychoanalysis, 12/13:19-37. New York: International Universities Press.

Stolorow, R., Brandchaft, B. und Atwood, G. (1987), Psychoanalytic Treatment: An Intersubjective Approach. Hillsdale, NJ: The Analytic Press. *Deutsche Übersetzung:* Psychoanalytische Behandlung: ein intersubjektiver Ansatz, Frankfurt am Main: Fischer, 1996.

Stone, L. (1961), The Psychoanalytic Situation. New York: International Universities Press. *Deutsche Übersetzung:* Die psychoanalytische Situation: Entwicklung und Bedeutung. Frankfurt am Main: Fischer, 1993.

Strachey, J. (1934), The fate of the ego in analytic therapy. Internat. J. Psycho-Anal., 15:117-126.

Stuss, D. (1992), Biological and physiological development of executive function. Brain & Cognition, 20:8-23.

Sullivan, H. (1947), Conceptions of Modern Psychiatry. Washington, DC: The William Alanson White Psychiatric Foundation.

Sullivan, H. (1953), The Interpersonal Theory of Psychiatry. New York: Norton. *Deutsche Übersetzung:* Die interpersonale Theorie der Psychiatrie. Frankfurt am Main: Fischer, 1983.

Tomkins, S. (1962), Affect, Imagery, Consciousness, Vol. 1: The Positive Affects. New York: Springer.

Tomkins, S. (1964), Affect, Imagery, Consciousness, Vol. 2: The Negative Affects. New York: Springer.

Wachtel, P. F. (1980), Transference, schema and assimilation: The relevance of Piaget to the psychoanalytic theory of transference. The Annual of Psychoanalysis, 8:59-76. New York: International Universities Press.

Waddington, C. (1947), Organizers and Genes. Cambridge: The University Press.

Wallerstein, R. (1984), The analysis of the transference: A matter of emphasis or of theory reformulation? Psychoanal. Inq., 4:325-354.

Wallerstein, R. (1986), Forty-two Lives in Treatment. New York: Guilford.

Weiss, J. (1993), How Psychotherapy Works. New York: Guilford.

Weiss, J. und Sampson, H. (1986), The Psychoanalytic Process. New York: Guilford.

Whitmont, E. (1978), Jungian approach. In: Dream Interpretation: A Comparative Study, Hrsg. J. Fosshage und C. Loew. New York: PMA, S. 53-78.

Whitmont, E. und Perera, S. (1990), Dreams, A Portal to the Source. New York: Routledge, Chapman & Hall. *Deutsche Übersetzung:* Träume, eine Pforte zum Urgrund. Göttingen: Burgdorf, 1992.

Winnicott, D. (1958), The capacity to be alone. In: The Maturational Processes and the Facilitating Environment. New York: International Universities Press, 1965, S. 29-36.

Winson, J. (1985), Brain and Psyche. Garden City, NY: Doubleday. *Deutsche Übersetzung:* Auf dem Boden der Träume: Die Biologie des Unbewussten. Weinheim, Basel: Beltz, 1986.

Wolf, E. (1988), Treating the Self. New York: Guilford. *Deutsche Übersetzung:* Theorie und Praxis der psychoanalytischen Selbstpsychologie. Frankfurt am Main: Suhrkamp, 1998.

Wolf, E. (1980), On the developmental line of selfobject relations. In: Advances in Self Psychology, Hrsg. A. Goldberg. New York: International Universities Press, S. 117-132.

Michael Franz Basch:
Kurzpsychotherapie in der Praxis
Aus dem Amerikanischen von Brigitte Stein
1997. 240 Seiten, broschiert, ISBN 3-608-89655-4

Leben lernen 111

Baschs psychotherapeutische Technik gründet auf dem von ihm in früheren Büchern ausführlich dargestellten »Entwicklungsmodell«, das die zentrale Rolle des Affekts und der Affektentwicklung in der Behandlung betont. Er zeigt anhand vieler ausführlicher Fallstudien, wie der Therapeut die spezifische Dynamik eines jeden Patienten hervorlocken und die so offenbarte Stärke dann zur Bearbeitung der jeweiligen Störungen und Schwierigkeiten nutzen kann.

Michael Franz Basch:
Die Kunst der Psychotherapie
Neueste theoretische Zugänge zur psychotherapeutischen Praxis
Aus dem Amerikanischen von Brigitte Stein
1992. 302 Seiten, broschiert, ISBN 3-608-89629-5

Leben lernen 83

Wie und warum wirkt Psychotherapie? An zahlreichen Beispielen aus seiner Praxiserfahrung zeigt der Chicagoer Psychiater und Psychoanalytiker, wie psychotherapeutische Interventionen das Selbstbild des Patienten zum Positiven verändern können. Ein Grundzug menschlichen Verhaltens ist in dem Bemühen um Ordnung, Kompetenz und Selbstachtung zu sehen. Von diesem Streben muß Psychotherapie ausgehen, und mit diesen Motivationen kann sie arbeiten.

Mario Jacoby:
Individuation und Narzißmus
Psychologie des Selbst bei C. G. Jung und H. Kohut
1985. 256 Seiten, broschiert, ISBN 3-608-89610-4

Leben lernen 60

Mario Jacoby untersucht die beiden tiefenpsychologischen Konzepte »Individua-tion« und »Narzißmus« und macht ihre Bedeutung für die psychotherapeutische Praxis transparent.

Heinz Kohut:
Auf der Suche nach dem Selbst
Kohuts Seminare zur Selbstpsychologie und Psychotherapie
Aus dem Amerikanischen von Isabella Bruckmaier
1993. 314 Seiten, broschiert, ISBN 3-608-89630-9

Leben lernen 86

Die praktische psychotherapeutische Umsetzung der Selbstpsychologie wird aufs anschaulichste dargestellt. Zugrunde liegen die Texte einer Seminar-Reihe, die Heinz Kohut mit Studenten der Chicagoer Universität durchführte. Ein »Klassiker« der Psychotherapie läßt sich bei der Arbeit über die Schulter schauen.